U0963716

李双元法学文丛

现代国籍法

李双元　蒋新苗　主编

WUHAN UNIVERSITY PRESS
武汉大学出版社

图书在版编目(CIP)数据

现代国籍法/李双元,蒋新苗主编.—武汉:武汉大学出版社,2016.8
李双元法学文丛
ISBN 978-7-307-18088-8

Ⅰ.现… Ⅱ.①李… ②蒋… Ⅲ.国籍法 Ⅳ.D998

中国版本图书馆 CIP 数据核字(2016)第 129060 号

责任编辑:林 莉 辛 凯 责任校对:李孟潇 版式设计:韩闻锦

出版发行:**武汉大学出版社** (430072 武昌 珞珈山)
(电子邮件:cbs22@whu.edu.cn 网址:www.wdp.com.cn)
印刷:虎彩印艺股份有限公司
开本:720×1000 1/16 印张:22.5 字数:402 千字 插页:4
版次:2016 年 8 月第 1 版 2016 年 8 月第 1 次印刷
ISBN 978-7-307-18088-8 定价:68.00 元

版权所有,不得翻印;凡购我社的图书,如有质量问题,请与当地图书销售部门联系调换。

作者简介

李双元，男，1927年生，湖南新宁人。湖南师范大学终身教授，武汉大学国际法研究所教授，博士生导师，中国国际私法学会名誉会长，《时代法学》和《国际法与比较法论丛》主编。曾任武汉大学国际法研究所副所长、中国国际私法学会副会长、湖北省国际法研究会总干事、中国法学会理事和中国国际法学会理事、国务院学位委员会（第三届）学科评议组成员、全国高等教育自学考试指导委员会委员、中国国际经济贸易仲裁委员会委员和仲裁员、中国博士后流动站管委会专家组及该管委会基金委员会专家组成员、武汉市政协委员及其法制委员会副主任、湖南省政府参事等学术与社会职务。先后主持完成国家社科基金项目、教育部哲学社会科学博士点基金项目、司法部项目、湖北省及湖南省社科基金一般及重大项目20余项；在《中国社会科学》、《法学研究》、《中国法学》等刊物上发表学术论文100余篇。独著、主编的经典著作主要有《国际私法(冲突法篇)》（已出第3版）、《国际民事诉讼法概论》(第2版为教育部审定的研究生教材)、《中国与国际私法统一化进程》（已出第2版）、《市场经济与当代国际私法趋同化问题研究》、《国际民商新秩序的理论建构》、《中国国际私法通论》（已出第3版）、《比较民法学》、《走向21世纪的国际私法——国际私法与法律的趋同化》(中国法学家自选集)、《国际私法》(全国高等教育自学考试统编教材，已出第3版)、《国际私法》（“十一五”国家级规划教材，已出第4版)、《法学概论》（“十一五”和“十二五”国家级规划教材，已出第11版)等，合译《戴西和莫里斯论冲突法》、萨维尼《现代罗马法体系（第八卷）》和《牛津法律大辞典》等世界法学经典著作。著述中获国家级及省部级一、二、三等奖及湖北省特别奖等奖励十余项。

蒋新苗，男，1964年生，湖南东安人，博士，博士后，“长江学者”特聘教授、博士生导师，湖南师范大学党委委员、副校长。兼任国务院学科评议组成员、第五届全国十大杰出青年法学家、教育部高等学校法学学科教学指导委员会委员、“教育部新世纪优秀人才”、百千万人才工程国家级人选、国家“万人计划”领军人才、国家有突出贡献青年专家、国家社科基金学科规划评审组专家；中国国际私法学会副会长、中国法学会理事、中国国际经济法学学会理事；第三届湖南省优秀社科专家、湖南省芙蓉学者特聘教授、湖南省学科评议组成员、湖南省新世纪“121”人才工程第一层次人选、湖南省检察院专家咨询委员会委员、长沙仲裁委员会仲裁员等。1997年获武汉大学国际私法博士学位，曾任湖南师范大学法学院院长、社会科学处处长、教务处处长、评建办主任等职。先后留学德国和瑞士，是我国目前唯一从事跨国收养法理论研究的专家，并在法律逻辑学方面有深入研究，对法学方法论的感悟独特。主讲过国际私法、比较民商法、涉外婚姻家庭法、法律逻辑学和专业英语等课程。其中，国际私法作为国家级资源共享课已在爱课程网上线。主持完成国家社科基金青年和一般课题各1项，省部级课题10项，在《法学研究》、《中国法学》、《法学家》、《法学评论》等国内核心期刊发表学术论文100余篇，在港澳台及国外学术刊物发表中英文论文5篇；出版个人学术专著6部，主编“十一五”国家级规划教材2部、“十二五”国家级规划教材1部、国家级精品课程1门、资源共享课1门，担任法学省级专业综合改革试点项目负责人。获教育部人文社科优秀成果三等奖1项，司法部优秀科研成果三等奖1项，湖南省优秀社科成果一等奖1项、二等奖3项。

谨以此书纪念著名国际
法学家李浩培先生

出版说明

为了庆祝我国著名法学家和法学教育家李双元教授90华诞，湖南师范大学法学院组织出版了《李双元法学文丛》。本套丛书共有15本，其中1本为新书。另外的14本皆为已经出版过的，因出版年代跨度较大，我们以保持原书原貌为原则，仅对一些文字标点符号的明显错误做了订正；书中有一些资料和引文因年代久远，已无法一一核查的，仍保持原样。

在已经出版过的14本书中，有8本书作者未做修改的，版次不予增加，所涉的法律法规也基本保持原样；另6本书作者予以了一定的修改，版次予以增加。

武汉大学出版社

2016年8月

总　　序

2016年中秋，我们将迎来我国著名法学家、法学教育家李双元教授90华诞。

李先生历任武汉大学教授（已退休）、湖南师范大学终身教授、博士生导师、中国国际私法学会副会长和名誉会长，国务院学位委员会学科评议组（法学组）成员、中国博士后流动站管委会专家组成员、全国高等教育自学考试指导委员会（法学组）委员、中国国际经济贸易仲裁委员会委员和湖南省政府参事等学术与社会职务，为新中国法学教育、研究和实践作出了重要贡献。

李先生在青年时代，即积极参加反对国民党统治的学生运动和湖南新宁县的武装起义。但是在1957年却因言获罪，被划为右派分子，在大学从教的权利被完全剥夺。然而他对马克思主义法学理论的探求，却矢志不衰。1979年武汉大学恢复法律系，他即从华中农学院马列室迅速调回武汉大学，协助韩德培、姚梅镇先生等参加法学院的恢复与发展工作，并在国内最早组建的国际法研究所任副所长。由韩德培教授任主编的第一部《国际私法》国家统编教材，也是在他的积极参与下，迅速完成并出版。在两位老先生的直接领导下，中国国际私法学会和中国国际经济法学会成立大会与它们的第一次研讨会也在武汉大学同时召开。

1993年，李先生出任湖南师范大学终身教授，负责组建湖南师范大学法律系、法学院以及国际法研究所、环境法研究所。现在，我院已经拥有法学一级学科博士和硕士学位授权点、法学博士后科研流动站和法律硕士专业学位授权点以及教育部首批卓越法律人才教育培养基地和国家级大学生校外实践教育基地，法学学科在第三轮全国学科评估中名列第21位。李先生学术视野开阔，在法理学方面也有他个人的理论贡献，其中，他先后提出“国际社会本位理念”、“法律的趋同化走势”和“国际民商新秩序的构建”等理论观点，均在法学界受到重视。

为庆祝李双元教授九十华诞，在武汉大学和湖南师范大学的大力支持下，我们特别选取了李先生的十五本著作，集结为《李双元法学文丛》，隆重推出，以弘扬李先生的治学精神和学术思想，并恭祝李先生永葆学术青春。为保持原书的风格，其中《比较民法学》、《国际民商新秩序的理论建构》、《市场经济与当代国际私法趋同化问题研究》、《中国与国际私法统一化进程》、《21世纪法学大视野——国际经济一体化进程中的国内法与国际规则》、《现代国籍法》、《国际民事诉讼程序导论》和《法律冲突与法律规则的地域和时间范围》未作修改。

鉴于李先生长期在武汉大学执教，加之这套丛书中有六种原来就是由武汉大学出版社出版，因此，我们仍然选择由对法学界出版事业长期提供大力支持的武汉大学出版社出版这套丛书。在此，特别感谢武汉大学出版社和武汉大学法学院的鼎力支持！

湖南师范大学法学院

2016年6月18日

序

筹划和组织《现代国籍法》一书的写作与出版，主要源于两个方面的动因：一是国内研究国籍问题的著作，从 1979 年李浩培先生出版了他所著的《国籍问题的比较研究》以后，再无其他论著，且目前坊间已无销售，加上这一法律制度近些年已有许多新的发展，再写一本新书的必要性应是不言自明的；二是李先生生前对我关怀有加，亦欲以此来纪念我国这位著名国际法学界前辈学者。

李先生的《国籍问题的比较研究》，可以说是我国国际法学界在获得新生之后最早出版的重要学术著作，为我国国际法学在这一领域的研究工作提供了十分丰富而宝贵的资料，但毕竟已时隔整整 20 年了。经过这 20 年，中国的经济已走上稳定持续发展的轨道，并作为国际经贸大国，在国际经济大循环中起着越来越重要的作用，进入了国际大国的行列，在她的频繁而复杂的国际交往中，常会遇到国籍这个具有普遍意义的法律问题，因而很有必要在广泛搜集和补充新的资料的基础上，进行新的研究工作。但是，必须指出，参考李浩培先生的上述论著，是本书得以完成的重要条件。在撰写过程中，我们始终牢记李先生的“一切惟以实事求是为依归”（见他的《国际法的概念与渊源》自序）的教导，力求博采诸家学说和各种国内国际的立法例，进行综合比较，以探明其异同，阐发其精髓，然后将其归位于我国有关国籍的立法与实践。

过去在讨论国籍问题时，包括李先生的这部经典之作在内，多仅限于自然人，而关于法人、船舶及民用航空器等主体或准主体的国籍制度，则只在相关的立法或著述中分别零散地加以涉及。但因国际交往的日益发达，法人、船舶及民用航空器却常常涉及国际上的管辖权与各种法律地位上的待遇制度等等与国籍有着直接关系的问题。为此，我们也欲尝试在这本《现代国籍法》中，对这些主体或准主体的国籍制度一并加以讨论。但这样一来，关于自然人的国籍制度，在本书中的篇幅，便所占不大了。但这样处理，必可使读者对国籍制度有更广泛而实用的了解。

浩培先生是我国著名法学家前辈，他的高深造诣，遍及诸多法学领域，国际私法只是他所深谙的法学领域的一个部门而已。我虽未曾直接受业于李先生门下，但凡有重要的研究的心得或成果，总能从他那里得到鼓励。1987 年，我怀着惴惴不安的心情将我的还有诸多不足之处的著作《国际私法（冲突法篇）》呈送给他，尽管在该书讨论到国际私法的规范范围时采取了与先生相左的观点，但他并不为此介意，仍给了这本书以最大的肯定——在他受聘给司法部当时举办的高级法律人才培训班讲授国际私法课程时，却指定我的这本书作学员们的教本。1993 年，《中国与国际私法统一化进程》一书初版面世，并将它作为献给海牙国际私法会议百周年的纪念。在这本书中，我于首次正式发表关于法律趋同化走势因和平与发展已经成为当今时代的两大主题而不断加强的观点的同时，在国内第一次系统、全面地回顾了海牙国际私法会议的伟大成就。在他收到我的这本书后，又立即在复信中充分肯定了研究国际私法统一化运动的重要意义，并特别指出，这本书的出版，表明了武汉大学在这一领域又“已着先鞭”。先生自己每有专著或译著出版，毫无例外地都亲笔签名赠送给我。他的这种伟大师恩，是我永志难忘的。而最为愧悔的是，先生 1998 年在欧洲任上不幸仙逝，其时我正在湖南师大，外交部的讣告却寄去了武汉大学，我竟一无所知。因而，值此李先生的《国籍问题的比较研究》一书出版 20 周年之际，亦欲将我和学生们撰写的这本小书奉献给先生，以表纪念并寄托我对先生的无限景仰与一片哀思！

李双元

1999 年元月 2 日于岳麓山下

目　　录

第四编　船舶国籍的法律制度

第五编　民用航空器国籍的法律制度

第一编　总　　论

第一章　现代国籍法概述

第一节　国籍和国籍法的界定

一、国籍概念的内涵与外延

1. 国籍的定义

居住在一国境内的人，主要是本国人，但也有外国人和无国籍人。在现代国际社会中，国家间的人员交往频繁，几乎每一个国家的国境内都有外国人。区别谁是本国人，谁是外国人和无国籍人，就需要看这些人的国籍。具有本国国籍的是本国人，具有外国国籍的是外国人，不具有任何国家国籍的是无国籍人。

国籍是随着国家的产生而产生的。但国籍成为各国立法的重要内容，则是18世纪末和19世纪初才开始的①。对于什么是国籍，各国学者曾经提出过不少定义：有的认为，国籍是个人对国家的契约关系或者是个人对国家的绝对服从关系；也有的认为，国籍是个人作为一个集体的成员的身份，或者是自然人与一定的国家的稳固的法律联系；有的则认为，国籍是根据效忠和保护来确定的，这种效忠和保护赋予各国有关其国民的权利和义务。② 值得注意的是，国际法院认为，“国籍是以依附、生活和情感的真正联系的社会事实以及相互权利和义务为基础的法律纽带。它可以说是构成下述事实的一种法律表现：直接由法律授予或者由于当局的行为的结果而授予国籍的个人，在事实上是与授予国籍的国家的居民的联系要比与其他任何国家的居民的联系更为密切的”③。

---

① 参见[美]鲁思·唐纳：《国际法上的国籍制度》，纽约1994年英文版，第19页。

② 参见[美]鲁思·唐纳：《国际法上的国籍制度》，纽约1994年英文版，第27页。

③ [英]詹宁斯、瓦茨修订：《奥本海国际法》第一卷，第二分册，中国大百科全书出版社1998年版，第295-296页。

可见，这些定义从不同的角度说明了国籍作为个人与国家之间的关系的意义和性质。不过，国籍有广义和狭义之分，狭义的国籍(Nationality)是指一个人属于某一国家的国民或公民的法律资格，它表明一个人同某一特定国家之间的固定的法律联系。因此，狭义的国籍是专指自然人的国籍。而广义的国籍，不仅包括自然人的国籍，而且包括法人的国籍、航空器的国籍和船舶的国籍，即表明法人、船舶和航空器等与某一特定国家之间固定的法律关系。正如韩国国际法学者柳炳华所指出的，“国籍是指自然人、法人及其某些财产与一国有特殊关系时，根据国际法原则，该国国内法为行使管辖权赋予的法律联系，可赋予国籍的财产有船舶、航空器和空间物体等”①。

2. 与国籍相关的几个术语的使用问题

具有一国国籍的人，在汉语里，最恰当的名词是“国民”，因而，在习惯上时常也称之为“某国人”。相当于“国民”的名词，在英文和法文都是“National”。人们有时把“公民”(法文“Citoyen”，英文“Citizen”，德文“Staatsbürger”)用做国民的同义语，从而把“公民籍”、“公民资格”或“公民地位”(Citoyenneté，Citizenship)用作“国籍”(Nationalité，Nationality，Staatsangehörigkeit)的同义语。② 例如，加纳1957年《国籍和公民籍法》第3条规定，“一个加纳公民(Citizen)在加纳可以为了任何目的，用‘加纳公民’(‘Citizen of Ghana’或‘Ghanian Citizen’)的字样，或者用‘加纳国民’(‘National of Ghana’或‘Ghanian National’)的字样来指称他的国籍(Nationality)”。显然，按照这种用法，“国籍”(Nationality)和“公民籍”是同义语，因此很多国家用“公民籍法”的名词来指称国籍法。例如，加拿大国籍法在英文中称为“Canadian Citizenship Act”，就是一个典型的例子。

“subject”、“sujet”、“ressortissants”这几个名词在英文和法文中也常被用作“National”的同义语。但是，严格地说，这些名词的意义同National也有些差异。“subject”和“sujet”的真正含义是被治者，即是受某一公众权力支配的人或隶属某一主权的人。因此，相对国民的含义来说，被治者的含义更为广泛。甲国的被治者，可以具有该国国籍，也可以不具有该国国籍。例如，甲国的被保护国的国民，显然没有甲国国籍，也是甲国的被治者。而且，居留在甲国的外国人，也可以说是甲国的暂时被治者(sujets temporaires)。但是，习惯

---

① ［韩］柳炳华：《国际法》上册，朴国哲等译，中国政法大学出版社1997年版，第306页。

② 李浩培著：《国籍问题的比较研究》，商务印书馆1979年版，第18页。

上的用法是把 subject 和 sujet 这两个名词用于国民，因而可以认为这两个字同 National 是同义的。在汉语里，这两个字经常被译作“臣民”，因为它们常指君主国家中的国民。

“Ressortissant”一词的正确意义是指隶属一国属人主权的人。[①] 所以它的意义较“subject”或“sujet”更广。它除了包括一国的国民、公民和被治者以外，并且包括该国的被保护国的被治者以及由该国托管或在它委任统治下的领土内的土人。但现在人们也时常把这个字作为“National”的同义语来使用。

一般而言，国籍和公民资格、国民与公民的含义相同。但是，有些国家通过国内法对属于本国的各种不同居民加以区别，造成国民与公民在政治地位上的差别。例如，已经废止的 1935 年 9 月 15 日的德国法律曾经区别德国公民籍和德国国籍，“日耳曼血统或相近血统”的人才能具有德国公民籍，并享有完全的政治权利。在美国，“公民籍”和“国籍”两词往往相互使用，但“公民”仅指出生在美国并受美国管辖，在美国具有完全政治权利的人，而其他的属于不构成联邦各州的领土和属地的人则被称为“国民”。这部分人对美国有效忠的义务，而且是国际法意义上的美国国民，但是他们在美国不享有完全的公民权利。在法国，法国本土的人为法国公民，法国殖民地的人具有法国国籍则为法国国民，但不是法国公民。公民享有完全的政治权利，而国民只享有部分政治权利。在英国和英联邦范围内也有类似的情况。[②] 从国际法的观点来看，一个人只要具有一国国籍，他就和该国发生一种固定的法律联系，不论他居住在何处，都受国籍国的管辖和保护。因此，这种区别并无实际意义。

应该指出的是，在某一国家的公民资格的意义上的“国籍”，与在某一民族(指一个种族而言)成员资格的意义上的“民族籍”(即属于哪个民族)，尽管在英语中都是“Nationality”这个词，但我们在实践中不应把它们混同。

二、国籍法的概念和功用

国籍法(Nationality Law)是指一国制定的有关其国籍的取得、丧失和变更等问题的法律规范的总称。众所周知，国家的存在必然以政府的存在为前提，而政府是在一个特定的领土内对一群特定的人或物行使其权力的。决定这群特定的人或物，就是一国国籍法的目的。

---

① 李浩培著：《国籍问题的比较研究》，商务印书馆 1979 年版，第 19 页。

② 劳特派特修订：《奥本海国际法》第一卷第二分册，商务印书馆 1971 年版，第 141 页。

从上面对于国籍和国籍法的概述中，我们可以看出国籍制度的重要性和功用。可以说，国籍对个人和国家都具有重大意义。

（一）国籍是一个国家确定某人为其国民或公民的根据

一国依法赋予某人以该国国籍，就使得这个人取得该国国籍从而成为该国的国民或公民。

（二）国籍是确定一个人的法律地位的一个重要依据

国籍是区别本国人和外国人的根据，具有本国国籍的人就处于本国公民的地位，受本国法律管辖，享有本国公民的权利，包括外国人不能享有的选举权与被选举权，承担本国公民的义务，包括外国人不能承担的服兵役义务。不具有本国国籍的外国人或无国籍人，就处于外国人地位。外国人享有的权利和承担的义务和本国人是有区别的。国家对于外国人，既无权予以外交保护，也无义务接纳其入境。

（三）国籍是个人和国际法之间的主要联系

国籍的这种功用，对于在国外的个人，或者对于居住在本国领土内的个人在国外的财产，是明显可见的，特别是因为每个国家对其他国家都有一个特定的权利和一个特定的义务。这个权利就是保护在国外的本国国民的权利；这个权利是每个国家都有的，而且有时对其他国家是有力地行使的。这个义务就是在本国领土内收容其他国家不允许在其领土内居留的本国国民的义务，因为依照国际法任何国家并无必须准许外国人在其境内居留的义务，所以可能由于种种原因而发生某些个人遭受所有外国驱逐的情形。被驱逐的人的国籍所属国有义务接受他们进入其领土。1966年《公民权利和政治权利国际公约》第12条第4款规定，“人人进入其本国之权，不得无理剥夺”①。

这项义务，在1972年英国收容许许多多被乌干达驱逐出境的亚洲血统的人中，起了很重要的作用。这些人在许多情况下在乌干达居住了一生的大部分时间，与英国没有多少或实质的联系，但在乌干达独立后保留了不列颠国籍，而且没有其他国家愿意收容他们，所以英国政府觉得有义务这样做。②

（四）国籍对于国家行使管辖权具有重要意义

除了有关在国外的个人的功用以外，国籍作为管辖权的基础也是重要的。国家管辖权包括领域管辖、国籍管辖、保护性管辖和普遍性管辖四个方面。行

---

① 王铁崖、田如萱编：《国际法资料选编》，法律出版社1986年版，第171页。

② ［英］詹宁斯、瓦茨修订：《奥本海国际法》第一卷，第二分册，中国大百科全书出版社1998年版，第298页。

使前三种管辖权，都必须根据国籍区分外国人和本国人。例如，行使领域管辖，对本国人和对外国人的管理不同。就中国而言，对外国人是依1985年第六届全国人民代表大会常务委员会通过的《中华人民共和国入境出境管理法》进行管理的。行使国籍管辖，即属人管辖，就是对具有本国国籍的人行使管辖，国家首先要确定哪些人具有本国国籍，才能行使管辖。行使保护性管辖，在我国具体体现在《中华人民共和国刑法》第8条的规定中。该条是只适用于外国人的，因此，必须确定犯罪人是外国人，才能根据《刑法》第8条行使保护性管辖。

总之，国籍直接同国家的利益密切相关，因为它确定任何国家所不能缺少的人口；如果一国的国籍法对国籍的规定并不妥善，就会对它发生不利的影响。但是，国籍虽然主要是由各国国内法规定的，却对国际关系有重要的影响。因为各国通过国籍法来规定国籍，实际上是在将全世界的全体人类分配给各个国家。由此也可以看出各国在国籍问题上存在着利益上的冲突。

第二节　国籍法的主体和准主体类型

根据国际法的理论和实践，我们可以把接受国籍的法律主体和准主体分为以下四类：

一、自然人

所有自然人都可以享有国民资格，都应具有某一国国籍。尽管事实上他们当中有些人没有国籍，即所谓无国籍人，在任何国家都不享有这一资格。另外，自然人还应是法律上的人。在奴隶社会中，奴隶是否有国籍是有疑问的，因为他们不是权利的主体，而是像物品一样是权利的客体。自然人国籍的具体内容，将在第二编中论及，兹不赘述。

二、法人(公司)

正如国际法通常仅仅是由于自然人的国籍的纽带把个人和某一个国家联系在一起才适用于自然人一样，所以，为了使国际法能适用于法人，往往也有必要使法人归属于一个国家。况且，法人的国籍在国际经济法特别是在国际投资法中具有重要意义。当外国具有法人资格的公司、企业到东道国投资时，为了确定其一般法律能力，就必须确定其国籍。

在国际实践中，对于如何确定公司的国籍，主要有成立地说、住所地说、法人设立人国籍说、实际控制说和复合标准说等多种，其中依成立地和住所地是两种最普遍的标准。关于法人的国籍问题，将在以后的章节中再作具体论述。

三、船舶

船舶国籍是指船舶所有人按照某一国家的船舶登记管理规范在该国指定的港口进行登记，取得了该国的国籍证书，并悬挂该国国旗航行的法律事实。此即表明该艘船与登记国有了法律上的身份关系，具有了这一国家的国籍。

船舶的国籍无论在国内法上还是在国际法上都具有重要意义。就国内法上的意义而言，船舶取得了一国的国籍，如同自然人、法人获得该国国籍一样，在该国享受法律规定的权利和承担义务。船舶国籍在国际法上的意义在1958年《公海公约》、1982年联合国《海洋法公约》中规定得较为明确。每一国家，不论是沿海国还是内陆国，都有权在公海上行驶悬挂其本国国籍的船舶，该船舶受到船旗国的保护和监督。凡是悬挂两国以上国旗航行，视方便而换用国旗的船舶，在对任何其他国家关系上，不得声称具有上述任何一国国籍，而应视为无国籍船舶，不能享受国际法的保护。

在解决有关船舶及航运的海事纠纷中，船舶的国籍又是一个重要的连结点，如关于船舶所有人责任限制、船舶抵押权的效力等问题，各国多以船旗国法为准据法，对船舶内部发生的刑事、民事案件，也大多适用船旗国法。至于船舶取得国籍的条件和手续，我们将在本书第四编的章节再作详述。

四、航空器（飞行器）

航空器的国籍对于确定航空器的法律地位具有十分重要的意义。根据国际航空法的理论和实践，航空器具有其登记国的国籍。但它只能在一个国家登记，若在两个国家登记，其国籍便没有效力，但如果要办转移登记，可在原登记国进行。登记和转移登记应按照登记地国的法律和规章进行。从事国际航空飞行的航空器应具有适当的国籍标志和登记标志。航空器受登记国的法律管辖。航空器在飞越他国领空时，受领空地面国法律管辖，应遵守该国法律和规章。但在公海，航空器仅受其国籍国的法律管辖。有关航空器（飞行器）国籍的法律制度将是本书第五编的重要内容，此不赘言。

第三节　国籍法的渊源

从本质上说，国籍法属于国内法。① 因此，任何国家关于国籍的规定主要以国内法为渊源，其次则以国际条约为渊源。

一、国内立法

国籍是随着国家的产生而出现，它的存在几乎同国家的历史一样悠久。因为从古到今，对于每个国家，不论其属于哪个发展阶段、何种制度，人口总是不可缺少的。但是，直到 18 世纪末和 19 世纪初，国籍才作为比较详细的立法的客体，而且只是到这个时期，国籍才取得比较重要的意义。之所以如此，主要有以下两个方面的原因：

第一，由于 18 世纪末和 19 世纪初资产阶级革命已经进行，资本主义世界市场已经初步确立，因此，这一时期的国际贸易和交通也大为发展，人口的流动也大为增加。而本国人同外国人所享有的权利和承担的义务，既然不能完全相等，各国也就感觉到有必要制定取得和丧失国籍的法律。

第二，在这个时期以前，欧洲的一些封建国家把人口按等级和职业团体等分成一些类别，并按各人隶属的类别的不同来决定他们享有的权利和承担的义务的差别。因此，在那时，对等级和职业团体等的隶属在法律上具有重要意义，而对国家的隶属(国籍)就相对地并不重要。但是，随着 18 世纪末期封建制度的消灭和资产阶级国家的产生，由于这些法律上壁垒的废除，对国家的隶属就取得了重要意义。国家开始把一些重要的权利和义务赋予和加给它的国民。例如，在法国大革命以后，法国宪法规定国民享有选举国会代表、参加立法的权利。既然政治权利的享有以具有法国国籍为先决条件，那么，以法律明确规定取得和丧失法国国籍的条件就必不可少了。法国是这样，其他资本主义国家也是如此。而且，在 18 世纪末和 19 世纪初，许多资产阶级国家实行了征兵制度，认为服兵役是国民的天职，而外国人就没有这个义务。这样，为了确定兵役义务的主体，也有必要以法律规定国籍。

各国由于其形成过程、民族传统和习惯、人口和经济等情况的不同，关于国籍立法的方法和原则也有差异。就立法方式而言，各国规定国籍事项的国内立法，大致有两种：一种是在宪法中规定国籍事项；另一种是以单行法来规

① 参见[英]布朗利：《国际公法原理》，1990 年英文版，第 81 页。

定。其所以在宪法中规定国籍，是由于国籍决定本国的人口，以及政治权利的享有以取得本国国籍为条件。最早用宪法规定国籍问题的是法国1791年宪法。用单行法规定国籍，则肇始于1842年12月31日普鲁士的国籍法。这种规定的方式，在19世纪后半期逐渐为其他国家所采用，而在20世纪则大为盛行。即使是首创把国籍规定包括在宪法内的法国，也从1927年起改为以单行法规定的方式，而且法国在1945年公布了一部非常完备的、包括151个条文的法国国籍法典。现今，世界上大多数国家都采用单行法这种方式。

由上可见，各国立法者已意识到国籍问题的重要性，也已掌握了一些关于取得和丧失国籍的基本原理。

二、国际条约

国籍法虽然是国内法，但是由于各国国籍法的规定不同，在国家之间的交往不断增加和各国人民往来频繁的情况下，往往引起国籍冲突。这些问题如果得不到解决或解决不当，就会引起国家之间的纠纷，这些纠纷应由有关国家协商解决。因而国籍问题又具有国际性，成为国际法调整的内容。在解决国籍冲突时，国家间签订的双边条约发挥着重要作用，是国际间避免国籍冲突的重要途径。

有关国籍的双边国际条约是很多的，其目的主要在于消除、减轻或防止国籍积极冲突(即多重国籍)，以减轻这种抵触所发生的一些不幸后果。由于这些条约为了达到解决国籍积极冲突这个目的所采用的方法并不相同，因此，我们可以把它分为两类，其中一类只是规定在两个相冲突的国籍中，给予一个以优越的地位，而并不取消另一个，借以消除由于国籍冲突所发生的不幸后果，而并不改变缔约国双方的有关国籍法规定。例如，德国在1927年分别同阿根廷、秘鲁和巴拉圭订立的有关兵役的一些协定规定，在这些美洲共和国境内出生的德国国民，如果履行各该美洲共和国兵役法上规定的兵役义务，就被认为是履行了德国法上规定的德国国民所应履行的兵役义务。这些协定都明文提到上述规定不影响关系人在国籍方面的地位。

这些双边条约中的另一类则规定，在缔约国双方相互关系的范围内，将缔约国双方的某些国籍法规定变更，而规定统一的国籍法规范，借以消除、减轻或预防国籍冲突。在这方面，中国和印度尼西亚1954年签订的解决双重国籍问题的条约是一个很重要的双边条约，其中作出了不少在两国间的关系上统一的国籍法规定，借以在两国间消除已发生的双重国籍，并且防止此后发生双重国籍的可能性。

为了在国际范围内解决国籍问题，国际社会还签订了若干有关国籍问题的多边国际公约。第二次世界大战以前，比较重要的有：1930 年 4 月 12 日的《关于国籍法冲突的若干问题的公约》、《关于某种无国籍情况的议定书》、《关于无国籍的特别议定书》、《关于双重国籍某种情况下兵役义务的议定书》和 1933 年订于蒙得维的亚的《美洲国家间国籍公约》、《美洲国家间关于妇女国籍的公约》等。联合国成立后，联合国国际法委员会把国籍问题列为优先考虑的编纂项目之一，先后签订的国际公约有：1954 年 9 月 28 日的《关于无国籍人地位的公约》，1957 年 1 月 29 日的《已婚妇女国籍公约》，1961 年 8 月 30 日的《减少无国籍状态公约》等，从而使有关国籍问题的一些原则和规则成为国际法的重要内容。

第二章　国籍的国际法原则

第一节　概　　述

各国根据本国的具体情况和需要而制定的国籍法，必然反映各该国的政治意愿和政治意图。各种有关国籍的理论和立法原则，也都在一定程度上服务于特定的政治目的。纳粹德国的人种国籍的观念，就是一个突出的例子。至于有大量移民在外国的国家和接受大量外国移民的国家按照各自不同的利益而确定其国籍制度，早已成为通例。但是，国籍制度就其整体而言，从 20 世纪 60 年代以来，随着国际政治形势的变化而发生了深刻的变革。殖民制度的解体和大批新独立国家的出现，涌现出一些新类型的国籍法。殖民帝国的复杂的国籍制度，以及“殖民地臣民”、“被保护民”等概念已不复存在。很多国家对原有的国籍法作了修改，取消了有关种族、性别等歧视性条款。大陆法系中有代表性的法国国籍法，经 1973 年修正后，实行了男女平等、非婚生子女同婚生子女享有平等地位的原则。很多国家也作了类似的修改。这反映了社会进步思潮影响在发展。

特别值得重视的是，新独立国家所制定有关国籍的立法原则和实践。它们根据本国情况，制定了旨在巩固其国家的团结与统一的国籍法。例如，1961 年塞内加尔在独立后颁布的关于国籍的法律，采用出生地主义和自由选择相结合的原则，规定：凡出生并居住在塞内加尔领土范围内的人，其父母之一方亦出生在塞内加尔，即取得塞内加尔原始国籍；而居住在其国内的来自邻国及前法属西非和赤道的非洲人，均可自由选择塞内加尔国籍。这项法律体现了在国籍问题上采取的开放政策和非洲统一精神，即非洲国家不将来自非洲其他地区的非洲人视为外国人，并优先吸收其入籍的精神。这是对国籍法的一个重要发展。

近年来，区域一体化的形势，也促使有关地区的国家的国籍法日益趋向一致化。欧洲国家在 1963 年签订《关于减少多重国籍和在多重国籍情况下兵役义务的公约》，到酝酿共同体国家统一国籍和北欧国家之间有关国籍问题的协议，都反映了这一进程，成为当前国籍发展中的另一重要特点。这种地区合作精神也推动了国际协商解决国籍冲突的趋势。

从 1930 年海牙公约签订至今半个多世纪以来，国际法有关国籍问题的原则和实践，基本上反映了以下原则：第一，国际法确认各主权国家有权根据其国家利益与需要，制定有关国籍的法律和条例，但同时承认应有若干限制，不能违反国际公约、国际习惯或公认的法律原则，不能违反其所签署的条约或协定中承担的责任。① 第二，一人一个国籍的原则。常设国际法院的咨询意见和国际法院的判决颇能阐明关于国籍问题的这两个重要原则，我们在下面予以详述。

第二节　国籍的主权性及其限制

这一原则集中体现在国际司法机关对 20 世纪四个有关国籍问题的案件的裁决中。

案例一，突尼斯—摩洛哥国籍命令案(Nationality De crees Issued in Tunis and Morocco, Advisory Opinion)②

该案的案情如下：1921 年 11 月 8 日，法国总统颁布了两项命令，分别规定在法国的被保护国突尼斯或摩洛哥领土上出生的子女，如其双亲中的一方虽是外国人，但也出生在突尼斯或摩洛哥领土上，这种子女就是法国国民，但以他(她)年满 21 岁以前，其父亲或母亲同他(她)的亲子关系已依其父或母的本国法和法国法确定者为限。这两项命令同英国当时的国籍法相抵触。依照英国国籍法，英国籍男子在外国所生的子女是英国国民。因此，英国政府反对这些命令适用于英国人，并向法国提议将这个争端提交仲裁。法国以这个争端不能仲裁为理由，拒绝交付仲裁。英国政府即依国际联盟盟约第 15 条，将该问题提交国联行政院。法国政府援用该条第 8 款的规定，主张国籍事项是纯属国内管辖的事项，因而国联行政院对这个问题不能提出任何建议。国联行政院就“法英间关于 1921 年 11 月 18 日在突尼斯和摩洛哥(法属区)颁布的国籍命令及其适用于英国臣民所发生的争端，按国际法是否纯属国内管辖事项”的问题，请求常设国际法院提供咨询意见。

① 参见鲁思·唐纳：《国际法上的国籍制度》，纽约 1994 年英文版，第 28-29 页。

② 参见李浩培著：《国籍问题的比较研究》，商务印书馆 1979 年版，第 21-27 页。

常设国际法院在1923年2月7日提供的咨询意见中指出："纯属国内管辖"这几个字似乎是意指某些事项，这些事项虽然和一个以上的国家的利益密切相关，但是原则上不由国际法加以规定。对于这些事项，国家是唯一的裁判者。

关于某一事项究竟是否纯属一国管辖，主要是一个相对的问题，它依国际关系的发展为转移。因此，在国际法的现在状态下，国籍问题，按照本法院的意见，原则上是属于这个保留范围之内的事项。

很可能发生这样的情形，在一个原则上不由国际法规定的事项上，如像在国籍事项上那样，一个国家使用其自由裁量的权利，仍然可能由于它对其他国家所承担的国际义务而受到限制。在这种情况下，原则上属于国家的管辖权就被国际法规范所限制。

法院认为，本案涉及的法国的两项国籍命令并不是针对在法国自己领土内出生的人。关于法国同突尼斯、摩洛哥两国的保护关系条约对英国是否产生法律效力的问题，只能依国际法解决。

英国政府主张，在突、摩两国处于法国保护之下以前，英王由于1875年和1856年分别与该两国缔结的条约，取得了在该两国的领事裁判权，因而侨居在该两国的英国人不受该两国法权的支配，该两国以及作为保护国的法国自然无权对英国人强加该两国的国籍。对此，法国政府提出下列理由进行抗辩：由于英国政府1883年6月20日致法国的照会以及英、法两国政府1897年9月18日的协定和英国加入的1911年法德专约，英国在突、摩两国已不再享有领事裁判权。英国政府对于这些条约和照会提出了与法国政府不同的解释作为反抗辩。常设国际法院认为，这就涉及国际条约义务的解释问题，这个问题显然不是纯属于一国国内管辖的问题。

英国政府还援引1897年9月18日英法协定中的最惠国条款，主张1896年9月28日法意领事专约第13条规定的利益。该条明文规定意大利国民在突尼斯保留其国籍。英国认为英国国民也应当享受这种利益。法国则否认该项条约可以适用于本案。法院认为，既然双方对条约的解释和适用有互相矛盾的意见，如果不解决这些条约的适用和解释问题，就不可能解决法国究竟是否有权颁布在突尼斯和摩洛哥境内适用的国籍命令以对英国法上的英国人给予法国国籍的问题。该国籍法令必须根据法国和英国援引的国际条约加以考虑。

常设国际法院对本案的咨询意见的结论是：根据国际法，英法间的争端并不纯粹属于法国国内管辖的范围。

作者认为，国籍是连结个人和国家的法律纽带。国籍问题属于每个国家的主权，这是本案的咨询意见着重阐明的一项重要的国际法原则。

虽然国籍随着全球分为一系列国家而产生，并且随着国际关系的发展而发展，一国的国籍也对其他国家产生影响，但是，按照现行国际法，国籍问题原则上是属于每个国家主权的事项，或按本咨询意见的说法，“原则上处于每个国家国内管辖的保留范围之内”。因此，每个国家有权以自己的法律决定谁是它的国民。一方面这个原则表明了国籍是涉及国家主权和重要利益的问题，各国力图把它保留在国内管辖的范围之内；另一方面，也说明现代国际法在这个问题上尚处于比较原始的发展阶段。随着国际关系和国际法的不断发展，调整国籍问题的原则和规则中的国际法因素将进一步增加。

本咨询意见阐明的另一项重要原则是，国籍问题属于每个国家的主权并不是没有限制的。

案例二，取得波兰国籍案(Acquisition of Polish Nationality Case)①

这是常设国际法院应国际联盟的请求为解决在取得波兰国籍问题上发生的冲突所发表的咨询意见。

本案涉及的法律问题是：1919 年 6 月 28 日，协约国和参加国与波兰订立的少数民族条约关于取得波兰国籍的第 10 条的解释是否属于国际联盟的管辖范围之内？如果回答是肯定的，那么它的解释应该怎样？按照该条，波兰承认符合下列条件的人取得波兰国籍，“在该领土(即移转给波兰的领土内)出生的属于德国、奥地利、匈牙利或俄国国籍的人，其父母的住所是在该领土内者，即使在本条约实施时，他们本人的住所不在该领土内”。波兰政府主张，该条的正确解释是：这些人的父母必须在这些人出生时以及在本少数民族条约发生效力时都在波兰有住所，他们才可以取得波兰国籍。因而波兰主张不符合这两个条件的那些德国人仍然是德国人，而不取得波兰国籍，波兰对他们仍应适用为德国人规定的法律。这样，波兰企图避免其由于少数民族条约所承担的义务。

常设国际法院在咨询意见中重申了按照国际法，国籍问题属于每个国家的主权的原则，“……一般地说，一个主权国家有权决定谁应被认为是它的国民，这是正确的”。但是，法院认为这项原则并不是毫无限制的，所以它接着指出，“这个原则只是在上述条约义务的限制下方可适用，这也是正确的”。法院认为，国际联盟根据上述少数民族条约第 12 条对少数民族权利的保障，

① 参见[美]鲁思·唐纳：《国际法上的国籍制度》，纽约 1994 年英文版，第 56-59 页。

由于该约第 4 条，扩及于德国人取得波兰国籍的权利；该第 4 条的解释属于国联的职权；而且该条约的文字非常清晰，应当直接适用。所以德国籍父母在移转于波兰的领土内所生的子女，只需该父母在子女出生时在该领土内有住所，就足以使该子女取得波兰国籍，而无须如波兰所主张的那样，该父母在条约实施时也必须在该领土内有住所。

在作者看来，这是确认国籍问题属于国家主权原则的又一国际判例。关于国籍的得失，各国多半采取不同的政策，难以制定统一的法律规则。《关于国籍法冲突的若干问题的公约》第 1 条规定，“每一国家依照其本国法律断定谁是它的国民”。第 2 条规定，“关于某人是否具有某一特定国家国籍的问题，应依照该国的法律予以断定”①。

本案和突—摩国籍命令案都表明，国籍问题属于国内管辖事项并不是绝对的，法院在肯定国籍问题的主权原则时，加上了“原则上”的限定词。赋予个人国籍的主权可能因国际条约的缔结而受到限制，本案就是属于这种情况。另一项限制是，国际法禁止一国规定外国国籍，这项原则也得到了几乎一致的承认。

案例三，奥本海默诉卡特莫尔案(Oppenheimer V. Cattermole)②

1954 年和 1964 年，英国和德意志联邦共和国(以下简称德国)两次缔结了避免双重征税专约，旨在使具有英国和德国双重国籍的人，对于从联邦德国领取的报酬，享受所得税的豁免。奥本海默属于犹太民族，在出生时按照 1931 年德国国籍法是德国人。他在 1939 年纳粹迫害犹太人期间离开德国，而在 1948 年由于入籍而成为英国国民。英国法院要解决的问题是：奥本海默在 1953 年至 1968 年期间从联邦德国取得的两笔养老金是否须缴纳英国的所得税。毫无疑问，由于他于 1948 年在英国入籍，他在这个时期是英国国民；问题在于：在同一时期，他是否还保留德国国籍？如果他同时具有德国国籍，那么按照上述避免双重征税专约，他就可以享受所得税的豁免，否则他就没有这种权利。

英国上议院在 1975 年对此案的上诉判决中，在解决奥本海默是否具有德国国籍问题时，适用了一个人是否为某一国家国民的问题，原则上必须适用该国国内法的规则。与本案有关的德国国内法规定有两个：一个是德国纳粹时期

① 王铁崖、田如萱编：《国际法资料选编》，法律出版社 1986 年版，第 109 页。

② 参见[美]鲁思·唐纳：《国际法上的国籍制度》，纽约 1994 年英文版，第 172-174 页。

公布的1941年11月25日的条例，该条例规定，“惯常居所在外国的犹太人不得为德国人。犹太人在本条例发生效力之日如在外国有其惯常居所，即丧失德国国籍”。另一个是1949年德意志联邦共和国基本法第116条第2项的规定，“在1933年1月30日至1945年5月8日期间内由于政治、种族或宗教原因被剥夺德国国籍的前德国人及其后裔，应根据申请，重新入籍。他们应被认为未曾被剥夺国籍，但以他们在1945年5月8日以后在德国设定居所，且未表示相反的愿望为条件”。

英国上议院在适用德国法时也适用了德国联邦宪法法院的判例。按照德国联邦宪法法院1968年的一个判决，上述1941年11月25日的纳粹条例被认为自始无效，从而奥本海默并未因该条例的施行而丧失德国国籍。但是，该宪法法院在1968年还有一个判决认为，“就并未取得外国国籍的被迫害人而言，宪法第116条第2项的效果是：虽然他们未因出境而即丧失德国国籍，然而德国并不把他们当作德国人看待，除非他们由于设定居所或提出申请主张其德国国籍”。

英国上议院根据德国宪法法院的这个判决，认为奥本海默在1945年5月8日以后既未在德国设定居所后，又未向德国政府申请重新入籍，既然德国因此并不把他当作德国人看待，实际上他已丧失德国国籍。所以在1953年至1968年期间内，他只有英国国籍，从而不能享受上述避免双重征税专约所规定的所得税豁免。

作者的意见是：一个自然人是否具有某一国的国籍，原则上应依该国法决定。这个决定自然人国籍的准据法原则，为现代世界各国的国际条约、国内立法、判例和学说所承认。这也是本案判决所明确适用的一项原则。

这个原则的理由是清楚的。既然按照国际法，每个国家有权以其自己的法律决定谁是它的国民，既然一国不得规定它国的国籍，那么很明显，要知道一个人是否具有甲国国籍，就只能适用甲国的法律，而不能适用其他任何国家的法律来判定。因此，在本案，英国上议院在判定原告奥本海默是否具有德国国籍时，是用德国国内法来裁量的，应该说这是正确的。

案例四，诺特鲍姆案(Nottebohm Case)①

本案的案情是：弗里德里希·诺特包姆1881年生于德国汉堡，其父母均为德国人。依德国国籍法规定，诺特包姆在出生时即取得了德国国籍。1905年，在他24岁时离开了德国到危地马拉(以下简称危国)居住并在那里建立了

① 参见[美]鲁思·唐纳：《国际法上的国籍制度》，纽约1994年英文版，第59-64页。

他的商业活动中心和发展事业。他有时出差到德国，或到其他国家度假，还曾经去探望他的自1931年起就居住在列支敦士登(以下简称列国)的兄弟，但直到1943年他的永久居所地都在危国。大约在1939年他离开危国到汉堡，并于同年10月到列国做短暂的小住，然后于同年10月9日，以德国进攻波兰为标志的第二次世界大战开始的一个多月后，他申请取得了列国的国籍。

依列国1934年1月4日公布的国籍法规定，外国人取得列国国籍必须的条件有：必须证明他已被允许若取得列国国籍就可以加入列支敦士登的家乡协会。免除这一要求的条件是须证实归化后将丧失他以前的国籍；——至少在列国居住三年，但这个条件在特殊情况下可以作为例外而免除；申请人需要与列国主管当局签订一项关于纳税责任的协议并交纳入籍费。如符合上述规定的条件并经列国主管机关的审查批准，列国国王可以赋予他国籍。

诺特包姆申请取得列国国籍，同样适用该法的规定。但他寻求了三年居留期的例外，并交了25000瑞士法郎给列国的摩伦公社和12500瑞士法郎的手续费，以及1000瑞士法郎的入籍税，并交了申请应交纳的一般税和30000瑞士法郎的安全保证金以满足规定。同年10月13日，列国国王发布敕令，准他入籍和发给国籍证明。10月15日他取得了列国摩伦公社公民资格，10月17日得到完税证明，10月20日他进行了效忠宣誓，10月23日签订了纳税协议。10月20日他得到了列国政府颁布的国籍证书和护照。

同年12月1日，他得到了危国驻苏黎世总领事馆签发的入境签证。1940年初，他返回了危国，继续从事他的商业活动，并申请将他在外国人登记册上注明的德国国籍改为列国国籍，得到了危国当局的准许。1941年12月11日危国向德国宣战。1943年11月19日危国警察当局逮捕了诺特包姆，并把他交给了美国军事当局拘留在美国。同时扣押和没收了他在危国的财产和商店。危国还于1944年12月20日作出了取消把他登记为列国国民的行政决定。1946年他获释后，向危国驻美国领事馆申请返回危国，遭到了拒绝后他只得到列国居住。同年7月24日，他请求危国政府撤销1944年关于取消他登记为列国国民的决定，也遭到了拒绝，致使列国于1951年12月7日向国际法院提起诉讼，反对危国逮捕诺特包姆和没收他的财产，认为这是违反国际法的，应给予损害赔偿和补救。危国对国际法院的管辖权提出了初步反对。

国际法院于1953年11月18日对它的管辖权作出裁决，确认它对本案有管辖权，否认了危国关于管辖权的初步反对。之后，对本案进行了审理，并于1955年4月6日作出判决：驳回列国的请求，支持危国的抗辩，认为危国提出了一项很好的原则，即国籍是个人与国家间联系的基础，也是国家行使外交保护的唯一根据。但法院并不认为由于列国赋予了诺特包姆国籍，它就有了对抗危国的根据，法院也没有考虑诺特包姆列国的国籍效力。

国际法院认为，国籍是属于国家的国内管辖范围，国籍的取得是国内法规定的，行使保护权是国际法问题。国际实践证明，国家行使国内管辖的行为不是必然地或自动地具有国际效力。当两个国家都赋予一个人国籍时，问题就不再属于其中一个国家的国内管辖，而扩展到了国际领域，如果它们的观点限于国籍专属国内管辖，那么处理这种事件的国际仲裁者们或第三国法院将允许冲突存在。为了解决这种冲突，它们恰恰相反要确定，是否如此赋予的国籍就加诸了有关国家承认该国籍效力的义务。为了解决这个问题，它们提出了一项标准，选择了真实有效的国籍，即该国籍符合基于个人与国籍国间有最密切的实际联系的事实。所谓最密切的实际联系的事实包括惯常居所地和利益中心地、家庭联系、参加公共生活、对子女的灌输、对特定国家流露出的依恋等。不同的因素在不同的案件中的重要性是不同的。

这种观点得到了学者们的普遍支持。并且一些国家拒绝对一个归化了的人实行保护，当该人实际已与该国割断了联系。这一实践证明，一国以国籍来反对别国时，该国国籍必须符合实际情况。

因此，国际上认可国籍资格的标准与国际法准许各国规定它的国籍取得规则是矛盾的，但国家不能主张它有权要求别国承认它的国籍规则，除非这规则是按普遍目的制定的，即根据国家和个人之间的有效联系赋予国籍。

根据国际实践，国籍是个人与一个国家的人口有更密切的联系这一事实的法律表述。只有当国籍把个人与赋予国籍国的这种密切联系转变为法律关系时，它才使该国有行使外交保护的权利。从实际看，诺特包姆案并不属于这种情形，他取得国籍时看不出他的传统、事业、利益、活动、家庭以及将来的意向与列国有密切联系，他与列国的联系并不强于别国。而他一直保持着他的家庭和事业与德国的联系。没有事实证明他取得列国国籍的目的是脱离德国政府。另外，他已在危国居住了 34 年，该国是他的利益和商业活动的中心。直到 1943 年由于战争中采取的措施才迫使他移出，并控诉危国拒绝重新接纳他，他的家庭还断言他期望在危国度过晚年。相比之下，他与列国的实际联系是极其微弱的。因为 1946 年危国拒绝接纳，他才去了列国，这更可以说明他与列国没有任何联系，而却保持了与危国长期的密切的联系。他取得列国国籍，也无法削弱这种联系。他加入列国国籍并非基于他与该国先有真实联系，也没有使他改变生活方式，如果赋予的国籍要在危国得到尊重，这样重要的行为在这两方面都缺乏必要的真实性。诺特包姆的国籍是在未考虑国际关系中采取的国籍概念而被赋予的。他要求入籍的目的只是为了取得法律上承认他是列国人，只不过是想以一个中立国的国民身份取代他的敌侨地位，寻求列国的保护是他唯一的目的。而并非为了他开始热爱该国的，因此而改变他的传统、利益、生活方式，或为了履行获得该地位有关义务和行使有关的权利。所以，列国不得以此作为行使外交保护权的根据。

作者认为，本案是采用实际国籍作为在外交保护中确定请求国籍标准的一个重要的国际判例。

本案的判决提出了一个实际国籍原则。作为规定个人国籍的取得和丧失只要不违反一般国际法原则，应属各国的国内管辖事项。但国籍要在国际上有效，一国以其赋予的个人国籍作为反对另一国，以此国籍作为行使外交保护权的根据，则要求该国籍必须反映个人与国籍国之间的最密切的实际联系。所谓最密切的实际联系包括个人的惯常居所地、利益中心地、家庭关系、对子女的灌输、参加公共生活以及对国家的依恋等联系事实。一个人由于与某个国家保持着密切的实际联系的结果而取得了该国国籍，这样的国籍才符合国籍的概念。如果个人的国籍并不反映他与国籍国的最密切的实际的联系，或根本就没有联系，那么他的国籍国就不得以该国籍作为其行使外交保护权的根据。别国可以拒绝它提出的外交保护之请求。在本案中，诺特包姆的父母均为德国人，因出生取得德国籍。直到他 24 岁时才离开德国到危国发展事业，但他依然保持着与德国的密切联系，在他取得列国国籍之前一直是德国人。故德国国籍是他的实际国籍。他加入列国国籍的目的是逃避战争灾难，寻求中立国的保护，并不是因为他与列国有实际的密切联系。因此，危国依然视他为德国人，“二战”中把他当敌侨对待，而拒绝列国对他的外交保护的请求。国际法院支持了危国的立场，驳回了列国的要求。

上述四个案例主要说明了国籍问题属于每个国家的主权及其限制的国际法原则。

第三节 国籍唯一原则

国籍唯一原则是关于国籍问题的第二个国际法原则。这个原则推动了各国国籍法及有关国际协议朝着减少及消灭国籍冲突的方向作出努力。1930 年海牙公约宣布任何人都应有国籍，而且只应有一个国籍，提出以消灭无国籍及双重国籍为奋斗目标。公约对出籍、已婚妇女的国籍、领养、子女国籍都作了规定，强调在退出或丧失国籍时必须以取得另一国籍为条件，旨在避免出现无国籍状态。但公约承认双重国籍，规定有两个以上国籍者，各该国国籍均得视其为国民，并且相互不得行使外交保护，反映了公约本身的局限性。1948年《世界人权宣言》重申人人有权享有国籍，不得任意予以剥夺，或否认其改变国籍的权利。1961年关于减少无国籍的公约，对于防止在个人出生时即成为无国籍人，防止由于个人身份变更或父母丧失国籍而成为无国籍人、防止放弃国籍或剥夺国籍而造成无国籍等，都有比较详细的规定。公约确认：缔约国不得以种族、人种、宗教或政治为理由而剥夺任何人的国籍。关于无国籍人地位的公约，规定缔约国应给予无国籍人以相当于外国人的待遇，在教育、就业、法律帮助、社会保险、救济等方面，则应使他们得到与本国人同等的待遇。《关于已婚妇女的国籍公约》规定，妇女与外国人缔结或解除婚姻关系，或夫变更国籍时，并不影响妻的国籍，从而使妇女不致因婚姻关系而被迫放弃其原来国籍。同时，又能在自愿申请取得其夫的国籍时，受到特别照顾。上述国际公约对于减少国家之间在国籍问题上的法律冲突，保障个人的法律地位，减少无国籍状态，有一定的积极意义。可以说，保证人人都有国籍，而且应该只有一个国籍；保证已婚妇女有选择国籍和保留原来国籍的权利；减少无国籍并规定如父母无国籍，其子女应取得出生地之国籍；保护无国籍人和难民的基本权利等已成为国际法公认的原则。

但是，在国际社会的现实生活中，国籍方面的不正常状态依然大量存在。现有的国际规定显然已远远不能适应当前的需要。近年来，难民问题已成为世界性问题。继巴勒斯坦难民、印支难民和阿富汗难民之后，又有数以百万计的前南斯拉夫难民、布隆迪难民、卢旺达难民以及其他地区的大批难民，流徙外国，甚至在海上漂泊，其范围、性质和影响已大大超过了《关于难民地位的国际公约》及议定书所考虑的情况。该公约所规定的条款大多已无法适用，失去了实际意义，而国际上至今还没有法律文件对目前的难民地位和状态作出规定。而仅限于提供救济、暂解倒悬之苦，并未从根本上全面研究和加以处理，致使难民问题在目前形势下，已成为很多国家的沉重负担和国际社会的一个不稳定因素。国际社会和国际法应该谴责利用国籍问题制造纠纷，挑拨离间，尤其是制造大批难民的行为，并予以制裁。一般的国籍纠纷是难以避免的，并且在新的形势下还会以各种不同的形式出现，只有通过国际协商，制定合理的法律原则，妥善加以解决，才是唯一正当的途径。在这方面，国际立法应该适应形势的发展，迅速制定有关的法律文件则是当前十分迫切的任务。

此外，国籍唯一原则也同样适用于法人、船舶、民用航空器。这是所有国籍主体和准主体应共同遵循的原则。

第三章　现代国籍法的发展趋势

尽管含有近代内容的国籍的概念在 16 世纪一些大国建立以后就已开始形成，[①] 但在 20 世纪以前的几百年的时间里，国籍法的历史发展十分缓慢。只是到了 20 世纪以来，尤其是“二战”以后，随着国际间交通的日益便利，人员流动的愈趋频繁及跨国婚姻、收养关系的不断增多，国籍法才获得了前所未有的发展，这些新发展主要表现在以下几个方面：

第一节　国籍法的单行立法已成普遍趋势

在 18 世纪以前，世界上相当一部分国家，尤其是欧洲一些封建国家把人口按等级和职业团体等分成不同的类别，并据此来确定他们享有权利和承担的义务的不同。[②] 因此在那时，对等级和职业团体的隶属在法律上具有重要意义，而对国家的隶属(国籍)相对来说并不是很重要，因而国籍问题也就基本上没有成为立法工作的重点。资产阶级革命以后，国家开始把一些重要的权利和义务赋予它的国民，本国人和外国人所享有的权利和承担的义务并不完全相同，尤其是一些政治权利的享有往往是以具有国籍为先决条件。这样，以法律明确规定取得和丧失国籍的条件也就必不可少，国籍问题也就成了各国立法的客体。

综观当时各国有关自然人的国籍立法方式，除极个别国家以外(普鲁士曾于 1842 年 12 月 31 日颁布过一部国籍法)，绝大多数国家规定国籍事项的国内法规范，基本上包括在宪法和/或居民法中，没有单行国籍法。之所以在宪法中规定国籍，乃是由于国籍决定一国的人口以及对一国的政治权利的享有以取得该国国籍为条件。之所以在民法中规定国籍问题，则是由于赋予外国人以国

① [法]亨利・巴蒂福尔等著：《国际私法总论》，陈洪武等译，中国对外翻译出版公司 1989 年版，第 78 页。

② 李浩培著：《国籍问题的比较研究》，商务印书馆 1979 年版，第 34 页。

民待遇原则的做法并没有得到各国的承认和采纳，内国人与外国人享有的民事权利义务的范围相差甚远。

法国是在宪法中和民法中规定国籍问题这两种立法例的首倡者，而后它又为许多其他国家所仿效。法国 1791 年的法律性文件和 1804 年的民法典中都含有法国国籍的规定。① 在民法典中载有关于国籍的条款的还有：1811 年的《奥地利民法典》、1829 年的《荷兰民法典》、1865 年的《意大利民法典》、1888 年的《西班牙民法典》等。至于在宪法中规定国籍事项者，更是比比皆是，如 1886 年 4 月 21 日的哥伦比亚宪法第 8 条第 1 款第 1 项规定，“在哥伦比亚出生的人，符合两个条件之一者，即其父或母也出生在哥伦比亚境内者，或者在外国人的子女的情形下，该子女在哥伦比亚境内有住所者，由于出生而是哥伦比亚国民”。又如，墨西哥 1857 年宪法第 1 编第 2 章第 30 条第 3 款规定，“在共和国境内取得不动产或有墨西哥国籍子女的外国人，是墨西哥人，但以这种人并未表示意欲保留其自己的国籍为限”。美国 1868 年的《宪法》第 14 条修正案也对美国国籍问题作出了原则性的规定。许多拉美国家，如委内瑞拉、巴拉圭、秘鲁、尼加拉瓜等，均仿效美国的做法，在宪法中对国籍事项作出了规定。

一般来说，无论是在宪法中规定国籍问题，还是在民法中规定国籍问题，往往只是对原始国籍的取得予以了简单的、原则性的规定，并未涉及国籍的传来取得、国籍的变更、恢复、丧失以及国籍的抵触的解决等诸多事项。在 20 世纪以前，由于国籍问题并不十分复杂，国籍关系也较为单一，所涉事项相对较少，因而还没有暴露出这种笼统规定方式有何缺陷和不便。但是，自 20 世纪初以来，特别是第二次世界大战以后，由于交通工具的不断更新、人员跨境流动日趋频繁、国际婚姻、收养关系的日益增多，这种简陋的立法方式的缺陷暴露无遗，已远远满足不了调整国籍关系、解决国籍问题之实际需要。在这种情况下，国籍法的单行立法方式也就应运而生，并风靡世界各国。如首创把国籍规定包括在民法典内的法国，1927 年颁布了一部单行国籍法。1945 年，该国籍法更是被修订成了一部非常完备的，包括 151 个条文的法国国籍法典。1973 年，法国政府对该典几乎全部重新改写，又增加了不少内容。迄今为止，世界上绝大多数主权国家都制定了单行国籍法，而且不少国家的国籍法在短短几十年里经过了多次修订，内容不断充实。如阿根廷于 1954 年制定了国籍法。1965 年又对该国籍法予以重大修改。又如，比利时早在 1932 年就制定了一部

① 1804 年《法国民法典》第 9、10、12，17～21 条都是有关国籍问题的条款。

单行国籍法，1984年6月28日的一项法令更是将其修订成了一部内容详尽的国籍法典，1991年6月13日的法令再次对其予以重新修订。

这些单行国籍法，少则几十个条款，多则达到近200个条款，内容已相当详明，结构已具备法典之形式要求，涉及了国籍问题的方方面面。日本单行国籍法于1985年1月1日生效实施，共19条。该法对国籍法的目的，根据出生或承认为婚生子女取得日本国籍以及归化、国籍的丧失、国籍的选择、国籍的恢复和相关的程序与手续作了具体、详细的规定。这是当今国际社会比较典型、完整的单行国籍法。而我国1980年9月10日颁行的《中华人民共和国国籍法》及其在香港、澳门特别行政区实施的立法解释，使我国不仅仅停留在单行国籍法的层面上，而且是与相关的配套法规以及《宪法》相协调，构成了完整、全面的国籍法律制度。

第二节　国籍法的国际渊源不断增多

第一次世界大战以前，按照传统国籍法，国籍问题完全属于各国国内管辖的保留范围之内，国籍立法基本上处于各自为政的局面。但现在，国籍法的触角很明显已伸入到国际领域，国籍问题已不再完全属各国保留事项，国籍的概念已处在从国内秩序跻身于国际秩序的时刻。这主要体现在：一方面，国际习惯法对于国籍的确定已逐渐形成了一些原则和规则；另一方面，为了防止、消除国籍的冲突(包括国籍的积极冲突和消极冲突)，国际上出现了越来越多的多边和双边条约。

至于在国籍问题方面存在哪些习惯国际法规则，不同的学者看法并非完全一致。如韩国学者柳炳华认为，国际习惯法对于国籍的确定，揭示了如下一些基本原则：禁止规定外国国籍的原则，国籍唯一原则，防止无国籍原则，国籍的赋予基于国家和其对自然人、法人、船舶和航空器之间密切的联系的法律原则。① 奥地利学者菲德罗斯则以为从国际惯例和仲裁庭的裁决中，可以抽出下列原则：(1)每个国家只可以对同它处于较为密切的实际关系的人，授予它的国籍；(2)只是在本人也同意的条件下，一个自己有权能的外国人才可以入籍，一个已出籍的人才能回复原籍；(3)只是在国际法上有效的兼并或割让的情况下——在并无相反的条约规定时——即使不得到关系人的同意，也可以使

① 参见[韩]柳炳华著：《国际法》(上册)，朴国哲等译，中国政法大学出版社1997年版，第308页。

他们入籍，但以他们在被割让的领土内设有他们的经常住所为条件；(4)对于申请取得国籍人的妻子和未成年子女，也可以不得到她们的同意，而赋予她们以国籍；(5)对于在内国已永久居住的外国人，也可以要他就申请取得内国国籍或者离去内国领土两者之间作出选择；(6)每个国籍必须表现出对本国具有一个永久性的事实关系的原则，也发生下列结果：规定将国籍的丧失以正式准许退出国家团体作为条件的那些法规，在国际法上是没有效力的；(7)禁止各国对享有治外法权的人在各该国领土内所生子女，适用出生地主义；(8)占领当局对其所占领的领土内的国民所强加的入籍在国际法上是无效的①。关于国籍的国际条约，既存在大量的双边条约，也有一定数目的多边条约或公约。

双边国籍条约数目众多，其目的主要在于消除、减轻或防止国籍积极冲突(即多重国籍)，或减轻这种冲突所发生的一些不幸后果。双边国籍条约由于它们为了达到这个目的所采用的方法并不相同，还可以分为两类：其中一类只是规定在两个相抵触的国籍中，给予一个以优越的地位，而并不取消另一个，借以消除由于国籍抵触所发生的不幸后果，而并不改变缔约国双方的有关国籍法规定。

另一类双边国籍条约则规定，在缔约国双方相互关系的范围内，将缔约国双方的某些国籍法规定变更，而规定统一的国籍法规范，借以消除，减轻或预防国籍抵触。在这方面，中国和印尼 1955 年签订的解决双重国籍问题的条约是一个很重要的双边条约，其中作出了不少在两国间的关系上统一的国籍法规定，借以在两国间消除已发生的双重国籍，并且防止此后发生双重国籍的可能性。此外，1957 年 12 月 16 日前苏联与朝鲜人民民主主义共和国签订的规定双重国籍人国籍的条约也是一个在具体的内容上颇具特色的双边国籍条约。②

有关国籍问题的多边国际条约或公约，大体上也可以分为两类。第一类只是就国籍事项中的某一个或某几个具体问题作出规定。如对于国籍的积极冲突和消极冲突问题，1930 年海牙国际法编纂会议制定过《关于国籍法冲突的若干问题的公约》、《有关某些双重国籍情形中兵役义务的议定书》、《有关某种无国籍的议定书》，联合国消除或减少将来无国籍会议于 1961 年 8 月 28 日通过了《减少无国籍公约》，欧洲理事会成员国于 1963 年 5 月 6 日签订了《关于减少多重国籍情况和在多国籍情况下兵役义务的(欧洲)公约》。此外，1928 年第

---

① 参见菲德罗斯等著：《国际法》(上册)，李浩培译，商务印书馆 1979 年版。第 367-371 页。

② 李浩培著：《国籍问题的比较研究》，商务印书馆 1979 年版，第 225-226 页。

六次泛美会议所通过的《布斯塔曼特法典》中也包含有关于决定国籍的准据法和解决国籍冲突的规定。又如，在妇女国籍问题方面也缔结过以下一些公约：拉丁美洲国家曾在蒙得维的亚缔结了《有关妇女的国籍的公约》，1957 年 1 月 29 日联合国大会通过了《已婚妇女的国籍公约》。

第二类多边国际条约则对国籍问题作了一揽子规定，而非针对国籍事项某个具体问题。在这类多边国际条约中，欧洲理事会于 1997 年 11 月 6 日订于斯特拉斯堡的《欧洲国籍公约》乃是一典型范例。

除了以上有关自然人国籍的国际条约以外，在法人的国籍、船舶和航空器的国籍方面，国际社会也缔结过一些相关的条约或公约。例如，1965 年的关于《解决国家与他国国民间投资争议的公约》对法人具有争端对方国国籍者的管辖问题作了明确规定。而 1972 年 12 月经联合国经济及社会理事会通过决议，成立跨国公司专门委员会，并设立“跨国公司中心”作为其业务执行机构，提出把拟订跨国公司行为守则列为优先项目，1990 年 5 月 21 日拟订了《联合国跨国公司行为守则》最新草案。该行为守则草案包括 6 个主要部分，涉及跨国公司的国籍与待遇等诸多问题。在船舶国籍方面，1958 年的日内瓦《公海条约》和 1982 年的联合国《海洋法公约》、1974 年的《国际海上人命安全公约》、1958 年的《关于在外国登记的船舶上的海员服务协议的建议》、1926 年的《海员协议条款公约》、1966 年的《国际船舶载重线公约》、1984 年的《船舶登记条件公约》，等等，均或多或少地对船舶国籍的取得、丧失与变更问题作了规定。在航空器国籍方面，也有不少国际条约或公约，诸如 1944 年的芝加哥《国际民用航空公约》、1919 年的《巴黎空中航空管理公约》、1963 年的东京《关于在航空器内的犯罪和犯有某些其他行为的公约》、1970 年的海牙《制止非法劫持航空器的公约》、1971 年的蒙特利尔《制止危害民用航空安全的非法行为的公约》、1952 年的罗马《关于外国航空器对地(水)面第三者造成的损害公约》、1988 年的《蒙特利尔议定书》、1948 年的日内瓦《关于国际承认对航空器的权利的公约》、1944 年的《国际航班过境协定》和《国际航空运输协定》，分别对民用航空器国籍的确定、变更、标志以及相关的权利义务问题作了具体规定。

可见，无论是自然人国籍还是法人国籍，也不论是航空器国籍还是船舶国籍，均不缺乏国际法渊源。国籍方面的国内立法与国际条约或公约，共同构成了国籍法的有机体系，是当今国际社会调整和规定法人、自然人、船舶和航空器国籍的基本规范。

第三节　国籍法的内容日趋进步

一、内含男女平等原则的双系血统主义逐渐成为确定自然人原始国籍的主导标准

在根据亲子关系赋予个人以原始国籍时，体现男女平等的双系血统主义取代了歧视妇女的单系血统主义或父系血统主义。在早期大多数国家的国籍法中，往往是把父亲的国籍作为赋予子女原始国籍的标准，而母亲则由于无条件的“妻随夫籍”原则并不保有自己原来的与其夫不同的国籍，或者即使允许妻子的国籍与其丈夫的国籍不一样，她的国籍对子女的国籍没有任何影响。如1924年10月9日的伊拉克国籍法第8条第1款规定，“任何人出生时，其父为伊人者，不论在何地出生，都应认为是伊拉克国民”。有些国家的国籍法，尽管在一定程度上承认母亲的国籍对其子女的国籍具有一定的影响，但大多只是作为例外情况来对待或者附加一定的限制。如1950年5月27日丹麦国籍法第1条第1项规定，“下列各人在出生时取得丹麦国籍：

(1)婚生子女，其父是丹麦人者；

(2)婚生子女，出生在丹麦，其母是丹麦人，其父国籍或该子女并不由于出生而取得其父的国籍者；

(3)非婚生子女，其母是丹麦人者”。

又如，法国1945年国籍法典规定，婚生子女其父为法国人者，不论是否出生于法国，在出生时即根据血统原则赋予法国国籍。而婚生子女其母是法国人者，只有在符合下列条件之一时，方能根据血统原则赋予子女法国国籍：

(1)其父是法国人；

(2)其父国籍不明；

(3)其父是外国人，而该婚生子女出生于法国；

(4)该婚生子女出生于外国，且其父是外国人时，虽然在出生时即为法国人，但得于成年前6个月内放弃法国国籍。

第二次世界大战以后，随着男女平等思想日渐深入人心，在国籍方面男女平等观念也为越来越多的国家的国籍法所吸收。如1992年2月5日的意大利国籍法规定，“父或母一方为意大利人者，其子女出生时取得意大利国籍”。又如澳大利亚1986年公民法明确规定，所有1986年8月20日以后出生的儿童，如果其父母任何一方于其出生时具有澳大利亚国籍或在澳大利亚有住所，

则获得澳大利亚国籍。1973 年法国修订国籍法完全废弃了 1945 年的国籍法中的歧视妇女的做法，而是十分明确地规定，“子女，不论婚生或非婚生，至少其双亲之一是法国人者，为法国人”。至于 1991 年瑞典政府提交的有关国籍问题的建议案更是进一步强调了母亲的国籍对子女的国籍的影响，该建议案指出：瑞典公民所生的子女自动取得瑞典国籍。如果该子女的母亲是瑞典人，而其父亲不是瑞典人，该子女亦取得瑞典国籍。如果该子女的父亲为瑞典人而其母亲不是瑞典人，则只有在下列情况下，该子女才能获得瑞典国籍，即在该儿童出生时或在该儿童出生前其父死亡时，其父为瑞典人或其父与其母存在有效婚姻。在这里，母亲的国籍对子女的国籍，相对于父亲的国籍而言，影响更大。

二、国籍与婚姻关系的分离趋势日益强化

在婚姻问题上，女子国籍独立原则逐渐取代了“妻随夫籍原则”。在早期，几乎所有的国籍法都具有这样的规定：内国女子同外国男子结婚，丧失内国国籍，外国女子同内国男子结婚，取得内国国籍。这就是所谓的无条件的“妻随夫籍”原则。这个原则乃男尊女卑思想在国籍法中的具体反映。如 1804 年的《法国民法典》第 12 条和第 19 条第 1 款分别规定，“外国妇女与法国人结婚者，依从其夫的地位；法国妇女与外国人结婚者，依从其夫的地位”。自法国民法典树立这个原则以来，在整个 19 世纪以及 20 世纪初，绝大多数国家的国籍法争相仿效。如在英国，1844 年的一个法律废弃了英国普通法中关于已婚妇女国籍独立的做法，而改为规定外国女子与英国人结婚时取得英国国籍的原则。1870 年的一项法律更是规定了英国女子与外国人结婚时丧失英国国籍的原则。1930 年 7 月 22 日的埃塞俄比亚国籍法第 2 条和第 11 条第 2 款也明确规定，“埃塞俄比亚国民同外国女子的正式婚姻，赋予后者以埃塞俄比亚国籍；埃塞俄比亚女子由于同外国人结婚，就丧失埃塞俄比亚国籍”。此外，有些国家的国籍法并未完全采纳“妻随夫籍”原则，而是对原则予以了一定的限制或施加了一定条件。如 1907 年 8 月 22 日的海地国籍法规定，“同海地男子结婚的外国女子依从其丈夫的地位；同外国男子结婚的海地女子保持其海地国籍”。又如，1952 年的瑞士国籍法也规定，“外国女子由于其同瑞士人结婚取得瑞士国籍；瑞士女子同外国人结婚时，如果她由于婚姻而取得或已取得其夫的国籍，且在公告结婚或举行婚礼时并未声明愿意保持瑞士国籍，则丧失瑞士国籍”。

上述无条件的“妻随夫籍”原则或有条件的“妻随夫籍”原则现已为绝大多

数国籍法所摒弃，而女子国籍独立的做法得到了越来越多的国家的国籍立法和实践的承认和采纳。如美国早在1922年9月22日通过的克布尔(Cable)法案中就已大体上确立了妇女并不由于婚姻而当然变更国籍的做法。至于1973年法国的修正国籍法的第37条则明确规定，“婚姻并不当然影响国籍”。目前，仍旧固守“妻随夫籍”原则的国家已为数不多，而且往往是一些极不发达的国家或宗教国家，如阿富汗、利比亚、伊拉克、埃塞俄比亚等。① 与此相反，规定女子国籍独立的国家则日见增多。这些国家的国籍法要么已基本上没有把婚姻列为取得或丧失国籍的方式之一，要么明确规定婚姻并不影响女子的国籍。

此外，值得指出的是，有些国家的国籍法出于避免和消除国籍冲突之目的，规定如果内国女子由于与外国男子结婚根据外国国籍法取得该外国国籍，或外国女子同内国男子结婚根据外国法丧失该外国国籍，为了避免该女子成为双重国籍或者无国籍人，允许该女子在一定条件下丧失内国国籍或取得内国国籍。这样的规定尽管从客观上讲导致了婚姻影响女子国籍之结果，但从本质来看，它并非“妻随夫籍”原则之立法表现。1997年11月的《欧洲国籍公约》更为特别地强调“婚姻关系并不必然导致国籍自动变更原则”，使两者的分离趋势得到了立法的进一步肯定。

三、非歧视性原则的普及和推广

关于非婚生子女的国籍问题。在早期，由于非婚生子女与婚生子女地位并不平等，因而准婚生(或准正)一直是儿童取得或丧失国籍的方式之一。如《法国民法典》第331条规定，非婚生子女必须经过其父母承认，才能由于其父母的嗣后结婚而取得准婚生地位。至于1945年的法国国籍法典则对于婚生子女与非婚生子女在取得原始国籍时所应具备的条件予以不同的规定。根据法典第17至19条的有关规定，非婚生子女只有在其符合下列条件之一时，方能在出生时取得法国国籍：

(1)该非婚生子女与其双亲中具有法国国籍的一方的亲子关系首先得到确认；

(2)该非婚生子女与其双亲中具有法国国籍的一方的亲子关系确定在后，但其双亲中与其亲子关系首先被确定的一方为无国籍人或国籍不明；

(3)该非婚生子女其双亲中具有法国国籍的一方的亲子关系确定在后，与其双亲中具有外国国籍的另一方的亲子关系确定在先，但该非婚生子女出生于

① 参见李浩培著：《国籍问题的比较研究》，商务印书馆1979年版，第115页。

法国；

(4)该非婚生子女与其双亲中具有法国国籍的一方的亲子关系确定在后，与其双亲中具有外国国籍的另一方的亲子关系确定在先，且该非婚生子女出生在法国时，虽然在出生时即为法国人，但得于成年前六个月内放弃法国国籍。

很显然，上述规定把亲子关系的确认列为非婚生获得法国国籍的附加条件，带有歧视非婚生子女地位的烙印。不过，我们前面讲到，1973 年的法国国籍法典已完全废除了这一规定，并代之为“子女，不论婚生或非婚生，至少其双亲之一为法国人者，为法国人”这样的体现婚生子女与非婚生子女平等的条款。现在，由于规定非婚生子女婚生子女地位平等的做法已广为接受，因而准正作为非婚生子女取得父母的国籍的一种方式已经从大多数国家的国籍立法中消失。如我国国籍法中的子女既包括婚生子女，也包括非婚生子女。因而，在我国国籍法中并不存在准正问题，更不存在准正对国籍的影响问题。

第四节　国籍法的趋同化倾向正在加强

如前所述，迄今为止，有关国籍问题的国际习惯尚处在形成过程中，不仅涉及的范围较窄，而且其内容也相当原则，缺乏操作性，至于这方面的国际条约尚不是很多，且大多数条约的成员国数目非常有限，规定也十分简单。这样，目前对国籍事项的调整主要还是依靠各国的国内法。但由于各国的历史、文化、传统及立法政策、立法目的存在各种各样的差异，毫无疑问，不同国家的国籍法之间势必会在其适用过程中给国籍法主体带来一定的影响，如造成国籍冲突的产生。无论是自然人，还是法人、船舶和航空器，如果具有双重国籍或处于无国籍状态，则肯定会陷入尴尬境地。比方说，一个自然人如果具有两个或两个以上的国家的国籍，毫无疑问会影响他行使权利或承担义务。又譬如，一个法人如果具有双重国籍，可能会在税收和管理方面遇到不少的难题。正因如此，如何避免和消除国籍的冲突早已成为国际社会关注的焦点。而在避免和消除国籍的冲突的诸种途径中，各国国籍法的完善和相协调在目前来讲无疑是最为有效的措施。

综观世界各国的国籍法，尤其是“二战”以后新制定或修改的国籍法，其相互之间的趋同化倾向越来越明显，而且这种趋同化倾向几乎渗透到了国籍法的各项法律制度。

首先，就有关自然人的国籍的规定来看，越来越多的国家的立法对自然人国籍的原始取得采纳了血统主义和出生地主义相结合的原则，并且为了避免产生国籍的冲突，往往对这两个原则的具体运用设立了一定的限制性条件。如古巴 1954 年 9 月 28 日的国籍法。此外阿根廷国籍法第 1 条第 4 款第 3 项规定，阿根廷人的子女必须在年满 18 岁以前在阿根廷境内设定住所，且其在内国的住所必须不间断地保持至少一年，才由于出生而是阿根廷国民。至于对于自然人入籍的条件，许多国家的国籍法的内容大同而小异，基本上包括在内国有住所、与内国人结婚、放弃其原来的国籍等。如比利时 1991 年修订后的国籍法规定：外国人入籍只有在满足下列条件时，才能得到批准：

(1)该外国人在提出申请时已年满 18 岁；

(2)该外国人已在比利时至少居住 5 年以上，如该人被确认为政治难民或无国籍人，则 5 年的居住时间减至 3 年；

(3)在审查申请阶段，该外国人必须在比利时设立住所。

又如，墨西哥国籍法也规定，外国人入籍需符合下面两项要求：(1)与墨西哥人结婚并在墨西哥有住所者；

(2)为避免双重国籍，愿获得墨西哥国籍者须在外交部正式放弃其他国籍。

美国国籍法更把在美国取得惯常居所达到 5 年的期限作为外国人申请入籍的首要条件，并且还规定，如果该外国人与美国公民结婚 3 年以上，且婚姻期间双方以夫妻名义同居，则五年的期限可缩短至 3 年。

国籍法的趋同化倾向不仅体现在各国有关自然人国籍的法律制度方面，而且同样见于不同国家的有关法人国籍、船舶和航空器国籍的规定中。

在法人国籍方面，国际社会由原来的不承认法人具有国籍，发展到近代，渐渐有一些国家的法律开始赋予法人的国籍，并以成文法的形式规定法人国籍的取得和丧失的条件。后来，随着国际交往关系的发展，特别是随着国际经济贸易关系的发展，法人所扮演的角色越来越重要，因此，国际社会对有关法人国籍的问题，逐渐达成共识，世界各国的理论界和立法司法部门基本上一致赞同法人具有国籍，并在法律法规中予以明确的规定。综观世界各国的立法实践，在法人国籍问题上，尽管各国立法在法人国籍的取得条件和方式、丧失的条件和方式、对外法人的认许等方面，还存在着诸多的差异，但毫无疑问也存在着一种趋同的发展趋势。这种趋同取向是同国际社会的法律趋同的发展趋势相一致的，也是同国际社会有关国籍的发展趋势相一致的。这种发展趋势主要表现在：第一，国际社会对法人是否具有国籍这一有争论的问题，基本上已达成了一致的看法，即认为，法人作为国际民商事交往中的重要主体，是根据特定国家的法律成立的，而且其活动范围也离不开特定国家的领域，因而必定要受特定国家法律的保护和控制，故而应具有某一特定国家的国籍；第二，在法人国籍的取得上，固然有几种不同的标准，但这几种标准也并非水火不相容，而是逐渐有融合的趋势，并逐渐发展为以注册登记地和住所地标准为主的新的法人国籍标准；第三，在对外国法人的认许方面，世界各国逐渐采取了比较宽泛的政策，而放弃对某一外国法人的严格审查和颁布特许状的方式，普遍性地采取一般认许程序，且不一定要求互惠。

总之，法人国籍方面，世界各国的做法也基本趋向一致，但法人是否取得某一特定国家的国籍，取得的条件和方式怎样，终究是一国国内法规定的范围，故而存在一些差异也是可以理解的。尽管如此，法人国籍法的发展趋势肯定是世界各国的做法逐渐走向一致或接近。

在船舶国籍方面，由于涉及各国的航运政策和经济利益等多重因素，不同国家的立法和学说存在一定差异是难免的。但是，随着国际交通的发展与全球化和一体化的强化，各国有关船舶国籍的取得、丧失、变更或承认的制度也在不断地趋于一致或接近，表现出趋同化趋势。例如，主权原则和授籍自由原则已成为当今国际社会确定船舶国籍最基本的原则；而在船舶取得国籍的方式和程序上，世界大部分国家倾向于登记制度并颁发船舶国籍证书；防止、减少或消除方便船籍现象已成为现代世界主要国家共同的目标和理想，等等。有关船舶国籍法的趋同化取向，第四编将详述之。

在航空器国籍方面，也同样存在趋同化趋势，如民用航空器国籍的唯一原则、登记主义原则、主权自主原则均已成为国际社会确定航空器国籍的共同准则，至于民航用器国籍的取得与丧失的条件、程序和方式以及效力方面的趋同化也是相当明显的，第五编作了具体阐述。

毋庸置疑，国籍法的趋同化趋势不仅存在，而且正在不断发展和强化。因此，在国籍法的理论研究和实务操作中，决不可忽视其趋同化取向。这不仅是国际社会法律趋同化在国籍法领域的渗透和具体表征①，而且重视和加强国籍法的趋同化的研究又会反过来促进国际社会法律趋同化在广度与深度上的全面发展。

---

① 李双元主编：《国际民商新秩序的理论建构》，武汉大学出版社 1998 年版，第 104-106 页。

第五节 《欧洲国籍公约》的主要内容与特点

欧洲理事会部长委员会于1997年11月7日正式通过了《欧洲国籍公约》，这是欧洲理事会在进行法律协调和统一方面取得的又一新成果。欧洲理事会是1949年成立的一个欧洲地区性国际组织，“通过在经济、社会、文化、科学、法律和行政事务方面缔结协定和采取共同行动，以及维护和进一步实现人权和基本自由”，最终“达到保卫和实现作为成员国共同遗产的理想和原则，并促进它们的经济和社会的发展的目的，实现其成员国间更大的联系”①。在这一目标和原则的导引下，它在近半个世纪对国际公法、国际私法以及各国私法领域的统一化作出了相当大的贡献。由欧洲理事会各成员国外交部长或其他代表组成的欧洲理事会部长委员会作为该组织的决策和执行机构，非常重视组织内部的法律协调和私法统一工作，并为此专门在1963年设立了一个“法律协作委员会”。在“法律协作委员会”的积极努力下，欧洲理事会已就国际公法、国际私法和各国私法的统一化签署了80多个公约和协定，② 对区域性法律协调和趋同化乃至整个国际社会法律的趋同化产生了非常显著的影响。其中最典型的新标志和例证就是《欧洲国籍公约》。该公约于1997年11月6日在斯特拉斯堡订立，第二天便为欧洲理事会部长委员会通过并开放供各国签字。现已有奥地利、丹麦、芬兰、希腊、匈牙利、冰岛、意大利、荷兰、挪威、葡萄牙、罗马尼亚、俄罗斯、斯洛伐克、瑞典、前南斯拉夫马其顿共和国等15个国家签署了《欧洲国籍公约》。根据该公约的第27条的规定，《欧洲国籍公约》应在第三份批准、接受、核准或加入文书交存之日起届满三个月后的第一天开始生效。由于该公约在欧洲地区所处的特殊地位，其正式生效和实施应为期不远。然而，尽管《欧洲国籍公约》属于专门规定国籍问题的区域性公约，但它并非只调整国籍事项的某个特定领域，而是就国籍问题的方方面面作了一揽子规定，因此，它的制定和生效无疑会对整个国际社会在国籍方面的统一立法和各国国籍法的趋同化产生巨大的影响。

---

① 李双元主编：《市场经济与当代国际私法趋同化问题研究》，武汉大学出版社1994年版，第134-135页。

② 李双元主编：《中国与国际私法统一化进程》(修订版)，武汉大学出版社1998年版，第295-296页。

一、《欧洲国籍公约》的基本结构和主要内容

《欧洲国籍公约》由序言和10章32条构成。第1章为“总则”，包括2条，着重阐明了《公约》的目的和宗旨，并就相关问题对“国籍”、“多重国籍”等作了立法定义。第2章为“关于国籍的一般规定”，涵盖第3条至第5条，规定了各缔约国在处理国籍问题时的权限和应遵循的基本原则。第3章即“有关国籍的具体规定”，包括第6条至第9条，确立了有关国籍的取得、丧失和恢复的具体规则，既要求各缔约国在国籍取得方面的国内立法务必明确，又禁止各缔约国国内立法随意对丧失国籍加以肯定。不过，若放弃国籍不至于引发无国籍现象，则可允许。欧洲理事会还要求各缔约国尽可能为国籍的恢复提供方便。无论是原始国籍还是继有国籍的取得，也不论是自愿丧失国籍还是非自愿丧失国籍，更不论是保留国籍还是恢复国籍，均可采纳公约认可的习惯国籍法规则。第4章为“有关国籍的程序”，覆盖第10条至第13条，主要为程序性条款，强调各缔约国应尽力保证申请程序、审查程序、批准程序以及收费的合法性和适当性，作了一些原则性规定。第5章即“多重国籍”，包括第14条至第17条，专门对多重国籍产生的原因及相关的权利义务问题作了详细的规定，各缔约国应允许保留因出生或婚姻而取得的国籍，一旦取得另一国籍就不必再予以保留。除非丧失或放弃国籍是不可能或不合理的；否则，一国国籍的取得或保留应以丧失或放弃其他国籍为条件。公约还要求对多重国籍者给予非歧视待遇。第6章“国家继承与国籍”，在第18条至第20条中对各缔约国在决定国家继承时的国籍变更问题作了特别规定，要求各缔约国应尽可能依国际协定或条约解决该问题，注意把握好尊重人权、避免无国籍现象的原则以及关键性因素，处理好保留被继承国的国籍与非歧视待遇的关系。第7章主要涉及有关“多重国籍情况下的兵役义务”问题，分别在第21条和第22条中作了规定。该公约特别强调一次性兵役义务以及各缔约国无特别协议时应适用的有关条款与兵役义务的履行。第8章为“缔约各方的合作机制”，集中在第23条和第24条中对各缔约国之间的合作机制作了明确规定，要求通过信息和资料的及时交换加强共同合作。第9章也只有2条，即第25条和第26条，专门规定了“公约的适用”问题，允许在签署、批准、接受、核准或加入时对公约有关条款的适用予以排除，只是不得减损国内法和国际法所赋予自然人的权利。第10章为“最后条款”，涵括第27条至第32条，对该公约的签署、生效、加入、保留和废止等问题作了明确、具体的规定，同时还对欧洲理事会秘书长应负责通知其成员国和非成员国的具体事项作了详细规定。

二、《欧洲国籍公约》的几个特点

1. 《欧洲国籍公约》所确立的基本原则体现、反映和强化了现代国籍法的精神和实质

1997年的《欧洲国籍公约》的独特之处首先表现在其序言中。该序言虽然不长，但对理解和把握整个公约作了有效的、关键性规定。它在第3段中特别强调“铭记众多有关国籍、多重国籍和无国籍问题的国际法律文件”，注意与《欧洲保护人权和基本自由公约》保护家庭生活权的规定相协调，应体现和考虑“有关国际条约或公约已确立的原则”。《欧洲国籍公约》第3条第2款明确指出，“只要不违背国际公约、习惯国际法以及一般公认的国籍法律原则，其他国家应予以承认”。从公约的立法精神和取向来看，显然应包括1930年海牙国际私法会议的《关于国籍法冲突若干问题的公约》和联合国1948年的《世界人权宣言》、1967年的《公民权利和政治权利国际公约》以及1989年的《儿童权利公约》所确立的基本原则。具体而言，《欧洲国籍公约》序言第8段要求各缔约国“承认每一个国家可依其国内法决定公民取得或拥有他国国籍的后果”，以及该公约第2章第3条第1款明确主张“各国依照其本国法律决定谁是其国民”，均可看做《关于国籍法冲突若干问题的公约》第1条所包含的内容和精神的再现。由于国籍是涉及国家重要利益的问题，以此决定国民，而国民又是国家存在不可或缺的要素，因此，各国都倾向于把国籍问题保留在国内管辖的范围内。无论是近代国际法还是现代国际法，“国籍问题原则上属于每个国家主权的事项”一直居于主导地位。① 正是因为如此，1930年关于国籍法冲突若干问题的海牙公约第1条明文规定，“每一国家依照其本国法律决定谁是其国民。此项法律如符合于国际公约、国际惯例以及一般承认关于国籍的法律原则，其他国家应予承认”。这一原则不仅为大部分国际法学家和学术团体所接受和同意，而且在常设国际法院“关于突尼斯—摩洛哥国籍命令案的咨询意见”和国际法院对诺特鲍姆(Nottebohm)案的判决中也得到了确认②，并为其后的不少有关国籍问题的国内法与国际法实践所效仿。

除此以外，《欧洲国籍公约》第4条还确立了“人人都有权取得一国国籍”的原则。这是现代国际与国内立法、判例和学说所共同承认的，而且是国际人权保护的一项主要内容。联合国《世界人权宣言》第15条第1款明文规定，

① 李浩培著：《国籍问题的比较研究》，商务印书馆1979年版，第20页。
② 李浩培著：《国籍问题的比较研究》，商务印书馆1979年版，第20-25页。

“人人有权享有国籍”。《公民权利和政治权利国际公约》第 24 条第 3 款也规定，“所有儿童有取得国籍之权”。《儿童权利公约》第 7 条第 1 款则规定，“儿童……有获得国籍的权利”，第 8 条第 1 款进一步规定，“缔约国承担尊重儿童维护其身份包括法律所承认的国籍、姓名及家庭关系而不受非法干扰的权利”。可见，国籍权已构成国际人权的重要组成部分。以此为基础，《欧洲国籍公约》第 4 条还进一步规定，“不得任意剥夺任何人的国籍”。这一原则汲取了《世界人权宣言》第 15 条第 2 款的核心内容和精神实质，即“任何人之国籍不容无理褫夺，其更改国籍之权利，不容否认”。然而，《欧洲国籍公约》并未局限于此，而是将其扩展开来，强化了“婚姻关系并不必然导致国籍的自动变更原则”，并着重强调坚持“禁止歧视国籍的原则”。不过，所有这些原则均不得影响各缔约国国内法在国籍方面赋予那些与该国有特别关系的外国人的特权与优惠待遇。

2.《公约》对国籍取得与丧失的实质要件和形式要件作了特别规定

有关国籍取得与丧失的实质要件和形式要件的规定集中在《欧洲国籍公约》第 3 章和第 4 章。根据世界各国立法、国际条约和实践，国籍的取得大致有因出生取得国籍和因加入取得国籍两种方式。对于因出生而取得国籍，《公约》依“血统主义”(jus sanguinis)原则在第 6 条中作了具体规定，只要父母一方具有某一缔约国的国籍，该国就应保证此类儿童自动取得内国国籍。如果该儿童出生在国外，则可另行处理，其父母一方的国籍国不必将当然授予该儿童国籍视为义务。不过，若父母双方都是外国人，其子女出生在某一缔约国领土上，该国应为这类儿童取得国籍提供方便，而不是依国内法使其自动取得国籍。这对于那些惯常居住于该缔约国的儿童也同样适用。《公约》第 6 条第 4 款明确为缔约国创设了一项义务，要求各缔约国国内法对八类人员取得其国籍提供方便，即：该国国民的配偶、亲生子女、父母一方已取得该国国籍的儿童、出生在该国领土内且合法并惯常居住于境内的人、在该国有合法并惯常居住且于年满 18 岁以前就已居住过一段时期的人、合法惯常居住于该国境内的无国籍人或已确定了身份的难民。《欧洲国籍公约》的主要努力就在于实现“人人享有国籍”的目的，因此，它对取得国籍作了非常详细的规定，而对丧失与剥夺国籍只作了粗线条的规定。《公约》第 7 条和第 8 条对各缔约国剥夺国籍或在国内立法规定丧失国籍的权利作了严格的限制，并要求为减少、防止和消除无国籍现象而进行不懈努力。

由于各国国内法对国籍取得、丧失、恢复和确认的形式条件或程序要求并不完全一致，《欧洲国籍公约》便专门以一章对程序问题作了规定。《公约》第

4章着重要求各缔约国提供了各种最基本的保障措施，以确保关于国籍问题的决定既不违背实体法原则又是程序合法的。《公约》不仅要求各缔约国处理国籍方面的申请务必在合理的期限内完成，而且要求必须以书面形式作出有关决定，并保证符合法定的司法或行政审查程序，同时对有关事项的收费也作了严格限制。

3.《欧洲国籍公约》提出了解决多重国籍的有效办法

由于多重国籍者的国籍国通常都要求其履行义务或承担责任，往往使多重国籍者陷于十分困难的境地，甚至引起国际纠纷或影响国家间的正常关系，从而使国际社会颇为重视和关注多重国籍问题的解决。然而，不仅在国家之间还没有找到妥善解决多重国籍问题的最佳办法，而且国际社会目前也无公认的统一规则。① 尽管国际社会早期曾通过协商订立了一些多边条约或国际公约，诸如1930年订立于海牙的《关于国籍法冲突若干问题的公约》和《关于双重国籍某种情况下兵役义务的议定书》、1933年订于蒙得维的亚的《美洲国家间国籍公约》以及联合国通过的有关国籍问题的公约，但由于多重国籍问题的复杂性和各国利益的不一致，批准和加入有关公约的国家为数不多，有的国家即使加入或批准了有关公约，也提出了种种保留。因而，这些公约虽对防止和消除多重国籍在一定程度上起到作用，但力度和效果并不明显。为此，1997年的《欧洲国籍公约》力图在这方面有所突破，该公约主张，若缔约国基于公约义务而接受法定的多重国籍，它可通过国内立法规定"自愿取得后一国籍则导致前一国籍的丧失"。如果措施切实可行，则各缔约国可以申请者放弃其以前的国籍为先决条件而允许"归化"(naturalization)。综观整个公约的程序性条款，它与国籍方面的其他国际条约或公约有许多不同的特色，其中最为显著之处就是在解决享有外交特权或豁免权者的多重国籍问题上。1930年的海牙《关于国籍法冲突若干问题的公约》第12条第2款明确规定，"各国法律对于正式领事或其他负有政府使命的国家官员所生于该国领土且在任何情况下出生时即取得双重国籍的子女，应容许以声明抛弃或以其他手续解除其出生地国籍，但以保留其父母的国籍者为限"。而《欧洲国籍公约》并未像前一公约那样规定了具体的解决办法和措施，仅在第17条中笼统地提及不得违背"有关外交或领事保护的习惯国际法规则。"这不能不说是《欧洲国籍公约》留下的立法空白和缺憾，亟待欧洲理事会在统一立法或促使各成员国在国内立法中予以填补。

① 王铁崖主编：《国际法》，法律出版社1995年版，第173-174页。

4.《公约》对国家继承与国籍的取得问题作了粗线条的规定

从各国的立法和司法实践以及国际社会的各种规则来看，解决国家继承中的国籍问题的做法是很不一致的，缺乏国际法公认的原则。尽管国家继承与国籍的互动关系问题十分复杂和难以解决，但是国际社会并未放弃，而是进行了不懈的努力。欧洲理事会曾在 1995 年 2 月 15 日出台的欧洲国籍公约的草案中对国家继承中的国籍问题作了相当详细的规定①，联合国国际法委员会(International Law Commission)在 1997 年 6 月 12 日拟就的"关于国家继承中的国籍问题的草案条款"也是丰富多彩的。② 然而，欧洲理事会 1997 年 11 月 7 日最后通过的《欧洲国籍公约》并没有将上述草案的内容和原则全部吸收进来，既没有操作性和可行性强的具体规范与原则，也未对各缔约国在发生国家继承时授予国籍和保留国籍的标准作出严格的、硬性的规定，而是采取弹性和宽松的软化处理办法。这种做法既有其可取之处，也有缺陷和不足之处。《欧洲国籍公约》在这方面的不完善之处常为欧洲理事会的成员国的具体实践所弥补。欧洲大部分国家的惯常做法是：在国家继承发生以前就已在被继承的领土内居住的非国民且未被授予继承国的国籍，各继承国一般至少会赋予这类人继续居住的权利并给予他们社会和经济权利方面的国民待遇。至于这种实践是否会形成国际法规则，完全取决于各国的共同努力。

此外，《欧洲国籍公约》还对多重国籍情况下的兵役义务作了特别规定，就如何认定多重国籍者是否已履行兵役义务进行了条分缕析的说明，确立了"多重国籍者只履行一次兵役义务的原则"。不过，该原则可在各缔约国军事总动员期间予以排除。不仅如此，《公约》还允许各缔约国在批准该公约时以声明的方式对第 7 章的全部内容作出保留。

根据《欧洲国籍公约》第 27 条的规定，在欧洲理事会的三个成员国批准以后，该公约便会生效实施。尽管欧洲理事会 1997 年的《欧洲国籍公约》也还存在一些缺漏和不够完善的地方，但它作为第一个全面确立国籍法律原则和规范的区域性公约，仍具有相当的普遍性和代表性，加之其强调合作机制的功用，不失为现代国际社会统一国籍法的杰作和典范。可以肯定，《欧洲国籍公约》的生效实施必将产生深远的影响，为各国在国籍领域的进一步合作与协调提供良好的契机和范式。

---

① DIR/JUR(95)2 of February 15, 1995.

② UN Document A/CN. 4/L. 535(1997).

第二编　自然人国籍的法律制度

第四章　自然人国籍概述

第一节　自然人国籍的概念

国籍一词中的“国”是指国家，“籍”是指籍贯，合起来讲，即国家上的籍贯。自然人的国籍，乃指自然人在籍贯上属于哪一个国家。从法律的观点来看①，自然人的国籍是指一个个人属于某一个国家的国民或公民的法律资格，它体现了自然人同国家的法律上的联系。基于这种法律联系，自然人接受国家的法律管辖，服从国家的属人优越权，享有和承担该国的法律为其本国人所设定的权利和义务，对国家负效忠的义务；同时，这种法律联系从国际方面讲，也是国家对具有本国国籍的人实行外交保护的法律依据。

众所周知，人口、领土、政府和主权是国家必须具备的四个要素，缺乏其中任何一个要素，则很难说是一个完全意义上的主权国家。而在构成国家的这四个要素中，人口可以说是处于第一位的。② 自然人的国籍制度则是确定任何国家所不可缺少的人口的，因此，它直接关系到国家的重要利益。而且从国际的角度来看，自然人的国籍对国际关系也有着很大的影响，因为它直接或间接地将全世界的所有人口分配给各主权国家。③

在很多情况下，说某人具有某个国家的国籍，也就是指该人是该国的国民或公民。在大多数国家的国籍法中，自然人的国籍和公民资格、国民与公民的

---

① 在早期，有些学者认为，国籍一词既表示一个法律概念，也表示一个事实概念，它包括事实上的国籍和法律上的国籍。事实上的国籍就是属于一个群体(或种族)，这个群体的概念属社会学的范畴。同一个人可以在事实上属于某一国籍，而在法律上则属于另一国籍。参见[法]亨利·巴蒂福尔，等著，《国际私法总论》，陈洪武等译，中国对外翻译出版公司 1989 年版，第 77-78 页。

② 王铁崖：《国际法》，法律出版社 1995 年版，第 65 页。

③ 李浩培：《国籍问题的比较研究》，商务印书馆 1979 年版，第 2 页。

含义基本相同。例如，1986 年修订的《爱尔兰国籍和公民资格法》就是把国籍和公民资格两个词看成是同义的。但是在有些国家，国籍的含义同公民资格并不完全相同，具有一个国家的国籍的人不一定都是该国的公民，因而不都享有公民的权利，特别是政治方面的权利。例如 1935 年希特勒制定的法律将德国公民资格和德国国籍加以区别，前者仅限于日耳曼或同一血统的人，只有他们才具有完全的政治权利，其他人种，如犹太人，尽管可能具有德国国籍，但几乎被剥夺了所有的政治权利乃至民事权利。在美国，虽然"公民籍"和"国籍"两词往往交互使用，但严格地讲，"公民"仅指出生在美国并受美国管辖，在美国具有完全政治权利的人，而其他的属于不构成联邦各州的领土和属地的人，即出生于美国所取得的海外属地的人，则被称为国民，而非公民。这部分人对美国有效忠义务，而且是国际法意义上的美国国民，但他们在美国享有的政治权利是有限的。

此外，在某些国家的法律中，国籍和公民权这两个词是严格区分开来的。例如，墨西哥的宪法第 34 条就规定：墨西哥国民年满 18 岁时成为墨西哥公民。也就是说，具有墨西哥国籍的人都是墨西哥国民，但只有年满 18 岁的国民才能获得墨西哥的公民权。①

不过，值得指出的是，尽管一国的国内法可以对具有该国国籍的人在政治地位上加以区别，在称谓上作出区分，但这在国际法上是无关紧要的，因为只要一个人具有某个国家的国籍，不管他是不是其公民，在国际方面同样受他的国籍国的保护。

第二节　自然人国籍的法律意义

自然人的国籍在确定不同的居民对国家的不同关系和不同的法律地位上有着十分重要的意义，它无论对个人还是对主权国家，无论在国际方面还是在国内方面都会产生一定的法律效果。

自然人的国籍所体现的是个人同国家的永久的法律联系。一个外国人尽管可以由于居住在某国境内或为该国服务等，而同该国发生某种联系，但这种法律联系只是暂时的、有限的并且是不稳定的，他一旦出了该国国境或解除了服

① See Dennis Campbell et al., International Immigration and Nationality Law, Martinus Nijhoff Publishers, 1994.

务，法律关系也就随之终止。相反的，基于国籍的这种法律关系，除非个人脱离了他的国籍，否则是会永久延续下去的，即使个人到了国外也不会终断，并且越是在国外，这种法律关系越显其重要性。

在国际关系方面。首先，根据国际公法，国籍是个人对国家承担效忠义务的根据，同时也是国家对个人实行外交保护的根据。只有在外国的本国国民才享有完全的外交保护和国家在相互交往中为维护自己国民的利益而接受的条约等形式的全部规则所带来的好处。至于在国际私法中，国籍更具重大的法律意义，按照大陆法系许多国家法律的规定，每个人只服从其国籍国的有关身份和能力的法律，外交和领事人员在原则上只对其本国国民行使身份登记。在许多国际私法关系中，往往需要适用当事人属人法，属人法包括当事人国籍国法(本国法)和当事人的住所地法。因此，国籍是适用属人法的一个重要的连结点。在国际民事诉讼方面，国籍也是国家对于它在外国的侨民当其民事权益受到侵犯时，作为原告而回到祖国来进行起诉时行使管辖权的一种根据。例如，欧洲有些国家常常允许自己的侨民回到本国起诉，而没有一律遵循原告就被告这一诉讼法中公认的管辖权原则。

在国内法方面，国籍的法律效果可以说渗透到了绝大多数法律部门。根据宪法和行政法，只有本国的国民才能行使政治权利，如选举权和被选举权，才可能成为国家的公务员及享受整个公益事业所带来的好处和利益。当然，许多公共义务也只由本国国民承担，即使他们侨居国外也不能免除，如服兵役的义务。在民商法中，虽然普遍实行了国民待遇原则，但一般认为，依照国民待遇原则，外国人与内国人处于相同的民事地位，仅就一般原则而言，并非在具体的民事权利的享有上外国人与内国人完全一样，外国人在内国不可能与内国人享有完全相同的民事权利。事实上，在采国民待遇原则的各国，为了自身的利益，总要规定某些限制，一般是规定某些民事权利只准内国人享有，不准外国人享有。例如，许多国家的法律都规定外国人不得享有土地所有权等。[①] 在刑法领域，尽管原则上一国的刑法既适用于国民，也适用于外国人，但在有些例外情况下，也有一些专为内国人或专为外国人所规定的犯罪。如叛国罪是适用于本国国民，而不适用于外国人的，间谍罪则相反，在许多国家的刑法中，它只适用于外国人，本国人不可能犯间谍罪。又如，驱逐出境主要是针对外国人的，对本国人不可以把他驱逐出境。

① 李双元、金彭年著：《中国国际私法》，海洋出版社 1991 年版，第 184 页。

第三节　确定自然人国籍的理论与实践

确定一个自然人是否具有某一国的国籍，很显然应依该国法律的规定，这一点可以说是毫无疑义的。因为，既然按照国际法，每个国家有权制定自己的国籍法来决定谁是它的国民，而任何一国不得规定他国的国籍，否则就侵犯了他国的主权。那么很显然，要判断一个人是否具有某国的国籍，就只能适用该国的法律，而不能适用任何其他国家的法律。

这个决定自然人国籍的准据法原则，已为现代世界的国际条约、国内立法及判例和学说所公认。

就条约来说，1930 年海牙《关于国籍法冲突若干问题的公约》第 2 条就明确指出，“关于某人是否隶属某特定国家国籍之问题，应依该国法律来决定”。就国内立法来说，希腊 1940 年 3 月 15 日的民法典第 29 条也规定，“一个自然人对一国国籍的取得和丧失，按照该国法决定”。

在判例方面，在国际上，国际常设法庭 1925 年 2 月 21 日对希腊人口和土耳其人口交换案的咨询意见指出，“……一国国民的资格只能以国内法为依据，所以提及该资格的任何专约含默地援引了该国国内法”①。至于各国国内法院承认这个原则的判例，多得几乎不胜枚举。如 1975 年英国上议院在奥本海默诉卡牧莫尔一案的上诉判决中，就直接地适用了这个原则。②

当然，正如有些学者所指出的那样，决定一个自然人是否具有某一国的国籍应依该国法律这一原则也是有一些例外的。我国著名的学者李浩培先生曾把这些例外归纳为以下三种情况：(1)外国国籍法违反国际公约、国际习惯或普遍承认的关于国籍的法律原则的情形，因而对于这种国籍法可不予承认和适用；(2)对决定自然人国籍的准据法不适当地不予适用的情形；(3)在存在国籍积极冲突的情况时，可以对两个互相冲突的国籍法只适用其一。

在以上三种例外情形中，第三种例外是不存在多少争议的，第二种情况则在实践中十分罕见。

至于第一种例外情形，如前所述，按照国际法，各国关于国籍事项的立法的国内管辖权并不是没有限制的，如果一国的国籍法确实违反了国际公约、国

---

① 转引自李浩培著：《国籍问题的比较研究》，商务印书馆 1979 年版，第 38 页。

② 该案详情参见李浩培著：《国籍问题的比较研究》，商务印书馆 1979 年版，第 39-40 页。

际习惯或普遍承认的关于国籍的原则，那么毫无疑问，其他国家就没有承认的义务，因而也就没有予以适用的义务。1930 年海牙《关于国籍法冲突若干问题的海牙公约》第 1 条就明确指出，“每一个国家依照其法律决定何人为其国民，此项法律，如与国际公约、国际习惯及普遍承认的关于国籍之法律原则不相冲突，其他国家应予承认”。正是根据这一例外，世界上许多国家就曾对德国纳粹时期公布的 1941 年 11 月 25 日关于国籍的条例拒绝予以承认和适用。但是，由于关于国籍方面的国际法规范数量不多，且非常原则，内容也不是很明确，因此，要判定一国的国籍立法究竟是否违反了国际法，常常是困难的问题。并且，在国籍问题上，到底是否存在国际习惯和普遍承认的法律原则，学者之间是存在分歧的，各国的态度也是十分含糊的。

第五章　自然人国籍的取得方式之一：出生取得

第一节　概　　述

自然人国籍的取得是指一个人取得某一特定国家的国民或公民的资格或身份。

根据各国现行的国籍立法和实践，自然人国籍的取得大致可以分为因出生取得和因加入取得两种方式。

因出生而取得国籍是指一个人一出生，就取得国籍。因出生取得的国籍也叫原始国籍、固有国籍或生来国籍，它往往是一个人在一生中所具有的第一个国籍。所以，除非存在国籍消极冲突的情况而在出生时即为无国籍人，通常是一个人在出生时即取得国籍。世界上绝大多数人都是因出生而取得一国国籍的。因出生而取得国籍可以说是自然人取得国籍的最主要的方式。

第二节　出生取得国籍的两个标准

出生国籍是法律直接创始或赋予的国籍，不以当事人的意志为转移。但各国的法律在赋予一个新生婴儿的国籍时，是基于一定的标准的。综观自然人国籍立法的历史与现状，赋予出生国籍的国内标准大体有两种：第一种是血统；第二种是出生地。以血缘关系为标准的法律制度被称为血统主义(jus sanguinis)①，以出生地为标准的法律制度被称为出生地主义(jus soli)。按照前一标准，子女出生时，根据亲子关系，以其父或/和母的国籍为准，只需其父或/和

---

① 李浩培先生认为，血统主义这个名词是很不恰当的，它很容易使人们误解为国籍是按照人种而赋予的。参见李浩培著：《国籍问题的比较研究》，商务印书馆1979年版，第46-47页。

母具有内国国籍，就赋予子女以内国国籍。按照后一种标准，只要婴儿出生在一国境内，该国就赋予其国籍，而不问该婴儿父母的国籍。

从历史上看，血统主义无疑起源较早。在早期，国籍是从家族或部落的成员身份发展出来的，而家族或部落是以血缘关系为纽带联结起来的社会群体。确定一个人是否属于某一家族或部落的成员，关键是看他与该家族或部落有没有血缘关系。后来，随着封建制度的确立，出生地主义逐渐被一些国家所采纳。在西欧，封建主和臣民的关系是以土地为基础的，封建主将土地授给臣民，臣民则对封建主负效忠和服兵役等政治义务。在这种制度下，原始国籍当然只能以出生地为标准，血缘关系的意义相对来说不是很大。只有一个人出生在一国境内，他才能跟该国的封建主通过土地的授受而发生封建主与臣民的关系，他才能具有该国的国籍。出生地主义在法国大革命以前，盛行于欧洲各国，不过，它在亚洲，尤其在中国，似乎并没有得到适用。究其原由，主要是因为亚洲各国大多奉行闭关自守的国策，对外交往很少，这样，即便采出生地主义，也毫无意义可言。具有中国血统的婴儿绝少出生于中国境外，因此，纯粹采血统主义基本上解决了原始国籍的赋予问题。法国大革命以后，由于欧洲各国民族情绪高涨，随着法国国籍立法采取血统主义，很多国家也先后仿效，血统主义也就再次流行起来。

19 世纪末 20 世纪初以来，国际关系获得了前所未有的发展，人员的跨境流动日趋增多，这就使自然人的国籍问题变得复杂多了，只采用血统主义一种标准，显然已难以解决这些问题，于是，出生地主义又逐渐恢复了它的地位。这点既可以从国际法学会的会议作为证明，更可以从各国的国籍法立法进一步得到证实。在 1880 年于牛津举行的国际法学会的会议上，并无多少争议，就通过了采取血统主义作为赋予原始国籍的标准的决议，该决议仅仅把出生地主义用来确定父母不明或父母国籍不明的子女的国籍。但短短十多年后，在国际法学会 1895 年剑桥会议和 1896 年威尼斯会议上，情况发生了变化，出生地主义在较大的范围内得到了承认。1895 年会议通过了“原始国籍不应当无限制地从一代到另一代在外国定居的人们中传递下去”这一原则。1896 年会议通过的决议案第 3 条第 1 款则规定：“在一国境内所生的子女，如其父亲是外国人，但也出生在该国境内时，就具有该国国籍，但以后在该两个出生的时期内，该子女所属的那个家庭在该国有主要居所地，而且在其成年的那年(成年依其父的本国法及出生地法决定)未选择其父的国籍为条件。”由此可见，国际法学会的态度，从承认血统主义的绝对优势，趋向于承认出生地主义的一定地位。

从各国的立法实践来看，1939 年哈佛法学院曾对这个问题作了抽样统计，在被统计的 70 个国家中，有 17 个国家纯粹以血统主义为根据，2 个国家平衡地以出生地主义和血统主义为根据，25 个国家以血统主义为主、以出生地主义为补充，26 个国家以出生地主义为主、以血统主义为辅来确定自然人的原始国籍。没有一个国家和国籍法纯粹以出生地主义为标准，在大多数国家的法律中，发现了这两个标准的结合。

李浩培先生在 20 世纪 70 年代末也收集了 99 个国家的国籍法，并对它们在原始国籍的赋予上采取血统主义和出生地主义的情况作了如下归类：①

(1)纯粹采血统主义的国家有 5 个：奥地利、埃塞俄比亚、列支敦士登、苏丹、锡兰。

(2)以血统主义为主、出生地主义为辅的国家有 45 个：阿富汗、阿尔巴尼亚、朝鲜、比利时、保加利亚、柬埔寨、捷克斯洛伐克、丹麦、埃及、芬兰、原西德、希腊、冰岛、伊朗、伊拉克、以色列、意大利、日本、约旦、老挝、黎巴嫩、卢森堡、摩洛哥、荷兰、挪威、菲律宾、波兰、罗马尼亚、圣马力诺、沙特阿拉伯、瑞典、瑞士、叙利亚、泰国、土耳其、南斯拉夫、加蓬、马尔加什、突尼斯、马里、阿尔及利亚、匈牙利、利比亚、西班牙、前苏联。

(3)以出生地主义为主、血统主义为辅的国家共 28 个：安道尔、阿根廷、澳大利亚、玻利维亚、巴西、加拿大、古巴、智利、多米尼加、厄瓜多尔、萨尔瓦多、危地马拉、洪都拉斯、新西兰、巴基斯坦、巴拉圭、南非、南罗德西亚、美国、英国、马来西亚、印度、尼泊尔、塞内加尔、象牙海岸、尼日尔、中非、尼日利亚。

(4)平衡地兼采血统主义和出生地主义的国家有 21 个：哥伦比亚、哥斯达黎加、秘鲁、法国、海地、印度尼西亚、利比里亚、墨西哥、尼加拉瓜、葡萄牙、乌拉圭、委内瑞拉、上沃尔特、刚果、爱尔兰、加纳、巴拿马、毛里塔尼亚、喀麦隆、乍得、多哥。

(5)纯粹采用出生地主义的国家：无。

由上可见，世界上越来越多的国家在自然人原始国籍的赋予上兼采了血统和出生地这两个标准，单纯地采用血统主义的国家为数不多，只以出生地为标准的国家则几乎一个也没有。当然，必须指出的是，即使采用了相同标准的国家，它们在一些问题的具体规定上，或多或少还是存在一定的差异的。例如，墨西哥国籍法和葡萄牙国籍都是兼采血统主义和出生地主义标准的，但两者的

① 参见李浩培著：《国籍问题的比较研究》，商务印书馆 1979 年版，第 49-50 页。

内容却很不一样。根据墨西哥国籍法，下列人因出生而取得墨西哥国籍：

(1)生于共和国境内者，无论其父母的公民权属于何国；

(2)生于墨西哥境外，其父或母是墨西哥人者；

(3)生于墨西哥船舶或航空器内者，无论该船舶或航空器为民用抑或军用。

葡萄牙的国籍法的规定则更为详细，根据 1981 年的葡萄牙国籍法，原始国籍因以下几种情形而获得：

(1)生于葡萄牙，其父和/或母为葡萄牙国籍者；

(2)生于境外，其父和/或母为葡萄牙国籍者，且在出生时，其父母是在境外为葡国服务；

(3)生于境外，其父和/或母为葡萄牙国籍者，且其父母希望其获得葡萄牙国籍；

(4)生于葡萄牙，其父和/或母虽为外国人但在葡国居住至少 6 年者，除非是在葡萄牙为他国服务；

(5)生于葡萄牙未获得任何他国国籍者。

第三节　依血统主义确定自然人国籍的利弊

如上所述，血统主义这个标准几乎在所有国家的国籍法中得到了运用，只不过少数国家把它作为赋予原始国籍的唯一标准，① 有些国家则把它当成一个主要的标准，还有一些国家则仅仅把它看成出生地主义的补充标准。在具体运用血统主义这个标准时，各国的国籍法对于以下几个方面的问题，作出了并不完全相同的规定：

双系血统主义抑单系血统主义　双系血统主义是指父母的国籍对子女的国籍具有影响。单系血统主义是指仅以父或母一方的国籍决定子女的国籍。根据双系血统主义，只要父或母任何一方具有内国国籍，其子女出生时即获得内国国籍。单系血统主义由于在许多国家的立法中往往仅以父亲的国籍决定子女的国籍，所以又称为父系血统主义。

在早期，由于妻子的国籍从丈夫这一原则几乎得到了所有国家国籍法的承

① 严格地讲，并不存在纯粹采血统主义的国家，这在现代国籍法中更是如此，因为即使是采血统主义的国家的国籍法，在某些例外情况中，对出生地主义还是予以了适当的顾及的。

认，因此，双系血统主义和单系血统主义并没有实质上的区别。一般来说，子女出嫁以后，如果其丈夫的国籍与她的国籍不同，那么该女子就自动丧失她原有的国籍而获得她丈夫的国籍国的国籍。这样，他们两人便具有了同一个国家的国籍，他们的子女的国籍，无论是采双系血统主义，还是采单系血统主义，都只能是由其父母共同的国籍来决定。

后来，随着人类社会的不断进步及国际交往的日益发展，妻子的国籍从丈夫这一原则越来越为世界文明国家的国籍立法所抛弃，国籍不同的男女结婚后仍然保持各自不同的国籍的情形也越来越多。这样，双系血统主义和单系血统主义的区分也就越来越重要了。

综观世界各国国籍法的立法史，我们可以发现，20 世纪以前，单系血统主义占绝对优势。在当时，除了极个别国家以外，绝大多数国家的国籍法要么仅仅只是以父亲的国籍作为赋予子女原始国籍的标准；要么在原则上将父亲的国籍赋予其子女，仅在某些例外的情况下，规定可以把母亲的国籍赋予其子女，如当子女是非婚生子时，其国籍从母亲。本世纪以来，尤其是二战以后，新近制定或修改的国籍法大多抛弃了父系血统主义这一陈旧的、不合理的标准，而相继采纳了体现男女平等的双系血统主义。法国国籍法的演变历史可以说是单系血统主义转向双系血统主义的典型范例。①

法国有关国籍的立法最早出现在 1804 年《拿破仑民法典》中，该法典第 9、10、12 条及 17~21 条将此前最高法院的一些判例予以了整理。从这些条款可以看出，它仅仅是旧制度下已产生的单系血统主义的影响的产物。1927 年 8 月 10 日法国在形式上实现了国籍立法的统一，它将有关国籍的立法纳入一个单一的、独立的文件，几个专门或临时的文件除外。该法典由于过分发展了过去那种尽可能增加法国人口数量的倾向，因而很快就发现在实践中是很难行得通的。鉴于此，法国于 1945 年 10 月 19 日正式颁布了一部名符其实的国籍法典。但是，直到 1945 年的这部法典，法国在原始国籍的赋予上，对于妇女和非婚生子还是非常歧视的。这点从该法典第 17 条至第 19 条的规定来看，甚是明显。根据这些条文的规定，婚生子女其父是法国人者，不论其出生于法国或外国，在出生时即获得法国国籍。而婚生子女其母是法国人者，只有符合下列情况之一者，才能根据血统原则获得法国国籍：

(1)其父是外国人；

① 参见亨利·巴蒂福尔等著：《国际私法总论》，陈洪武等译，中国对外翻译出版公司 1989 年版，第 108-113 页。

(2)其父国籍不明;

(3)其父是外国人，而该婚生子女出生于法国;

(4)该婚生子女出生于外国，且其父是外国人时，虽然在出生时即为法国人，但须于成立前6个月内放弃法国国籍。

20世纪六七十年代以后，随着法国通过一系列法令对夫妻财产制(1965年7月13日法令)、亲权制度(1970年6月4日法令)、亲子关系制度(1972年1月3日法令)等进行了较大的改革，1945年的国籍法典明显呈现出了一定滞后性。正因如此，法国于1973年1月9日几乎重新改写了该法典，废除了法典中有关歧视妇女和非婚生子女的规定。根据1973年1月9日的修正法典，法国在出生国籍的赋予上采纳了体现男女平等的双系血统主义做法。法典第17条明确规定:“子女，不论婚生或非婚生，至少其双亲之一是法国人者，为法国人。”

日本于1899年制定了首部国籍法，又在“二战”后的1950年将旧的国籍法废除，重新另行制定了一部国籍法。这两部国籍法均采取了父系血统主义，只有在不知道父为谁或父亲无国籍时，子女才能从母亲的国籍。但是到了1984年5月25日，日本公布了关于部分修改国籍法和户籍法的法令，将实行了85年的父系血统主义放弃，采用了父母双系血统主义。新修改的国籍法于1985年1月1日起正式实施。①

在依血统主义赋予自然人的原始国籍时，还涉及这样一个问题，即应否对该原则的适用施加一定的限制。许多学者对此持赞成态度，例如，哈佛法学院在其1929年提出的国际法公约草案第4条就规定了这样一种限制：如果A国的国民甲从A国移出而定居B国，那么A国原则上只能对甲的第一代和第二代后裔，根据血统主义标准来赋予原始国籍。甲的第三代及以后的后裔，如果出生在B国境内，并于出生时根据出生地标准取得了B国国籍，那么，若其长辈也是出生在B国并在B国境内有惯常居所，A国则不得依血统主义原则赋予他们以原始国籍。法国学者摩里也认为应当对血统主义予以适当的限制，他说，“承认以血统主义赋予的国籍可以无限期地传递下去是不合理的，因为几代在一国定居的外国家庭就已同化于当地国家，对环境的影响是不能胜利地进行斗争而予以消除的”。

但是，以上只不过是学者的看法而已。迄今为止，国际法并未对这一原则

① 参见李林林著:《日本的外国人政策和法律》，人民法院出版社1993年版，第131-132页。

的适用作出任何限制性的规定，因此，是否对依血统主义原则赋予原始国籍作出一定的限制，完全由各国立法来自由裁量。

综观世界各国的国籍法，的确有少数国家的立法在该问题上采取了不加任何限制的做法，如 1953 年的委内瑞拉宪法第 22 条第 3 款规定，委内瑞拉父亲或母亲的子女一出生便取得委内瑞拉国籍。不过大多数国家还是对此予以了一定的限制或规定了一定的条件。这些限制主要是针对那些出生在外国的本国人的子女。例如，有的国家的立法规定，出生在外国的子女取得内国原始国籍应以他们在内国设定有住所、居所为条件；有些国家的立法则认为，该子女在外国出生时应并未取得外国国籍，或者虽然取得了外国国籍，但应在一定的年龄声明其保留内国国籍的意思；还有一些国家则要求子女的出生须在一定期间内在内国进行登记，或其父母在子女出生地国为内国工作，或双亲中有一人在内国居住。如若不然，出生在国外的本国人的子女就有可能不能依血统主义取得该国国籍。

第四节　出生地主义对自然人原始国籍的影响

按照出生地主义原则，一个人的国籍取决于他出生的地方。也就是说，儿童出生于该国境内就被赋予该国国籍，而不问其父母的国籍为何。所有出生在这个国家领土上的儿童包括外国人所生的儿童，都被赋予这个国家的国籍，被认为是这个国家的国民或公民。但是根据国际惯例，一国对于偶然在其境内旅行的外国人或暂住境内的外国人所生的子女以及某些享有豁免权的人在其境内所生子女，不得依出生地主义赋予其原始国籍。尤其是对于外国外交官员、领事官员在驻在国境内所生子女，几乎所有国家的立法及一些国际条约都明确规定，驻在国不得依出生地主义原则赋予他们国籍。在国际条约方面，如 1961 年《维也纳外交关系公约关于取得国籍的任择议定书》第 2 条规定，“使馆人员非为接受国国民者，及与其构成同一户口之家属，不应专因接受国法律之适用而取得该国国籍”。按照该条，驻在国对外国大使和职员在当地所生子女就不能根据出生地主义，以法律当然赋予该国国籍。又如，1930 年《关于国籍法冲突若干问题的公约》第 12 条第 1 款规定，“规定因出生于国家领土内取得国籍之法规，不能当然地适用于在该国享有外交豁免权者之子女”。在国内法方面，如法国 1973 年修订国籍法典规定，本人出生在法国且其父母至少有一方出生在法国的儿童为法国人。如果该儿童的父母只有一方出生在法国，那么他可以在年满 18 岁前 6 个月放弃法国国籍。除非在该儿童 18 岁以前，其具有外国国籍的父或母成为了法国人。但是以上规定并不适用于驻法国的外国外交代表之子女。

不过，对于其他派驻外国工作而不享有外交豁免权的官员，如领事和其他商务官员、海关官员、公共卫生官员等，在驻在国境内所生的子女，国际法并不禁止驻在国根据出生地主义赋予原始国籍，各国立法的实际做法也不尽相同。①

在适用出生地主义原则赋予原始国籍时，还必须对出生地的范围作出界定。一般来说，大多数国家的国籍法对出生地这一概念是持广义的解释的，即它不但包括该国的领陆、领空和领海，还包括位于领土界线外的本国的兵舰、商船或飞机。例如，阿根廷 1965 年《修订国籍、公民籍和入籍法》第 1 条规定，出生在阿根廷领土内、兵舰和军用飞机内，或在阿根廷国旗下的国际区域内者，都由于出生而是阿根廷人。又如墨西哥宪法第 30 条规定，出生于墨西哥军用或商用船舶、飞机上的人获得墨西哥国籍。② 某些国际条约也作出了类似的规定，如 1961 年联合国《减少无国籍状态公约》第 3 条指出，“为了决定缔约国在本公约下的义务，在船上或飞机内出生，应当分别视为在船旗国或飞机登记国领土内出生，而不问出生时该船舶或飞机的所在”。

许多学者认为，对于出生在内国军舰内或军用飞机内的人，毫无疑问，是完全可以依据出生地主义原则赋予他们的原始国籍，但这种做法能否推及适用于商船和民航飞机内所生的儿童，则是有疑义的。尤其在现代国际社会，人员流动的规模日见扩大，一艘游轮或一架民用飞机所载的旅客可能来自多个不同的国家，他们具有不同国家的国籍，而且游轮或飞机所航行的水域或空间以及停泊的地方既可能在不属于任何国家主权支配之下，例如，公海或公海上空；也可能在不同的国家的主权支配之下，例如，商船可以停泊在它本国的港口，也可以停泊在外国的港口。在这些情形下，如果主张在内国商船或飞机上出生的子女，一律可以按照出生地主义赋予内国国籍，那就很容易产生双重国籍和国家之间的争论。因为，沿岸国或领空国有可能有理由按照出生地主义对出生在该国领海、领空和港口的人赋予原始国籍。如此以来，对当事人也会带来极大的不便。

① 参见李浩培著：《国籍问题的比较研究》，商务印书馆 1979 年版，第 64 页。

② See Dennis Campbell et al., International Immigration and Nationality Law, Martinus Nijhoff Publishers, 1994.

除了上述两种例外情况，即享有豁免权者所生子女及临时过境者所生子女，不适用出生地主义原则，许多国家的国籍法在采用出生地主义标准赋予在内国出生的人的原始国籍时，往往还规定有其他一些条件，这些条件或限制可以分为双亲都是外国人和双亲中只有一方是外国人两种不同的情况。

一、双亲都是外国人的情况

对于双亲都是外国人的情况，各国施加的限制要么是针对子女本身，要么是针对子女的双亲。

对子女规定的条件基本上包括两个方面：一是要求其在内国有住所；二是要求其并未取得他国国籍。前者如哥伦比亚1945年修正宪法第8条第1项第1款规定，“在哥伦比亚出生的人，符合两个条件之一者，即其父或母也出生在哥伦比亚境内者，或者在外国人的子女的情形下，该子女在哥伦比亚境内有住所者，由于出生而具有哥伦比亚国籍”。后者如1986年卢森堡修订国籍法第1条规定，“出生于卢森堡并且没有其他国家的国籍的人，为卢森堡国民”。

对子女的双亲规定的条件相对来说比较复杂一些，它主要涉及以下几个方面：

(1)在子女出生前，其双亲须出生或居住或者出生并居住于内国境内。如法国1973年1月9日修订国籍法第23条、第24条分别规定如下：

第23条，“在法国境内出生的子女，不论婚生或非婚生，如果至少其父母一方也在法国境内出生，是法国人”。

第24条，“但如父母中只一方出生在法国境内，由于第23条具有法国国籍的子女在其成年前6个月内放弃法国国籍。

出生于外国的父母一方在子女成年前取得法国国籍时，子女即丧失放弃法国国籍的权能”。

(2)父母不明或父母无国籍、国籍不明。在这些情况下，如果不适用出生地主义原则赋予该子女原始国籍，他很可能会成为无国籍人。这样的规定几乎见于所有国家的国籍法，如1948年保加利亚国籍法第2条规定，“在保加利亚境内出生的人，其父母不明或父母的国籍不明或无国籍者，或者作为弃儿而在保加利亚境内发现的人，应视为由于出生而是保加利亚公民”。又如，1991年6月13日比利时修订国籍法第10条第2款规定，出生于比利时境内的弃儿(即父母不明的儿童)，基于出生地主义原则，获得比利时国籍。

(3)在个别国家的国籍法中，曾经还规定有父母须非为外国政府工作的外国人或须非为敌性外国人或不得属于某一种族等条件。①

二、双亲中只有一方为外国人的情况

相比较而言，各国国籍法在这种情况下施加的限制要宽松一些，因为很显然父母中有一方已经是本国人。至于限制的具体内容主要包括：双亲中的非本国公民者出生于本国或在本国有住所、惯常居所，该子女在内国有居所。如1961年刚果国籍法第8条规定，“在刚果境内出生的子女，有下列情形者，是刚果国民：

(1)其父是刚果国民，其母出生于刚果者；

(2)其父出生于刚果，其母是刚果国民者。”

① 参见李浩培著：《国籍问题的比较研究》，商务印书馆1979年版，第85-86页。

第六章　自然人国籍的取得方式之二：加入取得

与基于出生这一事实而取得的原始国籍相区别，加入取得国籍是指一个人根据出生以后且与出生无关的事实而由一个国家给予国籍。因加入取得的国籍又称继有国籍、传来国籍或获得国籍。在大多数情况下，在一个人取得继有国籍以前，他曾经取得过原始国籍，所以继有国籍有更新的性质，它意味着国籍的变更。当然，也存在一些例外，有些人可能出生时并未获得过原始国籍，这时，他加入取得的国籍则成了他一生中所具有的第一个国籍。此外，有时候一个人虽然获得了继有国籍，但他可能并不丧失其原始国籍。

因加入取得国籍可以分为两种：一是根据当事人的意思自愿申请取得某国国籍；二是根据法律规定在一定情况下当然取得某国国籍，例如，由于婚姻、收养、准婚生、领土转移等事实而获得一国的国籍。其中个人自愿申请入籍被称为狭义上的入籍，而由于婚姻、收养等原因取得新国籍则称为广义的入籍。① 在有些学者的著作中，"入籍"一词常常可以与归化一词换用，两者含义基本相同，其实归化乃入籍的旧称。

以下我们将分别从自愿申请、婚姻、收养、准婚生、国家继承等几个方面对加入取得国籍问题予以探讨。

第一节　自愿申请入籍

当事人自愿申请入籍，又称狭义上的入籍，是指无国籍人或外国人按一国法律规定，自愿申请并经批准而获得该国国籍。自愿申请入籍并不意味着任何个人有权要求一个国家必须接受他入籍；相反，它是指每个国家在不违反国际法的情况下有权自由制定法律来规定申请入籍的条件和程序等问题，它可以按照自己的法律来决定是否准许当事人的申请而予以入籍。

---

① 周鲠生著：《国际法》，商务印书馆 1976 年版，第 252 页。

在当今国际社会，申请入籍是世界各国所采取的制度，它可以说已成为国际法上的一项制度。但在早期，由于许多国家都采取所谓的“永久效忠”制度，因而不允许本国国籍的人解除其原始国籍，所以即使他自愿申请而加入另一国籍，他仍然保持其原始国籍，甚至他申请加入另一国国籍的行为也不会被其原始国籍国所承认，因此，申请入籍制度并无多大意义。后来，许多国家相继抛弃了永久效忠制度而改采出籍自由制度。如美国法律在1868年就规定，“出籍权是所有人类的一个自然的并固有的权利，是对生命权、自由权和幸福追求权所必不可少的”。英国1870年的国籍法也肯定了出籍自由的原则，规定不列颠臣民由于自愿行为而在外国入籍时，即丧失不列颠国籍。

正因为当事人的这种“出籍自由权”得到了各国的承认和许可，申请入籍制度才具有现实可行性，才能够为世界国籍法所采纳。

尽管永久效忠制度已经消灭，申请入籍制度已经盛行，但是，申请入籍制度本身迄今尚处于很不完善的境地。例如，对于一个人加入外国国籍时是否当然丧失其原来的国籍以及入籍是否需要先经许可等问题，国际上尚未形成统一有效的规则，而让各国国内法自由决定。结果当然是发生不少的双重国籍的情形，从而势必影响世界各国之间的正常交往并引发了一系列的国际矛盾和冲突。

对于申请入籍，多数国家规定必须具备一定的条件，如年龄、居住期限等，还有的国家规定了文化程度、财产状况、行为能力、宗教、政治信仰等。例如，根据美国国籍法，申请入籍者应具有以下基本条件：①

(1)申请者在申请时必须获得法律上的惯常居住者的地位达到5年以上，如果申请者与美国公民结婚3年以上，且婚姻期间双方以夫妻关系同居，则5年的期限可缩短至3年。

(2)在上述5年或3年的期限内，申请者至少有一半的时间生活在美国。

此外，申请者离开美国的时间不得连续超过半年至1年，除非他有合理的理由，如被派往外国工作。

在上述5年或3年的期间内，如果离开美国1年或1年以上，则自动终断居住时间的连续性，除非他于待在境外的第一个12个月的时间内采取了特别措施来保持他/她在美国居住的连续性；

(3)申请者必须具备说、读及写英语的能力，除非其存在身体缺陷不能做

① See Dennis Campbell et al., International Immigration and Nationality Law, Martinus Nijhoff Publishers, 1994.

到，或者该人已 50 来岁并在美国获得了法律上的惯常居住者的地位达到了 20 年，或者该人已达 55 岁并获得了 15 年的法律上的惯常居住者的地位。

(4)申请者必须了解美国历史的基本知识及美国的政体。

(5)申请者不得鼓吹或支持推翻政府组织。

(6)申请者必须于入籍调查前在其提交申请的州居住 3 个月以上。

(7)申请者必须证明他/她具备良好的道德品质。就入籍而言，如果他/她被指控为 INA Section 101(a)(43)中所规定的"道德严重败坏者"，那么他缺乏良好的道德品质。

又如，根据南非的国籍法，申请入籍者须满足以下几个条件：

(1)是南非的惯常居住者；

(2)打算继续住在南非；

(3)满足了规定的居住要求；

(4)会说流利的英语或南非语；

(5)品质良好；

(6)对作为一个南非公民所享有的权利和承担的义务比较了解；

(7)准备宣誓效忠。

至于在居住方面的要求，具体包括以下几点：

(1)惯常居住时间达 5 年；

(2)如申请者会说英语或南非语，则只需 4 年；

(3)如果该人是前南非国民或前联邦的公民，则只需一年；

(4)申请者本人虽不是南非公民，但如果他本人或他的父亲，或他的祖母或祖父于 1900 年 9 月 1 日以前出生于现今属于南非的任何地区，那么该人就可以直接申请南非国籍，只要他在南非境内并被允许有惯常居所。

(5)南非公民的妻子或遗孀只要获得了惯常居所并自结婚日起在南非居住达两年，就可申请南非国籍；

(6)未成年人如果已在南非获得惯常居所，则免除上述居住期限的要求。

日本 1985 年施行的修订国籍法，对外国人申请取得日本国籍问题作了相当详细的规定，根据该国籍法，申请入籍分为以下 5 种不同情况，每种情况所要求的条件也不完全相同。①

(1)一般外国人，须符合以下全部条件：

---

① 李林林著：《日本的外国人政策和法律》，人民法院出版社 1993 年版，第 137-140 页。

①连续5年以上在日本有住所；

②20岁以上并依其本国法为有能力者；

③品行善良；

④依本人或生活共同体的配偶及其他亲属的资产或技能，能够经营正常生活者；

⑤无国籍或因取得日本国籍应丧失原国籍；

⑥在日本宪法实施以后，无企图或者主张以暴力破坏日本宪法及在该宪法下成立的政府，以及无组织或参加有此企图或主张的政党及其他团体。

（2）与日本有血缘关系或地缘关系的外国人，包括下列人员之一：

①曾是日本国民的子女（养子女除外），连续3年以上在日本有住所或者居所者；

②在日本出生，连续3年以上在日本有住所或居所者；

③在日本出生，其父或母（养父母除外）为在日本出生者；

④连续10年以上在日本有居所者。

上述四种人在申请入籍时，除不必满足"连续五年以上在日本有住所"的规定外，其他审批条件与一般外国人相同。

（3）日本国民的外国籍配偶，包括下列之一成员：

①连续3年以上在日本有住所或居所，并且现在仍在日本有住所；

②自结婚之日起已经过3年，并且连续1年以上在日本有住所；

上述两种人在申请入籍时，可不必满足"连续5年以上在日本有住所"和"20岁以上并依其本国法为有能力者"的二项规定。

（4）与日本有特别密切身份关系的外国人，包括下列成员之一：

①日本国民的子女（养子女除外），并在日本有住所者；

②日本国民的养子女，连续一年以上在日本有住所并且收养时依其本国法为未成年者；

③丧失日本国籍（归化入籍后又丧失日本国籍的除外）并在日本有住所者。

上述三种人在入籍申请时，可不必满足"连续5年以上在日本有住所"、"20岁以上并依其本国法为有能力者"和"依本人或生活共同体的配偶及其他亲属的资产或技能，能够经营正常生活者"的三项规定，其他审批条件与一般外国人相同。

（5）对日本有特别功劳的外国人。按《国籍法》规定，对日本有特别功劳的外国人，法务大臣在经国会认可后可无条件地批准其入籍。

从以上列举的三个国家的国籍法中关于申请入籍的条件的规定可以看出，

在一国有住所或者居所，是申请加入该国国籍的最重要的条件。至于其他条件，各国依其国情的不同而规定互异。

关于入籍的程序，根据各国国籍法的规定，申请入籍必须经一定的国家机关批准，只有申请入籍获得批准，方能取得该国国籍。至于具体由什么机关来批准入籍申请，各国的规定很不相同，有的规定由立法机关批准，有的规定由司法机关批准，不过大多数国家把决定入籍的权力赋予行政机关。

一个人申请入籍后，其效力是否及于其配偶和子女，各国法律规定也不一致。在早期，由于妻随夫籍几乎是国籍法的一项原则，因此，丈夫入籍，其效力往往及于妻子。但是在现在，随着男女平等及妇女国籍独立原则的确立，绝大多数国家的国籍法规定，丈夫取得新的国籍，并不影响其妻子的国籍，例如，1962 年波兰的国籍法规定，“配偶之一方改变国籍时，不影响配偶之另一方的国籍”。至于父母的入籍是否导致未成年子女的国籍的变更问题，现今大多数国家的国籍法对此予以肯定的回答。例如，希腊 1955 年国籍法规定，“在入籍人入籍时，其子女未满 20 岁且未结婚者，从该人入籍时起，成为希腊公民”。

第二节 因婚姻而取得国籍

因婚姻而取得国籍，是指一国公民与另一国公民结婚而取得新的国籍。一般来说，由于婚姻而变更国籍问题，主要是针对妇女而言。因为按照国籍法，一国的男子同他国的女子结婚，他既不丧失其原来的国籍，也不可能取得新的国籍，婚姻本身对男子的国籍丝毫没有影响。但是对女子则不然，一国的女子同他国的男子结婚，她很有可能丧失其原来的国籍而无条件或者在一定的条件下取得其夫的国籍，也就是说，婚姻对女子的国籍往往会产生较大的影响。

对于婚姻是否导致女子的国籍的变更这一问题，各国的国内法是存在着较大的差异的，而且同一个国家不同时期的国籍法对该问题的规定也可能大相径庭。归纳起来，大致有以下四种不同的做法：

(1)规定婚姻直接变更女子的国籍。无论是内国女子同外国男子结婚还是外国女子同内国男子结婚，该女子丧失其原来的国籍并无条件地取得其夫的国籍，即妇随夫籍。这种立法例盛行于 19 世纪。例如，1804 年的《法国民法典》第 12 条和第 19 条第 1 款就分别规定，“外国妇女与法国人结婚者，依从其夫的地位”；“法国妇女与外国人结婚者，依从其夫的地位”。在英国，1844 年的一个法律舍弃了英国普通法中关于已婚妇女保持其婚前原有国籍的原则，而改为外国女子与英国人结婚时取得英国国籍的原则，1870年的一个法律更进一步规定了英国女子与外国男子结婚时丧失英国国籍的原则。美国1855年2月10日的法律和1907年3月2日的法律也采取了上述做法。前一个法律规定："任何女子在其结婚时依有效的法律可以合法入籍而同美国国民结婚者，应被认为是美国国民。"后一个法律规定同外国男子结婚的美国女子丧失美国国籍。直至20世纪50年代以前，这类规定还经常见于一些国家的国籍法中，如1912年意大利国籍法规定，已婚妇女的国籍不能同丈夫的国籍相异，即使夫妇分居也是如此，外国女子嫁给意大利人，就获有意大利国籍。又如，1930年埃塞俄比亚国籍法规定，埃塞俄比亚公民同外国女子的正式婚姻，赋予后者以埃塞俄比亚国籍；埃塞俄比亚女子同外国人结婚，就丧失埃塞俄比亚国籍。

毫无疑问，妇随夫籍原则是建立在当时的男尊女卑的基本观念之上的。后来，随着男女平等原则日渐深入人心，许多国家的国籍法相继抛弃了妇随夫籍这一做法，而规定妇女的国籍不因婚姻而受影响。如在法国，早在1927年8月10日的修订国籍法中就推翻了1804年民法典第12条和第19条第1款所规定的内容。根据该国籍法，结婚本身不导致国籍的任何变更，不论对嫁给外国人的法国妇女还是对于嫁给法国人的外国妇女来说都是一样。在现代，仍旧采取妇随夫籍原则的国家已越来越少。

(2)规定女子具有独立的国籍。根据这类立法，不论内国女子同外国人结婚，或者外国女子同内国人结婚，都不会影响其原有的国籍。尽管早在20世纪前，已有许多学者主张婚姻不得导致妇女的国籍的改变，但在法律上首先规定夫妻国籍独立、女子同外国人结婚不影响其原有国籍的国家当推十月革命后的前苏联。前苏联1918年的家庭法典第103条即已对这个问题作出原则规定，"结婚人属于不同国籍时(如果夫妻中一方具有俄国国籍)，国籍只能经过夫或妻按一般方式的申请而变更"。其1924年10月的国籍条例对这个问题规定更为准确。该条例第5条规定，"具有苏维埃联盟国籍的人同具有外国国籍的人结婚时，夫妻各保有自己的国籍"。

在美国，由于女权运动的蓬勃发展，1922年9月22日通过的克布尔(Cable)法案，也大体上确立了女子国籍独立原则。根据该法案，同外国男子结婚的美国女子，除非她向美国法院声明愿意丧失美国国籍并符合规定的条件，否则，她并不丧失美国国籍；同美国男子结婚的女子由于结婚并不取得美国国籍。

"二战"以后，越来越多的国家的国籍立法倾向于承认妇女国籍独立的原则，规定婚姻不影响国籍。例如，1985年的新加坡国籍法、1985年的荷兰国籍法、1991 年比利时国籍法、1992 年的意大利国籍法，都已不再把婚姻列为取得或丧失国籍的一种方式。①

(3)规定同内国男子结婚的外国女子获得内国国籍，而同外国男子结婚的内国女子并不丧失内国国籍。采取这种做法的国家只有土耳其、柬埔寨、海地等少数几个国家。例如，海地国籍法规定："同海地男子结婚的外国女子依从其丈夫的地位。同外国男子结婚的海地女子保持其海地国籍。"这种立法的目的显然是为了增加内国国民的数量，从本质上看，它是极不公平的，只是片面地有利于本国的妇女。

(4)采取折中或混合的制度。这类立法有以下几个特点：第一，它时常或多或少地照顾到女子在取得其夫的国籍或保留其自己的国籍上的意思自由。第二，它也时常或多或少地照顾到女子或其夫的本国的国籍法，借以避免发生无国籍或双重国籍的情况。第三，它有时以女子婚后的居所作为取得或丧失内国国籍的标准。采取折中或混合制度的国家的国籍法，根据其具体内容的不同，又可细分为以下几类：

①第 1 种立法规定外国女子与内国男子结婚时，她由于婚姻而当然取得内国国籍。而内国女子与外国男子结婚时，却并不当然丧失内国国籍，而只是在一定条件下丧失内国国籍。例如，1952 年瑞士国籍法第 3 条第 1 款规定，"外国女子由于其同瑞士人结婚取得瑞士国籍"。该法第 9 条第 1 款则规定，"瑞士女子同外国人结婚时，如果她由于婚姻而取得或已取得其夫的国籍，且在公告结婚或举行婚礼时并未声明愿意保持瑞士国籍，即丧失瑞士国籍"。

②第 2 种立法对同内国男子结婚的外国女子的取得内国国籍，以及同外国男子结婚的内国女子的丧失内国国籍，都规定了一些条件。例如，法国 1945 年 10 月 19 日的国籍法第 37 条规定，"在保留第 38 条、39 条、41 条和 79 条规定的适用下，同法国人结婚的外国女子在结婚时取得法国国籍"。而该法第 38 条第 1 项规定她可以拒绝取得法国国籍的条件如下，"在该女子的本国法准许她保留国籍的情形下，她有权在结婚前声明拒绝成为法国人"。该法第 94 条规定，"同外国男子结婚的法国女子保持其法国国籍，除非她在结婚前依照第 101 条及以下几条规定的条件和方式，明确声明她放弃这个国籍。即使该女子尚未成年，也无须经过许可而作出这个声明。只是在依照她丈夫的本国法，她取得了或可以取得她丈夫的国籍的条件下，这个声明才属有效。在这种情形

① See Dennis Campbell et al., International Immigration and Nationality Law, Martinus Nijhoff Publishers, 1994.

下，该女子从结婚之日起，解除对法国的忠诚义务”。

③第 3 种立法规定同内国男子结婚的外国女子在符合一定条件下取得内国国籍，而对于同外国男子结婚的内国女子在结婚后的国籍问题却并无规定，或规定国籍不变。例如，刚果 1961 年 5 月 27 日国籍法第 18、19 两条规定，“同刚果男子结婚的外国女子，从其婚姻登记于民事身份登记簿上之日起在刚果有共同居所满 5 年时取得刚果国籍。在上述期间届满以前，该女子有权依第 57 条以下规定的条件，声明其拒绝刚果国籍”。关于同外国男子结婚的内国女子的国籍问题，该法并未规定。

④第 4 种立法跟第三种立法相反，它对同外国男子结婚的内国女子规定了在一定条件下丧失内国国籍，对同内国男子结婚的外国女子的国籍问题却未予以规定。

婚姻对女子国籍的影响问题也引起了国际社会的关注和重视，现在已有 4 个较为重要的国际公约对该问题作出了规定，并且基本上主张妇女具有独立的国籍。1930 年 4 月 12 日《关于国籍法冲突的若干问题的公约》第 8 条规定，“倘妻之本国法律规定为外国人妻者丧失国籍，此种效果应以其取得夫之国籍为条件”。1933 年 12 月 26 日订立的《关于女子国籍的蒙德维的亚公约》和《关于国籍的蒙得维的亚公约》则分别规定了“在各国立法和实践上，关于国籍不应当有基于性别的区别”和“婚姻的缔结或解除都不影响夫、妻或其子女的国籍”。1957 年 1 月 29 日联合国第 1040 号决议通过了《关于已婚女子国籍的公约》，该公约认为，“国籍在法律上及惯例上之冲突，系由关于妇女因婚姻关系之成立或消灭，或在婚姻关系存续中夫之国籍变更，而丧失或取得国籍之规定所引起”。公约第 1 条明确指出，“每一缔约国同意其本国人与外国人结婚者，不因婚姻关系之成立或消灭，或婚姻关系存续中夫之国籍变更，而当然影响妻之国籍”。第 2 条则规定，“每一缔约国同意其本国人自愿取得他国国籍或脱离其本国国籍，不妨碍其妻保留该缔约国国籍”。

随着上述公约，特别是第四个公约的成员国数目的不断增多，这些公约所确立的妇女国籍独立原则，得到了越采越多的国家和政府的认同，以至于在现在它可以说已经成为习惯国际法上的一项重要的原则。

第三节　因收养而取得国籍

因收养而取得国籍，是指一国公民收养另一国籍的或无国籍的儿童，被收养者取得收养者的国籍。一般来说，如果被收养者是无国籍人，那么他肯定会取得收养者的国籍，这一点是不存在多少争议的。但对于一国国民收养一个外国人时，后者是否由于收养而取得收养者的国籍及丧失其原来的国籍问题，各国的立法却很不一致。

有些国家的国籍法规定，收养并不影响被收养者的国籍，即被收养者仍旧保留其原来的国籍，他既不丧失该国籍，也不会取得收养者的国籍。例如，1952年的罗马尼亚国籍法第4条规定，“罗马尼亚人民共和国国籍不能因婚姻或收养而取得或丧失。”又如墨西哥国籍法第43条规定，“收养子女并不意味着被收养人国籍的变更”。

世界绝大部分国家的法律对因收养而取得国籍作了较明确的规定。现今只有少数国家的法律，如以色列法和奥地利法在这方面缺乏明文规定。对于以色列和奥地利，跨国收养并不具有赋予被收养儿童取得收养国国籍的效力。然而，世界大多数国家的法律明确规定或在具体实践中允许承认跨国收养具有赋予被收养儿童取得收养国的国籍的效力。① 不过，各国法律关于被收养的外国儿童的入籍方式和程序又不尽相同，归纳起来主要有以下三种方式：

(1)鼓励或方便入籍的程序(a facilitated naturalization procedure)，即允许在免除法律规定的某些条件下申请入籍，或以声明请求给予收养国的国籍。不过，“这种享有优惠入籍条件或以声明取得内国(收养国)国籍的养子女，一般须是未成年人或在一定年龄以下”②。例如，日本1985年1月1日实施的经过修订的《国籍法》第8条第2项规定，“对符合下列各项之一的外国人，即使有些人不具备第5条第1款第1项、第2项及第4项规定的条件，法务大臣也可以准许其归化(入籍)……为日本国民的养子女，连续3年以上在日本有住所，而且在收养时按本国法律尚属未成年的”。而该法第5条第1款第1项、第2项和第4项所规定的条件是，“法务大臣对不具备下列条件的外国人，不得准许其归化(入籍)：(一)连续5年以上在日本有住所的；(二)年龄在20岁以上，根据本国法律认为有能力的……(四)依靠自己或共同生活的配偶及其他亲属的资产或技能，能够谋生的……”③美国和瑞士也采取了类似的立法例。美国1990年的《移民与国籍法》(INA)第341条b项明确规定，“被收养儿童在具备以下条件时可立即授予美国国籍：①被收养儿童在加入美国国籍时，养父

① 蒋新苗著：《比较收养法》，湖南人民出版社1999年版，第76-78页。

② 李浩培著：《国籍问题的比较研究》，商务印书馆1979年版，第128页。

③ 参见《日本国籍法》[昭和59年(1984年)]法律第45号最后修正，载《法学译丛》1985年第3期，第66-68页。

母双方必须是美国籍公民；②要求入籍的被收养儿童必须未满18岁；③该儿童是在16周岁以前被收养的，且收养时养父母必须有一方已取得美国国籍；④在美国享有永久居住权的养父母在对被收养儿童行使监护权期间，该儿童必须居住于美国。”不仅如此，而且美国法律对收养孤儿的入籍条件的要求更低。[①] 虽然美国1996年4月10日通过的《移民管制和财政责任法》(*Immigration Control and Financial Responsibility Act*)在许多方面对外来移民取得国籍作了更严格的限制，但对被收养儿童的入籍仍采取比较宽松的政策。此外，阿尔巴尼亚1946年的《国籍法)第8条、保加利亚1948年的《国籍法》第3条、匈牙利1957年的《国籍法》第7条也都规定养子女可享受优惠的入籍条件，只是它们给予养子女宽松的入籍条件主要表现在年龄、一定的在内国居住期间以及放弃原国籍的条件等方面，不包括免除“足够维持生活的经济来源”的条件。

这种入籍方式和程序有利于收养国对整个收养过程的管理和规范，有效地防止借“跨国收养”之名而行“移民”之实的行为，把好移民与国籍关。其缺陷在于增加了跨国收养的难度和复杂性，多了一道入籍障碍，甚至造成在儿童原住国已成立了的跨国收养，在收养国难以成立或无法使被收养儿童取得收养国的国籍，出现“跛足收养”或被收养儿童陷入国籍的消极冲突的困境。

(2)选择入籍的方式(optional acquisition of nationality)，即给予被收养人选择国籍权，允许其在被收养时或达到一定年龄后通过本人的意思表示选择保留原国籍或加入养父母任何一方的国籍。这种方式以尊重被收养人决定获取何种国籍的自愿为原则。许多同时采用完全收养(adoptio plena)和简单收养(adoptio minus plena)形式的国家，一般主张简单收养的被收养人可以自由选择国籍。例如，卢森堡1986年修订后的《国籍法》第19条明文规定，“如果被卢森堡人简单收养的儿童在收养时未丧失其国籍，则可由被收养人选择国籍”。只是该法第20条要求被收养人必须在卢森堡连续居住5年并且年龄在18岁至25岁之间才可作出选择国籍的声明。[②] 现行法国法则规定简单收养的被收养人在18岁以下并于申请国籍时居住在法国，有权选择加入法国国籍。[③]

---

① See Billong Hing, Handling Immigration Cases, 2ed: Vol. Ⅱ, John Wiley and Sons, Inc, 1995, p. 77.

② See Paul Gulbenkian et al., Immigration Law and Business in Europe, John Wiley and Sons Inc, 1993, pp. 104-106.

③ See Dennis Campbell et al, International Immigration and Nationality Law, Martinus Nijhoff Publishers, 1994, FRA. I-X.

就目前世界各国的立法来看，采用这种选择或任意入籍方式确定被收养人国籍的主要限于简单收养，很少将其适用于完全收养，只有西班牙法规定，收养是在被收养人成年以后才进行的，该被收养的外国人可自行决定是否加入西班牙籍，但必须在收养后 2 年内决定。① 大部分国家的立法规定完全收养的被收养人国籍要么按方便或鼓励入籍方式处理，要么依自动入籍办法确定。在跨国收养的实践中，采用选择入籍的方式有利于维护儿童权益和充分尊重被收养人的意愿，而且有助于消除国籍的积极冲突，即双重或多重国籍，使被收养人尽可能申请符合本人要求的国籍。不过，该方式也有不足之处，既增加了儿童原住国和收养国对被收养人管理上的难度，也有可能使收养家庭成为多国籍人组成的“国际家庭”。

(3)自动入籍方式(automatic acquisition of nationality)，就是指法律规定具有外国国籍的儿童成为内国国民的养子女时便因收养而自动地取得内国国籍。欧洲和非洲的部分国家的法律对跨国收养规定了这种入籍方式。例如，荷兰 1985 年的《国籍法》第 2 条和《外国养子女安置法》规定，荷兰人收养的外国儿童可自动取得荷兰籍。西班牙法则规定西班牙国民收养的未满 18 岁的外国儿童自动取得西班牙国籍。1992 年的意大利《国籍法》第 3 条规定，“意大利公民收养的未成年人取得意大利国籍”。1992 年瑞士《国籍法》第 7 条也规定，“瑞士人收养外国未成年人，被收养者成为收养人所在省或州的公民，从而取得瑞士国籍”。而丹麦法规定丹麦人收养的外国儿童必须在 12 岁以下才能自动取得丹麦国籍。② 此外，爱尔兰法以及英国 1979 年《国籍法》和 1976 年《收养法》也都主张被收养人可自动入籍。③ 因此，自动入籍的方式可以说是跨国收养中强化收养效力的一种最典型的制度，尽管它在欧洲和非洲已出现多时，但在亚洲和美洲并不常见。总的来看，自动入籍的制度在跨国收养中占据着较为重要的地位，有的国家以“确保收养人与被收养人各方面力求协调一致”的理念为指导，在承认外国收养时也适用自动入籍的方式。例如，法国对法国人在国外成立的收养外国儿童的跨国收养关系，只要属于完全收养并得到法国的

---

① See Paul Gulbenkian et al. Immigration Law and Business in Europe, John Wiley and Sons Inc, 1993, p. 163.

② See Paul Gulbenkian et al. Immigration Law and Business in Europe, John Wiley and Sons Inc, 1993, pp. 126-163.

③ See Nasree Pearce, Adoption: The Law and Practice, Fourmat Publishing, London, 1991, pp. 161-187.

承认，该外国儿童就可自动取得法国的国籍。①

尽管许多国家实行了因收养而自动取得收养国的国籍的制度，但是，将自动取得国籍作为收养的一个结果的做法，仍然引起了不少专家学者和实务部门工作者的批评和指责。② 因为，自动取得国籍的制度实际上把被收养儿童能否取得收养国的国籍的权力全部交给了宣告收养成立的法院或行政主管机关，由主管收养的行政机关或法院决定被收养儿童的国籍，不仅使得专门负责国籍方面工作的主管当局被架空了，而且也使被收养人缺乏选择国籍的自主权。另外，就国籍根据法律所赋予人们的利益方面考虑，国籍对世界大多数国家而言是如此重要，以至于如果不让被收养儿童享有取得收养国的国籍的权利，那么必定违背收养的目的或者至少是违背完全收养的意图的，因而，在跨国收养中自动或当然取得国籍易于引发国籍的积极冲突的弊端，使双重或多重国籍现象泛滥。虽然如此，但欧洲大部分国家仍采用了自动入籍的模式。这也正是导致《关于儿童收养的欧洲公约》的缔约国大部分没有严格遵守和执行该公约第 11 条的原因所在。欧洲收养公约没有明文规定自动入籍的制度，而只是简单地规定了方便或鼓励入籍的制度。这与欧洲大部分国家的实际做法存在较大的差距，而且也不完全符合以保护儿童利益为最高宗旨的跨国收养的目的。

通过国际条约或公约来对跨国收养中有关国籍的取得问题作出统一规定的，最早可能要算 1930 年海牙国际私法会议通过的《关于国籍法冲突的若干问题的公约》。澳大利亚、比利时、巴西、加拿大、中国、印度、莱索托、马耳他、摩纳哥、荷兰、挪威、巴基斯坦、波兰、瑞典、斯威士兰和英国等缔约国于 1930 年 4 月 12 日在海牙订立了《关于国籍法冲突的若干问题的公约》。该公约第 17 条对收养在国籍方面的效力作了明确的规定，“如果一国的法律认为国籍得因收养而丧失，则此项国籍的丧失应以被收养人按照收养人所属国家关于收养影响国籍的法律而取得收养人的国籍为条件”③。这一规定为解决跨国收养中的国籍问题提供了一个国际性范例。不少国家在跨国收养中照章行事或以此作为国内收养立法的参照系。

除了 1930 年的海牙国际私法会议通过的《关于国籍法冲突的若干问题的公

① See E. Poisson Drocourt, “L'adoption internatonale”, Revue Critique de droit international prive, 1987, pp. 701-703.

② 李浩培著：《国籍问题的比较研究》，商务印书馆 1979 年版，第 129-130 页。

③ 韩德培、李双元主编：《国际私法教学参考资料选编》，武汉大学出版社 1991 年版，第 443 页。

约》，对收养所引起的国籍问题规定了明确的解决办法外，1967 年签订的《关于儿童收养的欧洲公约》也对因收养而产生的国籍问题作了具体规定。该公约第 11 条明确规定，

“(1)如果被收养儿童与收养人的国籍不同，或者在已婚夫妇双方共同收养的情形下，被收养儿童与养父母不具有共同的国籍，那么，对缔约国的国民为收养人的，各缔约国应为被收养儿童取得养父母的国籍提供一切方便。

(2)因收养而导致被收养儿童丧失原有国籍的前提条件是该儿童拥有或已取得另一国家的国籍”。

虽然欧洲收养公约只规定了方便入籍的程序(a facilitated naturalization process)，并未规定自动取得国籍的制度，还算不上十分完善、先进的国际立法，但是，欧洲收养公约关于因跨国收养而取得国籍的规定，在当时可以算得上最明确、最具体的国际规范了。

由于国籍在跨国收养中所处的地位如此重要，引起了许多国际组织的关注和重视。国际法学会在 1973 年 9 月 14 日向联合国提交的一份报告中指出，“各成员国的主管当局应采取一切措施促使被收养的未成年人取得收养人的国籍，完善和健全这方面的法规、程序和方法”。因为“收养人与被收养人的国籍不一致是收养家庭协调和统一的最大障碍”①。国际法学会的这一观点对联合国 1986 年的儿童宣言产生了深远的影响。联合国 1986 年通过的《关于儿童保护和儿童福利特别是国内和国际寄养与收养办法的社会和法律原则宣言》对收养中的国籍问题作了进一步的规定，该宣言第 8 条明确规定，“无论何时，儿童都必须拥有姓名、国籍和法定代理人，即使是在寄养、收养或采取其他措施安置儿童时，也不得随意剥夺儿童的原有姓名、国籍或法定代理人，除非该儿童已获得了新的姓名、国籍或法定代理人”。这实际上指出，在跨国收养中，各国不得造成被收养儿童的无国籍状态。

联合国 1989 年的《儿童权利公约》也未忽视跨国收养的国籍问题，它在第 7 条中明文规定，

“(1)儿童出生后应立即登记，并有自出生起获得姓名的权利，有获得国籍的权利，以及尽可能知道谁是其父母并受其父母照料的权利。

(2)缔约国应确保这些权利按照本国法律及其根据有关国际文书在这一领域承担的义务予以实施，尤应注意不如此儿童即无国籍之情形”。

---

① Session du centenaire, Rome, 1973, p. 800.

联合国儿童权利公约的这一规定，从普遍意义上对儿童在国籍方面的权利作了阐述，对各国处理跨国收养问题具有普遍性指导意义，是各国解决收养中的国籍问题的行为准则。

对于跨国收养中的国籍问题，海牙国际私法会议在制定《跨国收养方面及保护儿童合作公约》的过程中一直较为重视。海牙国际私法会议常设局在1993年讨论制定跨国收养公约之初就提出了跨国收养中的国籍问题，希望将跨国收养中被收养儿童国籍的取得问题作为一个主要议题加以讨论。[①] 但是，在第十七届海牙国际私法会议1993年5月28日最后通过《海牙跨国收养方面保护儿童及合作公约》时，并未在这方面作出明确、具体的规定，主要是因为大部分缔约国认为在公约中不便对收养所引起的国籍问题作出统一的规定。这也可以说是海牙跨国收养公约的欠缺所在。不过海牙跨国收养公约在整体上还是体现了这一精神：依公约的程序所成立的跨国收养一旦生效，或者是收养国所承认的完全收养，或者是简单收养经收养国承认后转换为完全收养，那么，被收养儿童应取得收养国的国籍。这也是海牙跨国收养公约在实施过程中须坚持的一条基本原则。

第四节　因准正而取得国籍

准正，乃指使非婚生子女取得视同婚生子女的法律地位。准正的方式主要包括父母事后婚姻、认领和国家行为等三种。在早期，由于非婚生子女(私生子)和婚生子女的法律地位是不平等的，因而非婚生子女的准正问题对非婚生子女来说是十分重要的。就国籍来讲，准正主要涉及未成年的非婚生子女的国籍的取得和变更问题，对已成年的非婚生子女的国籍一般不会产生影响。按照当时许多国家的国籍法，非婚生子女，出生时从其母亲的国籍，但如果该非婚生子女因准正而取得准婚生地位，则从准正时起，取得父亲的国籍，也就是说准正会导致非婚生子女国籍的变更。例如，1955年9月30日的希腊国籍法第1条第1、3款规定，具有希腊国籍的父亲的婚生子女从出生时起即具有希腊国籍，具有希腊国籍的母亲同任何国籍的父亲所生的非婚生子女也从出生时起即具有希腊国籍。但是，一个具有希腊国籍的父亲同一个具有外国籍的母亲所

① See Hague Conference, Proceedings of the Seventeenth Session Vol. Ⅱ. 1994, pp. 9-10.

生的非婚生子女，在出生时并不具有希腊国籍。该法第 1 条第 4 款则规定，非婚生子女如果在希腊境内出生时并未取得外国国籍而应赋予希腊原始国籍时，必须符合第 2 条或第 3 条关于因准正或承认而给予继有国籍的规定。其中的第 2 条和第 3 条则是如此规定的，“在满 21 岁前作为一个男性希腊公民的儿子取得准婚生地位者（即准正），从其取得准婚生地位之日起，成为希腊公民”；“在满 21 岁前由于自愿承认或完全的裁判上的承认而被承认为一个男性希腊国民的儿子者，从承认之日起，成为希腊公民”。也就是说，准正可以使非婚生子获得希腊继有国籍，但对非婚生女则没有这种法律效果。

不过，在有些国家，对非婚生子和非婚生女并不加以区分，而是统一规定准正可以使非婚生子女获得其父亲的国籍。例如法国 1945 年的修订国籍法就曾规定，“非婚生子女在未成年时取得准婚生地位时，如果其父亲是法国国民，就取得法国国籍”。

此外，有些国家的国籍法规定，非婚生子女准正，并不当然取得其父亲的国籍，而是需要经过审批手续，方能取得。如 1946 年的加拿大的修正国籍法第 11 条第 1 项第 2 款规定，“经过申请，部长可以按自己的斟酌，对曾经得到合法准许在加拿大境内设定永久居所、并且在不论何时在加拿大的一个省内按照当时在该省施行的法律已取得准婚生地位的人，如果法律上认为这个取得准婚生地位者的父亲是加拿大公民的话，则会给予公民籍证书”。

在现代，由于越来越多的国家已强调非婚生子女与婚生子女具有同等的法律地位，非婚生子女和婚生子女的区分在法律上也就在很大程度上丧失了其原来的实际意义。许多国家的法律明确规定，非婚生子女和婚生子女享有同样的待遇和权利。例如我国婚姻法第 19 条规定，“非婚生子女享有与婚生子女同等的权利，任何人不得加以危害和歧视”。

非婚生子女与婚生子女具有相同的法律地位这一先进的观念同样反映在一些国家的国籍法中。它们要么在国籍法中不加任何区分地笼统地使用“子女”这个词并认为该词包括非婚生子女和婚生子女，要么则强调指出在国籍问题上非婚生子女与婚生子女适用同样的法律原则。前者如 1957 年匈牙利国籍法规定，“父母一方属于匈牙利国籍者，子女是匈牙利人”。后者如罗马尼亚国籍法第 6、7 条分别规定，“于国外出生之婴儿或私生子，凡其父母为罗马尼亚籍者，则依其血亲关系应取得罗马尼亚籍”；“根据其血亲关系，儿童及私生子之父母一方为罗马尼亚籍者，则可取得罗马尼亚籍”。在上述两种情况下，即使这些国家存在非婚生子女准正问题（实际上有些国家已根本不存在准正这种法律制度)，而且准正可能在某些方面对非婚生子女会产生一定的影响，但毋庸置疑，它对非婚生子女的国籍问题已丝毫没有影响，因而在这些国家的国籍法中，准正已不再是取得或丧失国籍的一种方式。

第五节 因领土变更而取得国籍

从国际实践来看，国家领土的变更大致可以归纳为以下五类[①]：(1)分裂，即一国分裂为数国；(2)合并，即两个或两个以上的国家合并组成一个新国家；(3)分离，即国家的一部分或数部分领土从该国分离出去，成立新国家；(4)独立，即殖民地或附属领土获得独立，成立新的独立国家；(5)割让，即一国领土的一部分移交给另一国。

领土的变更常常会引起国家继承的发生，而国家继承则必然会涉及这样一个问题，即被继承国的国民是否丧失其原有国籍而取得继承国的国籍。对该问题，不少国际法学家持肯定的态度。他们认为，国际法有一个确立的规则，它规定在被继承国完全消灭的情形下，凡属被继承国的国民，不论在国家继承时是否在被继承国境内有居所或住所，都由于国家继承而自动地丧失被继承国国籍，并且自动地取得继承国国籍；在一国的领土转移给另一国的情形下，在该被转移的领土内有住所的国民，由于领土移转，也自动地丧失被继承国国籍，并且自动取得继承国国籍。

其实，上述主张很难站得住脚，因为如前所述，国际法认为国籍属于每一个国家国内管辖的事项，因此，它不可能规定个人国籍由于国家继承而自动丧失被继承国国籍和自动取得继承国国籍。并且，从世界各国的立法和司法实践来看，它们对该问题的解决很不一致，这就从另一个方面说明了并未存在上述共同的国际法规则。

我们认为，对因国家继承而产生的国籍问题的解决，应遵循以下两项原则：第一，由于该问题涉及两个甚至多个国家，毫无疑问，它应由有关国家以条约来加以解决；第二，在没有条约规定的情况下，该问题则按照国际法上国籍属于各国国内管辖保留范围的原则，仍然分别由被继承国和继承国的法律加以规定。当然，有一点是可以肯定的，即在被继承国完全消灭的情况下，随着它的法律秩序和国家的不再存在，被继承国国民毫无疑问丧失其原有国籍(但不一定必然取得继承国的国籍)。

---

① 端木正主编：《国际法》，北京大学出版社1989年版，第100-101页。

第七章　自然人国籍的丧失与恢复

第一节　自然人国籍的丧失

自然人国籍的丧失，乃指一个人丧失某一特定国家的国民或公民身份。前面讲到，国籍问题属于各国国内管辖的事项，那么，正如国籍的取得一样，国籍的丧失毫无疑问原则上也是由各国自行规定的。对于自然人国籍的丧失问题，大多数国家的国籍法予以了比较详细的规定。例如，1948 年的澳大利亚公民法规定，澳大利亚国籍可在以下几种情形下丧失：

(1)澳大利亚公民取得了另一国家的国籍(但如果取得该国国籍并非本人的意愿，或是出于被迫，或者本人不知道会因取得该国国籍而丧失澳大利亚国籍，则不在其列)；

(2)澳大利亚公民在与澳大利亚敌对的国家的军队中服役；

(3)澳大利亚国籍是以欺诈方式取得的；

(4)该人申请澳大利亚国籍后，因其在获得国籍前的违法行为而被判处 12 个月以上的监禁；

(5)儿童因其父母丧失澳大利亚国籍而丧失澳大利亚国籍，但以该儿童能取得另一国国籍为条件。如果他们的父或母一方仍保留有澳大利亚国籍，那么他们并不会丧失澳大利亚国籍。

又如，希腊 1984 年修订的国籍法规定，希腊人在下列情况下丧失其国籍：

(1)被外国人收养的未满 18 岁的希腊人，可以通过该外国人的请求，放弃其希腊国籍，但他应取得收养人的国籍。该项同意由内政部基于国籍委员会的建议而作出。但如果申请者未履行服兵役的义务或指控有违法犯罪行为，该项请求则会遭到拒绝。

(2)非希腊血统的希腊人如果永久离开希腊领土或居住在国外并且不打算在希腊生活，内政部则可根据国籍委员会的建议作出决定，认为该人已放弃其国籍，其在国外的未成年子女也将丧失希腊国籍。

(3)内政部在下面两种情况下，通过与国籍委员会协商一致，可以剥夺希腊人的国籍：

①该人继续受雇佣为外国公共服务，而不顾内政部要求其停止的命令；

②该人作出了有利于外国而有损于希腊利益的行为。此种情况下该人丧失希腊国籍并不影响其配偶或子女的国籍；

(4)如果某希腊人自愿取得外国国籍，或因其接受外国公共服务的雇用而导致其获得该外国国籍，那么他可以在内政部的同意下，放弃其希腊国籍。如果申请者未履行服兵役的义务或被指控有违法或犯罪行为，那么内政部会拒绝同意。

一般来说，取得新的国籍与丧失旧的国籍有着十分密切的联系，取得国籍的几种情况均可能引起国籍的丧失，当然，除此之外，剥夺国籍也是丧失国籍的重要原因。从性质上看，丧失国籍可以分为自愿和非自愿两种类型。自愿丧失国籍是指申请退出某一国籍；非自愿丧失国籍是指由于入籍、婚姻、收养、认领、被剥夺而丧失国籍。下面就各种不同情况对国籍的丧失问题加以说明。

一、自愿退出

自愿退出国籍即自愿申请解除国籍，它是建立在当事人意思自治的基础上的，不过，大多数国家的国籍法规定，自愿退出国籍必须符合一定的条件并需要履行一定的手续。这些条件通常包括达到一定的年龄、已取得或即将取得外国国籍、在国外定居、在本国已履行兵役、并非刑事追诉或有罪判决的对象等。例如，1952 年以色列国籍法第 10 条第 1 款规定，“年满 18 岁并且在以色列没有住所的以色列公民，可以以书面形式放弃以色列国籍”。又如，1985 年新加坡公民资格法规定，任何年满 21 岁的公民或 21 岁以下的已婚妇女，只要心智健全，他们均可根据宪法第 128 条，向政府登记声明放弃新加坡国籍。这种声明只有在该人已成为或即将成为他国公民的情况下才能提出。此外，如果这种声明是在新加坡处于战争期间作出的，或申请者未满足所需条件，或在该公民为男性时，他未履行服兵役义务，政府将对此声明不予以登记。

二、在外国申请入籍

为防止双重国籍现象的发生，世界上越来越多的国家的国籍法规定，凡本国人自愿取得外国国籍，则自动丧失本国国籍。如 1956 年《泰国国籍法》第 17 条规定，“凡改隶外籍的泰人，自必丧失泰籍”。又如，1985 年《日本国籍法》第 11 条第 1 款规定，“日本国民以个人意志取得了外国国籍时，日本国籍丧失”。

必须指出的是，并不是取得外国国籍就一定导致内国国籍的丧失，只有在取得外国国籍是出于当事人的完全的自愿的情况下，他的内国国籍方能自动丧失。

三、婚姻

在早期，几乎所有国家的国籍法都有“本国妇女同外国男子结婚就丧失本国国籍”的规定。例如，1930 年《埃塞俄比亚国籍法》第 11 条规定，埃塞俄比亚女子由于同外国人结婚就丧失埃塞俄比亚国籍。

在现代，除了少数宗教国家仍旧坚持这一陈规外，越来越多的国家的立法已不再如此规定，它们要么认为该规定不符合男女平等原则而主张女子不因婚姻而丧失其本国国籍，要么从着眼于防止已婚妇女成为无国籍人而规定本国女子同外国男子结婚丧失本国国籍是以取得丈夫国籍为前提的，亦即有条件的，而非自动丧失本国国籍。前者如 1963 年《朝鲜民主主义人民共和国国籍法》第 7 条规定，“朝鲜民主主义人民共和国公民即使同非朝鲜民主主义人民共和国国籍者结婚，其国籍仍不变”。后者如 1952 年瑞士联邦国籍法第 9 条规定。“当瑞士女子同外国人结婚时，如果她由于结婚而取得或已取得其夫的国籍，且在公告结婚或举行婚礼时并未声明愿意保持瑞士国籍，则丧失瑞士国籍”。

四、准正

在有些国家的国籍法中，非婚生子女准正也是其丧失本国国籍的一种情况。如 1955 年《希腊国籍法》第 18 条曾规定，“希腊国民在年满 21 岁前取得外国籍父亲的子女的准婚生地位者或被外国籍父亲承认为子女者，如果他由于取得准婚生地位或被承认而取得其父的国籍，则丧失希腊国籍”。

不过，在现代，非婚生子女和婚生子女权利平等的观念已为大多数国家所接受并在立法中予以承认，因此，非婚生子女的准正问题的重要性已逐渐不复存在。在国籍问题上，由于许多国家是把非婚生子女与婚生子女同样对待的，这样，准正也就不再是丧失国籍的一种情况了。例如，1984 年希腊修订国籍法中就取消了上述 1955 年国籍法第 18 条规定的内容。

五、剥夺

对于剥夺国籍，世界各国的国籍法的规定存在着比较大的差异，有些国家的立法对此持肯定态度，有些国家的立法对此并未作出规定，而且即使在对剥夺国籍持肯定态度的国家中，有些国家的立法认为它仅仅只能适用于入籍者，而对出生时即具有的原始国籍的国民不准剥夺国籍，少数国家的立法则主张它的适用范围既涉及入籍者又包括原始国籍者。在剥夺国籍的原因方面，各国国籍法的内容也不一致，相当一部分国家的国籍法只规定了政治上的一些事项可以作为剥夺国籍的原因，少数国家的国籍法除此之外还把某些犯罪及长期居住国外等非政治事项也列为剥夺国籍的原因。

关于剥夺国籍的政治原因，从各国国籍法的规定来看，主要包括以下几类：危害本国的安全和独立、不履行对民族和国家的效忠义务、逃避兵役、在战争中为敌国工作、在外国政府工作或加入外国军队等。①

至于剥夺国籍的非政治原因，则通常是指长期居住国外、非法离境、入籍乃欺诈取得以及某些类型的犯罪等。②

尽管剥夺国籍为大多数国家的国籍法所规定，但越来越多的学者对此持反对态度。英国著名的国际法学者、前国际法院法官劳特派特就认为，“一个国家如果不加区别地行使剥夺其国民的国籍的权利，并且在这些国民被外国流放时拒绝予以接受，这就构成权利的滥用，很难为国际法庭所容许”。以剥夺国籍的制度作为刑罚更是遭到了众多学者的谴责，例如，塞尔(Scelle)就曾说过，“以刑罚或政治理由剥夺国籍是同人的身份的观念大相矛盾的，而且也是同支配国际社会的重要原则不相容的情形。这种国内法制度虽然为国际关系的实践所容忍，似乎应当被认为是违法的”。我国已故的国际法学者李浩培先生也认为，虽然国际法并不禁止剥夺国籍，但国内法采取剥夺国籍的制度作为刑罚是不妥当的，是大有疑问的。对于一个反革命分子或一个普通的犯罪分子，有很多适当的刑罚可以适用，而不必以剥夺国籍作为刑罚。把一个反革命分子或一个普通的犯罪分子剥夺国籍而拒绝他回国，其结果不仅损害其他国家，而且也使他能逍遥法外，甚至还使他能在国外对内国进行叛国和其他犯罪活动。③

剥夺国籍往往是针对某一个自然人而言的，德国纳粹政府的那种基于人种或民族而采用立法的方式同时剥夺所有某一种族或民族的人的国籍的做法已为国际社会所严厉禁止，同时也是与现代国际法的基本原则相违背的。而且，剥夺自然人的国籍无疑应履行一定的手续和程序，在这一问题上，新加坡的国籍法可以说规定得最为细致。

① 参见李浩培著：《国籍问题的比较研究》，商务印书馆 1979 年版，第 163-167 页。

② 参见李浩培著：《国籍问题的比较研究》，商务印书馆 1979 年版，第 167-175 页。

③ 李浩培著：《国籍问题的比较研究》，商务印书馆 1981 年版，第 181-182 页。

根据新加坡宪法和1985年公民法，在剥夺一个人的新加坡国籍前，应发给该人一份书面通知，告知他/她为何要剥夺其国籍及他或她有权把该案提交调查委员会。如果他/她希望提交此案，则须在21天内提交。

调查委员会的主席应是有资格担任最高法院法官的人选，委员会由主席及政府任命的另外两人组成。

案件提交后，委员会给关系人发出一份通知，让其知晓调查的性质、听证时间和日期。如果该人在或经常住在新加坡，则必须告诉他有权选择代理人和律师代理出庭。如果该人不在或不经常住在新加坡，那么他可以书面形式指定代理人或律师代理出庭。委员会的通知应在听证会14天前发给关系人。如果关系人未满18岁或是未婚女子，那么通知可发给其父母或监护人。在地址不详的情况下，可在新加坡政府公报上公告送达。

在听证会上，该人可亲自出庭，也可委托其代理人和律师出庭，如果他未满18岁，则应由其父母或监护人代理。

委员会应对剥夺国籍的理由及关系人和政府两方提出的理由和证据予以调查。

在进行听证时，委员会比法院法官有更广泛的权力，因此，它可以要求当事人提供证据，进行宣誓，还可要求提交书面证据，甚至有权决定听证会应采取的程序。

听证会结束后，委员会将向政府提交一份报告，政府将依据宪法对该报告给予适当关注，但它显然并不受其约束。政府最后根据有关事实和情况对应否剥夺该人国籍作出裁决。政府的裁决是最终的、有效的，不得对该裁决提出申诉或向法院提出上诉。①

第二节　自然人国籍的恢复

国籍的恢复，是指已丧失某国国籍的人重新取得该国国籍。国籍的恢复也称为国籍的回复。

从各国国籍法的规定来看，国籍的恢复主要涉及以下三个方面的问题：

(1)恢复国籍的主体。

恢复国籍的主体即恢复国籍的自然人，它是指哪些人可以恢复国籍。对这

① See Dennis Campbell et al., International Immigration and Nationality Law, Martinus Nijhoff Publishers(1994).

一问题，有些国籍法采取了不加限制的做法，主张任何丧失内国国籍的人都可以恢复国籍，如泰国 1952 年国籍法第 20 条第 1 款规定，“泰国国民由于任何原因丧失泰国国籍后愿意恢复泰国国籍者，应依部颁规章规定的方式向主管部长提出申请”。大多数国籍法把有权恢复国籍的人限制在只是具有内国原始国籍的人丧失国籍后，才可以恢复国籍。也就是说，外国人在入籍后又丧失内国国籍的，就不能恢复内国国籍。

(2)恢复国籍的条件。

根据一些国家的法律，只有已丧失的原始国籍才是被恢复的对象，继受取得的国籍不可能被恢复。有些国籍法甚至还主张能够恢复的原始国籍必须是基于下列原因而丧失的：自愿取得外国国籍，具有内国国籍的未成年子女随同其父或母取得外国国籍；具有内国国籍的女子同外国男子结婚或随同其夫加入外国国籍。

除了被恢复的国籍应为原始国籍这一点外，许多国家的立法对国籍的恢复还设置了其他一些条件，包括必须解除婚姻、在内国有居所、达到一定的年龄或在一定期限内提出申请等。例如，泰国 1952 年的国籍法规定，泰国女子由于同外国男子结婚而丧失泰国国籍者及泰国未成年子女随同其父或母丧失泰国国籍者，可以恢复其泰国国籍，但对前者必须存在婚姻已经解除的条件，对于后者，该子女应在自己成为行使权利人后两年内提出申请。又如，法国 1945 年的国籍法曾规定，“任何人如果在恢复国籍时在法国没有居所，就不能恢复国籍”。

(3)恢复国籍的程序

综观各国国籍法，没有哪一个规定可以自动的恢复国籍，相反，恢复国籍必须经过一定程序或履行规定的手续。许多国家往往规定恢复国籍必须由当事人提出申请并经有关主管机关审查批准，或者向主管机关提出恢复国籍的声明。有些国家把恢复国籍的程序在实质上同申请入籍的程序等同起来。例如 1957 年匈牙利国籍法第 10 条第 1 款规定，“恢复国籍适用入籍的规定……”

当事人提出申请后，对于申请的效果有两种不同的做法，有的国家规定，主管当局必须对当事人的申请进行严格的实质审查，认为符合条件的，予以批准，否则拒绝批准。也就是说，当事人的申请能否获得同意，完全由主管当局自由裁量。有的国家则规定，当事人提出恢复国籍的声明时，只要他符合法律规定的条件，则当然地恢复国籍，主管机关无权对其作出否定，在这里，主管机关只具有进行形式审查的职权。

第八章　自然人国籍的冲突及其解决

在正常情况下，一个自然人应具有且只具有一个国家的国籍。但是，由于世界各国的国籍法所采取的原则和规定千差万别，因此，常常会出现以下不正常的现象，即有的人同时具有两个或两个以上的国籍，而有的人则不具有任何一国的国籍。这种一个人同时具有不止一个国籍及根本不具有任何国籍的法律状态，就称之为国籍的冲突。国籍的冲突根据上述两种不同的情况可以分为两类：一类是国籍的积极冲突，这就是通常所说的双重或多重国籍；另一类是国籍的消极冲突，也就是通常所说的无国籍。

第一节　自然人国籍冲突的产生

国际法并没有关于国籍的公认的统一的规则，每个主权国家都有权按照自己的国家利益，来制定本国的国籍法，以规定谁是它的国民，谁不是它的国民，这一点早已为1930年《关于国籍法冲突的若干问题的海牙公约》所确认。该公约第1条规定：“每个国家依照其本国法律来断定谁是它的国民。”也就是说，国籍立法目前仍处于各国各自为政的状态，各国根据各自具体情况的不同，执行着不同的立法原则和政策，这样，各国国籍法的具体内容是不可能完全相同的，它们之间势必或多或少地存在一些差异。并且国籍法这一部门法在近代国家也是变动最多的一种法律，许多国家的国籍法曾经多次进行了修改，特别是第二次世界大战以来，世界上更是掀起了一股制定或修改国籍法的浪潮。因此即便是同一个国家，其前后国籍法所采取的原则也大不一样。以上这些事实的存在，必然会导致世界上有些人具有多个国籍，有些人则可能不具有任何国家的国籍。尤其在现代国际间的交通日益便利，人员的跨境流动十分频繁的情况下，自然人国籍的冲突现象也越来越普遍。

导致自然人国籍冲突的情况是各种各样的，几乎所有的取得国籍的情况或方式以及这些情况和方式的结合，都可能是自然人国籍冲突得以产生的情形。自然人国籍的冲突既可以发生于自然人出生时，也可以发生于自然人出生以后。具体来讲，主要有以下几种：

1. 发生于出生

如前所述，因出生而取得国籍的两个标准是血统主义和出生地主义。就国籍的积极冲突来讲，采用血统主义原则的国家的公民，在采用出生地主义原则国家境内所生的子女，一出生就获得这两个国家的国籍，即具有父母的国籍和出生地国家的国籍。这是世界上产生双重国籍最普遍的情况。在现代，越来越多的国家兼采了血统主义和出生地主义原则，有些国家甚至对这两个原则均未加以一定的限制，这样，产生双重国籍的几率无疑大为增多，因为这些国家中的任何一个国家不但可以依据血统主义赋予一个人原始国籍，也可以依据出生地主义赋予一个人原始国籍。

即使在同样采取血统主义原则的国家之间，仍旧可能产生双重国籍现象，比方说，甲乙两国均采双系血统主义，那么甲国人与乙国人结婚后所生的子女便同时取得了甲乙两国的原始国籍。

有时，一个人出生时甚至可能获得三个或三个以上的原始国籍。例如，父母国籍不同，父母各自国家采取双系血统主义，他们在一艘停泊于采出生地主义的甲国港口内的乙国商船上生下的子女，便有可能同时获得这四个国家的国籍。

自然人国籍的消极冲突现象同样可以产生于出生时。例如，无国籍人所生的子女，按照其出生地国家的法律规定不能取得该国国籍，该儿童就可能成为无国籍人。这种现象主要发生在采血统主义的国家境内。

2. 发生于婚姻

在婚姻情况下发生双重国籍，通常是指一国男子与外国女子结婚时，男子的国家的国籍法规定因婚姻而赋予外国女子以该国国籍，而该女子的国家的法律则规定不因婚姻而丧失国籍，结果该女子因结婚而具有双重国籍。

与上述情况相反，在婚姻状况下发生无国籍状况，乃指一国男子与外国女子结婚时，男子的国籍并不因婚姻而赋予该女子，但该女子的国家的法律则认为，该女子因婚姻而丧失了其原来的国籍，这样，该女子因婚姻而变为无国籍人。

3. 发生于收养

在收养的情况下发生双重国籍，是指当一个国家的公民收养一个外国人为养子女时，该收养人的国家的法律规定因收养而赋予被收养人国籍，而该被收养人的国家的法律规定被收养人不因收养而丧失国籍，结果，这个被收养人就会具有双重国籍。例如，1952 年英国收养法第 16 条规定，“在对于并非联合王国和殖民地的公民的一个儿童作出收养命令时，如果收养人是联合王国和殖民地的公民，或者在夫妻共同收养的情形下，如果男性收养人是联合王国和殖民地的公民，那么从作出收养命令之日起，该儿童应是联合王国和殖民地的公民”。按照该项规定，假如一英国公民收养一个奥地利人为养子，这个养子便因被收养而取得英国国籍，而按照 1949 年奥地利国籍法第 11 条关于收养并不影响国籍的规定，则该养子并不因被收养而丧失奥地利国籍，这样，该养子就会同时具有奥地利和英国两国的国籍，成为双重国籍人。

同样，收养也是产生无国籍的一种情况。如果某被收养人的国家立法规定，该人因被外国人所收养，则当然丧失其原有国籍；而收养人的国家的法律又规定，该人并不因其被收养而当然取得收养人国家的国籍。在这种情形下，该被收养人就有可能处于无国籍状态。

以上三种情况是自然人国籍的积极冲突和自然人国籍消极冲突发生的共同情况，此外，自然人国籍的积极冲突和消极冲突的发生分别另有一些特殊的情况。例如申请入籍和准婚生(准正)可能导致自然人国籍的积极冲突，而剥夺国籍和自愿退籍则可能使一个人处于无国籍状态。

在申请入籍的情况下发生双重国籍，通常是一个人在外国申请入籍，其本国却不同意他退出国籍，而该外国又准许他在没有解除本国国籍的情况下入籍，结果这个人就具有双重国籍。

至于在准正的情况下发生双重国籍，乃指一国女子同另一国男子的非婚生儿童，在该儿童出生时，按其母亲国家的法律规定取得其母亲的国籍。后来，因其父和其母结婚，该儿童取得准婚生地位。而按照其父的国家的法律，该儿童因准正又获得了其父的国籍。在这种情况下，如果其母亲的国家的法律并没有规定因准正该儿童丧失国籍，那么该儿童便因准正具有其父和其母的双重国籍。

至于被剥夺国籍和自愿退籍导致国籍的消极冲突则是很好理解的。一般来说，如果一个人的国籍被剥夺，他又没有取得另一国的国籍，以及一个人自愿申请退籍被许可后，他并未能获得他国国籍，那么他就是无国籍人。

第二节　自然人国籍冲突的法律后果

无论是双重国籍，还是无国籍，都不是正常的现象，而且还会造成严重的后果。

就无国籍来讲，无国籍对于个人显然是非常不利的，因为，如英国著名国际法学家奥本海所说，“国籍是个人和国际法的利益之间的主要联系”。[①] 无国籍的人就失去同国际法的这种联系，他在国际上不享有任何国家的保护。因此，虽然事实上多数国家对于无国籍人通常按一般外国人一样对待，但是如果这类人受到所在国的歧视和虐待则一般是没有救济和保护的。而且，无国籍人也不能享受根据互惠原则给予特定国家的公民的优惠待遇。尤为不利的是，无国籍人由于不是任何一个国家的公民，因此，没有任何一个国家愿意赋予其政治权利，比方说，无国籍人基本上不可能在一个国家内担任政治要职。即便在国际上，无国籍人也难以在国际组织中，尤其是在重要的政府间的国际组织中，担任要职。以国际法院为例，根据《国际法院规约》，能够担任国际法院的法官应是品格高尚并在本国具有最高司法职位的任命资格或为公认的国际法学家。由于无国籍人不属于任何一个国家，因此，任何一个国家对他来说都算不上是他的“本国”。从《规约》的这一规定可以看出，无国籍人不可能被推选为国际法院法官。

至于双重国籍问题，它同无国籍问题相比较，在国际法上至关重要，其法律后果也更为严重。双重国籍不仅会使个人陷入困难的处境，而且在国际关系上也会造成国家之间的纠纷和矛盾。双重国籍人与其两个国籍国都有固定的法律联系，他处于这两个国家的属人优越权之下，他可以享受两个国籍国赋予的权利，但他同时又要效忠于两个国籍国，同时承担两个国籍国法律规定的义务。由于个人的双重国籍而产生的困难和国际纠纷往往出现在兵役问题上。历史上一个有名的例子是，英国在 1812 年仍坚持其所谓“永久效忠”原则，强迫从美国船上捉去已在美国入籍的英国人当兵，结果成为英、美两国发生战争的原因之一。法国与美国在 1915 年也发生过类似争执，当时因为有已在美国入籍的法国人回到法国被扣留服兵役；也有已在美国归化且住在美国的法国人接到法国领事馆通知命令其回国服役。美国国务院为此向法国政府提出抗议，而法国政府的答复是，“法国公民在外国入籍只有经过批准才能解除法国国籍”[②]。

在战争时候，双重国籍引起的问题更为严重。因为第三国对双重国籍的外国人可以把他作为两国中任何一国的国民来看待。例如，1916 年德国与英国交战，德国曾扣留了一个生在英国的美国公民，因为在德国看来，尽管该人是美国公民，但由于他生于英国而获得英国国籍，因而也是英国人，对德国来

① 《奥本海国际法》(中译本)，第 1 卷，第 2 分册，第 162 页。

② 参见周鲠生著：《国际法》，商务印书馆 1976 年版，第 259 页。

说，他是一个敌侨。此外，1951 年美国上诉法院曾经判决一个具有美国国籍的日本人为叛国罪，因为他在日本战俘营虐待美国俘虏。

此外，有时双重国籍人还可能使第三国处于两难境地。例如，在刑事案件中，如果涉及对罪犯的引渡，在该罪犯的两个国籍国都有权要求引渡且都向该第三国提出了引渡请求，那么该第三国很难去决定到底应引渡给哪一个国家，从而有可能造成国家之间的关系变得紧张。由此可见，双重国籍问题无论对个人，还是对国籍国和第三国，都会产生严重的后果。

第三节　自然人国籍冲突的解决：国际公法上的防止和消除

如前所述，由于自然人国籍的冲突，无论是积极冲突，还是消极冲突，都会产生严重的后果，因此，如何解决自然人国籍的冲突，成了国际社会普遍关注的一个重要的问题。从广义上讲，自然人国籍冲突的解决包括国际公法上的解决和国际私法上的解决。在国际公法上和国际私法上解决自然人的国籍冲突，其目的是不同的：前者的目的在于防止和消除双重国籍和无国籍现象，从而达到“一人一国籍”，也就是说，“国籍唯一”原则是国际公法上解决国籍冲突的一个出发点。而后者的目的则仅在于如何确定双重国籍人和无国籍人的本国法来作为处理涉外民商事法律关系的准据法。至于当事人存在的双重国籍或无国籍现象是否应予消除及如何消除，则非其所问。①

本节先对在国际公法上如何解决双重国籍和无国籍问题作些考察。

严格来讲，国际公法上解决国籍冲突问题包括防止和消除两个方面，而且防止双重国籍和无国籍与消除双重国籍和无国籍这两个概念是存在一定的差别的，两者的内涵并不完全相同。前者侧重于预防，即在制定国籍法时尽量避免双重国籍和无国籍现象产生，防止今后出现国籍冲突问题。后者侧重于事后解决，在已经出现了双重国籍和无国籍现象时，如何采取措施来加以解决，即消除已经存在的国籍冲突问题。不过，这两者又是密不可分的。它们的联系是如此地紧密，以至于在某些情形下很难对其加以细分。鉴于此，我们把这两者放在一起讨论。

从目前的国际实践来看，一般是通过国内立法、双边条约和国际公约来防止和消除自然人国籍冲突的产生。

---

① 参见李双元著：《国际私法(冲突法篇)》，武汉大学出版社 1987 年版，第 252 页。

1. 国内立法

就目前来讲，国内立法是防止和消除自然人国籍冲突的最有效的解决办法，这主要是因为在这方面的双边条约和多边公约不仅是数量、内容还是缔约国的数目都非常有限。

在国内立法上，为了防止和消除自然人国籍的积极冲突，立法者在规定内国国籍的取得时，一方面，应注意适用相互原则；另一方面，应多规定一些“条件条款”或“自动条款”。所谓相互原则，是指如果一国的立法者规定一个人在某种条件下应当具有该国国籍，那么它也应当承认在相应的条件下，另一个人应当具有另一国的国籍。比如说，一国法律规定在内国的外国人的子女有权在成年时选择该国国籍，那么他同时也应当承认，居住在外国的本国人的子女有权在成年时选择外国国籍。早在 1928 年斯德哥尔摩会议的决议中，该原则就已被提出，该决议第 1 条指出，“任何国家，对于它的国籍的取得和丧失，不应当适用这样的法则，即如果其他国家采取同样的法规将会产生双重国籍和无国籍的那些法规”。不过，令人遗憾的是，在各国现行的国籍法中，相互原则极少得到适用，究其原因，主要在于现代各国的国籍法都是各国根据它自己的利益和需要而制定的。如果一个国家在国籍的立法上采取相互原则，那么它很难期望另一个国家也采取相互原则。也就是说，要想使不同国家之间在相互原则上达成默契，几乎是不可能的。

至于“条件条款”或“自动条款”是指规定加入本国国籍的外国人以退出其外国国籍为条件；加入外国国籍的本国人即自动丧失本国国籍等。这类条款完全能起到防止和消除双重国籍现象。尤为重要的是，这类条款只涉及本国立法，而不涉及外国立法，因而是切实可行的。现在许多国家的国籍法中都载有这种条款。例如，1985 年的日本国籍法就规定，“自愿取得外国国籍者即丧失日本国籍”。又如，墨西哥国籍法规定，“为贯彻不承认双重国籍原则，任何外国人要想取得墨西哥国籍，他必须在外交部正式声称放弃他的其他国籍”。

在国内立法上对国籍消极冲突的防止和消除，从理论上讲，要简单得多，如果各国国籍法规定，凡属无国籍人都取得当地的国籍，那么国籍的消极冲突问题就迎刃而解了。或者规定凡属出生或居住在该国的人，如果未取得他国国籍，就取得当地国籍，国籍的消极冲突也就解决了。

但从各国的立法实践采看，国籍的消极冲突问题似乎并没有得到重视，绝少有国家的国籍法作出了这种规定。在目前，只有少数几个国家的国籍法在个别问题上，对无国籍问题的解决予以规定。例如，1945 年的法国国籍法曾包含以下这样的条款：

(1)在境内发现的弃儿被视为出生于境内，因而按出生地主义取得内国原始国籍。

(2)拒绝法国原始国籍的人，以证明其按照血统主义具有外国国籍为条件。

(3)外国籍的父母在法国境内所生的子女从16岁起直至成年在法国有惯常居所者，在成年时取得法国国籍。这种人如欲拒绝法国国籍，也以证明其按照血统主义具有外国国籍为条件。

(4)同法国男子结婚的外国女子，只是在其本国法准许其保持国籍的条件下，才能在结婚前声明拒绝法国国籍。

(5)同外国男子结婚的法国女子，只是在依照其夫的本国法已取得或能取得其夫的国籍的条件下，才能在结婚前声明放弃法国国籍。

2. 双边条约

现今，国际上许多双边条约涉及自然人国籍的冲突问题，其中有些双边条约对该问题的规定十分详细。试以1957年12月16日朝鲜人民民主主义共和国同前苏联签订的《关于双重国籍人的国籍的条约》中的第4条为例。

该条约第4条规定，“(1)未成年人在其父母双方按照本约具有同一公民籍的情况下，依从其父母的国籍。

(2)如果父母中一方具有或选择了缔约国一方的公民籍，而另一方具有或选择了缔约国另一方的公民籍，那么他们的未成年子女的公民籍，应由父母双方以协议决定。如果没有这种协议，那么子女应保留其父母居住地所在的缔约国一方的公民籍。

当父母中一方居住在缔约国一方的境内，而另一方居住在缔约国另一方境内时，子女应依从对他监护的父母一方的公民籍，但其父母双方另有约定时，则不在此限。

(3)当未成年子女的父母已死亡或其所在不明时，未成年子女应保留本约生效之日起经过一年后他们居住所在的缔约国一方的公民籍。

(4)已满14岁的未成年人如欲使本条前三项规定不适用于他们，得以声明选择缔约国另一方公民籍”。

3. 多边条约

目前，国际上解决国籍的冲突的多边条约主要包括：1930年的《关于国籍法冲突的若干问题的公约》(简称《国籍法公约》)和《关于双重国籍某种情况下兵役义务的议定书》、1933年12月26日《美洲国家间国籍公约》、1963年5月6日《关于减少多重国籍情况并在多重国籍情况下的兵役义务的(欧洲)公约》、

1954年《关于无国籍人地位的公约》、1961年《关于减少无国籍的联合国公约》等。

在上述几个多边条约中，《美洲国家间国籍公约》及《关于减少多重国籍情况并在多重国籍情况下的兵役义务的公约》为区域性的公约。这两个公约分别在区域范围内对防止和消除国籍的问题作出了某些规定。如《美洲国家间国籍公约》第1条规定，“在任何一个缔约国主管当局取得入籍许可的人，在入籍的同时，丧失其原有国籍”。又如，《关于减少多重国籍情况并在多重国籍情况下的兵役义务的公约》第1条指出，“缔约国公民已达成年并根据他们的自由意志，通过入籍，选择国籍或恢复国籍取得另一缔约国的国籍时，应丧失其原有的国籍，不应当准允他们保留以前的国籍”。该公约第2条规定，“具有两个或更多缔约国国籍的人，可以在这些国籍中放弃一个或更多的国籍，但需取得他意欲放弃国籍的那个缔约国的同意”。“缔约国对于法律上具有它的国籍的成年人，如果该成年人的经常居所设在该缔约国境外已经10年，而且他的经常居所设在他意欲保留国籍的那个缔约国境内，不得拒绝给予同意。缔约国对于符合前项规定条件的未成年人，如果他们本国法律准许他们以单纯的声明放弃国籍，并且他们依法有权提出声明或者有人依法代为提出声明，也不得拒绝给予同意”。

在解决自然人国籍冲突的全球性公约中，目前较有影响的当推1930年的《国籍法公约》及1961年的《关于减少无国籍的联合国公约》。

《国籍法公约》于1930年由在国联主持下的海牙国际法编纂会议所通过，[①]其内容主要包括以下几个方面：

(1)总则。它规定了国籍问题原则上属于国内管辖事项，只要“一国的法律与国际公约、国际习惯及普遍承认关于国籍之法律原则不相冲突”。并就第三国如何处理双重或多重国籍人的国籍问题作出规定，即“在第三国之领土内有一个以上之国籍者，应视为只有一个国籍。在不妨碍该国于身份事件法律之适用及有效条约等范围之内，该国就此人所有之各国籍中，应择其通常或主要居所所在之国家之国籍，或在各种情形下似与该人实际上关系最密切之国家之国籍，即承认为其唯一之国籍”。

(2)出籍许可证书。为了防止无国籍现象的发生，公约第7条第1、2款

① 1930年在国联主持下的海牙国际法编纂会议，是国际法编纂历史上第一次国际编纂会议，这次会议主要通过了四个有关国籍问题的公约。另外三个公约分别为：《双重国籍兵役议定书》、《无国籍议定书》、《无国籍特别议定书》。

分别规定，“一国之法律规定发给出籍许可证书者，倘领得证书之人非有另一国籍或取得另一国籍时，此项证书对之不应有丧失国籍之效果”。“倘领得证书之人，在发给证书国家所规定之时间内不取得另一国籍，则证书失其效力；但领得证书之时已有另一国籍者，不在此限”。

(3)已婚妇女之国籍。公约第8、第9条规定，如果妻的本国法允许为外国人妻者丧失国籍及妻因夫之国籍变更而丧失国籍，此项效果应以其取得夫之国籍为条件。公约第10、第11条则分别指出，“夫在婚姻关系中归化，倘妻未曾同意，此项归化对妻之国籍不发生效果”。“倘妻之本国法规定为外国人妻丧失国籍时，在婚姻关系消灭后，非经妻自行请求，并遵照该国法律，不得恢复国籍；倘妻恢复国籍，即丧失其因婚姻而取得之国籍”。

(4)子女之国籍。公约第13条规定，未成年人之子女可以因父母之归化而取得国籍，其条件由归化国法律予以规定，如果未成年子女不因其父母之归化而取得国籍，则应保留其原有之国籍。此外，公约的第12条、第14条和第16条还特别对享有外交豁免者的子女、父母不明的子女及私生子女的国籍问题予以了明确的规定。

(5)养子之国籍。公约第17条规定，“倘一国之法律规定其国籍得因为外国人养子而丧失时，此种国籍之丧失，应以此人按照该外国人之本国法，关于立养子影响国籍之法律取得立养子者之国籍为条件”。也就是说，一国法律可以规定本国的子女因外国人的收养而丧失本国国籍，但这种规定应建立在这样的条件之上，即根据外国收养人的国籍法，被收养的本国子女已取得该外国的国籍。之所以如此规定，毫无疑问，主要是为了防止无国籍现象的发生。

1930年的《国籍法公约》已于1937年7月1日生效，批准或加入该公约的国家主要有：比利时、巴西、英国、加拿大、澳大利亚、印度、摩纳哥、荷兰、挪威、波兰、瑞典、巴基斯坦等。有些国家，如比利时、荷兰、瑞典等，在加入该公约时，根据公约第20条的规定，对公约的某些条款作了保留。中国国民党政府曾于1934年12月18日批准了该公约，并于1935年2月14日交存了批准书(声明保留第4条)。① 不过，中华人民共和国政府到目前为止并没有对该公约予以承认。

联合国成立以后，在国际法委员会于1949年第一届会议上拟定的一个临时的14个国际法编纂项目表中，就包含有国籍问题这一项。联合国分别于

① 公约第4条为，“国家关于本国人民之兼有他国国籍者，对于该第三国不得施加外交上之保护”。

1959 年 3 月 24 日在日内瓦及 1961 年 8 月 15 日在纽约召开了关于消除和减少无国籍的会议，并于 1961 年 8 月 30 日通过了《关于减少无国籍状态的公约》。该公约已于 1975 年 12 月 13 日生效，其参加国主要有：英国、瑞典、奥地利、澳大利亚、丹麦、爱尔兰、挪威、哥斯达黎加等。公约共计 21 条，它大致从以下几个方面来防止自然人成为无国籍人：

(1)出生。公约第 1 条第 1 项首先从原则上规定：缔约国对在其领土出生，非取得该国国籍即为无国籍者，应给予其国籍。当然，对于这种人给予出生地国籍，既可以在出生时给予，也可以按出生地法规定的一定年龄给予；既可以依照法律规定当然地给予，也可以在经过申请后给予；既可以不附条件而给予，也可以在满足一定的条件下给予。具体怎么规定，由出生地国依公约作出决定。

公约第 1 条第 3 项采取了出生地主义和血统主义相结合的原则。该项规定：凡在一个缔约国领土出生的婚生子，非取得该国国籍即无国籍而其母具有该国国籍者，应于出生时取得该国国籍。

公约第 1 条第 4 项则采血统主义，它规定：凡由于已过申请取得国籍年龄或者不具备居住条件而不能取得出生地缔约国国籍的人，如果在其出生时其父母中一方具有另一缔约国国籍，而且该另一缔约国如果不给予该人以该国国籍，他将成为无国籍人时，该另一缔约国就应当给予国籍。公约第 1 条第 5 项则进一步指出，缔约国依照第 4 项给予本国国籍时应遵循下列几个条件之一：申请应于申请人未达到缔约国所规定的年龄——不低于 23 岁——提出；关系人在缔约国可能规定在提出申请前的一段时间内(不得超过 3 年)通常居住在该国境内；关系人一直无国籍。

公约第 2 条和第 3 条还对弃儿及出生在船舶和飞机内的子女的国籍问题作出了比较明确的规定，以避免他们成为无国籍者。公约第 2 条规定，“在一个缔约国境内发现的弃儿，如果没有相反的证明，就被认为是出生在该缔约国领土内，并且认为他的父母具有该国国籍”。当然，毫无疑问，该弃儿也就具有该缔约国国籍。公约第 3 条则规定，“为了决定各缔约国在本公约规定下的义务，出生在船舶或飞机内，应当被认为是在船旗国或飞机登记国领土内出生”。

公约第 4 条也采取了血统主义，它规定，“缔约国对非取得该国国籍即为无国籍者——该人非出生于任何缔约国的领土内——应给予该国国籍，如果其父母之一在他出生时具有该国国籍的话。倘关系人之父母在他出生时具有不同国籍，他本人的国籍究竟应跟父亲的国籍抑或跟母亲的国籍问题，应该依缔约国的国内法决定”。这样按照亲子关系标准给予国籍，既可以在出生时依法律规定当然给予，也可以按当事人的父亲或母亲的本国法的规定，经过申请程序并在满足一定条件下给予。

(2)变更。为了防止由于个人身份的变更或家长丧失国籍而成为无国籍人，公约第5条明确规定，缔约国的法律规定个人身份的变更，如结婚、婚姻关系消灭、取得婚生地位、认知或收养足以使其丧失国籍者，其国籍的丧失应以具有或取得另一国籍为条件。

(3)放弃国籍。为防止由于放弃国籍而产生无国籍现象，公约第7条第1项规定，放弃国籍，只有在当事人具有或取得另一国籍的情况下，方能产生效果。不过，该规定的适用不得与《世界人权宣言》第13条和第14条相矛盾。

(4)剥夺国籍。剥夺国籍最易导致无国籍状态的出现，鉴于此，公约第8、第9两条对其作出了规定。第8条原则上指出，“缔约国对一个人不得剥夺他的国籍，如果这种剥夺将使他成为无国籍人”。第9条则要求缔约国不得以种类、人种、宗教或政治为理由而剥夺任何个人或一类人的国籍。

然而，由于参加会议的各国不愿意为了消除无国籍状态而完全放弃剥夺个人国籍的权利，因此，对于第8条的原则规定，作出了很多的例外。这些例外可分为以下两类：

第一类例外为缔约国无须在签署、批准或加入公约时明白提出保留而当然可以行使剥夺国籍权的一些情形。这些情形具体包括：①归化者如果连续居住在外国7年以上而没有向主管机关声明保留国籍的意思，则缔约国可剥夺其国籍；②缔约国法律可以规定，凡出生在它的领土以外的人，从成年之日起满一年时，必须在该时在该国领土内居住，或者向主管机关登记，才能保留他的国籍，否则缔约国可以剥夺其国籍；③用虚伪的陈述或欺诈方法而取得的国籍，可以被剥夺。

第二类则是缔约国必须在签署、批准或加入公约时明白提出保留才能行使剥夺国籍权的一些情形。这些情形为：①关系人违背其对缔约国尽忠的义务，而无视该缔约国的明白禁令，对另一国提供或继续提供服务，或接受或继续接受另一国发给的薪俸，或者曾经以严重危害该国重大利益的方式行事；②关系人曾宣誓或发表正式声明效忠另一国家，或明确地表示他决心不对缔约国效忠。

(5)国家继承。公约第10条第1项规定，“缔约国之间规定领土移转的每一个条约，应当包含意在保证任何人都不会由于该项转移而成为无国籍人的一些规定。缔约国应当尽力使它同非本公约缔约国缔结的条约包含这种规定”。

该条第2项接着指出，“在没有这种规定的情况下，接受领土移转或以其他方式取得领土的缔约国，应当对于领土移转或取得而成为无国籍的人，给予它的国籍”。

第四节　自然人国籍冲突的解决：国际私法上本国法的确定

在国际私法中，国籍是确定准据法的一个重要的连结因素，有关自然人身份、能力、亲属和继承等涉外民事关系的准据法，很多国家都以自然人的国籍作为连结因素。这在“一人一国籍”的情况下，自然不会发生以该人的哪个国籍作为连结点的问题。但是如前所述，目前由于世界各国国籍法互相歧异，从而有许多人处于双重乃至多重国籍及无国籍状态。这时如果需要适用当事人的本国法作准据法，就会面临他有两个以上本国法或者对他来说根本不存在本国法的困境。因此，在国际私法上，解决自然人国籍的冲突就是为了确定双重国籍人和无国籍人的本国法。

对于自然人国籍的积极冲突(即双重国籍)，各国国际私法多分别不同情况而采取以下几种解决方法：

(1)当事人同时具有的两个以上的国籍中有一个是内国国籍。在这种情况下，无论当事人的国籍是同时取得还是异时取得，国际上通常的做法是主张以内国国籍优先，以内国法为该当事人的本国法。例如，1986年前联邦德国民法施行法便规定，“当事人同时具有德国国籍和外国国籍的，则以德国法作为其本国法”。其他如日本法例第28条、泰国国际私法第6条、埃及民法典第25条、捷克国际私法和国际民事诉讼法第33条、匈牙利国际私法第11条及1982年土耳其国际私法和国际诉讼程序第4条等也作了类似规定。这种做法也被一些国际公约所承认。如1930年《关于国籍法冲突的若干问题的公约》第3条规定，“除本公约另有规定外，凡有两个以上之国籍者，各该国家均得视之为国民”。又如，1928年的《布斯塔曼特法典》第9条规定，“关于国籍如有争议，其中一个国籍所属的缔约一方，对于任何个人或法人的原有国籍以及这一国籍的取得、丧失和其后在该方领土内或领土外的回复等问题的确定，都可以适用其本国法”。

各国之所以采取内国国籍法优先的原则，其理由在于：既然一个主权国家有权决定谁是它的国民，那么它就没有义务屈从另一国所作出的同它自己的国籍法相抵触的国籍的取得的规定。

(2)当事人所具有的两个或两个以上的国籍均为外国国籍。在这种情况下，如何确定其本国法，各国的实践是存在着分歧的，归纳起来主要有以下三种解决方案：

①最后取得的国籍优先。例如，1964年捷克国际私法及国际民事诉讼法第33条第2款规定，“当事人同时具有几个外国国籍时，以最后取得的国籍为优”。但在实际生活中，有时一个人的两个以上的国籍是同时取得的，而非先后取得，针对这种情况，该法同条第3款又规定，“不能确定最后取得的国籍时，应视为具有住所地国家之国籍”。1939年泰国国际私法也作了类似规定，如其第6条第1款为，“在适用当事人本国法时，如当事人非同时取得两个以上外国国籍，则适用最后取得的国籍所属国家的法律”。在同条第2款又规定，“在应适用其本国法时，若当事人同时取得两个以上国籍，则应以住所所在地法为其本国法”。

②当事人住所或惯常居所所在地国国籍优先。例如，1982年前南斯拉夫法律冲突法第11条第2款规定，“对于非南斯拉夫公民并具有两个或两个以上外国国籍的人在适用本法时，视其具有他作为公民并有住所的那个国家的国籍”。匈牙利1979年国际私法第11条第3款也作了类似的规定。

③与当事人有最密切联系的国籍优先。在国籍发生积极冲突时，依最密切联系原则，既为许多学者所倡导，也为许多国家的立法和实践所采纳。例如，1978年奥地利联邦国际私法法规第9条第1款规定，一个人同时具有几个外国国籍的，应以与之有最强联系的国家的国籍为准。其他如1966年波兰国际私法第2条第2款，以及1988年瑞士冲突法第21条和1986年前西德民法施行法第5条也采这种做法。土耳其1982年的国际私法和国际诉讼程序第4条第3款也规定，“多重国籍人，不具有土耳其国籍的，则适用与其关系最密切的国家的法律”。

至于如何确定哪一个国籍与当事人有最密切联系，学者之间是存在分歧意见的，各国的立法则付阙如。但一般来说，在确定最密切联系时，以下几个方面可以说是应该予以考虑的因素：当事人在何国出生，在哪一国设定住所或惯常居所，在哪一国行使政治权利，在哪一国从事业务活动等。此外，有些学者甚至认为，除了需要考虑上述一些客观标准外，当事人的主观态度也不应被忽视。为了周密地确定他的国籍，还须研究他的情绪和内心究竟倾向于哪一国。

对于当事人国籍消极冲突的解决，大多数国家的国际私法采取以下的办法：以当事人住所所在地国家的法律为其本国法，如当事人无住所或住所不能确定，则以其居所地法为其本国法。例如，1986年前联邦德国国际私法第5

条第 2 款规定，“如果某人没有国籍，或国籍无法确定，则适用其习惯居所地国法律，如果无习惯住所，则适用其居所地国法律”。又如，波兰国际私法第 3 条规定，“应适用本国法而当事人的国籍无法决定或无国籍，则适用其住所地法”。至于 1982 年的土耳其国际私法和国际诉讼程序法的规定则更为详细。该法第 4 条第 1 款规定，“无国籍人，依其住所地作为确定准据法的标志；没有住所的，依其居所；没有居所的，适用受理案件的国家的法律”。

在我国，尽管在国际私法的立法上并未对自然人国籍冲突问题作出规定，但 1990 年最高人民法院《关于贯彻执行〈中华人民共和国民法通则〉若干问题的解答》对该问题予以了涉及，如对自然人国籍积极冲突的解决，该《解答》第 182 项规定，“有双重或多重国籍的外国人，以其有住所或者与其有最密切联系的国家的法律为其本国法”。第 181 条则对自然人国籍的消极冲突的解决作出如下规定，“无国籍人的民事行为能力，一般适用其居住国法律，如未定居，适用其住所地国法律”。

第九章　中国有关自然人国籍的立法和实践

在我国，自然人的国籍问题具有特别重要的意义，其原因是：①有关自然人国籍的立法直接关系到我国居住在海外的几千万侨民的法律地位；②自然人国籍问题历来是我国同东南亚邻国关系中一个极为敏感而又十分棘手的问题，它直接影响到我国与这些国家之间的关系。因此，我国在制定有关自然人的国籍的法律及处理有关自然人的国籍问题时，必须考虑上述两个因素。

第一节　中国有关自然人国籍立法的历史演变

关于自然人国籍的立法史，在中国并不算长。中国在 20 世纪以前不曾有过一部系统的成文的国籍法。但是国籍法上的血统主义却一直是中国关于自然人国籍的传统观念。凡是由中国父母生出的人，无论生在国内或国外，并且无论他的父母是已经在国外经过几代的中国人的后裔，都是自然而然地自以为中国人，国家对他们也是如此看待的。即使其人是生于采取出生地主义的国家，并且取得了该国国籍，他还是保有中国国籍。当然，中国也从不要求外国人在中国所生的儿童为中国人。换句话说，依血统主义来决定自然人的国籍是中国的习惯法，如同英国采用出生地主义是出自英国的普通法一样。①

中国第一部国籍法是前清末期 1909 年制定的《大清国籍条例》。当时，宪政编查馆在奏折中说，该条例是在“列国并争，日以辟土，殖民互相雄长”之际，本着“怀保流移为贵”的主旨而订立的。其重要性在于“上系国权之得失，下关民志之从违”。该《国籍条例》以“固有籍、入籍、出籍、复籍为纲”，采取“折中主义中注重血脉系之办法”。晚清政府制定该条例的直接原因是为了抵制荷兰拟订的新律中把生在当时荷属东印度的华侨定为荷籍臣民。

辛亥革命以后，袁世凯政府在《大清国籍条例》的基础上，进行了修改，并于 1914 年颁布了《民国三年修正国籍法》。后来，国民党政府于 1929 年又重

---

① 周鲠生著：《国际法》，商务印书馆 1976 年版，第 263 页。

新修订并颁布了《民国十八年修订国籍法》。这三部国籍法的基本共同点在于，它们都是按照“以血统主义为重，而辅以出生地主义”的原则①，对于“数世不归”的华侨，继续保留其中国国籍，即所谓“冀其后裔绵延，无论若干世系，仍属中国籍”。不过，这三部国籍法在具体规定上，还是存在若干差异的。

1. 关于原始国籍(即固有国籍)取得的规定

根据1909年《国籍条例》，母为中国人，而父无可考或无国籍者，不论是否生于中国地方，均属中国国籍(第1章第1条第3款)。1914年《修正国籍法》则将此条修改为，“只限生于中国者”。1929年又取消了“生于中国者”之限制，规定不论生于何地均属中国国籍(第1条第3款)。

2. 关于入籍的规定

作为入籍条件，1909年和1914年的国籍法规定，必须保证入籍人在取得中国国籍后，按照其原始国籍国家的法律，应丧失该国国籍，以防止双重国籍发生。1929年国籍法取消了这一限制，即外国人在申请入籍时，不论其有无国籍及是否丧失其本国国籍，内政部单独依照中国国籍法审批。

3. 关于已婚妇女的国籍问题

当外籍妇女同中国人结婚时：

1909年《国籍条例》规定：外国妇女嫁与中国人，即作为加入中国籍(第2章第5条第1款)。1914年的国籍法沿袭了这一规定，并且加重了语气，“当然取得中国国籍，不附带何种条件，并且不能自由选择国籍”(第2条第1款)。1929年国籍法则在这方面作了重要但书，规定“但依其本国法保留国籍者不在此限”。这一修改显然考虑了国际上确定已婚妇女国籍的主要倾向，使外国妇女有可能保留其本国国籍。

当中国妇女同外国人结婚时：

1909年《国籍条例》规定，中国妇女嫁与外国人即作为出籍，但如其夫之本国法不因婚姻关系而承认入籍者，仍属中国国籍(第3章第13条第1款)，从而避免因婚姻关系而造成无国籍现象。1914年《修正国籍法》基本同此精神，规定中国妇女同外国人结婚取得夫之国籍，并丧失中国国籍(第12条第1款第2项)。1929年国籍法增加了本人须“自请脱离国籍，经内政部许可者”(第10条第1项第1款)，在手续方面的规定较前完备。

---

① 有些学者认为这三部国籍法关于固有国籍的取得，均是采纯粹的父系血统主义。这种看法是值得商榷的。其实，这三部国籍法中的有些规定，实际上应属于出生地主义的范围。

当夫退出中国国籍时：

1909年《国籍条例》规定，若夫出籍，则其妻及未成年子女，都同时作为出籍，但如果妻自愿留籍，或出籍人自愿使其未成年子女留籍，则准其呈明，仍属中国国籍(第3章第14条)。1914年《修正国籍法》则规定，妻及其儿女依据夫之本国法必须随同取得外国国籍，才丧失中国国籍(第15条)。1929年国籍法对此作了修改，规定出籍人之妻及未成年子女均应保留中国国籍。

4. 关于担任外国公职及军职者

1914年《修正国籍法》规定，无中国政府许可而担任外国官吏或军职，在中国政府命令其辞职而不执行者，应丧失中国国籍(第12条第1款第5项)。1929年国籍法将此款删去，允许中国公民到外国军队服务或行政部门工作。

5. 关于国籍的恢复

中国妇女同外国人结婚而出籍者，在婚姻关系消灭后，可以申请恢复中国国籍。三部国籍法都有此规定。但1914年《修正国籍法》则附加了两个条件：本人必须在中国有住所和依其现有国籍法允许丧失其国籍(第17条第1款)。1929年国籍法取消了这两个条件，规定只须经内政部批准即可恢复中国国籍(第15条)。

第二节　中华人民共和国处理自然人国籍问题的实践

中华人民共和国成立后，作为我国临时宪法的《共同纲领)，明确宣布废除国民党政府的《六法全书》，这样，国民党政府的国籍法，跟它的其他法律一样，在大陆不再有效。从1949年至1980年，在这30多年期间，中华人民共和国虽然没有公布国籍法，但有一套明确的政策，正确地处理了各种复杂的国籍问题，特别是东南亚国家的华侨的双重国籍问题。

如前所述，血统主义是中国关于国籍的传统观念，而国外华侨数在千万以上，遍布于全世界，其中绝大多数集中于东南亚地区。根据血统主义，国外华侨所生子女，无论生在何地，并且无论他的父母是已经在国外经过几代的中国人的后裔，都将自动取得中国国籍。在同样采血统主义的国家，如欧洲大陆的一些国家和日本，华侨一般来说只具有中国国籍，不会发生国籍的冲突问题。但是，在英美等国以及原属英美殖民地的国家，如东南亚各国，由于它们采取出生地主义来赋予出生国籍，因而华侨在这些地方所生的儿童，中国根据血统主义认为具有中国国籍，其出生地国家则认为属于该国国籍，从而不可避免地产生双重国籍问题。

早在1911年，为了解决因华侨的双重国籍而产生的中国政府同华侨出生地政府对华侨的管辖和保护上的权限冲突问题，中国政府与荷兰政府在签订关于在荷兰殖民地设领事馆的条约时，就曾对荷兰属地的华侨的双重国籍问题作出了处理。但由于它规定了荷兰殖民地的华侨因两国国籍法不同而发生疑义时依照荷兰领地现行法律解决，因而在实质上对中国是不利的，是一项不平等的条约。① 如果这种做法推至东南亚各地，就等于中国放弃对海外出生的大批华侨的保护权。后来，国民党政府签订1930年海牙《关于国籍法冲突的若干问题的公约》时对该公约的第4条作了保留，其原因就在于该条对双重国籍的华侨的地位会产生很大的影响。

印度尼西亚独立后，曾企图片面解决出生于印尼的华侨(200万华侨中的侨生约120万)的双重国籍问题。印度尼西亚政府规定侨生华人在两年中(自1949年12月27日起至1951年12月27日止)若不往其住所地法庭声明拒绝印尼籍，则一概被认为印尼公民。这就是所谓的“被动制”。但是印度尼西亚执行的这种“被动制”不仅不能正确地表达华侨选择国籍的志愿，而且也不能有效地根本解决双重国籍问题。印尼一方的法律的效果，并不能约束另一方国籍国，因而那些按照“被动制”认为是印尼公民的华侨，按照血统主义还是继续被认为具有中国国籍。印尼政府的“被动制”方案一出台，就遭到了中国政府的强烈谴责。最后两国政府经过多次谈判，于1953年4月22日签订了《中华人民共和国和印度尼西亚共和国关于双重国籍问题的条约》，1955年6月23日两国总理进行了换文，1960年又制定了《中华人民共和国政府和印度尼西亚共和国政府关于双重国籍问题的条约的实施办法》。在上述文件中，双方确认了双重国籍是一个历史遗留问题，这个问题的解决是符合两国人民的利益的。

按照《中华人民共和国和印度尼西亚共和国关于双重国籍问题的条约》(第1条)的规定，凡是同时具有中国国籍和印尼国籍的人都应根据本人自愿的原则，就中国国籍和印尼国籍中选择一种国籍。在这里有三点值得注意。第一是划定了本公约适用的范围，就是选择国籍限于华侨中侨生部分，因为只有侨生才具有中国国籍和印尼国籍。第二是肯定了一人一国籍原则：华侨要么做中国公民，要么做印尼公民。第三是采取了自愿选择的原则，即每个人都有权利根据本人自愿就中国和印尼国籍中任择一种。选择国籍的期限为本条约生效后两年内(第2条)。选择的方式为：若愿意保留中国国籍，则必须向中华人民共和国的有关当局宣告放弃印尼国籍，宣告后即被视为自愿选择中国国籍；若愿

① 周鲠生著：《国际法》，商务印书馆1976年版，第264页。

意保留印尼国籍，则必须向印尼有关当局宣告放弃中国国籍，宣告后即被视为自愿选择印尼国籍(第3条)。选择的效果是：凡按照本约规定选择了中国国籍即当然丧失印尼国籍；选择了印尼国籍即当然丧失中国国籍(第4条)。具有中国、印尼两种国籍的人如果没有在规定的两年期限内选择国籍，则按照以下规定解决：如果他们的父亲是中国人的后裔，则他们将被视为选择了中国国籍；如果他们的父亲是印尼人的后裔，则他们将被视为选择了印尼国籍。也就是说，国籍的选择在原则上是采主动制，但在特殊情况下也适用被动制，因为不这样则仍不能完全消除华侨的双重国籍。在被动选择制之下仍然适用血统主义，只不过是父系血统主义，惟在本人同其父亲没有法律上的关系或父亲的国籍不明的情况下则依母亲的国籍来决定其国籍(第5条)。此外，按照公约第8条的规定，在印尼境内出生的儿童(指本公约生效后)，无论他们的父母双方或仅父方具有中国国籍，在出生后即具有中国国籍；在中国境内出生的儿童，如果他们的父母双方或仅父亲一方具有印尼国籍，在出生后即具有印尼国籍。这里也采用了父系血统主义。不过，总的来讲，该条约基本上仍保证了男女平等。如第1条就规定具有两种国籍的已婚妇女也应根据本人自愿原则在两种国籍中选择其中一种，并没有采纳妻随夫籍的做法。又如，公约第10条规定，中华人民共和国公民和印尼公民结婚，婚后双方各保有他们原来的国籍。

综上所述，我们可以作出如下结论：《中华人民共和国和印度尼西亚共和国关于双重国籍问题的条约》是一个平等、互利的条约。中国在传统的血统主义和男女平等原则的基础上，采用自愿选择的原则和方式，保证彻底消除在印尼的华侨的既存的双重国籍，并且避免以后侨生儿童的双重国籍的发生，解决了中国和印尼两国之间关系上的一个历史遗留下来的、相当困难的问题。这个条约后来成了中国同他国，特别是东南亚国家解决华侨的双重国籍问题的典型协定。例如，1973年6月9日《中华人民共和国政府和菲律宾共和国政府公报》指出，“中华人民共和国和菲律宾共和国政府认为：凡已取得对方国籍的本国公民都自动失去了原有国籍”。

又如，1974年5月31日《中华人民共和国和马来西亚政府联合公报》指出，“中华人民共和国政府和马来西亚政府声明他们都不承认双重国籍。根据这一原则，中国政府认为，凡已自愿加入或已取得马来西亚国籍的中国血统的人，都自动失去中国国籍。至于那些自愿保留中国国籍的侨民，中国政府根据其一贯的政策，要求他们尊重马来西亚政府的法律，尊重当地人民的风俗习惯，与当地人民友好相处。他们的正当权利和利益将得到中国政府的保护，并将受到马来西亚政府的尊重”。

再如，1975年7月1日《中华人民共和国政府和泰王国政府关于建立外交关系的联合公报》指出，“中华人民共和国政府注意到，几个世纪以来侨居在泰国的中国人能遵循泰国的法律和泰国人民的风俗习惯，同泰国人民和谐友好相处。中华人民共和国政府宣布他们不承认双重国籍。双方政府认为，任何中国籍或中国血统的人，在取得泰国国籍后都自动失去其中国国籍。对自愿选择保留中国国籍的在泰国的中国侨民，中国政府按照其一贯政策，要求他们遵守泰国法律，尊重泰国人民的风俗习惯，并与泰国人民友好相处。他们的正当权利和利益将得到中国政府的保护，并将受到泰国政府的尊重”。

从我国的实践中可以明显看出，我国政府对于解决历史上遗留下来的华侨双重国籍问题的政策是符合公认的国际法准则的，是合情合理的，同时也完全符合广大华侨和侨居国人民的利益，有利于改善和增进我国与有关国家之间的友好合作关系。

第三节 《中华人民共和国国籍法》的主要内容和基本原则

1980年9月10日，中华人民共和国第五届全国人民代表大会第三次会议通过并于同日公布施行的新中国建立以来的第一部国籍法——《中华人民共和国国籍法》，总结了我国30年来处理国籍冲突问题的丰富经验，把我国行之有效的国籍政策，加以条文化、定型化，并适当参照外国国籍法的有益成分，它在许多规定上和国际上大多数国家解决国籍冲突的做法保持了一致。

《中华人民共和国国籍法》在解决自然人国籍冲突问题时应坚持的基本原则可以归纳为以下五项：

(1)各族人民平等地具有中国国籍原则。《国籍法》第2条明确指出，“中华人民共和国是统一的多民族的国家，各民族的人都具有中国国籍”。这一条包含了两个方面的意义：其一，是说我国境内的56个民族的人都具有中国国籍。我国是一个多民族国家，各族人民在取得国籍上一律平等，不因民族的大小、先进落后而有所不同；在享受公民权利和承担义务上也一律平等，不因民族的不同而不同。其二，是说我国各族人民所具有的国籍，是统一的中华人民共和国的国籍。我国是一个单一制国家，因此，国内各民族的人，都具有中国国籍。这一原则，既反对了歧视少数民族的大民族主义，也反对了少数民族中的分裂主义，同时，也有力地回击了帝国主义挑拨我国民族关系，阴谋分裂我国的活动。

(2)不承认中国公民具有双重国籍原则。《国籍法》第3条规定，“不承认中国公民具有双重国籍”。有关条文对这一原则进一步予以了详细的规定：①定居外国的中国公民，自愿加入或取得外国国籍的，即自动丧失中国国籍(第9条)；②父母双方或一方定居在外国的中国公民，本人出生在外国，具有中国国籍，但本人出生时即具有外国国籍的，不具有中国国籍(第5条)；③中国公民申请退出中国国籍获得批准的，即丧失中国国籍(第11条)；④外国人申请加入中国国籍获得批准的，即取得中国国籍，但不得再保留外国国籍(第8条)；⑤曾经有过中国国籍的外国人被批准恢复中国国籍的，不再保留外国国籍(第13条)。前三项规定，是为了避免中国公民在取得外国国籍的同时，又具有中国国籍。后两项规定，是为了避免外国人在取得中国国籍的同时，又具有外国国籍。所有这五项规定，都体现了我国国籍法不承认中国公民具有双重国籍的原则。

(3)兼采血统主义和出生地主义的原则规定出生国籍问题。这项原则具体体现在国籍法第4、5、6条的规定上。第4条规定，“父母双方或一方为中国公民，本人出生在中国，具有中国国籍”。第5条规定，“父母双方或一方为中国公民，本人出生在外国，具有中国国籍；但父母双方或一方为中国公民并定居在外国，本人出生时即具有外国国籍的，不具有中国国籍”。这两条所采取的是血统主义，而且是双系血统主义，摒弃了中国传统的父系血统主义。第6条规定，“父母无国籍或国籍不明，定居在中国，本人出生在中国，具有中国国籍”。这条规定采取的是出生地主义，它有利于减少无国籍现象的产生。从这三条规定可以看出，我国国籍法在赋予出生国籍上，采取了血统主义和出生地主义相结合的原则。我国采取的血统主义和出生地主义相结合原则，是以血统主义为主，以出生地主义为辅的。我国绝大多数人都是依血统主义取得中国国籍，只有极少数无国籍人或国籍不明的人的子女，由于不能取得任何国家的国籍，为了避免产生无国籍问题，才依出生地主义赋予中国国籍。而且，依血统主义取得中国国籍，除本人出生时即具有外国国籍因而不具有中国国籍外，一般不受限制，而依出生地主义取得中国国籍，则要受若干条件的限制。

(4)男女国籍平等原则。这是指男女国籍具有同等的法律效力，不因性别不同而有所差异。此项原则是我国宪法规定的男女平等原则在国籍问题上的体现。它主要表现在以下两个方面：①在出生国籍的赋予上，否定歧视妇女的父系血统主义，采取体现男女平等的双系血统主义。根据国籍法第3、4条，父母双方或一方为中国公民，不论出生在国内或国外，具有中国国籍。②在对待婚姻是否影响国籍的问题上，否定妻随夫籍的原则，采取妇女国籍独立的原则。根据我国国籍法的规定，与中国人结婚的外国女子，不因婚姻关系而自动取得中国国籍；丈夫取得中国国籍，不能使妻子当然取得中国国籍；与外国人结婚的中国女子，不因婚姻关系而自动丧失中国国籍；丈夫退出中国国籍，不影响妻子的国籍。

(5)国籍的加入、退出和恢复采取自愿申请和审批相结合的原则。我国国籍法既肯定了“出籍自由权”和“入籍自由权”，但同时又对出籍自由和入籍自由予以了一定的限制，对申请加入、退出和恢复中国国籍的条件作出了明确的规定。国籍法第14条规定，“中国国籍的取得、丧失和恢复，除第9条规定的以外，必须办理申请手续。未满18周岁的人，可由其父母或其他法定代理人代为办理申请”。第16条规定，“加入、退出和恢复中国国籍的申请，由中华人民共和国公安部审批。经批准的，由公安部发给证书”。

《中华人民共和国国籍法》尽管只有18个条文，但它从原则到具体内容、具体手续，都规定得比较详细、比较明确。

例如，对于入籍问题，我国国籍法对入籍条件作了明确的规定。外国人或无国籍人申请加入中国国籍，必须具备两个前提，并符合法律的其他条件。两个前提为：一是申请加入中国国籍的外国人或无国籍人，必须愿意遵守中国的宪法和法律；二是必须出自本人的自愿。如果申请人的申请是被迫的，即使他们符合法律规定的入籍条件，也不能让他们加入中国国籍。这两个前提是互相联系的，必须同时具备，缺一不可。具备了这两个前提，又符合下列条件之一，就可以申请加入中国国籍。

(1)申请人是中国公民的近亲属。所谓近亲属，是指夫、妻、父、母、子、女、同胞兄弟姐妹。只要他的近亲属中有一人是中国公民，即符合规定的条件，可以申请加入中国国籍。被中国公民所收养的外国人或无国籍人，愿意申请加入中国国籍，也符合规定的条件。

(2)申请人定居在中国的。外国人或无国籍人定居在中国，成了中国的居民，他们遵守中国的宪法和法律，在社会生活的各个方面，和中国公民发生了密切的联系，建立了一定的感情。因此，外国人或无国籍人在中国定居，也是我国国籍法规定的入籍条件之一。

(3)有其他正当理由。不具备上述两个条件，如有其他正当理由，也可以申请加入中国国籍。例如，有些外国朋友关心人类进步事业，为中国革命和建设事业流血流汗，为中国革命和建设事业作出了贡献，把中国作为自己的第二故乡，要求加入中国国籍，中国人民是竭诚欢迎的。

至于由哪个机关受理和批准加入中国国籍的申请，国籍法第15条规定，在国内，为申请人所在地的县市公安局；在国外，为中国的外交代表机关、领事馆。县市公安局和我国驻外的使领馆，只是受理申请，就近审查了解申请人的申请，是否符合法律规定，最后的审批权归中华人民共和国公安部。

又如，我国国籍法，对丧失中国国籍，也作出了比较细致的规定。根据国籍法第9、10条，丧失中国国籍，有两种不同的方式：

(1)自动丧失的方式。国籍法第9条规定，“定居外国的中国公民，自愿加入或取得外国国籍的，即自动丧失中国国籍”。这一规定反映了我国政府历来实行的国籍政策。我国政府一贯赞成和鼓励华侨根据自愿原则选择居住国的国籍，同时不赞成双重国籍。凡是华侨中已经自愿取得居住国国籍的，就自动丧失中国国籍，成了居住国的公民，不再具有中国公民的资格，他们应当效忠于居住国的国家和人民。

(2)申请退籍的方式。我国国籍法第10条对中国公民申请退籍，也规定了三个条件：

①申请退籍的人是外国人的近亲属。这里所谓外国人，是指具有外国国籍的人，当然不包括无国籍人或者国籍不明的人。由于申请人是外国人的近亲属——夫、妻、父、母、子、女、同胞兄弟姐妹，在生活上联系比较密切，为了便于他们共同团聚，在生活上能够互相照顾，不因近亲属之间国籍不同，而在生活上造成诸多不便。因而国籍法把外国人的近亲属，作为申请退籍的条件之一。

②定居在外国的。申请人在外国设定住所，在外国生活时间较长，他们和外国人民在生活上建立了密切的关系，应该作为申请退出中国国籍的一个条件。

③有其他正当理由。申请退籍的原因很复杂，仅有前两项规定，是难以适应复杂的客观情况，因而我国国籍法又规定了这一弹性条款。至于是否具有正当理由，申请人只能提出申明，自己并没有决定权，应由主管机关根据客观的真实情况去判定。

第四节　中国特别行政区特有的国籍制度

“一国两制”，是中国共产党根据国际形势和中国的国情，从实际出发，在尊重历史与现实的基础上，提出的解决香港、澳门和台湾问题，实现祖国统一的一项基本国策。“一国两制”下的国籍问题乃指如何解决港澳同胞的双重国籍问题，并不涉及台湾同胞的国籍问题。因为所有的台湾同胞基本上只具有中国国籍，这一点是毫无疑问的。而香港和澳门同胞的国籍由于历史的原因而十分复杂和特殊。

在香港，由于英国国籍法承认双重国籍，因而 1997 年 7 月 1 日以前，许多香港居民从方便旅行、经商等方面考虑而选择或变更其国籍，出现了一人持有双重国籍和各种旅行证件(指护照)的情况。

在澳门，1999 年 12 月 20 日以前，澳葡政府实施国籍的依据主要是 1959 年和 1981 年的葡萄牙国籍法。根据 1959 年的国籍法，凡在葡领土出生的人均获得葡萄牙国籍。由于当时澳门被视为葡萄牙的“领土”，因此在澳门出生的人都具有葡萄牙国籍。1981 年，葡萄牙颁布了新的国籍法。该法规定，凡在葡萄牙领土或管理地区(澳门)出生，其出生登记内载明生父或生母一方具有葡萄牙国籍的，可以取得葡萄牙国籍。该法还规定：外国人居住在葡萄牙领土或管理地区至少 6 年，对葡语有充分认识；与葡萄牙公民结婚的外国人在婚姻存续期间愿取得葡籍并作声明等，也可取得葡籍。同时该法还规定，“其他国家公民若不愿为葡籍者，应作出声明，若非有相反的声明，取得其他国籍的人，其葡国籍继续维持”。很显然，葡萄牙国籍法也是承认双重国籍存在的。这样，在澳门居住的大量中国公民取得了葡萄牙国籍的同时仍保留着中国国籍，也就是说他们具有双重国籍。不过，1999 年 12 月 20 日以后，这种情形便会改变。

不承认双重国籍则是我国国籍法的一项基本原则，也是我国政府在国籍问题上一贯坚持的原则立场。由此可见，在澳港同胞的国籍问题上，中国政府与英国、葡萄牙政府的立场存在明显的分歧。为妥善解决这一问题，中英两国政府和中葡两国政府分别在 1984 年 12 月 19 日和 1987 年 4 月 13 日交换了关于香港居民国籍问题的备忘录和关于澳门居民国籍问题的备忘录，阐明了各自的立场，并基本上达成了一致意见，“一国两制”下的国籍问题大体上得到了解决。

现在香港已经回归，根据《香港基本法》的规定，从 1997 年 7 月 1 日起，我国国籍法在香港特别行政区开始实施。由于香港居民的国籍状况比较复杂且涉及一些特殊的问题，而我国国籍法又相对比较原则，鉴于此，香港特别行政区筹备委员会第二次全体会议于 1996 年 3 月 24 日向全国人大常委会提出了关于对《中华人民共和国国籍法》在香港特别行政区实施作出解释的决议，以便于我国国籍法在香港特别行政区的具体实施。第八届全国人大常委会第十九次会议接受了筹委会的建议，并于同年 5 月 15 日通过了“关于《中华人民共和国国籍法》在香港特别行政区实施的几个问题的解释”，内容如下：

(1)凡具有中国血统的香港居民，本人出生在中国领土(含香港)者，以及其他符合《中华人民共和国国籍法》规定的具有中国国籍的条件者，都是中国公民。

这条解释为绝大多数香港中国同胞明确自己的中国公民身份提供了客观标准。按照这一标准，不必对香港中国同胞是否持有外国护照进行普查，避免了将问题复杂化。同时，该解释也符合我国国籍法在国籍的原始取得方面所采取的血统主义与出生地主义相结合的基本原则。

(2)所有香港中国同胞，不论其是否持有“英国属土公民护照”或者“英国公民(海外)护照”，都是中国公民。自1997年7月1日起，上述中国公民可继续使用英国政府签发的有效旅行证件去其他国家或地区旅行，但在香港特别行政区和中华人民共和国其他地区不得因持有上述英国旅行证件而享有英国的领事保护的权利。

为落实英国政府在备忘录中关于国籍问题的声明，英国议会通过的《1985年香港法》在其附件第2条第2款中作出了如下规定：(1)在1997年7月1日后不能再依据与香港的关系保留和领取“英国属土公民护照”(BDTC)。(2)根据这种关系而持有“英国属土公民护照”的人士可以在1997年7月1日以前(或如1997年7月1日以前出生的可以在该年年底)取得“英国国民(海外)护照”(BNO)。考虑到香港的历史背景和实际情况，我国政府同意这部分人士在1997年7月1日后继续使用这种护照到其他国家或地区旅行。但这种护照已不是外交护照，而只是一种有效的旅行证件，因此在香港特别行政区和我国其他地区不得因持有该证件而享受英国的外交和领事保护权。至于该种证件能否为其他国家所承认和接受，则取决于这些国家自己的决定。

(3)任何在香港的中国公民，因英国政府的“居英权计划”而获得的英国公民身份，根据《中华人民共和国国籍法》不予承认。这类人仍为中国公民，在香港特别行政区和中华人民共和国其他地区不得享有英国的领事保护权。

1989年12月，英国政府借口香港的“信心”问题，违背其在中英两国政府关于香港国籍问题备忘录中所作的“不赋予原被称为‘英国属土公民’的香港中国公民在英国的居留权”的承诺，不顾我国政府的多次抗议和敦促，单方面公布了所谓“居英权计划”，赋予香港5万个家庭约225000位香港居民以“完全的英国公民地位”，并称这些人在香港享有英国的领事保护权。英国政府的这一错误做法片面改变了部分香港中国同胞的国籍，违背了国际法和国际习惯在处理国籍问题上所应遵循的一般原则。为此，我国政府曾多次明确宣布，任何在香港的中国公民，因英国的“居英权计划”而获得的英国公民身份，中国政府不予承认，他们仍是中国公民。全国人大常委会的上述解释即是将我国政府的这一政策以法律形式固定下来。

(4)在外国有居留权的香港特别行政区的中国公民，可使用外国政府签发的有关证件去其他国家或地区旅行，但在香港特别行政区和中华人民共和国其他地区不得因持有上述证件而享有领事保护的权利。

众所周知，香港居民为外出旅行的便利而常常领有外国政府签发的有关证件。全国人大常委会的这一解释在保留香港居民中的中国公民的中国国籍及其领事保护权的前提下，允许他们将所持有的外国护照作为旅行证件去其他国家或地区旅行，既不违反我国国籍法的不承认双重国籍的原则，也符合基本法的有关规定，而且也有利于香港居民外出旅行。

(5)香港特别行政区的中国公民的国籍发生变更，可凭有效证件向香港特别行政区受理国籍申请的机关申报。

这一规定解决了香港回流移民的居留权问题。所谓回流移民，是指那些原香港永久性居民中的中国公民1997年6月30日以前移民外国，并取得外国护照，之后又返回香港的定居者。回流移民问题实际上是这部分人士要求保留香港永久性居民身份和香港的居留权问题。根据该解释，回流移民在返回香港定居时，如持香港身份证入境，将仍作为中国公民保留香港永久性居民身份；如其持外国护照并申报为外国公民，则保留外国人身份并享有领事保护权，但要成为香港永久性居民，则需连续住满7年。这样，取得外国护照的回流移民可对自己的国籍和居留权自行予以选择。但是，持“英国属土公民护照”和“英国国民(海外)护照”以及因“居英权计划”取得英国护照的人并不包括在内。

(6)授权香港特别行政区指定其入境事务处为香港特别行政区受理国籍申请的机关，香港特别行政区入境事务处根据《中华人民共和国国籍法》和以上规定对所有国籍申请事宜作出处理。

这是全国人大常委会对国籍法作出的又一项变通解释。根据我国国籍法，中国公民的国籍变更须由公安部批准。但由于香港情况特殊，全国人大常委会授权香港特别行政区自己解决这个问题。这样，不仅明确了国籍法在香港特别行政区实施的具体执行机关，而且也为香港特别行政区入境事务处接受变更国籍的申请并作出处理提供了法律依据。

由上可见，这六条解释体现了“一国两制”的原则和实事求是地处理香港居民的国籍问题的精神，既坚持了中国国籍法的基本原则，又充分照顾到了香港居民国籍状况的特殊性和复杂性。此外，它还为将来我国国籍法在澳门的具体实施提供了一个参照标准。1998年12月29日第九届全国人民代表大会常务委员会第六次会议通过的《关于〈中华人民共和国国籍法〉在澳门特别行政区实施的几个问题的解释》，就是明显的例证。

第三编　法人国籍的法律制度

第十章　法人国籍概述

第一节　法人国籍的法律意义

法人是与自然人相对称的另一种民事法律关系的主体，它指依法定程序成立，具有一定的组织机构，拥有独立的财产，能够以自己的名义享有民事权利、承担民事义务，并能在法院起诉、应诉的组织体。法人制度是商品经济——市场经济法律体系中的重要组成部分。法人作为民事法律关系的主体，在国际民商事交往和合作中发挥着重要的作用。法人的国籍就是指某法人属于特定国家的法律依据，是区别本国法人和外国法人的标准。

一般来说，享有法人的权利并参加民商事活动的组织和公司，总是隶属于某一特定的国家及其法律秩序的。这是法人的重要特性，在国际私法中称为法人的国籍。① 我们知道，自然人应具有国籍，这是毫无疑问的。但对法人是否应有国籍的问题，法学界是颇有争论的。其中大多数赞同法人有国籍，少数人则认为法人无国籍，在他们看来，法人与自然人不同，法人并无规定国籍的必要。

我们认为，就国籍一词的词源而论，本专适用于自然人，不包括法人在内。但法人既然是依法组成的，有独立财产，能以自己的名义参与民事活动和诉讼活动的组织，在法律上与自然人一样可以成为权利主体，同样具有独立的人格和权利能力及行为能力。“尽管公司的业务、股东、债权人、董事和职员可能分散于许多国家，因而公司具有世界性，但为了适用某特定的法律规则，它常不是明确地看成内国公司(一个与其他任何国家没有联系的公司)就是明

---

① 对于这一点，英、美、法国家称为法人的住所或法人所在地。参见隆茨等：《国际私法》，吴云琪等译，法律出版社 1986 年版，第 87 页。

确地看成是一个外国公司"①。其实自然人有时也是很复杂的，如不同国籍的父母在第三国所生之子，在第四国长大、受教育，在第五国及其他许多国家经商，在数国有住所或居所等，但他仍是有国籍的。② 应该说，法人与自然人虽有不同的方面，但它也是与某国存在固定的法律联系的。而且这种固定的法律联系，即法人的国籍，具有多方面重要的法律意义。兹分别论述如下：

一、法人国籍与法人的法律地位

一国赋予外国人(包括法人)在内国享有何种待遇，能从事哪些活动，是一国主权范围的事，主要是在国内的民商法和其他法令中加以规定。同时，国家之间也可以通过缔结条约，相互赋予缔约另一方自然人和法人在其境内享有某种待遇。但实践中由于各主权国家基于自身利益的考虑，不管给外国自然人和法人以何种待遇，其与内国国民和法人的待遇是不可能完全相等的，就是国民待遇也有许多例外。证之各国立法，无论发达国家还是发展中国家，在某些商业活动中，都是内外有别的。如国防、武器、通信事业及某些关键企业，只许本国政府、公司企业或个人经营，不许或限制外国人投资，这是各国通例，也为国际法公认。此种对外国人权利的限制，不仅反映在实体权利上，而且有时也表现在诉讼权利上。如在涉外民事诉讼中，不少国家规定外国原告预先提供一定的金额或货物作为诉讼费用担保，而对具有本国国籍的原告则不要求提供诉讼费用担保。③ 如法国民法典第 16 条规定，"一切诉讼，除商事外，由外国人为原告者，应提供支付诉讼费用及因诉讼所生损害赔偿的担保。但如在法国占有不动产足够保证此项支付者不在此限"。而要确定某法人是否能享有外国法人不能享有的权利，在诉讼中它是否要提供诉讼费用担保，便首先要确定它是内国法人还是外国法人。

在国际条约中，缔约方常规定相互赋予缔约另一方的国民和法人享有某种权利，而要确定某法人是否享有条约中的权利，也必须先确定它是否属于缔约另一方的法人。苏米托摩(Sumitomo)公司案就是这类例子。该公司是设在纽约，由日本一家普通贸易公司全部拥有的子公司。该公司的 15 个女性秘书在

① The"Nationality" of International Corporations under Civil Law and Treaty, Harvard Law Review, Vol. 74, 1961, p. 142.

② 由于世界各国国籍法的歧异，实践上可能造成某人具有双重或多重国籍以及无国籍的情况。

③ 刘振江著：《国际民事诉讼法原理》，法律出版社 1985 年版，第 44 页。

纽约州南区法院对公司提起诉讼，控告该公司只雇用日本男性作行政、管理和推销人员的做法违反了美国 1964 年民事权利法案。该法案第 7 条禁止在雇佣方面因性别和国籍而歧视。苏米托摩公司申辩说，它的雇佣做法只受 1953 年美日友好通商航海条约制约。该条约第 8 条第 1 款明确规定：允许日本公司自由选择管理行政职员和其他专家。纽约州南区法院经审查驳回了该公司的辩护，认为该公司是在当地成立的，不属于条约第 8 条之管辖范围。之后经最高法院审判，认为苏米托摩公司是一个美国公司，因为它是根据纽约法而成立的，从而判决原告胜诉。

综观世界各国有关外国法人的法律地位及其在内国的法律地位问题，不仅外国法人与内国法人的地位和权利有别，而且也常有一国赋予不同国家的法人的权利亦不尽相同的情形。如一国给甲国最惠国待遇而给乙国不歧视国民待遇。又即便国家间缔有最惠国条款，国际社会的普遍实践也允许如下例外情况：(1)给予邻国的特权、优惠、豁免和利益，特别是为了方便边境贸易而给予邻国的优惠；(2)因参加自由贸易区域、优惠贸易区或优惠贸易而取得的优惠；(3)经济共同体范围内的优惠；(4)关税同盟范围内的优惠等。在此种情况下，要确定某法人能否享有某特定的权利，必须先确定它是哪一个国家的法人。

此外，在国际民商事交往中，常实行对等原则。即当某国对本国国民和法人采取歧视措施时，本国也有权按同样或类似的方法，采取不利于对方国家的国民和法人的歧视措施。我国《民事诉讼法》第 5 条第 2 款就有这类规定，“外国法院对中华人民共和国公民，法人和其他组织的民事诉讼权利加以限制的，中华人民共和国法院对该国公民、企业和组织的民事诉讼权利，实行对等原则”。

二、法人国籍与管辖权

我们知道，大陆法系国家如法国、意大利、希腊等，在确定国际民事管辖上除以被告的住所为根据外，当事人的国籍也起着重要的作用。如法国民法典第 14 条规定，“不居住于法国的外国人曾在法国与法国人订立契约的，因该契约所发生债务的履行问题，得由法国法院受理，其曾在外国订约对法国人负有债务的，也得由法国法院受理”。这一规定仅指契约的债务而言，但在解释上被扩大适用于其他一切法律关系。只要原告是法国人，即使被告在法国无住所或案件的实质与法国无关，法国法院也有管辖权。法国的许多判例就是这样做的。根据这一规定，假定一个不居住在法国的外国人甲在法国外与某公司乙订约而对乙负有债务，甲在法国无住所，案件的实质与法国也无关，乙在法院起诉，法国法院有无管辖权即看乙公司是否具有法国国籍。有法国国籍则法国法院有管辖权，无法国国籍则法国法院无管辖权。类似法国民法典第 14 条的规定在中世纪的比利时法律中，1940 年以前的荷兰法律中，1946 年以前的希腊法律中都可以找到。时至今日这一规定仍可见于海地、卢森堡、罗马尼亚等国家的法律中。①

相反，根据法国民法典第 15 条的规定，不管被告在何时在何国，契约在何处订立，只要他是法国人，法国法院就可受理。在司法实践中法国法院把这一条扩大适用于对法国人提起的除不动产诉讼外的一切诉讼，不论被告在法国有无住所，或系争的法律关系与法国有无关系。在此种场合下，也会发生上述第 14 条同样的情况，只不过这里要确定的是被告的国籍而第 14 条的情况是要确定原告的国籍而已。

在意大利，虽然法律中没有明文规定，但意大利的学者们几乎一致认为，只要被告是意大利人，即使他在意大利无住所，或案件与意大利领土无关，意大利法院也有权受理。②

在英美法中，法人的国籍同样对管辖权的确定具有重要的意义。特别在美国，其公司(法人)的国籍可以从以下两个方面考虑：一是就美国相对于外国的国籍而言；二是就美国各州之间而言的国籍，后者更适当地叫公司的“州籍”，但是，原则上最高法院用于决定公司州籍的规则，也适用于确定公司的国籍。在司法实践中，不管是法人的州籍还是国籍，对确定管辖权都是极为重要的。因为在美国只有不同州的公民才可以在联邦法院起诉。

三、法人的国籍与外交保护

所谓外交保护，是指本国国民在外国遭到损害，依该外国的国内法法程序得不到救济时，本国可以通过外交手段向该国要求适当救济。根据国际法上的主权原则，主权国家基于属人管辖权，具有对在国外的侨民行使外交保护的权利，同时也只有本国国家才能行使外交保护权。用国际常设法院的话来说，“一旦国家代表其国民向国际法院提出一个案件，在后者眼里，国家是唯一的

---

① M. Akehurst, Jurisdiction in International law, The British Yearbook of International Law, 1972-1973.

② 《中国大百科全书(法学)》，中国大百科全书出版社 1984 年版，第 604 页。

索赔者”①。在这里，人的国籍——包括自然人和法人，是国家为该人的利益进行外交保护的法律纽带(Link)。②“凡受损害一方是公司或法人团体者，同样受‘索赔的国籍’准则的支配，即只有本国才有权支持公司或法人团体的索赔”③。法人在外国，其财产遭到侵犯或损害时，该法人国籍所属国，即本国可以像对自然人行使外交保护权一样，要求所在国给予适当的救济。国际法院对巴塞罗那·特莱克孙公司案的判决也肯定了这一原则。

巴塞罗那·特莱克孙公司是1911年依加拿大法律在加拿大多伦多成立的控股公司。该公司为开发西班牙的电力和配备设备，在西班牙成立了11个营业公司。1948年，西班牙法院依该国法律宣告该公司破产，并宣布该公司的股票无效，同意由其财产管理人发行新股票。该公司是比利时的索非纳公司控制的，并且大部分股东是比利时国民，比利时据此以西班牙采取的措施是违反国际上类似国有化行为为由，以原告身份向国际法院对西班牙起诉。法院经审查否认了股东本国比利时的当事者资格。判决说，“为了外交保护，在公司与某一国之间建立关系上发生问题时，国际法在一定程度上立足于对个人国籍的类推。按传统规则，对于公司实体的外交保护权，赋予该公司据以成立的法律所属国。只有一种情况为例外，即在公司已消灭或公司的本国丧失外交保护能力的情况下，股东本国才可以行使外交保护权”④。

可见，法人的国籍对于法人的利益在外国受到损害需要寻求外交保护时，是非常重要的。这在当代社会经济联系日趋国际化的今天，一国的法人到他国去开拓业务的情况必定会越来越多，而世界各国的法律规定多有歧异，且出于诸多政治、经济利益的考虑，难免不出现依该国司法程序不能得到救济而寻求外交保护的情形。到这时，法人的国籍不仅显得尤为重要，而且是必不可少了。

四、法人国籍与法人属人法

由于一个组织或实体是否具有法人资格以及法人的具体权利能力如何，各

① 斯塔克：《国际法导论》1984年中译本，第255页。

② D. K. Latridou and Dewart, Foreign Investments in Developing Countries- Legal Personality of Multinationals in International Law, Netherlands Yearbook of Intemational Law, Vol. 14, 1983, p. 124.

③ 斯塔克：《国际法导论》1984年中译本，第256页。

④ D. K. Latridou and Dewart, Foreign Investments in Developing Countries- Legal Personality of Multinationals in International Law, Netherlands Yearbook of Intemational Law, Vol. 14, 1983, p. 125.

国法律的规定很不一致。如对于无限公司，法国、意大利、比利时等国的法律认为其是法人，而德国、瑞士、荷兰等则不承认是法人。又如，对于公司的成立，德国商法等规定，登记是公司成立的要件，公司非经登记不得成立，而日本商法则规定，公司登记不是公司成立的要件，仅为成立后对抗第三人的要件，等等。诸如此种法律人格的有无及关于法人权利能力的有无问题，常常会发生法律冲突。这在国际私法上，学者们认为应依法人的属人法来解决。对欧洲大陆国家来说，国籍是属人法的标准。① 他们在决定哪一国的法律应适用于某公司时，常用到"国籍"一词。② 从国际私法的角度来看，法人的国籍就是法人的"属人法"问题。

一般来说，对于法人的权利能力和行为能力的法律冲突，国际私法上是采用同一冲突规则来解决的，即法人的权利能力和行为能力，原则上应适用法人的属人法，亦即法人的国籍国法或住所地国法。但外国法人在内国活动，首先必须符合内国的法律，因而在具体的权利能力和行为能力的享有上，还得同时受内国的外国人法的控制和制约。

至于法人属人法的适用范围问题，学者们一般认为应包括：(1)法人的成立和法人的性质；(2)法人的权利能力和行为能力；(3)法人的内部体制以及法人合并或分立对前法人债务的继承；(4)法人的解散等。而内国的外国人法一般应适用于是否允许外国法人在内国活动；活动的范围和限制；对外国法人的监督等。我国最高人民法院《关于贯彻执行〈中华人民共和国民法通则〉若干问题的意见》第184条就规定，法人的民事行为能力依其本国法确定，而对于外国法人，则以其注册登记地国家的法律为其本国法。由于在涉及法人的许多民商法律关系中，有时还需要适用法人营业所所在国的法律，为此，我国最高人民法院对上述产生纠纷的民事关系以有最密切联系的营业所为准；当事人没有营业所的，以其住所或者经常居住地为准。

总之，外国法人在内国活动，首先必须符合内国的法律，所以，在具体的权利能力和行为能力问题上，除适用法人属人法外，也还得同时受内国的外国人法的约束。

五、法人国籍与法人的监控

随着世界经济市场化和一体化趋势的不断加强，外国法人在内国的经营活

---

① E. Hilton Young, The Nationality of a Juristicperson, 1908, 22 Harvard Law Review, p. 2.

② 隆茨等：《国际私法》，吴云琪等译，法律出版社1986年版，第176页。

动必然会越来越频繁。它能为东道国提供资金，引进技术，增加就业机会，对当地经济发展和技术进步起到一定的推动作用。但东道国为了维护自己的国家主权，防止外国法人从事内国法律禁止的活动，损害国家和社会利益，对外国法人，尤其是外国跨国公司，都进行必要的监督和控制。这是因为：

(1)外国法人到东道国活动与东道国利用外国法人的目标可能不一致。一般来说，到东道国投资和经营的往往是外国跨国公司的子公司或分公司，它的投资和经营是跨国公司全球策略的一个组成部分，服从于母公司的全局利益和总体目标，是为了获取最大限度的利润，因而很少考虑东道国的利益。而对东道国来说，外国公司在本国的活动，是整个经济发展的组成部分，要符合东道国的经济发展需要，服从东道国的整个计划，故而常会发生矛盾。

(2)外国法人，特别是跨国公司常可能逃避东道国的法律管辖。跨国公司为了实现其全球战略目标，常采用内部定价策略，以达到转移利润、转移资金、控制市场、逃避税收的目的，从而在租税、生产、货币政策、就业机会等方面逃避东道国的法律监督。如有些跨国公司为了牟取利润，常以种种方式逃避东道国政府的税收，纷纷在瑞士、列支敦士登、巴拿马、巴哈马群岛等设立象征性机构(根本不需要实在资产，有时仅需一个人员或一部电话就可注册登记)，就是一个很好的例证。

(3)外国法人，尤其是一些跨国公司可能对东道国的某一支柱产业进行控制，造成东道国对跨国公司的依赖性。因为这些跨国公司可以说是一个“私人”政府或王国。其资产、股东、雇员人数，比一些主权国家还要多。如美国的埃克森公司，其销售额达数千亿美元，净利润上百亿美元，雇佣职工仅 20 万人。在全世界仅 100 个国家里设有子公司和联系机构。在仅 40 个国家里设有 80 余座炼油厂、国内外共拥有生产性油气井 4 万多口，拥有 3000 多万吨的油船队，销售网络密布全世界大多数国家。而且跨国公司有全球策略，什么地方供应原料，什么地方进行加工制造，什么地方进行销售等都从全球安排。如一旦东道国对其管理监控不善，民族经济就可能会受到排挤，其经济发展方向也可能会被跨国公司制约。

(4)外国法人是一种“外来文化”，东道国的传统文化可能受到不良冲击。外国法人生产的产品可能违反当地的文化价值与传统。它“为了取得合约、保证资产、避免课税或外汇管理，寻求特别待遇，常以现金或实物进行贿赂、捐献，或支付高额的代理费用。这就可能破坏东道国市场的有效操作规范，败坏社会风气。据西方报刊报道，在国外行贿的跨国公司比比皆是。正像一家美国报纸承认的，“每一家美国跨国公司都这样做”①。

此外，外国法人往往将那些严重污染环境的企业迁移到国外，特别是迁到发展中国家去。如美国联合碳化物公司在印度中央邦博帕尔市设立生产剧毒农药的工厂。由于管理不善，1985 年发生甲基氰酸盐毒气泄漏，酿成骇人听闻的“博帕尔农药事件”，造成 2000 印度居民死亡和 20 多万人受伤。从而给东道国造成社会性的危害。

(5)某些外国法人，不仅利用其雄厚的资金、先进的技术对别国进行经济渗透和扩张，而且可能干涉所在国的内政，甚至策划搞颠覆活动。联合国的一份材料就指出，“多国公司对于东道国，特别是发展中国家的内政曾积极地进行干涉”②。其干涉的手段多种多样。诸如以“施主”自居，无理要求各种特权，无视所在国的主权和独立；充当本国推行外交政策和情报活动的工具；利用行贿、收买等龌龊手段寻找代理人影响所在国的政策；在本国政府的授意和支持下，对所在国政策施加种种压力，直至策划颠覆阴谋，企图推翻所在地政府。联合国的一份材料指出，“在东道国，跨国公司的子公司能用不良好的方式来影响政府的政策。这些子公司与当地赞成外国人投资的集团有密切的联系，所以它们会用自己的资财或其母公司的资财来支持它们所挑选的某些政党和反对那些鼓吹社会改革的团体”③。20 世纪 50 年代后期，美国《幸福》杂志也曾供认，“自从第二次世界大战以来，美国已经参与了好几国政府的建立和倒台”。

总之，由外国法人尤其跨国公司的本质和特点以及国际经济交往关系的复杂性所决定，对外国公司法人必须采取利用和限制相结合的政策，对外国法人的活动必须加以监督和控制。

综上所述，法人国籍对于法人法律地位的确定，对于法人待遇的享有，对于法人外交保护权的有无，对于加强对外国法人的监督控制等问题，都具有十分重要的意义。

因此，法人的国籍并不是可有可无的，而是法人在国际交往中必不可少的。在实践中，各国也都无一不直接或至少间接地使用法人国籍这一概念。

---

① 南开大学经济研究所编：《跨国公司剖析》，人民出版社 1978 年版，第 323 页。

② 联合国“知名人士研究小组”，《多国公司对发展过程和国际关系的影响》，1974 年，第 41 页。

③ 联合国“知名人士研究小组”，《多国公司对发展过程和国际关系的影响》，1974 年，第 42 页。

这里值得注意的是，法人国籍的重要性不是对所有国家都是完全一样的。一般来说，大陆法国家比英美法国家更多地使用国籍一词。因为前者把国籍作为法人属人法的标准，而后者以住所为标准；在管辖权方面，国籍这一连结因素，对前者来说也较之后者显得重要。

第二节 确定法人国籍的标准

由于国际民商事活动的范围日益扩大，某一公司由甲国人出资所组成，但其登记注册地在乙国，董事会或管理中心设在丙国，而实际经营的业务都在丁国的情况屡见不鲜，特别是跨国公司的出现，更给确定法人的国籍造成了极大的困难。对于如何确定一个法人的国籍，当代国际社会并无统一的标准，实践中学者们提出了种种不同的标准，并因此形成不同的学说：

一、法人成员国籍说

这种学说认为法人的国籍应依组成法人的成员或依其董事的国籍来决定。这种学说是实际部门的人提出的，并得到了一些法官的支持。① 这一学说是与他们对法人本质的看法相一致的。法国学者索姆耶尔在其《国际私法大全》一书中指出，"法人只不过是覆盖在一群成员身上以使他们联合于其中的一层薄纱；它使他们凝聚成一个人，这个人同他们自身毫无差别，因为这个人就是他们本身，他的国籍无非就是自己的国籍"②。也有些学者认为，"公司实际上不是区别于其组成人员的人或物，'公司'一词只不过是公司组成人员的集合名字"，"法人全体的权利义务实际上是组成它的人的权利义务"③。产生这种学说的理由是法人不能离开设立它们的自然人而独立。加之各种民法对于外国人的权利能力常加一定限制，如果不以其组成人员的国籍来确定内外国法人的区别，外国人便会通过在内国组成法人，以取得外国自然人所不能享有的权利。

这种学说强调了人在法人中的重要地位，是有一定道理的；同时它在限制外国人的权利方面，也颇有意义。但是，此种学说受到了诸多的批评，"在实

① The Nationality of International Corporations under Civil Law and Treaty, Harvard Law Review, Vol. 74, 1961, p. 142.

② Vareilles Sommieres, Dra't International Prive, N. 2, p. 78.

③ E. Hilton Young, The Nationality of a Juristicerson, 1968, 22. Harvard Law Review, p. 2.

践中不可能适用"①。此种学说对公司的本质的看法是错误的，现代公司法认为，法人是完全独立于其成员的社会组织实体，具有不同于其成员的人格和不同于成员本身的权利义务。此种学说在实行时也必定会有这样那样的难处。这是因为：(1)构成法人的个人，可能属于许多不同国家的公民，并且有时任何具有同一国籍的成员都不占据半数，也有时任何具有同一国籍的少数成员所掌握的股份反倒更多。这在股份商业公司中更是如此；(2)组成法人的成员和资本是经常变动的，股东的国籍也可能经常变化，故若依此说，法人的国籍必须处于不稳定之中；(3)在股份公司中，由于发行无记名股票，法人的国籍更是无法确定；(4)以法人为股东的公司中，必须先确定股东国籍，依此种学说，该公司的国籍无法确定；(5)依这种学说尚可以确定具有成员的社团法人的国籍的话，对于不具有成员的财团法人的国籍就无法确定了。

二、法人成立地国籍说

这种学说亦称登记地国籍说。它认为，法人的国籍应依其成立地而定，凡在内国设立的法人即为内国法人，凡在外国成立的法人即为外国法人。这在合股公司早期，由于公司的创设必须经国家明确的批准，因而普遍认为公司是其成立国的国民。② 现在英美法等国家以及秘鲁、古巴、危地马拉、菲律宾、荷兰、日本等许多国家，都采用这一主张。《布斯塔曼特法典》第 17 条规定，"社团法人的原有国籍为其成立地，并依……社员应予注册或登记地所属国家的国籍"。原东德《法律适用条例》第 8 条"确立其法律地位的国家的法律"理解为国籍国法的话，那么法人的国籍国也包括法人的成立地国。

在司法判例中确认这一标准的美国最先的案例是 1812—1814 年英美战争时期的案件。即 The Societye for the Propagation of the Gosper V. Wheeler (1814)案，当两国作战时，在英格兰成立的 Society 公司自动地成为美国的敌人。③ 此后，美国法官一直奉行这一理论，即公司的人格是一国(州)的拟制物，它仅存在于法律意志内。因此，在美国，公司实际上被认为是创设它的国家(州)的居民，几乎所有关于外国公司的案例都默示确认这一理论，一些州

---

① 拉德任斯基：《论法人的国籍(关于苏伊士运河公司的国有化)》，载《国际私法论文集》，世界知识出版社 1959 年版，第 95 页。

② 拉德任斯基，《论法人的国籍(关于苏伊士运河公司的国有化)》，载《国际私法论文集》，世界知识出版社 1959 年版，第 100 页。

③ A. Farnsworth, The Residence and Domicile of Corporations, 1939, p. 309.

甚至用立法明确肯认了这一观点。如纽约州的普通公司法规定，“内州公司是指根据本州法或纽约殖民地法成立的公司。不是内州的公司都是外公司”。在英国，对1902年的Janson V. Driefontein Consolidated Mines案，贵族院一致肯定，根据外国法在外国成立的公司是该国的国民，如果英国与该国发生战争，那么该公司便自动地成为敌人。该案的被告是波尔战争在南非阿扎尼亚德兰士瓦省成立的公司，莱恩德尼法官在审判中说，“如果有必要赋予该公司国籍，那么我认为，准确地说，该公司是德兰士瓦公司，是德兰士瓦政府的国民，尽管所有的股东是别国的居民和其他国家的国民”。国际法院在“巴塞罗那·特莱克逊公司案”的判决(1970年2月5日)中也对这一学说采取了肯定的态度，认为“对于根据其国内法成立的公司，在其境内设有已注册的办事处的国家，应该给予对该公司行使外交保护的权利”①。

这一学说所依据的理论认为，法人是法律的拟制物，因为注册地国家的法律赋予了它在法律上可以作为主体的资格，因此法人登记地所在国家就应为法人国籍所属国。这一标准也是从自然人国籍的类推中得出来的。正如威利姆兹所说，“自然人可以通过出生、血统、归化而取得国籍，公司当然不能有血统国籍，但为什么不可以取得出生地国(即它取得公司人格而成为法人的国家)的国籍呢”②? “公司在某国并根据该国法律建立的事实提供了几乎不可辩驳的假定，即成立人希望公司是该国的国民”③。英国著名学者斯克斯顿在其1916年《贸易公司的国籍和住所》一文中指出，“关于公司实体国籍的规则属于国际公法范围。公司实体的国籍和住所应类推适用于自然人国籍和住所的标准来决定，公司实体应认为是赋予公司存在的法律所属国的国民……”法恩斯沃思也认为，“血统主义显然不适用于决定公司国籍，但出生地主义肯定是。因为，普通法认为，公司表面上是法律产生的国家的国民，这不是无道理的”④。

以法人成立地国家为标准来确立法人的国籍具有许多优点。这主要表现在以下几个方面：(1)因法人本身的一些问题与批准它成立的国家法律相联，如某法人的业务经营范围，一般认为以注册时章程所规定的为限，而此章程是依注册地国法律规定来判定和批准的。因此以成立地为标准来确定法人的国籍，

① 唐表明著：《比较国际私法》，中山大学出版社1987年版，第104页。

② R. E. L. V. Williams, M. Chrussachi, The Nationality of Corporations, Law Quarterly Review, 1933, N. 49, p. 334.

③ R. E. L. V. Williams, M. Chrussachi, The Nationality of Corporations, Law Quarterly Review, 1933, N. 49, p. 348.

④ A. Farnsworth, The Residence and Domicile of Corporations, 1939. p. 309.

有利于对法人本身问题的处理。(2)成立地这个标准精确而易确定，容易辩识，实际中操作起来便于把握。正如威尔姆兹说，“这个标准在任何情况下都是简单易行的。而且我们认为它可以免使法院产生采用住所说的国家那样的不一致”。(3)便于维持法人国籍的稳定性，不经成立地国同意，法人便不能改变它的国籍。而如果采取其他的标准，则可能导致法人国籍的不稳定性。比如，采取法人成员国籍标准，法人就可能通过将股票转卖给别国公民而变更国籍；采取管理中心所在地标准，法人可通过转移管理中心来改变国籍；采取经济活动中心标准，法人也可变动经济中心来变更国籍。(4)登记成立国如认为法人活动严重违反法律或社会利益，可通过撤销登记而解散法人，以维护本国的国家主权和社会公共利益。此外，这一标准，对某些国家来说，也利于吸收那些在外国活动的法人，它们会以提供各种优惠为诱饵，以资吸引。如公司的权益可以不受清规戒律的约束，可以享受税务上、财政上的优惠，可以得到它们的外交保护等。

正因为这一学说具有不少的优点，所以为世界上多数国家所采纳，不仅如此，而且一些国际条约也采用这一标准来确定法人的国籍。以1900年万国股份有限公司在巴黎举行会议时曾主张，法人在何国设立，就拥有哪国国籍。①1959年美国和法国的双边条约规定，根据缔约一方的准据法在该国领土建立的公司是该国的公司，在缔约另一方领土内承认其法律地位。

然而，这一学说实际上完全由成立人意志决定法人国籍，赋予当事人太大的自由了，故而也存在着许多不足。这主要表现在：第一，这一学说不管其他因素，仅就发起人依据某国法律从事设立这一行为，即据以认定该法人取得某国国籍，常可能为当事人所利用而成为投机取巧的工具。比如，当事人可以选择对于法人设立限制较为宽松的国家成立法人，而将经营中心设于外国，以达到逃避税收等目的。这在欧洲，瑞士、卢森堡、摩纳哥等国，其设立规则甚为宽松，而英国则较严，所得税也较重。在美国，各州对设立公司法人的法规，宽严不一，而以特拉华州为最宽，故商事法人在该州登记而在其他州(国)营业者，为数最多。② 第二，成立地不一定与法人具有实质联系，如依本国法设立登记的法人，其资金来源、业务中心均与本国无关，若以成立地决定法人的国籍，该国籍在这种情况下就可能是虚假的。如果是故意为了达到目的的话，

① 陆东亚著：《国际私法》，1980年版，第121页。

② 陈焕道：《国际私法上法律规避问题管窥》，载《经济与法律》(香港)1986年第8期，第81页。

有学者认为，根据欺诈毁灭一切(Frauomnia Corrumpit)的格言，法院应透过形式看其实质，从而把这种公司看成是内国公司而不是外国公司①。第三，外国投资人依内国法律成立而实际上是外国人股东所控制的法人，如果不加区别，一概认其为内国法人，则可能会损害内国的社会公共利益。也因此在19世纪末，多数欧洲国家放弃了根据原始地决定法人国籍的理论。

诚然，但对于支持这一学说的人来说，他们认为，法人的成立人滥用这种自由是可能的，实践中也确实存在过，正像在美国被形象地描写成"跛脚"公司一样。该"跛脚"公司(tramp corporation)可以在一国成立而完全在另一国营业。但对于滥用，只要不是被过于夸张了的话，完全可以不借助不正确的国籍理论而符合国内法。"跛脚"公司实际营业的国家，如果认为它合适，可以把他们的股份从证券交易所中排除，或要求外国公司进行登记和向公众完全公开资料。至于"如果它有使商人极大自由的后果，那么我们冒险地认为这是一个优点而非缺点"。② 这些反驳看似颇有道理，实际上纯属强词夺理。它否认法人应有国籍，甚而认为国籍理论是"不正确的"，把法人国籍同内国对外国法人的管理控制混为一谈了。

三、法人住所地国籍说

这种学说以法人的住所为标准来确立法人的国籍，认为法人的住所在哪一个国家，便应认为该法人属哪国法人，即住所地在内国的就为内国法人，住所在外国的就为外国法人。这种学说受到了大多数学者的赞同，法国等大部分西欧甲家均采取这一学说。但对于住所究竟在何处，意见颇有分歧，归纳起来大致有三种看法：

(1)法人的住所位于其发挥职能的地方，即营业中心地或开发中心地，亦即公司进行生产、交易、投资或其他活动的地方，如工厂、矿山等，法人即具有这些营业地国的国籍。在法国学者的著作中，常把法人经济活动中心看作这个标志。按他们的观点，法人在哪里实现自己的目的，在哪里运用自己的资本，就应当从那里去寻找它的国籍。在比利时，这一理论实际上得到立法的支持。其1913年5月23日的法律第172条规定：尽管根据外国法成立的公司，

① R. E. L. V. Williams, M. Chrussachi, The Nationality of Corporations, Law Quarterly Review, 1933, N. 49, pp. 334-335.

② R. E. L V. Williams, M. Chrussachi, The Nationality of Corporations, Law Quarterly Review, 1933, N. 49, p. 348.

只要其主要营业地在比利时，就必须遵守比利时的法律。意大利商法典第230条也规定，本座和主要营业地都在意大利的公司，即使在外国成立，也视为意大利的法人，各方面必须遵守意大利法律。1984年的埃及民法典和1949年的叙利亚民法典也是规定法人以实际经营场所为住所。1956年，埃及对国际苏伊士运河公司实行国有化时，法国认为，该公司董事会在巴黎应为法国法人；而埃及则认为，该公司的营业中心是苏伊士运河所在地，因此该公司具有埃及国籍，应为埃及法人。纳赛尔总统在对苏伊士运河实行国有化的命令中说，特别是根据国际私法，埃及对该公司有权收归国有。可见，埃及对苏伊士运河实行国有化的原因之一即是依埃及法中有关法人国籍的规定，该公司为埃及法人。

法人经济活动中心这一学说的理由是，法人的人格主要是在其工作地点表现出来的，并在那里发挥它的职能，在那里与第三者产生缔结合同等法律关系。[①] 它有利于营业地法制对法人业务的监督管理；而且法人的营业中心依其营业性质自有一定地点，从而不会因当事人规避法律而任意选定。[②]

固然，这一学说颇有一些优点，但反对者们认为，“这里把调整法人的经济活动和确定法人的法律人格混为一谈了”[③]。而且，这一学说在实践中操作起来也颇有一些困难。如跨越几个州(美国)的铁路公司它具有何国籍？没有工厂的公司诸如金融或保险公司，它们仅通过通信在数国营业，且其在每国的营业额在不断地变动，这些公司的国籍又在哪里？此外，更为重要的是，在当今国际经济一体化的趋势和潮流下，一个跨国公司，会在许多国家设立它的经济活动中心。依此学说，该公司法人将有多重国籍了，这显然是不适当的。当然，在这种场合，也许有人认为，可由法院决定其主要工作地点。但是，至少到目前为止，国际社会尚无任何法院据以作出此种判决的准则；也就是说，对于这类情况，不同的法院很可能会作出不同的判决，一个法人就会因此具有多重国籍或者无国籍。

(2)法人的住所在其管理事务中心所在地，即董事会所在地或主要事务所所在地，该所在地国就是法人国籍所属国。这一学说的根据是，法人发挥职能

① E. Hilton Young, The Nationality of a Juristicerson, 1968, 22. Harvard Law Review, p. 16.

② 梅仲协：《国际私法新论》，商务印书馆1980年版，第179页。

③ 拉德任斯基，《论法人的国籍(关于苏伊士运河公司的国有化)》，载《国际私法论文集》，世界知识出版社1959年版，第97页。

的地方是经济活动中心，则其真正的法律活动中心则在进行管理事务的所在地。“管理事务中心是法人的真正住所或永久的家”。“法人是一种与其机关的所在地有领土联系的社会有机体”①。“公司的发起人、董事、职员、股东和债务担保人等大部分均可能集中在真正主事务所所在的国家”②。不仅如此，而且法人的机关在那里指导法人的活动，控制法人的政策是在那里制定的，独立于法人成员意志的法人意志，是在那里通过法人的支配机关或成员大会的决议而形成并表现出来的。总之一句话，法人的法律关系，内部的和外部的，都集中的在那里反映出来。“构成法人的成立、思维、愿望和生存的全部过程都是在那里完成的”③，其人格在那里得到了充分的展现。因此，把管理事务中心地作为法人的住所，并进而以此为标准来确定法人的国籍是恰当的。这一标准在实践中易于适用。因为在大多数情况下，法人管理事务中心所在地的确定是非常简单的事实问题。

但是，这一学说也有严重的缺点，即当事人可以随意设立管理中心，这在当今社会交通和通信异常发达的情况下更容易办到，因而就难以防止当事人通过变更管理中心，即变更法人的住所来达到变更法人的国籍以规避法律的目的的行为。为了防止这种情况的发生，理论界和实际部门中有人建议对管理事务中心地作一定的限制，认为该中心的设立必须是“善意”或“没有欺诈”的。法国和德国法院常认为，在外国设立管理事务中心，如果是为了规避其中心应该设立的国家的法律，这种法人就不能认为是外国的。④ 1891 年，国际法学会在汉堡举行会议时关于法人的国籍问题的决议第 5 条也规定，“以无欺诈而设立法律上之主事务所所在地，视为商业公司的国籍”⑤。

但是，对于什么才是诈欺的问题，是值得探讨和分析的。管理事务中心设在法人登记国外是不是诈欺？管理事务中心设在法人的大多数成员居住地或大多数资本拥有地、在法人章程所需的一个或所有行为实施地、在法人活动所在

① 拉德任斯基，《论法人的国籍(关于苏伊士运河公司的国有化)》，载《国际私法论文集》，世界知识出版社 1959 年版，第 98 页。

② The“Nationality”of International Corporations under Civil Law and Treaty, Harvard Law Review, Vol. 74, 1961, p. 1432.

③ 拉德任斯基，《论法人的国籍(关于苏伊士运河公司的国有化)》，载《国际私法论文集》，世界知识出版社 1959 年版，第 98 页。

④ E. Hilton Young, The Nationality of a Juristicerson, 1968, 22. Harvard Law Review, p. 177 页。

⑤ 陆东亚著：《国际私法》，1980 年版，第 123 页。

地，是不是诈欺？如果上述一个或所有情况都可能属于诈欺，那么实质已放弃了管理事务中心作为国籍的标准。从某一角度来看，使用“诈欺”一词是意味着，在考虑法人设立管理事务中心是否善意时，应衡量法人的所有情况。而如果是这样，则等于从根本上否认了以法人的管理中心为标准来确定法人的国籍这一学说，而变为采折中主义，即一个一个地考虑成员国籍、成立地、经济活动中心地、管理中心地等各种标准。实践中此种以“诈欺”为名而强加法人另一国国籍的做法是不可理解的。正如威莱姆兹所说，“一个根据英国法在英国成立的公司，不能因为欺骗了法律而强加它法国国籍，通过因诈欺而惩罚的方式强加一国的国籍，是极为荒谬的”①。

(3)法人的住所在法人章程或其他章程性文件所规定的地方，并以此来确定法人的国籍。此种观点尤其得到德国法官的支持，认为法人的住所由法人章程性文件规定，并且其住所永远在那里，不管其活动地或管理中心后来在哪里。立法中，德国民法典第 24 条规定，“当法律无其他规定时，社团的事务执行地视为其住所”。瑞士民法第 56 条规定，“法人住所依法人章程的规定，在章程无特别规定时，以执行其事务之处所为法人的住所”。

根据此说，法人的住所纯粹变成虚构的，其国籍和属人法可由当事人随意选择而定，具有与上述成立地说同样的缺陷，故而这一观点难以被普遍接受。

四、法人国籍准据法说

这种学说认为，法人都是依据一定国家法律的规定并基于该国明示或默示认许而成立的，故法人的国籍应依法人设立时所依据的法律来确定。这种学说是为了弥补组成地说的不足而由学者们提出的，它认为法人依据哪一国法律创立即取得哪国国籍。目前，英、美、俄和东欧一些国家均采此说来确定法人的国籍。例如，1971 年美国第二次《冲突法重述》认为，“商业法人的有效成立，必须符合其成立所在州法律规定的条件，而不管其活动地，或者董事、经理及股东住所地的法律作何规定”。

在实践中，这种学说虽然比较简便，但同样易被当事人利用，即当事人可以选择对于法人设立限制较少的国家设立一个法人，而将其住所设于外国，借以达到逃避纳税等目的。同时，外国投资者依内国法律所成立的法人，实际上往往为外国股东所控制，如果不加区别地一概承认为内国法人，则往往对内国

① R. E. L. V. Williams, M. Chrussachi, The Nationality of Corporations, Law Quarterly Review, 1933, N. 49, p. 348.

不利。

五、法人国籍资本控制说

这种学说认为法人的资本由哪国的资本构成，被哪个国家所控制和为哪个国家服务，法人就具有哪国国籍。这一标准在战争时期确定敌性公司中被广泛使用。正如戴西所说，"战争破坏了按公司成立地确定国籍的原则"。威斯特勒克亦说："世界大战使得英国和其他国家一样，引起对确定国籍和住所的原则的修改"。第二次世界大战期间，英国在确定某一公司是否为敌性公司时，确实首先看公司是否由敌国资本组成，是否受敌国控制，以及是否在帮助敌人。这在英国的判例中可以找到例证。英国上议院于1916年和伦敦枢密院于1919年承认根据中立国荷兰的法律成立的法人是敌方法人，其理由是德国资本家控制了这些法人的全部事务。法国在"一战"开始时，特别是法国和美国在"二战"期间和以后，也都以控制标准来确定某一公司是否为敌性公司，并根据直接控制公司活动的股东或经理来确定公司的国籍。

现在，在法国的成文法和判例中有一个明显的趋势，即倾向于采取控制说来确定法人的国籍。法国20世纪30年代早期的两个案例可以说明这一点。该两个案件涉及在法国登记而明显地由美国利益控制的公司的国籍确定问题，认为这两个公司应是美国的而不是法国的。在管辖权方面，法国对公司国籍的确定通常以中心事务所理论为基础，即根据中心事务所是在法国或外国而认为是法国的公司或外国的公司。然而，法国一法院曾认为，在英国控制下的公司，即使在法国成立并在巴黎有中心事务所，也不能要求民法典第14条规定的利益。因此，控制制度将延伸到管辖权领域显然是可能的。①

资本控制说着眼于法人中物的因素和由谁实际控制和为哪国服务，这在一定程度上反映了法人与该国的本质联系。但是，在实践中，法人资本事务为哪国所控制一般是难以确定的，况且资本构成常处于不断变化之中。也正因为这样，各国一般只把此说作为补充标准，但这一标准在战争时期却具有特别重要的意义。因为在战时或与他国关系急剧恶化时，不仅法人为何国所控制和为何国服务会明显地表现出来，而且只有采资本控制说才能确立哪些人真正代表对方的力量，以作为采取查封、扣押、限制等措施的对象，从而有力地打击和限制对方。

① G. R. Delaume, Bilateral Studies in Private International Law, N. 2, American-French, 1961, p. 145.

六、法人国籍复合标准说

这种学说是指结合法人的住所和组成地两项标准来确定法人的国籍，或结合法人的住所地或设立地和准据法两项标准来确定法人的国籍。这是第二次世界大战以后，随着法人在国际经济交往中的作用日益加强而出现的把法人的多项因素结合起来确定法人国籍的新的主张。这一主张一出现，即得到立法司法界的强烈反映。1951 年，海牙国际私法会议通过的"关于外国公司、实体和基金会的法律人格的承认的公约草案"第 1 条规定：根据缔约国法成立的外国公司、实体和基金会，并且它的章程主事务所也在那里，其他缔约国应承认它的法律人格。即一个法人在某国注册成立，同时必须在该国有住所，才能具有该国国籍，才能为他国承认。1970 年，国际法院在巴塞罗那公司案的判决中也指出，"按传统规则，对于公司实体的外交保护权，赋予该公司据以成立的法律所属国，并且公司在该国的领土内有注册事务所"①。在苏伊士财务公司等诉美国案(1974)中，为了双重税收条约的目的，法院在审理时适用了控制中心所在地标准与收益活动所在地标准相结合的办法。法国法院曾认为，如果公司是根据不是其事务所所在的国家的法律创设的，该公司成立无效。

这一学说也在理论界得到了学者们的支持。玛则尔德认为，一个公司在 A 国成立而其住所设在 B 国，就不能想当然地认为其具有后者国籍，它根本就没有国籍。在这种情况下，它已失去了成立国国籍，因为其住所不在该国，同时，它也不能取得住所国国籍，因为它不是依该国法律而成立的。它是一个没有国籍的事实上的公司，它的存在没有得到国内法的准许，应由法院解散。②据他的观点，确定法人的国籍须依复合标准说而为之。我国学者唐纪翔在其《中国国际私法论》中，说得更具体，他认为内国法人应具有两个条件：(1)若为社团法人，则其社员须有 7/10 以上为内国人，若为财团法人，则其董事及最初捐助人为内国人；(2)须依内国法成立；其主事务所或本店须设在内国。③

复合标准说同时考虑两个或更多的联系因素来确定法人的国籍，故该法人与其国籍所属国有较为密切的联系，这样，既顾及了法人成立时所在地的法

---

① D. K. Latridou and P. J. I. M. Dewart, Foreign Investments in Devel oping Countries—Legal Personality of Multinationals in International law, Netherlands Yearbook of International Law, V. 14, 1983, p. 124.

② R. E. L. V. Williams, M. Chrussachi, The Nationality of Corporations, Law Quarterly Review, 1933, N. 49, p. 334.

③ 斯塔克：《国际法导论》1984 年中译本，第 133 页。

律，又顾及了住所地的法律，对法人的保障更为切实。依据这种学说，设立法人的当事人要规避法律显然就不太容易了。在实践中，许多法人在注册地国都有住所。因此，依复合标准来确定法人的国籍较之依传统的单一标准有更可取之处。在1983年我国与原西德、1986年与比利时——卢森堡经济联盟签订的互相保护投资的协定中就采取复合标准来确定法人的国籍，如后一个协定规定，在中国方面，“企业”是指“依中国法律成立，并在中国领土内有住所的经济组织”，在比利时——卢森堡经济联盟方面，“投资者”包括：依照比利时或卢森堡法律建立，并在比利时或卢森堡领土内有住所的“比利时或‘卢森堡法人’，如公司，机构，基金会，及不具有法人资格的‘合伙’”①。

但是，复合标准说也具有严重的缺陷。即当成立地和住所地不一致时，或住所地和准据法地不一致时，以及成立地和准据法地不一致时，该法人便成为无国籍人，这对于法人本身和国际经济交往都是不合适的。这在当今国际经济国际化和市场化的形势下，法人在一国成立而其住所又设于外国的情况非常普遍，这种依复合标准来确定法人国籍的学说更显不切实际。

七、法人国籍分类标准说

这种学说认为，对不同类型的法人应采取不同的国籍标准。《布斯塔曼特法典》是采取这种学说的突出例子。该法典第16条规定，“公司和财团法人的原有国籍应按照认许或核准此项公司和财团法人的国家的法律予以确定”。第17条规定，“社团法人的原有国籍为其成立地、并依当地主法的要求该社团应予注册或登记地所属国家的国籍”。第19条规定，“股份公司的国籍应由组织章程予以确定，或者在可以适用的情况下，由其股东大会通常开会地，在无这种开会地为依据时，由其主要管理或行政机构或理事会所在地的法律予以确定”。

这种学说能区分不同性质和类型的法人，依据不同的情况和标准来确定法人的国籍，是有其优点的，但是，由于这种学说对法人的国籍依其类型和性质的不同而采用不同的标准来确定其国籍，实践中操作起来不易把握。

在现实生活中，各国并不只是依照某一种标准来判定法人国籍的，而是往往依上述几种标准，根据具体的情况，结合本国的利益和需要，灵活地加以运用的。

综观各国关于法人国籍问题的理论和实践，可以看出以下几个特点：

① 《国务院公报》1986年第28号。

(1)每一种确定法人国籍的标准均有一定道理，但都具片面性，不能完整地解决法人国籍这一问题。我们知道，法人是由诸因素组成的，它必须有一定的独立财产，有自己的名称、管理机构和自己的成员，其业务经营是在一定的场所进行的。此外，还须经某一国法律的承认或批准，才具有法律人格，才能从事经营活动。而上述各种标准都是从某一因素出发的。成员国籍说是以法人成员的成分为基础的，着眼于人的因素；成立地说是以章程的批准或登记这个法律的因素为根据的，资本控制说则是以财产这个物的因素为根据的；住所地说是以法人的一定经营场所或领导机关的处所为出发点，着眼于空间因素。这些理论都有一定的理由，都能维护一定的利益，但由于法人本身以及其参加国际经济交往的复杂性，决定了上述各种理论都不能完美地解决法人国籍问题。

(2)各国采用的标准不是固定不变的，它随着条件的变化而变化。如前所述，在合股公司的早期，公司的创设必须经国家明确批准，那时普遍认为公司是成立国的国民。到了19世纪末，考虑到那时许多公司在一国成立而在另一国从事活动的情况，大多数欧洲国家放弃了根据原始地决定法人国籍的理论，而采用住所地理论。不少国家在平时采某一标准，而在战时又采另一标准，或多种标准并用。

(3)由于各国文化传统、法律体系及其社会利益的不同，标准不统一是不可避免的。可以说，一国在法人国籍问题上采取何种标准，是由其利益决定的。法国、德国、意大利、瑞士、荷兰等欧洲大陆国家，它们之所以将法人的管理机关作为法人的住所地，并以此来确定法人的国籍，是因为这些国家在资本主义发展的历史上对外经济掠夺的办法之一，就是在弱小国家建立众多公司企业，而这些企业的管理机关大多设在本土。另一些欧洲国家采取这一标准并规定了较宽的条件，是为了使大量的公司企业规避其他国家的法律而划归本国管辖，以收取一定的管理费用。相反，埃及、叙利亚等一些弱小国家采取营业中心地标准的目的是为了控制那些发达国家设于自己国家的企业。英美等国采成立地标准是为了使众多的在内国成立而到别国营业的法人处于自己的法律管辖之下。原苏联和东欧国家采取成立地标准，则是因为这些国家是计划经济国家，采用这一标准可以及时、有效地控制外国法人在其境内的活动，有利于维护本国经济秩序。所以，在法人国籍划分问题上出现冲突，是国际上不同利益并存的结果，是难以避免的。

(4)各国有关法人国籍的立法比较零散，很不完备。我们知道，关于自然人的国籍问题，各国通常都有专门的立法，而对于法人，很多国家一般没有确定法人国家的条款，即便有也只是简单的一二句话。其原因可能是认为赋予一个不行使政治权利承担政治义务的法律实体的国籍不适当，但更有理由的解释可能是，在众多不同的方法中，规定一个统一适用的标准，会带来诸多不便。在历史上，1883 年，法国在起草一部法律时，就认为宁可不对公司"国籍"作规定，这样法院可以根据每一个案件的具体情况来作处理。① 这种立法现状与法人大量参加国际民商事活动的现实是很不相适应的。可以预测，随着世界经济一体化趋势的不断加强，法人国籍问题的立法现状势必要打破，只有这样，才能充分保护日益增多的内外国法人的合法权益，促进世界各国经济的稳步发展。

第三节　法人的住所和居所

法人的住所、居所和国籍都是法人的重要联系因素，而且它们之间又存在内在的密切关系，特别是由于在确定法人国籍时，许多国家采住所地说，主张以法人的住所地法作为法人的属人法。因此，探讨分析法人的住所和居所是很有必要和很有意义的。

一、法人的住所

法人的住所是指法人以久住的意思而居住的某一处所。它在许多国家是管辖权的基础。如根据法国法律规定，涉及中心事务所在法国的公司的案件，法国法院有管辖权。根据中心事务所制度，尽管住所和国籍两个概念通常是一致的，并且在许多案件中法院的管辖权可以根据其中一个来确定，但公司住所是一个独立的管辖权基础，这是无疑的。在英、美、法国家，法人的住所地法就是法人的属人法，一个公司是否具有公司人格，它是否与另一公司合并，它是否已解散，已解散的公司的权利和债务是否移至其概括继承人，这些问题均由法人住所地法决定。在英国，法人住所与交纳所得税也有关，根据英国 1952 年所得税法规定，对居住在联合王国但住所在联合王国外的个人和公司，仅对其在联合王国境内的实际所得征税。因此，一个由英国控制的公司(因而它们居所在英国)，若有证据证明它在国外成立，可免除一部分税②。如前所述，法国等许多国家在法人国籍问题上采住所地标准，对这些国家来说，确定法人

① The Nationality of International Corporations Under Civil Law and Treaty, Harvard Law Review, V. 74, 1961, p. 1429.

② R. H. Graveson, The Conflict of Laws, 1965, p. 181.

住所是确定法人国籍的前提。此外，法人的住所在不少情况下还是债务履行地。如我国《民法通则》第88条规定，“履行地点不明确的，给付货币的，在接受给付一方的所在地履行，其他标的在履行义务一方的所在地履行”。这里的“所在地”对于法人来说，应理解为住所地。总之，法人住所对于确定债务履行地，确定某些案件的管辖权，确定诉讼送达的处所，确定行使与保全票据权利的处所，确定准据法以及确定法人的国籍等，都具有重要的法律意义。

综观世界各国民商法关于法人住所的规定，大致有如下几种主张：[①]（1）大多数欧洲大陆国家以及其他不少国家以法人的主事务所（中心管理地）为住所，如日本民法第50条规定，“法人之住所，在其主事务所之所在地”。日本商法典第54条也规定，“公司以其总公司所在地为住所”。泰国民商法第28和80条规定，法人以其主事务所之所在地为住所，但其分事务所之所在地，亦得视为住所。(2)有的国家法人住所依法律或章程规定，无特别规定时，以主事务或执行其事务的处所为住所，如德国民法典第24条规定，“在法律无其他规定时，社团的事务执行地视为其住所”。瑞士民法典第56条也规定，“以章程无特别规定者为限，以执行其事务之处所为法人之住所”。(3)有个别国家以法人的经济活动地（投资地）为住所，如埃及、叙利亚民法的规定。[②](4)英、美、印度等国，法人的住所则是类推于自然人的原始住所，即法人的住所在其成立地。如切希尔说，“每一个人，自然人和法人，在出生时取得原始住所，在自然人的情况下就是他父亲的住所，在法人的情况下，就是他出生（成立地）的国家”。上述四种主张的理由及优缺点与上面住所地国籍说和成立地国籍说是同样的。

二、法人的居所

在国际私法上，法人居所也是一个重要的连结因素，在英国甚至被认为是“最重要的连结因素”。[③] 一般而论，法人居所的概念与决定法人纳税义务或诉讼责任、诉讼费用担保、在战时敌对外国人身份等有关。在英国，居所是征收所得税的主要基础，一个居所在联合王国的人，对于他从事的贸易和营业的所得有纳税的义务，不管他在联合王国或别处从事活动；一个没有居所在联合王

① 前面讨论住所地国籍标准时，谈到了三种主张，而不以住所为国籍标准的英、美等国住所与前三者不同。

② 北京法学会编：《对外经济贸易法律问题讲座》，法律出版社1985年版，第61页。

③ R. H. Graveson, The Conflict of Laws, 1965, p. 181.

国的人，仅对其在联合王国内从事贸易和营业所得征税。在这里，“人”也包括公司，因而，如果一个在英国成立的公司，完全在外国从事贸易，关键是看它居所是否位于英国。在加拿大安大略，居所在安大略省外的公司，是否要求提供诉讼费用担保，根据该公司在安大略有多少不动产而定。即居所在安大略的公司，不用提供诉讼费用担保，若居所在别处且在安大略无足够的不动产的公司，则需要提供诉讼费用担保。此外，居所是许多诉讼的管辖权基础，在英国如侵权诉讼、违约诉讼等。在法国，保持有事务所或商业机构在法国的外国公司，诉因是产生在法国的业务的，受法国法院管辖。居所对确定商业住所和公司责任地也是很重要的。一个人，不管他的国籍如何，如果他自愿地居住在敌国领土，便具有敌性。

英国法院在1876年著名的Cesena Sulphar Co. V. Nicholson案中，确立了这样一个原则，即公司的居所在公司事务控制中心所在地，即使该地与成立地不同。此后，法院一直遵循此一原则。但如果公司的管理控制中心分别在两个主事务所时，则一个公司可有两个居所。

Cesena案的情况是：Cesena是在英国根据英国法成立的公司，目的在意大利的Cesena经营硫矿。该公司的生产和销售业务由意大利代表(包括一个常住在Cesena的总经理)管理。该公司在意大利注册，账簿设在意大利，其产品不运往英国，其三分之一的股东是意大利居民。这些事实说明该公司的业务中心是在意大利。但是，该公司的章程规定在伦敦设立一个董事会，控制该公司的生产经营业务。因此法院在审理时认为，由于有关该公司管理的一切行为都是在伦敦进行，故其主要业务地在伦敦，因此该公司居所在英国。据此，它的所有利润(不管在何处获得)均得向英国纳税。

而在Swedish Central Ry. V. Thompson(1925)案中，英国法院认为该公司有两个居所。Swedish Central Ry. 公司是1870年在英国成立的，目的是在瑞典建造和经营铁路。其注册事务所在伦敦。1900年，该公司以年租金33500英镑把铁路租给一个交通公司，租期50年，同年修改章程，把控制和管理移至瑞典，以后股东大会(大多数是瑞典人)和董事会在斯德哥尔摩召开，红利在瑞典宣布。除属于英国股东的红利外，没有利润移至英国。但是，该公司在伦敦设立一个定期会晤的委员会，处理股份转让，制作股权证书并在上面盖章，年度决算亦在伦敦作出和审计。据此，法院认为，该公司在瑞典和英国都有居所。

在印度，公司的居所在其从事营业的国家，印度法院在Guardian Assurance Co. V. Thakur Shir Mangal Singh案(1937)中认为，一个保险公司在印度外成立，但通过代理人在印度从事保险业务，应认为是印度居民。

总之，法人的居所和住所问题由于各国法律的规定不同，历来都是众说纷纭的。对于怎样来确定法人的居所和住所，国际社会也没有一个统一的标准。这既有利于法院在处理案件时根据具体情况作出灵活的处理，但势必产生法律冲突，从而可能有碍于国际经济贸易交往的发展。

第四节　外国法人的认许

一、认许的法律含义及其必要性

我们知道，一个组织或实体是否具有法人人格是依其属人法来决定的。那么，根据属人法某一组织或实体具有法人人格，是否意味着它在任何国家都当然具有法人人格呢？按照现代法律思想，依法律赋予人格而存在的法人，不能离开法律规定而存在，其人格的范围也必须依法律而定，但由于国家出于主权和社会利益的考虑，对于外国法律，一般不承认其在内国当然发生效力。对于依照外国法律赋予人格的法人，亦同样不能认为其在内国当然具有法律人格。因此，依一国法律成立的法人要在任何国家得到承认，这在理论上和实践上都是行不通的。法人，尤其是一些跨国公司法人，其活动能力是很强的，俨然具有国家般的力量，一国如要无条件地承认其法律人格，将无法驾驭，主权有受威胁的危险。正如阿库斯特所说，一国"如果把个人作为完全没有法律人格看待，将是违反国际法的，因为那样的话，就等于把他作为奴隶看待。这是现代保护人权的国际法规则所要求的"。"但对公司却不同，一国没有义务承认外国公司的法律人格。公司在它产生的领土外不存在的观念在19世纪的美国和欧洲大陆流行。尽管现在已不支持这种观念，但在许多国家，一般并不自动地承认外国公司的法律人格"。① 根据他的看法，在一国依法有效成立的法人，通常不一定能在所有国家取得作为法人进行活动的资格。主要作为法人在其他国家活动，原则上必须取得该国法律对其法人人格的承认。因此，根据国际私法的规则，依其属人法为外国法有效成立的法人，为了在内国作为法人从事业务活动而取得对其法律人格的承认，就叫"外国法人的认许"。

这里需要指出的是，承认一个外国法人，并不是把它转变为一个内国法

① M. Akehurst, Jurisdiction in International Law, The British Yearbook of International Law, 1972-1973, pp. 230-231.

人，而只是意味着这个法人在内国也被认为有法人资格。这种承认，只有确认或宣示的性质，而没有创设的性质。对于某一外国组织是法人或不具有独立的法律人格，而只是若干自然人的总和，应依该组织的属人法来确定。承认只是确认依外国属人法应认为是法人的外国法人在内国也是法人。

根据国际法规则，一国没有义务承认外国法人，那么一国有无必要在一定的条件下承认外国法人呢？西方学者认为出于“国际礼让”应承认法人。何为“国际礼让”，实践中并没有确定的内容，某国所要考虑的国际礼让，实际上是以本国的利益为权衡标准的。若把所谓的“礼让”作为承认外国法人的根据，则承认外国法人就成为随意的事情了。可是这种观点未能揭示承认外国法人的本质。我们认为，一国在一定条件下承认外国法人并允许其在内国依法从事活动，是进行国际经济贸易和民商事交往的需要，也是互相尊重国家主权和平等互利的要求。当代社会，各国不是孤立存在而是彼此依赖的，在市场经济高度发达的国际环境里，涉外民商关系要求各方当事人“必须互相承认私有者”①。国际经济交往中的各方当事人地位平等，他们进行交往的前提是必须相互承认对方根据其本国法而取得的人格以及财产所有权和某些民事权利，而不管对方国家的政治、经济、文化和法律制度如何。否则，一切国际民商事交往就不可能进行。因此，一国要与外国公司企业或其他经济组织进行经济技术交流与合作，就必须承认外国法人。这也是相互尊重主权和平等互利的要求。在国际交往中，一国只有尊重别国主权，和别国平等相处，才能使别国也尊重该国主权并与其平等相处。一国在一定条件下承认外国法人并允许在内国从事活动，正是希望创造一种条件，使别国在一定条件下也能承认本国法人并允许其在外国从事活动。正因为这样，当今世界各国，无论社会经济制度如何，无一例外地都在一定条件下承认外国法人并允许其在内国依法从事活动，只是各国承认的条件和允许活动的范围不同而已。

二、认许的条件和方式

当今社会，不管是大陆法系国家还是英美法系国家，都认为外国法人要取得在内国活动的权利，必须经过内国的认许。一般主权国家，都采取各种法律上的措施，尽可能限制那些其活动对自己不利的外国法人在内国活动，而只允许那些有利于自己的外国法人在内国从事有关的活动。一般来说，认许外国法人要依据两国法律：一是法人的属人法；二是认许地国的有关法律。至于在何

① 马克思：《资本论》(第10卷)，人民出版社1963年版，第61页。

种条件下承认外国法人并允许其在内国活动，各国法律的规定不尽相同，概括起来，一般要符合如下条件：

(1)认许外国法人的前提条件是依法人属人法的规定，该组织是有效成立的独立法人，即外国法人在该外国法上已实质存在。如在美国，在一州已有效成立的公司的公司身份其他州予以承认，但不符合成立地州法律而成立的公司另一州则不予承认。因此在认许之前，应确定其已依外国(州)法该组织登记成立为法人。对那些尚未取得法人资格的公司，自无认许可言。

至于何种公司才能成为认许的对象？多数欧洲国家将法人区分为营利法人与非营利法人而分别规定认许方式。如在法国，政府对非营利法人的认许，远比营利法人更为不明确。概括来说，法国对外国公司的法律人格，一般是承认的，但对有限公司必须有条约或专门法令的规定，对于社团，法律常常更不信任他们，这些社团要受更严厉的规章管束，外国社团，除非预先得到内务部长的核准，否则不能在法国自行组织或进行活动。在日本，对外国商业公司是认许的，对外国非营利法人，尤其是外国的公益法人，除根据法律或条约特别认许外，原则上不予认可，因为外国的公益未必就是本国的公益，甚至可能违反本国的公益。但也有例外，如根据关于外国保险事业的法律所认可的外国相互保险公司和根据 1875 年的所谓"公制条约"认可的国际度量衡中央局。可见，由于非营利法人往往从事政治活动或政治宣传，故对此种法人的认许，一般较之对商业性质的法人的认许更为严格。但有学者认为，对于以普及和发展学术、艺术、宗教、慈善及其他事业为目的的非营利性的法人乃至公益法人，由于其不仅对特定国家有益，而且有不少对国际社会的发展及人类文明的发展都起着重大的作用，不认可其法律人格是有失偏颇的。①

(2)外国法人的目的或业务不得有损国家主权，不得违反内国的法律、公共秩序或善良风俗。如法国工业法典第 12 条要求，外国法人实体在法国的任何有目的的活动都必须要有许可证，并遵守国际协议的规定。如果它的活动与公共利益相抵触，则可拒绝承认其法律人格并不允许其在法国开展业务活动。对于外国法人申请在内国的军港、要塞、军事基地或其附近地区设立机构的，由于其可能威胁国家的安全，所在国一般不予认可。此外，各国法律大多禁止外国人在国防军事工业、通信事业以及支配国家经济命脉的部门投资，如果外国法人申请在这些部门投资，一般都得不到该内国政府的批准。此外，对于从事所在国禁止的其他行业的外国法人，内国也不予认许。如我国法律禁止贩卖

① 上海社科院法学所编：《国际私法》，知识出版社 1982 年版，第 95 页。

鸦片、禁止赌博，如果外国公司申请认许在中国境内经营鸦片业或赌博业，那么这就违反了中国的法律和公共秩序，理所当然得不到认许。

(3)外国法人要想在内国获得认许，须不存在规避法律或欺诈事情。如美国有些案件认为，在一州成立的其目的是为了规避它意图从事业务的州的法律规定，该州对这类法人的法律资格可不予承认。法国和德国法院也常认为，在外国设立管理事务中心，如果是为了规避其中心应该设立的国家的法律，那么这种法人不能认为是外国的。

(4)外国法人要在所在国获得认许，必须符合程序上的条件。一般来说，各国对外国法人的认许在程序上都要有要求，只是繁简不同而异。

在美国，外国(州)公司在内国(州)从事活动，必须经批准，取得营业证书。而要取得营业证书，必须向州务卿或其他有关政府官员提交申请。申请书的内容各州不尽相同。通常包括：公司名称、成立州(国)、成立时间、公司期限、公司在成立州(国)的主要事务所所在地、在内州(国)的登记事务所的地址、在内州(国)接受对公司诉讼送达的注册代理人的姓名、在内州(国)追求的目的、董事和官员的姓名及地址、批准或发行的股份总额或设定资本总额、财产价值的估价、首次在本州内或外营业的总额等。有些州还要求提供其他文件，如经认证的成立章程及修改内容的副本、公司在成立州是一个正有效存在的公司的证明书、为诉讼送达任命代理人、董事会授权申请的决议的副本、反托拉斯保证书，等等。如果申请符合法律，还必须交纳手续费和税收。

在国际私法上，对外国法人的认许，除了符合上述条件外，有些国家还要求互惠的存在。

至于以何种方式认许外国法人，各国的规定并不一致，现在世界各国基本上采用如下四种认许方式：

1. 特别认许程序

这种方式和程序指外国法人须经内国政府特别认许始得在法律上存在。此主张为比利时学者劳伦特(Laurent)提出。立法上奥地利和原苏联采取这种主张。以这种方式认许外国法人，便于了解外国法人的全面情况，以根据本国需要来决定是否认许，但这种方式手续上过于繁难，并过于严格，在如今国际民商事交流日益频繁的情况下显然行不通，且势必阻碍一国的对外经济贸易交流与合作。

2. 一般认许程序

这种方式和程序是指凡依外国法有效成立的外国法人只要在内国办理必要的登记和注册手续，就可在内国从事经营活动，无需得到特别许可，也不一定要求有互惠关系的存在。著名学者巴尔(Bar)认为，国家间互相认许在外国有效成立的法人于内国领域内活动，应是国际上的惯例，正如允许他国自然人在内国参加民事活动一样。①在立法和实践上，德国、比利时、瑞士、英国、美国、意大利、西班牙等国采取这种主张。日本也是一样。日本民法第36条规定，凡属外国商业公司，日本都是认可的。一些国际文件也采取这一主张。如1891年国际法学会在汉堡关于股份有限公司冲突法决议第1条规定，“依照本国法律而成立的股份有限公司，在他国均有向法院提出诉讼的权利，无须经一般或特别认许”。1897年，国际法学会在丹麦订立的关于外国公司法人能力的规则第1条规定，“凡外国法人已为其本国所认许者，在他国亦须认许”。这种学说简便易行，但也有弊端，即对外国法人的认许程序过于宽泛。

3. 相互认许程序

这种方式和程序是指以缔约为前提相互认许对方有效成立的法人。这种程序亦称概括认许程序，指对属于某一特定外国国家的法人概括地加以认许的程序。如1957年法国曾颁布一个法律，概括地承认，凡经比利时政府许可成立的法人，均可在法国行使其权利，对其他各国法人，也规定，只要在有互惠关系的国家成立的外国法人，也应承认。概括认许可以通过国际立法进行，即有关国家通过缔结国际条约相互认许其他缔约国的法人。例如，1956年订于海牙的《承认外国公司、社团和财团法律人格的公约》，就是有关国家通过条约规定了相互概括认许外国法人的认许程序的。1965年欧洲经济共同体关于相互认许法人的公约草案也作了类似的规定。此种相互认许的方法，具有互惠性质，是可取的，但它的适用范围有限。

4. 分别认许程序

这种方式和程序是指对外国法人分别不同种类，或采特别认许，或相互认许，或一般认许的一种认许外国法人的方式。如法国，对有条约关系的采取相互认许制度，对无互惠关系的采特别认许。德国对商业法人采一般认许，而对非商业法人必须经特别认许程序。这种区别对待的办法，是与法人的繁杂情况及国际关系的复杂性相一致的。

我国《对外贸易管理暂行条例》第4条规定，“凡愿遵守我国法令，在我国经营进出口贸易之外国商人或外国商业机构之代表，必须经所在地区人民政府人事处之审核介绍，向各该地区对外贸易管理局申请登记，报经中央人民政府贸易部核准后方得在指定地点开始营业”。我国国务院1980年《关于管理外国企业常驻代表机构的暂行规定》第2条规定，“外国企业确有需要在中国设立常驻代表机构的，必须提出申请，经过批准，办理登记手续。未经批准登记的，不得开展常驻业务活动”。这类规定，虽不是专门针对对外国法人承认的，但也应认为，外国法人要求在我国进行一般业务活动，应采特别认许程序。但随着我国市场经济体制的确定和我国对外开放的发展，这种状况必然要打破。一般来说，外国法人只要依其本国法是有效成立的，且符合我国法律规定的，均应予以认许，而并不一定需要有条约或互惠关系的存在。

三、未被认许的外国法人的地位问题

外国法人经内国认许后始在内国法律上具有法人资格，并以法人的名义从事经营业务活动。而对未被内国认许的外国法人，虽依其属人法有效成立，但在内国法上仅认为其在事实上存在，在法律上不认其为法人。因而其在内国就不能以法人的资格来从事民商事活动。

对于未经认许的外国法人，如一律无诉权，有时对内国也不利。法国曾认为，未经认许的外国法人无诉权。后来，有一个在法国境内经营制造业的英国公司，未经认许因事被诉，该公司即以未经认许为由，自认为无被告资格，以相抗辩。初审法院因此驳回诉讼。检察长不服，向上级法院提起上诉，认为未经认许的外国法人虽在法国不能作为法人存在，但不能借此免除其在法国所订契约的债务。而且民法典第 14 条规定，法国人在法国或外国，因契约上的债务，得在法国法院以外国人为被告而请求履行。法国最高法院认为上诉有理，认为外国公司是事实上的社团，可以对其起诉要求履行债务。外国法人未经认许，一般不得在内国以原告身份起诉，但绝不妨碍其以被告身份应诉。当然，这种理论难免产生不公正的现象，故后来法国判例认为，外国法人在法国行使权利，可得法国法院为原告或被告，而无须政府认许。

英国法院一向承认未经认许的外国法人有在英国法院起诉或应诉的资格。在日本，未经认许而在内国进行活动的外国非营利社团法人，被视为“无权利能力的社团”，除不能以法人名义在不动产登记簿、商业登记簿上进行登记外，承认它几乎具有和被认可的外国法人同样的法律地位。1891 年，国际法学会在讨论关于股份有限公司的法律冲突问题时，曾作出决议，“凡依本国法而成立的股份有限公司，无需经一般或特别认许，均享有在他国法院提起诉讼之权”。

在美国，外国(州)公司未经依法批准而在内国(州)从事活动，要受到种种制裁。制裁措施各州不尽相同。最严重的制裁是，未经批准的外国(州)公司在内州法院无诉状或对在当地签订的合同问题无诉状。其他制裁措施包括，(1)对公司和有关的公司职员罚款；(2)其公司董事、官员或代理人要负个人

责任；(3)在当地订立的合同无效或不能履行(但事后经批准的一般可以履行，有个别州规定后来批准的仍不能履行)；(4)不能对诉讼进行抗辩或不得提出时效问题；(5)发布禁令；(6)适用特别的法律措施(如纽约商业公司法规定，外国公司董事对非法分红和其他分配，公司本身购买股份、借贷给董事负责，对外国公司没有遵守特别的通知和规定的条件，董事也得负责任。只有经批准的外国公司可免除适用上述规定)，等等。

还应指出，认许仅是指以外国法人已有法人人格为前提而承认它在本国内作为法人有进行活动的资格。因此，即使是未被认可的外国法人，在国内业务活动以外的国际交往中，其法人地位应被确认，在外国进行的业务活动与“认许”是没有关系。因此，对于未被认许的外国法人在其本国或第三国依法与内国公民或法人进行的法律行为，或者与内国公民或法人以通信作成的法律行为，应认为是法人的行为，因此而产生的权利义务，是法人的权利义务，如果因此而在内国法院诉讼，应当然认为其有原告或被告的资格。否则，其合法权益将无法得到保障。

第五节　跨国公司的国籍问题

跨国公司(transnational corporation)也称多国公司或国际公司等，主要是指资本主义国家的大型垄断企业，以本国为基地通过对外直接投资，在其他国家设立子公司或分支机构，从事国际化生产和经营的国际垄断经济组织。

跨国公司一般由总公司或母公司和分布在世界各地的子公司或分支机构组成。因此，应将分布在不同国家的公司逐个区别开来，而后，按照内国的确定法人国籍的标准，结合个案的具体情况分别确定跨国公司及其子公司的国籍。兹分别不同情况略述如下：

子公司是相对母公司而言的。一个有限责任公司或者股份有限公司持有另一个有限责任公司或股份有限公司50%以上的出资或股份，前者为母公司，后者为子公司，这是从资本控制的关系上来确定母子公司的关系，目前国际上多数国家采用这一划分标准。同时，也有少数国家采用人事参与或经营控制的标准来划分母子公司。他们认为，如果一个公司控制着另一个公司的多数股票，但并不参与经营控制，那么这种纯粹的控股公司不是母公司。而相反，虽然某一公司并未控制另一公司50%以上的多数股份，但以大股东身份派出董事或其他高级管理人员，在经营管理上控制着被投资公司，则其本身亦构成母公司，被控制的公司则构成子公司。

子公司的产生，即其与母公司关系的确定，一般有两种情况：一是某一公司单独出资或者与其他投资者新设立一个子公司，作为投资的公司持有被设立公司的全部或超过50%以上的出资或股份，而形成母子公司关系，子公司是由母公司投资设立行为而产生。二是已经存在的有限责任公司或股份有限公司，他们的出资或股份在股权交易过程中被另一公司集中收购，使其全部或50%以上的出资份额或股份被另一公司所控制，在这种情况下，产生母子公司关系。

纵观世界各国公司法的有关规定，子公司与母公司分别具有独立的法人资格，独立承担民事责任。子公司不论采取有限责任公司形式，还是采取股份有限公司形式，都应当具备独立公司法人的条件，这些条件主要有：一是股东或发起人达到法定人数和法定资格；二是具有法定的公司注册资本额；三是制定有公司章程；四是具有公司名称和内部组织机构；五是有固定的生产经营场所和必要的生产经营条件。

正因为子公司得成为独立的法人，故其国籍应依其成立地国家的法律来确定，子公司的国籍也因此可能与母公司的国籍不同。

而外国公司的分支机构则不同，它不具有其设立地国家的法人资格。这是因为，按照确定公司国籍和法人资格的设立地学说，外国公司分支机构是外国公司的一个组成部分，是在设立地国的一个派出机构，其公司设立的准据法是外国法律，其总机构的设立登记地在国外。该分支机构虽然在设立地国依法办理了登记，但这种登记不是外国投资者在设立地国依据设立地国的法律所进行的，其所进行的法人性公司的登记，也不是该外国公司在设立地国依设立地国的法律所进行的子公司设立登记。由此，我们知道，外国公司分支机构在中国境内从事经营活动和业务活动，其法律主体资格为外国法人，即具有外国的国籍。

第十一章　法人国籍的法律冲突及其解决途径与方法

第一节　有关法人的法律冲突与法人属人法问题

法人作为民事法律关系的主体，其参加民商事活动的资格是由法律所赋予的。由于世界各国的法律体系不同，有关民商事主体的规定各异，对于一个组织或实体在什么情况下成为法人，成为法人后又具有哪些权利能力和行为能力，法人在什么情况下解散等事项的规定多有歧异，发生矛盾和冲突的现象也颇为常见。在这种场合下，要确定某一组织体法律人格的有无问题或关于法人的一般权利能力的有无问题，在国际私法上，历来认为应依法人的属人法来解决。

一、有关法人的法律冲突与法人属人法

如前所述，由于各国民商法关于法人法律资格及其权利能力和行为能力的规定不尽相同，如有的国家(法国和意大利等)承认商业合伙人是法人，而有的国家规定合伙不是法人。有的国家认为无限责任公司是法人，有的则不承认此种公司为法人。有的国家认为登记是公司成立的要件，有的则认为登记并非公司成立的要件，而仅为对抗第三人的要件。有的国家规定有限责任公司不得向公众发售债券，有的则无此种限制。从而，法人的权利能力和行为能力的法律冲突势必产生。需要指出的是，法人的权利能力和行为能力同时开始，同时终止，并且二者的范围是完全相同的。因此，对于法人的权利能力和行为能力的法律冲突，国际私法上是采用同一冲突规则来解决的，即法人的权利能力和行为能力，原则上应适用法人的属人法，亦即法人的国籍国法或住所地国法。但值得注意的是，外国法人在内国活动，首先必须符合内国的法律，因而在具体的权利能力和行为能力的享有上，还得同时受内国的外国人法的控制和制约。

二、法人属人法的适用范围

法人的属人法亦即法人的国籍国法或法人的住所地国法。其适用范围如下：

1. 法人的成立和法人的性质

由于各国的立法例和学说的不同，如对于无限公司，法国、意大利和比利时等国承认其为法人，而德国、瑞士、荷兰等则不承认其为法人。而对于民商事合伙，法国等认为是法人，而英、美、瑞士等不认为合伙具有独立的法律人格。那么，在这种场合，无限公司或合伙是否属于法人，便要以其属人法为断。一个组织依其属人法已取得法人资格，在国外可被认许为法人，若依其属人法并不具有法律人格，则它在任何地方也不能成为法人。因此，欧洲大陆国家法律认为许多非公司实体(包括合伙)是法人，在这种情况下，其成立国法赋予该实体的身份，英国法院予以承认。

至于公司成立的条件，各国法律规定也不相同。如德国商法规定，登记是公司成立的要件，公司非经登记不得成立，而日本商法则规定，登记不是公司成立的要件，仅为公司成立后对抗第三人的要件。对于股东人数，在丹麦单个人就可以组成有限责任公司，在列支敦士登单个人不仅可以组成有限责任公司，而且还可以组成股份公司。而其他欧洲国家要求组成有限责任公司至少必须有两名股东。奥地利、意大利、荷兰建立股份公司至少要有 2 人认购股票，丹麦、西班牙则要求至少 3 名，德国至少 5 名，法国、英国至少 7 名股东。比利时、法国、西班牙、日本和英国规定股东人数有上限，有限责任公司(非公开招股公司)的股东人数不得多于 50 人，卢森堡规定不多于 40 人。此外，在比利时，只有个人才能成为有限责任公司的成员，而其他欧洲国家没有这样的规定。再如，在原始股本方面，对股份公司，大陆法系国家采“法定资本制”，即章程所定股份总额必须全部发行完毕，股款全数缴足，公司才能成立，增资时须修改章程。而英美法系采“授权资本制”，即公司的股份总额，仅记明于章程作为公司“预定”资本总额，但不必全数发行，其所认股份数额如已达法定最低额，公司即可成立，其保留未发行的股份，授权董事会视经营业务需要及市场状况分次发行，不必经股东会议决议及修改章程。诸如此类对于公司是否有效成立的争议，一概适用法人的属人法来解决。

2. 法人的组织问题

法人的组织问题如大会、董事、监事等组织的构成、权限及与社员的地位等有关事项，均应适用法人的属人法来决定。这是因为世界各国的法律对此类问题的规定也不尽一致。如在比利时、卢森堡和法国，股份公司董事会至少应由 3 人组成，而在意大利、西班牙和瑞士，公司董事会只须一人就可组成。而对于董事应否具有股东身份，历来各国就有否定与肯定两种极端不同的立法例。如法国、瑞士的法律就规定，董事人选限于公司股东，而英、美、日、德等大多数国家则规定，董事不限于股东。而政府或法人为股东时，一般有被选为董事的资格，但德国规定，董事限于自然人，法人不得为董事。至于经理会和监事会，澳大利亚和德国规定应该设立，而法国则规定可有可无。此外，对于增加资本或发行新股问题，英国和荷兰规定应由公司董事会作出规定，而在其他欧洲国家，必须由股东大会作出决定，因为它将更改公司章程里关于资本的条款，等等。若发生法律冲突，一般均适用法人的属人法来决定。

3. 法人的内部事务

由于各国法律对董事及经理的选任、公司股票的发行、先买权、董事和股东会议的举行、投票方法、股东检查公司记录的权利、股东参加管理与利润分配的权利、股东就股票对抗第三人的权利、股东对公司债务的债权人应承担的责任和范围以及董事及经理人员对公司、公司的债权人、股东的责任及范围，等等，规定多有歧异，势必产生法律冲突。如关于董事与公司的关系，有的规定，董事在职务范围内具有代表公司为一切法律行为之权，有代表公司为原告或被告或其他一切诉讼的权限；而美国法律则规定，董事没有代表公司的权力，董事非经董事会决议无权处理公司业务，至于经理人对第三者的责任问题，有的国家规定，经理人于执行业务范围内，如违反法令，致第三者受到损害，不管是直接故意、间接故意或过失，都必须与公司负连带赔偿责任，而另一些国家则规定，只有出于恶意或重大过失时，经理人才与公司负连带赔偿责任。对于这类问题，应由法人的属人法决定。

4. 法人的权利能力

法人能从事何种活动、能否为“权限外的行为”，有无侵权行为责任能力、有无诉讼能力等，均由法人属人法决定。如比利时、法国、意大利、卢森堡等公司法规定，有限责任公司不能对外发行债券，而德国则没有这类禁止性的规定。据此，比利时、法国、意大利、卢森堡在德国的有限公司便不能向公众发行债券。

纵观世界各国的有关立法，各国法律对公司权力的范围的规定是很不相同的。如美国成文法通常授与公司收买自己股份的权利，章程亦得为此规定，甚至成文法或章程没有此类规定时，也默示该公司有收买自己股份的权利。而日本、德国等法律规定，只有在个别情况下，公司才能取得自己的股份。而且日本商法规定，公司依法取得的股份，须在法定期限内处理，逾期未出售，公司就自己持有的股份不具有表决权。对于公司的活动范围问题，各国公司法都规定，公司的营业活动范围受其章程的限制，不得超越章程规定的范围，如要扩大营业，可经多数股东决议或全体股东同意，修改章程并依法申请登记。但若违反此规定，经营登记范围以外的业务，其效力如何，各国规定不一，英美法系国家较倾向于法人拟制说而否认其效力。如美国公司法规定，公司为一定之行为或行为的方式逾越公司章程所载的目的，谓之“无权行为”，此无权行为所订的契约为无效契约。日本的做法跟美国大致一样。而欧洲大陆法系国家则倾向于承认此类行为的效力。因此，如果一家日本公司在德国缔结一项超出其章程范围的契约，因依其属人法无效，则也会被德国认为无效；反之，如果德国公司在日本缔结了一个这样的契约，则日本应承认其为有效。因该德国公司的属人法允许它这样做。

5. 法人的合并与分立

同样，由于各国法律对法人的合并与分立的规定不同，从而有可能产生法律冲突，在这种情况下，应依法人的属人法来解决这一问题。如 1958 年英国法院判决了一个著名的案件：希腊雅典国家银行诉梅特里斯莱案。其案情为：1927 年希腊国家抵押银行发行利率为 7%的英镑债券，规定本金在 1957 年偿还。这些债券由希腊国家银行担保，英国法为债券和担保的准据法。1953 年后希腊颁布了一个法令，该法令规定希腊国家银行和雅典银行合并为希腊雅典国家银行，该法规定，新银行成为前两个银行权利义务的“概括继承人”。雅典银行和新银行在英国有资产。一个债券持有者把新银行作为债券担保人起诉，要求偿付 14 年半的利息。1956 年 7 月 12 日，法院作出判决，适用该法人的属人法希腊法，维护了当事人的合法权益。后被告不服上诉，上诉法院和贵族院维持原判。

6. 法人的解散

我们知道，法人可因种种事由而解散，如法人章程规定的解散原因已发生，法人的目的已完成或不可能完成，全体股东的同意，法人被行政撤销、破产等，但在立法上，各国对法人解散的理由不尽相同。如在法国，当股份公司的账目表明公司纯财产少于公司原始股本的四分之一时，董事会必须召集股东大会报告这一情况，决定公司是否继续存在，若继续存在，则它的亏损必须在法定期间内予以补偿；否则，任何有利害关系的人都可以要求法院命令公司解散。对于这种情况，大多数国家公司法都有类似规定，但可命令解散的亏损额占公司原始股本的比例不同，如意大利规定为三分之一，瑞典为三分之二。对于法人的解散问题，英国法规定，公司只有在进行清算后才能解散，而在大陆法国家，解散是第一步，然后才清算。此外，对于公司终止后股东、董事和官员的权利义务问题，也适用法人的属人法来解决。

总之，有关法人的内部和外部的基本事项由法人属人法决定，包括法人的成立问题，如成立的实质要件和形式要件；成立无效的原因；法人的能力问题，如作为法人能享有什么权利义务，以及什么人以什么形式进行行为和对何人的何种不法行为应由法人本身承担赔偿责任；法人的组织问题，如大会、董事、监事等组织的构成、权限及与社员的地位等有关的事项；法人的合并和分立及其债权债务的继承问题；法人的解散问题，如解散的理由和有关清理债务事项等。

三、法人属人法适用的例外

如前所述，法人在其活动过程中产生的很多法律问题都适用法人属人法来解决，但并非所有问题如此，兹将例外情况阐述如下：

1. 外国法人与其本国没有真正联系

一般来说，对于与其本国没有真正联系的外国法人，受理案件的法院或有关机关对与该法人有关的事项，并不适用其属人法来解决。如在美国，把与当地有实质性联系与外国没有实质联系的外国公司，称为“伪装的外国公司”、“住在本地的外国公司”、“跛脚公司(tramp corporation)”或“名义上的外国公司”。即当公司与成立国(州)的联系，仅是“纯粹的成立”，没有别的联系时，法院有时便拒绝适用成立国(州)法。在美国的商业交易上，这种“跛脚公司”是一个普遍现象，它在一州成立而其全部活动在另一州。美国法院把这种公司的外国性说成是“形而上学的概念”(metaphysical concept)，它在成立州的存在是“虚构的海市蜃楼”(illusory mirage)，虚假多于实际。美国对“伪装外国公司”适用当地法的案例令人震惊的多。在法国，如果设定的事务所不在高层次的管理活动的重要部分进行地，则该设定事务所不能决定准据法。相反，如果真正和实际的主事务所在法国，则适用法国法。正如法国学者皮埃尔·梅耶说，“人们不能容忍所谓那些发起人将其公司置于某一国法律的管辖下仅是由于该法律使其满意之故，而事实上这些公司却被纳入另一国的经济轨道，尤其这个国家还是个不昧天良的国家”。

2. 外国法人的特殊权利能力的范围

外国法人的特殊权利能力是指经认许的外国法人在内国享有具体的权利的能力。外国法人在内国能从事哪些营业活动，享有何种待遇，能取得哪些财产权等，以所在地国法规定为限。某种权利(如土地所有权)，虽依其属人法可享有，但依所在地法不得享有者，它便不得享有。相反，某一权利虽依其属人法不能享有，依所在地法则可能享有。这是国际上公认的，也是各国的普遍实践。至于一国法律(包括条约)赋予外国法人的权利能力的范围如何，是由该国的对外政策以及它与法人本国间的关系决定的。

3. 外国法人从事非法人也可从事的法律行为时

美国冲突法重述(1971)第 301 节认为，公司从事个人也可以做的行为而产生对第三者的权利和义务，由适用于非公司当事人的同样的法律选择原则决定。第三者指除成立国、公司的董事、官员或股东外的人。许多行为法人和个人都是可以做的，如签订合同、侵权行为、取得和转让资产等，当法人进行这些行为时，由适用于非法人当事人的同样的法律选择原则决定。也即是说，法人与第三者因合同发生纠纷像个人之间因合同发生纠纷一样，适用该合同关系的准据法。该准据法可能是其属人法，也可能是其他国家的法律。当然，法人的身份能力问题一般依其属人法。

4. 适用属人法会导致违反当地的公共秩序

在法律适用上，“公共秩序保留”是各国公认的，法人属人法的适用也不例外。美国冲突法重述(1971)认为，“法人的存在是否终止或中止，依其成立州(国)的实体法判定”，但依成立州(国)法律的终止或中止严重违反法院地的公共政策，则不予承认。美国有一系列因章程成立州法违反当地公共秩序而不能适用的判例。在法国，在涉及债权人利益时，法院认为法院地的重要政策要求适用本地法(法国法)。

总之，一般来说，外国法人的活动受其章程、本国法以及当地法的调整。

第二节　法人国籍的法律冲突现象透析

一、法人国籍冲突的概念

我们知道，法人国籍是指法人从属于某一特定国家的法律资格。在国际公法上，国籍是一个人(法人)对国家承担义务的根据，同时也是国家对其实行外交保护的根据。而在国际私法上，国籍的意义首先表现在，判断某一民商事关系是否具有涉外因素的根据之一，便是该法人是否具有外国国籍；其次，国籍也是指引涉外民商事关系准据法的一个重要连结因素；最后，国籍又是国家对于在外国的法人的民商事合法权益受到侵害时，作为原告而回到本国来进行诉讼时行使管辖权的一种根据。

在国际私法中，法人国籍的冲突是指一个法人同时具有两个或两个以上国籍以及一个法人同时无任何国籍的情况。

法人国籍的冲突在形式上可分为两种，即法人国籍的积极冲突和法人国籍的消极冲突。法人国籍的积极冲突是指一个法人同时具有两个或两个以上国籍的情况。如一个法人在甲国设立，在乙国有住所，在丙国设有营业中心，依甲国法律，法人国籍的取得采成立地标准说，则该法人具有甲国国籍；依乙国法律，法人国籍的取得采住所地标准说，则该法人同时具有乙国国籍；依丙国法律，法人国籍的取得采营业中心地标准说，则该法人同时亦具有丙国国籍。法人国籍的消极冲突是指一个法人同时无任何国籍的情况。如某一外贸公司在A国成立，其设立人为B国国民，住所和营业地在C国，依A国法律，法人的国籍采法人设立人国籍标准说，故该法人不具有A国国籍，而应具有B国国籍；而依B国法律，法人国籍的取得采法人成立地标准，故该法人不具有B国国籍，而应具有A国国籍；依C国法律，法人国籍的取得采成立地标准说，故该法人也不具有C国国籍。因此，该法人依各与其有联系的国家的法律，均不具有其国籍，在这种场合下，该法人就无任何国籍了。

法人制度作为当今国际民商法律制度的重要组成部分，对世界各国民商事关系的发展和促进国际经济贸易的繁荣，无疑具有重要的意义。法人的国籍问题涉及法人的归属问题、法人的控制管理问题、法人的外交保护问题，因而是相当重要的。研究法人国籍冲突及其解决途径和方法，无疑具有相当大的价值和意义。

二、法人国籍冲突产生的原因

法人国籍的冲突是指某一个法人同时具有两个或两个以上的国籍或同时无任何国籍的情况。法人国籍的法律冲突之所以产生，完全是因为各国对法人国籍的取得和丧失所采取的制度各异而发生的。

我们知道，对法人的国籍问题，传统理论上是有争议的。有少数学者甚至认为法人无国籍，而在赞同法人应具有国籍的学者中，各自的学说不一，歧异甚多，这就使得对法人国籍这一问题的见解，国际社会很难得到一致的答案。如今，随着国际经济贸易交往的迅猛发展和国际经济一体化趋势的加强，绝大多数学者意识到法人国籍在保护法人的合法权益，促进法人所在国经济的发展，加强世界各国经济贸易之间的交流与合作方面的重大意义，因而大多赞同法人应具有国籍的观点。诚然，正是由于学者们对这一问题的见仁见智，使得现代国家在立法上对法人国籍问题的规定多有歧异。如前所述，世界各国在法人国籍的取得上，标准各异，有采法人成员国籍说的，认为应以组成法人的自然人(主要是法人的董事、经理和管理人员)的国籍来确定法人的国籍；有采法人创设地国籍说的，认为法人的国籍应以法人成立地国的国籍为标准来确定法人的国籍，因为只有这样，才能把法人本身的一些问题与批准它成立的国家法律相联，而且成立地这个标志精确而易确定，同时，法人的国籍一旦确定下来，就能维持其稳定性；有采住所地国籍说的，认为法人的国籍应以法人的住所为标准来确定法人的国籍；而对于何为法人的住所，则又有三种不同的意见，即营业中心地说、管理中心地说和章程规定的地方说；有采资本控制说的，认为法人的国籍应以法人的资本由哪个国家所控制为标准来确定法人的国籍；有采复合标准说的，认为法人的国籍应以此为标准，把法人的住所和法人登记注册地结合起来，或把法人的住所地或设立地和准据法两项标准结合起来确定法人的国籍；有采分类标准说的，认为应对不同类型的法人规定不同的国籍标准，等等。例如，依A国法律的规定，凡在该国依据该国法律成立的法人，不管其住所、营业中心或管理中心设在何国，均取得A国国籍。在这种场合，倘若某一公司在B国设有住所，而依B国法律，凡住所设于B国的法人具有B国国籍。此时，该法人即具有两个国籍，而且正因为前述各国所采取的国籍标准不同，该法人也有可能同时取得三个或更多的国籍，这就产生了法人国籍的积极冲突。同理，由于当今社会某一法人在甲国成立、在乙国设有住所、其资本构成在丙国、管理中心在丁国之类的情况屡见不鲜，故还可能出现某一法人无任何国籍的情况，这就产生了法人国籍的消极冲突。

总之，法人国籍的法律冲突之产生，完全是因世界各国对国籍的取得和丧失所采取的制度各异而发生。而世界各国之所以采取不同的法人国籍标准，是由于各国出于主权和社会利益之考虑，也由于各国的文化传统、法律传统使然。法人国籍的冲突既是涉外民商事关系发展的必然产物，又是各国为加强对法人(包括外国法人)的监督和管理而采取的不同措施的反映。对于这种现象的产生，我们应该能够清楚地认识到其产生的必然性，又要了解到它对于发展各国经济贸易关系的阻碍方面，以有利于我们在理论和实践中找到解决冲突的途径和方法。

第三节　法人国籍冲突的解决途径与方法

如前所述，法人国籍的冲突是指一个法人同时具有两个或两个以上的国籍以及一个法人同时无任何国籍的现象。法人国籍的冲突既包括积极的冲突也包括消极的冲突。我们在探讨解决法人国籍的积极冲突和消极冲突问题时，首先要明确的是，一个法人是否具有某一国的国籍，只能依据该国法律来判定，不能依据外国的法律来判定。这是因为，根据国家主权原则，关于居民的法律资格的确定，属于国家权力范围的事情，通常由各国国内立法加以规定。在自然人国籍的取得和丧失上尤其如此。这已成为国籍法在国籍问题方面的一个公认的基本原则。例如，1930 年订于海牙的《关于国籍法冲突若干问题的公约》第 2 条就规定，“关于某人是否具有某一特定国家国籍的问题，应依据该国的法律予以决定”。其次，我们应该认识到，正如解决自然人的国籍冲突一样，解决法人的国籍冲突，在国际公法和国际私法上有着不同的目的：在国际公约上解决国籍冲突，旨在消除法人的多重国籍和无国籍现象，而在国际私法上解决法人的国籍冲突，其目的仅在于确定应适用的当事人的本国法，至于当事人实际存在的多重国籍或无国籍现象如何避免或消除，则非其所问。因此，并不能认为在国际公法上解决国籍冲突所适用的“国籍唯一原则”也是国际私法上解决国籍冲突的“一个出发点”。

当然，由于法人毕竟不同于自然人，因而法人国籍的冲突问题不可能像自然人的国籍冲突问题那样引起人们的重视。但是，随着国际经济贸易的迅猛发展，法人在整个世界的经济舞台上扮演着越来越重要的角色，故而法人具有国籍这一观点已逐渐得到人们的普遍认可，不仅如此，而且对于法人国籍的重要性，理论界和实践部门的意见也逐渐一致起来。法人应该具有国籍，这不仅方便于法人国籍所属国对该法人的管理和控制，而且更重要的是，法人具有国籍对于法人合法权益的保护，无疑具有特别重要的意义。在这一前提下，法人国籍的法律冲突问题，已日渐引起人们的重视。诚然，探讨解决法人国籍之法律冲突的途径和方法的论著尚很鲜见，特别在我国，对法人国籍冲突及其解决途径及方法这一问题，尚无人涉及。这里我们借鉴有限的外国资料，对这一问题作些粗浅的论述，以求教于大家。

一、国籍冲突中法人本国法的确定

我们知道，所谓法人国籍的积极冲突，是指法人在同一时间至少具有两个国籍。这样，当一国的法院或者其他机关在受理一个案件中必须解决当事人属于哪国国籍，而当事人按照两个不同国家的法律具有两个不同的国籍，即按照 A 国法律属于 A 国国籍，按照 B 国法律属于 B 国国籍时，该法人应被认为是 A 国法人呢，还是 B 国法人？要解决这个问题，需视受理该案的法院或其他机关的本国对于在这两个国籍中究竟选择哪一个对它更有利而言。因此，在一般情况下，这个问题应当区分两种不同的情形来探讨。

(1)当受理该案的法院或其他机关的本国对该问题的解决具有利害关系时，该国法院或其他机关一般会选择对己有利的那一个国家的国籍来解决该案。这种情形又可细分为两种：①在当事人所具有的两个国籍中，有一个是内国国籍。在这种情形下，国际间通行的解决方案是把它当作内国人，而置其外国国籍于不顾。法院或其他机关在处理该案时，所适用的是内国有关法人国籍方面的规定，而外国有关法人国籍的规定则被完全排除适用。这种做法的理由是：既然一个主权国家有权决定谁是它的国民，那么它就并无义务屈从另一国所作出的同它自己的法律相抵触的赋予国籍的规定。这种解决方案是仿效自然人国籍冲突中其本国法的确定的作法而逐渐得到世界各国的普遍认同的。这类方法曾为 1930 年关于国籍抵触若干问题的海牙公约所采取，其第 3 条规定如下，“除本约另有规定外，凡有两个以上之国籍者，各该国家均得视之为国民”。②在当事人所具有的两个外国国籍中，有一个是敌国国籍的情形，这种情况主要发生在战争时期。根据一般国际法规则，在战时，交战国一般都公布法令，将侨居在内国的敌国国民拘禁，并将其财产扣押，而且这种经扣押的财产在战争结束时所订的和约中还可能规定供清偿赔款之用。所以，在此时期，一个具有双重国籍的外国法人所具有的两个外国国籍中，如果一个是敌国国籍，那么，是否把它认为是敌国人，具有重要的实际意义。此种场合，交战国一般采取的解决方案，是把该法人看做敌国法人，因而在法律上就适用了敌国法律有关法人的规定，而将非敌国有关法人的法律弃之不用。

(2)当受理该案的法院或其他机关的本国对该问题的解决并无利害关系时，在这种情形下，既然当事人所具有的两个国籍都是外国国籍，且不论选择哪一个国家的国籍作为法人的国籍对该法院或机关的本国都没有利害关系，该法院或机关自然不必对其选择予以特别的重视。但对此问题还是应当适当地予以解决。兹结合有关对自然人国籍冲突解决的学说、实践、条约和惯例，对法人国籍冲突的解决作一阐述。概括起来，目前国际社会主要有如下几种做法：

第一，有学者倡导在两个互相冲突的国籍中，选择适用近似于法院地国有关法人国籍规定的那个国家有关法人国籍的法律来确定在双重国籍法人的两个国籍中应以哪一个作为其本国法。此种解决方案显然不能认为是正确的，因为一国法律中关于法人国籍的规定只是在解决谁是该国内国法人的问题上具有权威性。每个国家有关法人国籍的规定都有其特殊性，因此，在决定一个法人应被认为属于哪一个外国的问题上，特别是在决定一个并非内国法人的双重国籍法人的两个国籍中应以哪一个为本国法的问题上，法院地国有关法人国籍的规定是毫无价值的。

第二，有理论和实践主张按取得两个国籍的时间的先后来确定应以哪一个国籍作为法人的本国法。在这种观点中，有主张法人的国籍应以取得在先的国籍为准，也有主张法人的国籍应以取得在后的国籍为准。前者如法国的比勒，后者如德国的巴尔。主张前者的理由是，当事人对取得在先的国籍已取得了既得权，而既得权在国际间是应当予以尊重的，所以应当以这个国籍为准。后者则以当事人变更国籍的自由权为理由。在这两种主张中，认为法人的国籍应以最后取得的国籍优先的观点得到了不少国家的认同。如 1964 年捷克斯洛伐克《国际私法及国际民事诉讼法》第 3 条第 2 款规定，“当事人同时具有几个外国国籍时，以最后取得国籍为优先”。但在实际生活中，有时一个法人有两个以上国籍并非先后取得，而是同时取得的。针对这种情况，该法同条第 3 款又规定，“当不能确定最后取得的国籍时，应视为具有住所地国家之国籍”。1939 年《泰国国际私法》也作了类似规定，如其第 6 条第 1 款为：在应适用当事人本国法时，如当事人非同时取得两个以上外国国籍，则适用最后取得的国籍所属国家的法律；在同条第 2 款又规定，在应适用其本国法时，如当事人同时取得两个以上国籍，则应以住所地法为其本国法。我们认为，这两种主张都是不科学的。因为他们都纯粹从个人的抽象权利出发来企图解决这个问题，而国籍事项不仅涉及个人的权利，而且同时涉及国家的主权和利益，因此不可能仅仅根据个人权利这个因素来解决问题。在实际上，如果采取第一种观点，那么，结果将导致永久效忠原则的维持，而这不仅损害当事人取得国籍在后的那个国家的利益，而且也是损害当事人的利益的。如果采取第二种主张，那么，结果将承认个人可以无条件地变更国籍，而这显然并不是所有国家都能容许的。而且，不论采取第一个还是第二个学说，都只能解决先后取得双重国籍的问题，而不能解决同时取得双重国籍的问题。

第三，有不少学者主张以双重国籍人在境内设有惯常居所或住所的那个本国国籍为准。具有双重国籍的法人既然在他的这个本国境内设有惯常居所或住所，可见他同该国的关系，较之他同其他国家的关系更为密切，故而应该以该国国籍为准。这个学说是有可取之处的，因为一般来说，一个具有双重国籍的法人同其在境内设有惯常居所或住所的那个本国的关系较为密切。但这只是就一般的情况来说是这样，有时该法人可能同其他国家具有更密切的关系。而且有时双重国籍法人的惯常居所或住所也可能并不设在他的任何一个本国的境内，而设在第三国境内。在此种情形下，这个学说就不能解决问题。在立法上采取这种主张的国家如 1979 年匈牙利《国际私法》就规定，如果一个人同时具有的几个国籍都是外国国籍时，则以住所地法为该人的本国法。1982 年的《南斯拉夫法律冲突法》也作了类似的规定。

第四，多数学者主张受理案件的法院或机关应当确定在双重国籍法人的两个本国中，他在行为上和内心里究竟同哪一个国家具有密切的关系，即以哪国的国籍为准。这就是所谓的实际国籍(nationalite effective)为准的学说。它是指在确定实际国籍时，首先自然应当诉诸客观的标准，如当事人在哪国出生，在哪一国设定住所或惯常居所，在哪一个国家从事业务活动等等。然后看该法人同哪一个国家具有更加密切的关系并以此来确定其本国法。这种学说得到了巴德汪特(Basdevant)、巴蒂福尔(Batiffol)、摩里、拉普拉德尔、波里蒂斯、勒雷布尔—比让尼埃尔(Lerebours—Pigeonnière)、萨瓦契叶(Savatier)、诺伊曼、尼默耶尔(Niemeyer)、沃尔夫(wolff)、马卡罗夫、隆德斯坦(Rundstein)等学者的支持。1937 年海牙第二次比较法会议的决议也认为，“当这个抵触问题在第三国发生时，原则上应当依照当事人的实际国籍解决”。在立法和司法实践上，1978 年奥地利联邦《国际私法法规》第 9 条第 1 款就规定，一个人同时具有几个外国国籍的，应以与之有最强联系的国家的国籍为准。1966 年波兰《国际私法》第 2 条第 2 款、1946 年《希腊民法典》第 31 条第 2 款、1988 年 7 月 1 日生效的《瑞士联邦国际私法法规》第 21 条第 2 款和 1986 年新的西德《民法施行法》第 5 条，也采这种做法。1982 年《土耳其国际私法和国际诉讼程序法》第 4 条第 3 款也规定，“多重国籍人，不具有土耳其国籍的，则适用与其关系最密切的国家的法律”。我国 1988 年最高人民法院《关于贯彻执行〈中华人民共和国民法通则〉若干问题的意见(试行)》第 182 条规定，“有双重或多重国籍的外国人，以其有住所或者与其有最密切联系的国家的法律为其本国法”。

此外，在实践中，至于法人国籍的消极冲突问题，通常是很少出现的。对于这种法人国籍的消极冲突，其本国法的确定一般主张模拟自然人国籍的消极冲突之解决方法来确定，即主张以该法人住所所在地国家的法律为其本国法，如当事人无住所或住所不能确定的，则以其居所地法为其本国法。立法上采取这种模式的有：1954 年《关于无国籍人地位的公约》第 12 条、泰国《国际私法》第 6 条第 4 款、《希腊民法典》第 30 条、《意大利民法典》第 29 条、捷克斯洛伐克《国际私法及国际民事诉讼法》第 33 条第 3 款、波兰《国际私法》第 3 条、1986 年原联邦德国《民法施行法》第 5 条第 2 款、1982 年《土耳其国际私法和国际诉讼程序法》第 4 条第 1 款和 1982 年《南斯拉夫法律冲突法》第 12 条等。我国 1988 年最高人民法院《关于贯彻执行〈中华人民共和国民法通则〉若干问题的意见(试行)》第 181 条规定，“无国籍人的民事行为能力，一般适用其居住国法律；如未定居的，适用其住所地国法律”。

二、法人国籍冲突的解决途径及方法

由于国际上并无确定法人国籍的统一标准，各国都是从本国的利益出发来确定法人的国籍，而且采取的标准并非一成不变，而是随条件变化而变化，因而在法人国籍问题存在法律冲突可以说是不可避免的。这一问题正日益受到各国学界的重视。诚然，有关这方面的研究尚很少见。兹结合有关理论和实践，并参照自然人国籍冲突的解决途径和方法提出我们的看法。

第一，当一个法人既具有内国国籍，又具有外国国籍时，不管是同时取得还是异时取得，以内国国籍优先，即认为该法人为内国的法人。这种方法是解决自然人国籍冲突的主要方法，是国际上比较通行的做法。如德国《民法施行法》就规定，“当事人同时具有德国国籍和外国国籍的，则以德国法作为其本国法”。《日本法例》第 27 条、《泰国国际私法》第 6 条等也作了类似的规定。我们认为对于法人国籍的问题，借鉴这种做法是可行的。司法实践中，各国对法人国籍问题也常是这样规定的。因为这样有利于对法人的监控。

第二，在某一法人具有的两个或两个以上的国籍均为外国国籍时，如何确定其本国法，则各国可根据本国的利益作出不同的规定，归纳起来大致有如下几种不同做法：(1)以最后取得的国籍优先。这在立法上，1964 年捷克斯洛伐克《国际私法及国际民事诉讼法》第 3 条第 2 款就规定，“当事人同时具有几个外国国籍时，以最后取得国籍为优先”。这里所指“当事人”应可推及“法人”。(2)以法人的住所所在地国国籍优先。(3)以与当事人有最密切联系的国籍优先。在国籍发生积极冲突时，依最密切联系原则来作出判断，既为许多学者所倡导，也为许多国家的立法和实践所采纳。这在自然人国籍积极冲突问题的解决上尤其如此。如 1978 年奥地利联邦《国际私法法典》第 9 条第 1 款就规定，一个人同时具有几个外国国籍的，应以与之有最强联系的国家的国籍为准。1946 年《希腊民法典》第 31 条第 2 款、1966 年波兰《国际私法》第 2 条第 2 款、1988 年 7 月 1 日生效的《瑞士联邦国际私法法规》第 21 条第 2 款，也采这种做法。《土耳其国际私法和国际诉讼程序法》第 4 条第 3 款也规定，“多重国籍人，不具有土耳其国籍的，则适用与其关系最密切的国家的法律”。

至于法人国籍的消极冲突问题，一般主张以该法人的住所所在地国家的法律为其本国法。这也是解决自然人国籍消极冲突的方法。采用这种立法的有《泰国国际私法》第 6 条第 4 款、《希腊民法典》第 30 条、《意大利民法典》第

29 条、《土耳其国际私法和国际诉讼程序法》第 4 条第 1 款等。

在我国，凡依中国法注册成立的法人都应是中国的法人，具有中国国籍。在外国依外国法成立的法人，当成立地与住所等因素不一致而发生国籍的积极冲突或消极冲突时，我们常以其“惯常国籍”为国籍，在特殊情况下，还应考虑与该国有无实质性联系。至于我国与外国有条约规定的，则依条约规定。

第十二章　中国有关法人国籍问题的立法与司法实践

第一节　中国有关法人国籍问题的立法现状

一、确定法人国籍的标准

我们知道，法人是依法成立的组织或实体，它与成立地国法律具有不可分割的联系。在我国，法人国籍问题的标准是以成立地为准的，因为成立地标准既易确定又能使法人国籍保持稳定性。因此，依据这一标准，凡在我国境内依我国法律登记成立的法人都是中国法人，具有中国国籍，而不管它的资本由哪国构成，也不管它由哪国人实际控制。我国的立法就是这样规定的。如《中华人民共和国中外合资经营企业法实施条例》第 2 条就规定，“依照《中外合资经营企业法》批准在中国境内设立的中外合资经营企业是中国的法人，受中国法律的管辖和保护”。我国与其他国家政府的双边投资保护协定大多也采成立地说。如《中国政府和泰王国政府关于促进和保护投资的协定》第 1 条规定，“‘公司’一词系指依照任何一方的有效法律在其领土内设立或组成的法人，不论其责任是否有限以及是否以营利为目的”。《中国政府和丹麦政府关于鼓励和相互保护投资协定》第 1 条规定，“‘公司’：(一)在中华人民共和国方面，系指在中华人民共和国任何地方依照有效法律设立或组建的公司、商号或社团。(二)在丹麦王国方面，系指在丹麦王国任何地方依照有效法律设立或组建的公司、商号或社团”。《中国政府和新加坡共和国政府关于促进和保护投资协定》第一条也规定，“‘公司’一词：(一)在中华人民共和国方面，系指根据其法律在其领土内组成或设立的公司或其他法人；(二)在新加坡共和国方面，系指根据其法律在其领土内组成或设立的公司或其他法人”。

这里要指出的是，我们这里是说凡在中国境内依法成立的法人都是中国法人，并不意味着在哪一个外国成立的法人就必然承认它具有哪一个外国国籍，在某些情况下，它受下面所述的“惯常国籍”和“真实联系”原则的限制。

我们知道，在货物买卖、补偿贸易、货物运输、加工贸易等对外经济交往中，参加交往的外国一方当事人，由于确定国籍的因素往往存在于不同的国家，例如，在采成立地标准的美国成立，董事会设立于采管理机关所在地标准的法国，在其他一些国家从事营业活动，而它的股东又是国籍不同的人，由于确定法人国籍的标准不同，该公司就可能取得两个以上的国籍。相反，如果在法国成立，董事会在美国，那么两国都可能认为该公司不是他们的公司。因此，在上述情况下，假定该公司与我国企业签订合同并发生法律纠纷，涉及管辖权、法律适用甚至外交保护等问题时，我们应如何确定该公司的国籍？我们认为应以“惯常国籍”和“真实联系”相结合作标准。所谓“惯常国籍”是指法人一贯以某国法人的名义出现，与其交往的国家也一般将其作为该国的法人对待。在上例中，如果说法人在国际经济交往中，一贯以美国法人名义出现，与它交往的国家也一贯将其作为美国法人看待，我们一般认为它是美国法人。这是一种实事求是的做法，有利于防止发生纠纷，影响国际交往。但为了防止规避法律，任意主张对它有利的国籍，除考虑“惯常国籍”外，有时还应考虑它与该国是否有真实的联系，如果成立地和住所地同在一国，它与该国当然有真实的联系，如果仅在一国注册成立，并以该国法人名义出现，而它的住所、股东、全部营业活动都在另一国，认为它是后一国的法人会更合理。在法人刚刚成立或弄不清它一贯以何国法人的面貌出现时，我们也应以真实联系作标准来确定它的国籍。我国解放初期，在肃清帝国主义在华特权时，曾适用了这一标准。如上海的永安公司注册时为美国商号，但其资本实际上为中国人所有，因此，未按美国法人对待。再如，上海的美光火柴公司，注册为美国资本，但实际上为瑞典资本，据此我国按瑞典公司对待，而未按美国公司对待。

当然，在一般情况下，可以采取成立地标准和惯常国籍与真实联系相结合标准，但在有条约规定的情况下，必须遵守国际条约优先这个公认的原则。我国在与外国的双边投资保护协定和避免双重征税协定等条约中，已有个别条款规定法人国籍。如《中国政府和瑞典王国政府关于相互保护投资的规定》第1条规定，“‘投资者’在瑞典方面，系指符合瑞典法律规定的瑞典公民，及所在地在瑞典境内或由瑞典公民或瑞典企业控制的任何法人”。这里对瑞典法人是采住所地标准或控制标准，是两个平行的选择标准。如果条约有这种规定，则必须以条约为准。

二、关于几种法人的国籍问题

1. 中外合资经营企业

中外合资经营企业是中外双方经营者在我国境内按平等互利原则，并经我国政府批准，共同投资而设立的一种股权式的合营企业。从法律关系上分析，合营企业与外国投资企业是各自具有法人资格的两个经济实体，但由于外国投资企业至少占合营企业25%的股权，并对其生产经营活动有一定的控制权，因而外国投资企业常将两者视为母公司与子公司的关系。

关于合营企业的国籍，我国《中外合资经营企业法实施条例》第2条规定，在我国境内设立的合营企业是中国法人，受中国法律的管辖和保护。合营企业是经中国政府批准，在中国依中国法律注册登记的，它的管理中心(董事会所在地)和营业中心地(投资地)也都在中国，不管以什么标准，它都应该是中国法人。至于合营企业投资经营的外国公司企业，它属于哪国法人，如何确定其国籍，可参照上面所述的标准来确定。

自1979年以来，我国陆续在外国创办合营企业，迄今数目已达上万个，随着我国社会主义市场经济的建立和对外开放的加强，这种企业必定会不断增加。这些企业是按我国法律在我国登记注册的，其生产和经营受我国法律的管辖和保护。

2. 外商独资企业

外国独资企业与外国投资企业的法律关系，是母公司与子公司的关系，不是总公司与分公司的关系。因为外国投资者在我国境内所设立的外资企业，有自己的法人组织机构董事会及一套由总经理、副总经理等组成的管理机构，有企业自己的名称、法定地址(在我国)、注册资本及其组织形式(一般为股份有限公司或有限责任公司)，它不是外国投资企业本身或其代表机构，也不是它的分公司，而是一个独立于外国投资企业的、具有法人资格的经济实体。有鉴于此，我国《外资企业法》第8条规定，“外资企业符合中国法律关于法人条件的规定的，依法取得中国法人资格”。

3. 中外合作经营企业

合作经营企业是契约式的合营企业，是一种无股权的合约式经济组织，合作双方的责任、权利、义务，由双方协商并通过协议、合同加以规定。各方可在事业基地或投资场所建立自己的办事机构，但这种合营方式没有涉及股权，一般不是一个独立的实体，而是不具备法人地位、各自独立负责的经济组织，外国公司直接以自己的名义从事生产经营活动。我们可以将这些在我国境内从事投资活动的外国公司视为外国投资企业的分公司，而分公司与总公司同属一个经济实体，它在我国只是履行工商行政登记手续，应由外国总公司授权并承担经济清偿责任。例如，通过投标在我国获得海洋石油资源勘探开采权的外国公司，由于它既不是按我国法律成立和在我国登记的，其管理机构也不是设于我国，而且，在我国的经营又往往不是该公司的全部活动，所以它不应属于我国法人。至于它究竟属于哪一国的法人，可参照前述的标准来确定。

第二节　中国确定法人国籍的司法实践

一、我国法院对法人涉外争议的管辖权问题

在我国，参加涉外民商活动的法人主要是各种进出口贸易公司和享有对外贸易权限的公司企业以及三资企业。这里所指的管辖权主要指对这些法人的涉外争议以及外国法人在中国发生的争议的管辖权。

1. 涉外经济贸易争议

在国际上，对于外贸、运输、海事等方面的争议几乎都允许当事人协议确定管辖法院。正如萨瑟指出，“当事人的意思自治是确定涉外民事管辖权的一般原则。”我国在立法和司法实践中也是承认协议管辖的。我国《涉外经济合同法》第38条规定，“当事人没有在合同中订立仲裁条款，事后又没有达成书面仲裁协议的，可以向人民法院起诉”。我国《民事诉讼法》第244条规定，“涉外合同或者涉外财产权益纠纷的当事人，可以用书面协议选择与争议有实际联系的地点的法院管辖。选择中华人民共和国人民法院管辖的，不得违反本法关于级别管辖和专属管辖的规定”。而如果合同当事人没有协议确定管辖法院，又不属于专属管辖权的范围，那么我国法院如何行使管辖权呢？对于这个问题，我国《民事诉讼法》第243条规定，“因合同纠纷或者其他财产权益纠纷，对在中华人民共和国领域内没有住所的被告提起的诉讼，如果合同在中华人民共和国领域内签订或者履行，或者诉讼标的物在中华人民共和国领域内，或者被告在中华人民共和国领域内有可供扣押的财产，或者被告在中华人民共和国领域内设有代表机构，可以由合同签订地、合同履行地、诉讼标的物所在地、可供扣押财产所在地、侵权行为地或者代表机构住所地人民法院管辖”。

2. 侵权行为诉讼

公司法人的侵权行为诉讼主要有海上环境污染损害赔偿诉讼、航空事故损害赔偿诉讼、海损事故损害赔偿诉讼、产品责任诉讼、侵犯专利权、商标权诉

讼，等等。我国《民事诉讼法》第 29 条规定，“因侵权行为提起的诉讼，由侵权行为地或者被告住所地人民法院管辖”。这里所称的“侵权行为地”不仅指侵权行为发生地，而且还包括侵权结果发生地。故只要侵权行为或侵权结果发生在我国领域内，我国法院即有管辖权。

(1)因船舶碰撞或其他海损事故引起的索赔诉讼，我国最高人民法院 1986 年 1 月 31 日通过的《关于涉外海事诉讼管辖的具体规定》中规定，我国法院对下列诉讼有管辖权：①船舶碰撞或其他海损事故发生在我国港口、内水、领海以及我国管辖的其他海域的；②船舶碰撞或其他海损事故虽然发生在我国管辖海域以外，但受害船舶或加害船舶的最初到达港为我国港口、加害船舶或者属于加害船舶所有人的其他船舶在我国港口被扣留、受害船舶或加害船舶的船籍港为我国港口的；③船舶碰撞或其他海损事故造成中国公民伤亡或财产损害的。另外，我国参加的船舶碰撞中民事管辖权方面若干规定的国际公约第 1 条规定，对于船舶碰撞，下列法院有管辖权：①被告经常居住地或营业地法院；②扣留过失船或得依法扣留属于被告的任何其他船舶的地点的法院，或本可以扣留，而已提出保证金或其他担保的地点的法院；③碰撞发生于港口或内河水域以内时，则在碰撞发生地点的法院。至于究竟向哪个法院起诉，原告有选择的权利。因此，如果原告向符合上述条件的我国法院起诉，则我国法院对该诉讼有管辖权。

(2)海洋环境污染索赔诉讼。

我国《关于涉外海事诉讼管辖的具体规定》中规定，因船舶排放油类或向海洋倾倒废物或其他有害物质或者因海洋石油勘探开发、拆船作业不当造成海域污染引起的索赔诉讼，属下列情况之一者我国法院有管辖权：①污染损害发生在我国领海或者我国管辖的其他海域的；②污染事故虽然发生在我国管辖海域以外，但使我国海域受到污染的；③为了防止、减轻污染损害，我国采取了预防措施的。

(3)航空事故索赔诉讼。

根据我国《民事诉讼法》第 28 条的规定，凡航空器在空中相撞或与地面相撞或扔下物品造成损害的，如果事故发生地或者航空器的最初降落地在我国境内，则我国上述地点的法院对该索赔诉讼有管辖权。

二、我国确定法人国籍的实践

在解放初期，在清理外国人在华企业时，为了肃清帝国主义在华特权，主要采实际控制说，以法人资本实际掌握于何国人手中的情况来确定法人的国籍。例如，上海永安公司原来成立时登记为美商，太平洋战争爆发后，又改为华商，抗战胜利后复登记为美商，但该公司实际上是我国人投资的，且一直为我国人所经营掌握。因此，解放后，我国政府将该公司作为我国私营企业，而未作外国法人对待。

我国对外国法人国籍的确定，目前主要采取注册登记国说。我国最高人民法院《关于贯彻执行〈中华人民共和国民法通则〉若干问题的意见(试行)》第184条规定，"外国法人以其注册登记地国家的法律为其本国法，法人的民事行为能力依其本国法确定"。同时，对于外国已根据其法律取得外国国籍的法人，我国也都承认其已取得的国籍，而不向该外国适用何种确定法人国籍的标准。

对中国内国法人的确定，则采法人成立地和准据法复合标准，故只有依照中国法律组成并且在中国境内设立的法人，才能取得中国内国法人的资格。例如，中外合资经营企业和中国境内的外资企业便是分别依照《中华人民共和国中外合资经营企业法》和《中华人民共和国外资企业法》，经我国主管部门批准并在我国工商行政管理机关登记注册而在我国境内设立的，故我国法律确定这两种企业是中国法人。

总之，在我国，凡依中国法注册成立的法人都是中国的法人，具有中国国籍。而在外国依外国法成立的法人，如果成立地与住所等因素不一致而发生国籍的积极冲突或消极冲突时，我们一般以其"惯常国籍"为国籍，在特殊情况下，还常考虑与该国有无实质性联系。至于我国与外国有条约规定的，依条约规定。

三、我国对外国法人认许的有关规定

外国法人的认许是指外国法人要取得在内国活动的权利，必须经过内国的认许。在我国，目前尚无认许外国法人的详尽规定，但依照1980年10月30日公布的《中华人民共和国国务院关于管理外国企业常驻代表机构的暂行规定》，外国企业确有需要在中国设立常驻代表机构的，必须经过申请、批准、办理登记手续等程序；未经批准登记的，不得开展常驻业务活动。该暂行规则还规定，外国企业申请在中国设立常驻代表机构的，应当提交下列证件及材料：董事长或总经理签署的申请书，内容包括常驻代表机构名称、负责人员、业务范围、驻在期限、驻在地点，该企业所在国或所在地区有关当局开具的开业合法证书；与该企业有业务往来的金融机构出具的资本信用证书。金融业、保险业企业在办理此种申请时，还应提交该总公司的资产负债和损益年报、组

织章程、董事会董事名单。经我国认许的外国法人在我国领域内进行民事活动，必须符合我国的法律。

总而言之，随着国际经济一体化趋势的不断加强，法人尤其是跨国公司，无疑越来越成为当代世界经济贸易中一个十分积极而活跃的因素，它们在世界经济和政治舞台上扮演着重要的角色。因此，法人在国际交往的实践要求赋予其国籍。法人国籍不仅是一国对它行使外交保护权的前提和确定属人法的标志，而且对于法人待遇的享有、司法管辖权的行使、战时法人敌性的确定，以及对于加强对外国法人的监督管理等，都具有重要的法律意义。但对如何确定法人国籍，国际上无统一标准，各国都是从本国的利益出发确定的，而且采取的标准并非一成不变，而是随条件变化而变化。这样，法人国籍之法律冲突就成为不可避免的了。这就给人们提出了一个重要的课题，即世界各国应努力采取制定旨在消除这种法律冲突的公约，完善其内国有关法人国籍问题的立法等措施，来完善法人国籍的法律制度，以促进世界经济贸易的发展。

第四编　船舶国籍的法律制度

第十三章　船舶与船舶国籍的法律界定

第一节　船舶的定义与分类

一、船舶概念的内涵与外延的界定

船舶在国内法抑或国际法中均占有十分重要的地位，但国际社会至今尚未形成统一的船舶定义。一些学者从法学角度尝试制定一个统一适用的船舶定义，其可行性和必要性还有待实践的检验。① 在日常生活中，一般是从广义上来指称船舶，即指具有船的形状，能在水上或水中载重航行的运载工具，具体包括航行于江、河、湖、海上的一切船只。那种不具有水上航行设备，而只能随波逐流的木排或木筏或没有任何建造，而只是一块木质或铁质的冲浪板都不能算作船舶。不仅如此，而且我们在探讨船舶国籍问题时所提到的船舶，主要是法律上狭义的船舶概念。它不仅排除了航行于江河、湖泊上的大部分船舶，而且排除了部分航行于海上的船舶。综观不同国家和地区的法律，船舶概念的界定并不一致。普通法系中的英国法和美国法的规定大体相同，如英国《1894 年商船航运法》（Merchant Shipping Act 1894）的船舶定义为“包括各种用于航海的船舶”。英国 1971 年的《海上货物运输法》附录第 1 条第 4 款也有类似的规定。② 美国 1936 年的《海上货物运送法》也明确规定，船舶是指用于海上货物运输的任何船舶。大陆法系国家的法律规定的船舶大体倾向于海上航行的商务船。《日本商法典》第 684 条规定，“本法所指的船舶系以商业行为为目的，供航海使用的船舶”。韩国《海商法》第 740 条也类似于日本法的规定，即“本法所称船舶，是指从事商业行为及其他为营利目的而供航海

---

① See A. Meyers, The Nationality of Ships, New York, 1967. pp.8-23.

② 参见张忠晔主编：《各国和地区海商法比较》，人民交通出版社 1994 年版，第 2 页。

用之船舶”。菲律宾《商法》第573条规定，“商法上的船舶为商船，即以从事自甲港至乙港间货物或旅客运送为营业之船舶”。希腊《海商法》第1条则规定，“本法所称船舶，是指大于10净登记吨的以自身的动力，航行于海上的各种船舶”。德国《海商法》第478条却给船舶下的定义较宽泛，“船舶是指用于海上及与海相通的水域航行工具及浮动和固定的设施”。越到后来颁行的海商法，船舶定义的外延越宽泛。例如，前苏联1968年制定的《海商法》第9条和第12条明确规定，本法所称的船舶是指除军舰以外的从事运送、捕捞、开矿、救助、拖带、打捞、水利施工、守护渔场、卫生检疫或科学、教育、文化、体育等活动的机动或非机动的浮动装置。我国台湾地区的《海商法》第1条规定，“本法称船舶者，谓在海上航行及在与海相通水面或水中航行之船舶”。这一条款几乎照搬了德国海商法有关船舶的定义。但台湾地区颁行的《船舶法》第1条有关船舶的定义却与其海商法的定义显然不同，它明确规定：“本法所谓船舶，谓在水面或水中供航行之船舶，其类别如下：一客船：谓搭载乘客超过12人之船舶。二非客船：谓不属于客船之其他船舶。三小船：谓总吨位未满50吨之非动力船舶，或总吨位未满20吨之动力船舶。四动力船舶：谓装有机械用以航行之船舶。五非动力船舶：谓不属于动力船舶之任何船舶”。我国大陆地区有关船舶的定义也同台湾地区一样并不统一。我国1983年《中华人民共和国海上交通安全法》在“附则”用语的含义里规定，“船舶，是指各类排水或非排水船、筏、水上飞机、潜水器和移动式平台”。这里所说的“各类排水或非排水船”，也就是指各类机动船或非机动船。对于长度在24米以下或容积不到50吨的小船，船舶证书及文件要求不同。至于容积在20吨以下的，登记后只发给船舶执照，不包括在海商法的船舶范围之内。因而1988年1月1日生效的《中华人民共和国海船登记规定》则将海船界定为“中华人民共和国国家所有、集体所有以及公民所有50总吨以上海上机动船舶和非机动船舶”。同时还规定军事舰艇、公安舰艇、体育运动船舶以及附属于船舶的工作艇、救生筏等都不属于海船范围。1993年7月1日实施的《中华人民共和国海商法》第3条进一步明确规定，“本法所称船舶，是指海船和其他海上移动式装置，但是用于军事的、政府公务的船舶和20吨以下的小型船艇除外”。与《海上交通安全法》不同的是，《海商法》第3条还规定，“前款所称船舶，包括船舶属具”。一般而言，海船是指具有海上航行能力的机动或非机动船舶；海上移动式装置则指具有自航能力的可在海上移动的装置，如海上钻井平台等。在我国的海商法中，船舶的范围不仅将用于商业性目的军用船、政府公务船及20总吨以下的小型船艇排除在外，而且也不包括航行于我国内湖或内河的船舶。不过，必须注意的一点是，我国海商法是将船舶作为一个整体对待的，包括船体、主机、辅机及属具，如锚、锚链、救生艇、索具等，其中属具还应包括诸如驾驶台设备、医疗器具、厨房用具等船上设备。① 尽管我国有关法律法规对船舶下了较为明确的定义，然而，不仅海峡两岸有关船舶的定义不一致，而且在同一地区的不同法律之间也存在着明显的差异，甚至在同一部法律中也有差别，如《中华人民共和国海商法》的各章规定所适用的船舶就不同。至于是否有必要统一或确定一个“放之四海而皆准”的船舶定义，尚有待于进一步研究。

纵观世界不同国家和地区的法律有关船舶的定义，既有共同之处又有相当的差异。不过，有一点可以肯定，各国海商法中的船舶仅仅是日常生活中所说船舶的一部分，其主要特征表现在以下三个方面：

第一，从用途方面看，有的国家（如日本）仅限于用于“商业目的”的船舶，② 如运输船、渔船和海洋开发船等；有的国家（如前苏联、中国）排除了用于“军事目的”的船舶，如军舰；有的国家（如中国）则排除了用于“公务目的”的船舶，如海关缉私船、环保监测船等。尽管1910年9月23日在比利时布鲁塞尔举行的第三次海洋法外交会议上通过的《统一船舶碰撞若干法律规定的国际公约》和《救助公约》（*Salvage Convention* 1910）都表明关于船舶碰撞和海上救助的规定不适用于军事船艇和公务船，但部分国家的海商法仍然作出相反的规定。

第二，从航行能力方面看，有的国家（如英国、日本、希腊）仅限于在海上具有航行能力的船舶，这也是1910年船舶碰撞公约和救助公约等国际公约所共有的态度，如《海牙规则》第1条明文规定，“船舶是指用于海上货物运输的任何船舶”；有的国家（如德国、中国）则包括可与海相通的水域航行的船舶；还有的国家（如北欧的挪威、瑞典、丹麦、芬兰）则认为包括航行在一切水域的船舶；还有少数国家（如德国）甚至主张船舶应包括不可航行的固定设施。

第三，从船舶吨位方面来看，有的国家（如希腊、中国）作了限制，即排除小于一定吨位的船舶；有的国家（如英国、美国、日本）则未作任何限制。

---

①　参见司玉琢等编著：《海商法详论》，大连海事大学出版社1995年版，第51页。

②　日本海商法所指的船舶为远洋、近洋和沿海运输的商船，不包括内河和港湾的船舶。

至于正在建造中的船舶、失事沉没的船舶是否属于船舶的范畴，学术界和实务界的分歧都较大。通说认为，严格地讲，正在建造中的船舶还不是正常意义上的船舶，但为了船舶融资或借款抵押的需要，可视为船舶；失事沉没的船舶已丧失本来意义上的船舶特征，已不属于船舶的范畴，但在海难救助的法律关系中也可视为船舶。①

综上所述，国内法和国际法上所称的船舶是指可以航行并浮在水面上的工具。由于船舶可以航行，所以它区别于浮桥等不具有水上航行的设备。具体而言，船舶是指不论其名称或大小，以其固有的设备及船员在内河或海洋表面移动并提供特定服务或用于特定产业的工具，船舶在法律上被认为是物体，大部分国家按不动产处理，也有少数国家视为动产。② 船舶也像自然人或者法人一样，依附于一个国家，具有该国的国籍，并悬挂该国的国旗。国籍国（即船旗国）对船舶行使事实上的管辖与控制权，同时给予外交保护，没有海岸的内陆国家也可以拥有船舶。

二、船舶的分类

依据不同的标准，船舶可以划分为不同的种类。一般而言，船舶大致可以分为以下六大类：

（1）以国籍为标准划分成国轮与外轮。从某个国家的角度来看，国轮是指在内国登记并悬挂内国国旗的船舶，而外轮则指在外国登记并悬挂外国国旗的船舶。

（2）以船舶的航行能力为标准划分成海船与非海船。海船是指具有完全的海上航行能力并以海船名义进行船舶登记的船舶；非海船是指不具有海上航行能力或虽具有一定的海上航行能力，但不是以海船名义进行登记的，主要航行于江、河、湖、泊上的船舶。

（3）以船舶的使用目的为标准划分成用于商业目的的船舶和非商业目的的船舶。前者通常称为商船，主要包括运输船、海洋开发船和捕鱼船、挖泥船、打捞船和破冰船等。其中运输船又分为客船和货轮，客船是指搭载乘客在12名以上的船舶，货轮按照设备和用途分为杂货船、散装船、冷藏船、固体货船、液体货船、气体货船、集装箱船和滚装船等。非商业性目的的船舶主要

① 参见吴焕宁主编：《海商法学》（第2版），法律出版社1996年版，第23页。

② 参见［韩］柳炳华著：《国际法》，朴国哲、朴存姬译，中国政法大学出版社1997年版，第5页。

指军舰、公务船、体育运动船、文化娱乐船、教学实习船及科学考察船等专用船舶。

（4）以船舶所有人为标准划分成国有船和非国有船。前者是指以国家为所有人的船舶，后者则指以法人或自然人为所有人的船舶。

（5）以船舶动力装置为标准划分成机动船和非机动船。前者是以机械动力为装置的船舶，主要包括蒸汽机、内燃机以及核动力装置的船舶；后者主要指帆船、摇橹船等。

（6）以航行海域为标准划分成近海轮和远洋轮，两者的航行能力不同。如果再按照开航定不定期，则又分为班轮和不定期船。

国际法上过去曾习惯于将船舶区分为公用船舶与民用船舶，区分的根据在于船舶的用途和性质。所谓公用船舶是指提供于政府服务或者从事非商业性业务的船舶，执行国际机构任务的船舶也包括在内。即使是私人所有的船舶，如国家以公共目的使用，也应看做公用船舶，典型的公用船舶是军舰。而民用船舶是指不论其所有权如何，凡用于个人目的或商业目的的船舶即属于此类。这也就是说，即使是国家船舶，如果用于贸易，就是民用船舶。在1958年日内瓦海洋法会议上，前苏联代表反对这种区分，1982年海洋法会议不再区分公用船舶和民用船舶，而是分为商用船舶、商用政府船舶和军舰及其他非商用政府船舶。

可见，不同国家、不同学者对船舶的种类有不同的认识，划分的主客观标准并不统一，在具体实践中，可视情况加以把握和运用。

第二节　船舶国籍的概念与功能

一、船舶国籍的特殊性

船舶国籍是指船舶所有人按照某一国家的船舶登记管理规定进行登记，取得该国签发的船舶国籍证书并悬挂该国国旗航行，从而使船舶隶属于登记国的一种法律上的身份。此即表明该艘船与登记国有了法律上的隶属关系，拥有这一国家的国籍。船舶国籍证书是船舶国籍法律上的证明，船舶悬挂的国旗是该船国籍的外部象征或标志。①

① 参见司玉琢等编著：《海商法详论》，大连海事大学出版社1995年版，第60-61页。

由于船舶作为具有特殊意义的物，通常不把它当做一般客体对待，在法律上往往把它当做具有一定的人格来处理，从而具有了法律主体的一些属性，其中赋予船舶国籍就是如此。但是，也有学者认为法律上的国籍是与人（自然人或法人）联系在一起的，从而怀疑国籍一词能否用于船舶。① 他们主张以"allacation"②、"pusoedo-nationality"③ 或"quasi-nationality"④ 来指称船舶的归属。实际上，这种观点的理论基础并不牢靠，它是建立在"国籍只属于人而不属于物"这一认识基础上的。一旦我们将视野拓宽，注意到确认单纯的"国籍"在法律上是毫无意义的。国籍必须与特定主体联系在一起才有法律意义。因此，有必要区分的是"船舶国籍"与"自然人国籍"这两个不同的概念，而不是去怀疑"国籍"一词是否适用于船舶的问题。正如法国当代著名的国际私法学家亨利·巴蒂福尔和保罗·拉加德所指出的，"已经提到的国籍定义只赋予权利主体国籍，即赋予人国籍。但实在法还将国籍的概念适用于某些动产，这是由于它们本身的价值，加上其固有的活动性，应该将其置于特定国家的权力的监督下。目前，这样的动产有海船、内河航运船舶和飞行器。但是国籍一词在这里几乎很少有相似之处，它所指的关系与人所具有的国籍无任何共同之处，其存在的条件或产生的效果，都完全不相同"⑤。这也就是说，船舶国籍与自然人国籍是两个不同的概念，前者是指船舶归属于特定国家的情形，后者是指人归属于特定国家的情形。船舶国籍所引起的国籍国的权利义务与自然人国籍所引起的国籍国权利义务在内容上完全不同。因为船舶国籍是一种法律上的联系，即船籍国与船舶之间的联系，从而使得船籍国能对船舶行使管辖权及给予保护。从国际法角度看，由于船舶并非法律主体，而是规范对象，因此，船舶国籍不会引起授籍国与船舶之间的权利与义务，它引起船籍国对第三国的权利与义务。不过，在国内法上，船籍国对船舶有各种各样的规范，于是，必然会在国内法上衍生出国籍国对船舶的各种权利与义务。基于这

① 参见李浩培著：《国籍问题的比较研究》，商务印书馆 1979 年版，第 14 页；［法］亨利·巴蒂福尔等著：《国际私法总论》，中国对外翻译出版公司 1989 年版，第 82-83 页。

② 参见 A、Meyers，The Nationality of Ships，New York，1967，pp.29-30，转引自黄异著：《国际法上船舶国籍制度之研究》，台湾文笙书局 1985 年版，第 7 页。

③ 参见 A、Meyers，The Nationality of Ships，New York，1967，pp.29-30，转引自黄异著：《国际法上船舶国籍制度之研究》，台湾文笙书局 1985 年版，第 7 页。

④ D. W. Greig，International Law，London，1970，p.307.

⑤ ［法］亨利·巴蒂福尔、保罗·拉加德著：《国际私法总论》，陈洪武等译，中国对外翻译出版公司 1989 年版，第 82-83 页。

种认识，韩国的国际法学者柳炳华不仅拓宽了“国籍”的概念，即“国籍指自然人、法人及某些财产与一国有特殊关系时，根据国际法原则，该国国内法为行使管辖权赋予的法律关系”①，而且明确主张“可赋予国籍的财产有船舶、航空器和空间物体等”。这些物与自然人一样具有国籍，“也以与特定国家之间的法律联系为基础，受该国保护并受其控制”。”私人船舶由各国国内法规定其国籍取得方式，国际法仍要求国籍国和船舶之间应有一定的客观联系”②。

可见，无论从国际法还是国内法来看，尽管船舶国籍这一概念有其独特性，但它的产生与盛行已是理论与实践不可否认的事实。

二、船舶国籍的存在价值与功用

船舶为什么需要国籍呢？船舶国籍有无存在的必要性和现实性？对于这类问题，霍格（G. Hoog）曾从保障公海自由使用这一角度作了回答。他认为，根据公海自由原则，各国可以自由使用公海。而航行是其他各种使用的基础，没有航行则其他各种使用几乎不可能出现。因此，要想使用公海必须先掌握航行，而要掌握航行则以控制船舶为先决条件。然而，要想控制船舶，其前提条件就是必须能对船舶实施排他管辖和保护。船舶国籍恰好确定某一特定国家（船籍国）可以依法对船舶行使管辖权和进行保护，同时排斥其他国家的干预。③ 虽然霍格基于公海自由原则勉强将国籍观念导入船舶，但总算有学者将视角对准船舶国籍存在的必要性了。沿着这一方向深入下去，我们会更清晰地看到船舶国籍存在的客观必然性。一方面，公海自由原则倡导公海应开放给全人类使用，个人、群体或国家都可利用船舶使用公海，并应不受任何国家干扰和阻碍；另一方面，公海自由原则同时禁止任何国家对公海的排他管辖。这样，公海几乎属于“无管辖的真空地带”。因此，在船舶进入公海后，船舶内部秩序的维持以及公海秩序的维持就相当困难。为了达到有效地维持船舶内部秩序及公海秩序的目的，船舶势必为某个特定国家所管辖，船舶国籍将船舶归属于特定国家（船籍国）来管辖。于是，船舶国籍便应运而生。④ 可以说，船

① ［韩］柳炳华著：《国际法》，朴国哲等译，中国政法大学出版社 1997 年版，第 306 页。

② ［韩］柳炳华著：《国际法》，朴国哲等译，中国政法大学出版社 1997 年版，第 308 页。

③ G. Hoog, Deutsche Flaggenhokeit, Hamburg, 1979, pp.14-15.

④ R. Rienow, The Test of the Nationality of a Merchant Vessels, New York, 1937, p.13.

舶国籍之所以产生并获得广泛地认可，归根结底，就是为了确定船舶管辖的归属，从而有效地维持处于公海中的船舶内部秩序以及公海秩序。① 这一点可从船舶国籍在国内法和国际法上的功能与作用中更清楚地显示出来。

1. 船舶国籍在国内法上的功用

船舶取得了一国的国籍，如同自然人、法人获得该国国籍一样，在该国享受法律规定的权利并承担法定的义务。具体分析，船舶国籍在国内法方面表现出来的功能与作用主要有：

第一，船籍国依法对该船舶及其所有人的合法权利进行保护。当船舶具有某一国的国籍时，首先能在该国领海及内海享有完全的航行权。例如，韩国《船舶法》第 6 条规定，“非韩国船舶不得在不开放港口停泊，或在国内各港口之间运送旅客或货物”。此外，芬兰、法国、西班牙、希腊、厄瓜多尔、墨西哥、秘鲁、土耳其、巴西、印度等国法均规定，“沿海运输限于悬挂本国国旗的船舶”。如果属于渔船、海洋作业平台，则能在该国领海、大陆架以及专属经济区进行捕鱼、勘探及开发。不仅如此，而且以船舶为标的的权利的效力在很大程度上取决于船舶的国籍。例如，船舶抵押权、对抗第三者的效力以及能否优先受偿的顺序，都由船舶取得国籍的先后来决定，而无国籍船舶则不会受到有效保护。毋庸置疑，船舶国籍对船舶及其所有人的合法权益的保护有着重要的作用。

第二，船舶可以依据国籍享受船籍国提供的各种优惠。由于世界各国大多实行航运保护主义，对外轮从事本国沿海运输都作了一定的限制，原则上只允许国轮从事本国沿海运输。此外，船籍国与其他海运国家缔结的双边或多边通商航海条约中所提供的各种优惠也只有取得该船籍国的国籍的船舶才能享受，而且在航运政策、税收优惠和造船差额补贴等方面也享受照顾和奖励。

第三，船舶的国籍是船籍国对该船舶进行监督管理以及保障其海上安全的依据。对船舶在公海上或外国领海、港口发生刑事或民事案件，船籍国可依法行使管辖权并适用船舶国籍国法。

根据我国的有关立法，处于中华人民共和国境内的自然人和法人必须有国籍，不承认无国籍和双重国籍的情形。船舶也是如此。按照我国海商法和 1995 年 1 月 1 日实施的《中华人民共和国船舶登记条例》的规定，船舶也要有国籍。凡属于中华人民共和国国家所有、集体所有或个人所有的船舶，除军

---

① N. Sigh, Maritime Flag and International Law, Leyden, 1978, p.2.

事、公安舰艇外，都应在中华人民共和国的港口进行登记。只有完成登记手续，取得船舶国籍证书，才有权悬挂中华人民共和国国旗在海上航行。在国外取得的船舶，由驻在该国的中国使领馆签发临时船舶国籍证书。未领有中华人民共和国船舶国籍证书或临时船舶国籍证书的船舶，无权悬挂中国国旗航行，但新造船的下水或试航，以及其经港务监督许可的特殊情况不在此限。对非法悬挂中国国旗航行的船舶，应视情节轻重对船长处以罚款，直至没收船舶。从我国的立法与司法实践中可以看到：具有中国国籍的船舶享有沿海和内河航行权、在领海捕鱼和其他事业权、本国税收优惠和在外国根据条约享受最惠国待遇以及我国海军护航权（必要时）、无害通过外国领海权、我国使领馆的保护与帮助等权利。

2. 船舶国籍在国际法上的功用

第一，确定船舶的国际法权利与义务的依据。1958 年的日内瓦《公海公约》和 1982 年的联合国《海洋法公约》对船舶国籍的国际法功用规定得较为明确，任何一个国家，不论是沿海国还是内陆国，都有权在公海上行驶悬挂本国国旗的船舶，该船舶受到船旗国的保护和监督，船旗国的法律以及所缔结的条约适用于该船。船舶除了所有权确实转移或变更需要登记以外，不得在航程中或停泊港口内变更船舶国籍和更换国旗。凡是悬挂两国以上国旗航行的船舶，视方便而换用国旗的船舶，在对任何其他国家关系上，不得声称具有上述任何一国国籍，而应视为无国籍船舶，不能享受国际法的保护。在公海上航行的船舶享有航行自由，只服从船旗国的法律，但军舰在公海上遇到外国船舶，认为其形迹可疑（如海盗、贩毒、贩奴、违章广播等）时享有登临权、紧追权等。

1982 年的联合国《海洋法公约》还规定，悬挂国旗的船舶必须与船旗国有真正联系，船旗国应对悬挂其国旗的船舶有效地行使行政、技术及社会事项的管辖和控制。这就是说，在和平时期，在海洋上航行的船舶只有取得一定国家的国籍并悬挂该国旗帜，才能受到船旗国法律保护，否则就是无国籍船，有海盗和国际公害嫌疑，随时有被搜查和捕获的可能。捕获后作为海盗船处理，任何国家的口岸都可拒绝这种船舶进港。在战时，假如船舶悬挂国旗，标明是敌国船只或中立国船只，则可确定是否被捕获或享受中立国保护。关于船旗国对悬挂其国旗的船舶要有真正的联系并对它实施有效的管辖和监督的规定是针对第二次世界大战后挂方便旗现象而言的。①

---

① 参见吴焕宁主编：《海商法学》（第 2 版），法律出版社 1996 年版，第 28 页。

第二，决定某些法律关系的准据法。从国际私法的角度来看，船舶的国籍是解决有关船舶及航运的海事纠纷的一个重要连接点。海商法中有关船舶所有人责任限制、船舶抵押权的效力等问题，绝大多数国家以船旗国法为准据法；对船舶内部发生的刑事、民事案件，世界各国也大多适用船旗国法。

除此以外，船舶国籍在防止海上欺诈等方面也具有非常重要的作用。

第十四章　船舶国籍的取得

第一节　船舶取得国籍的条件和程序

一、船舶取得国籍的基本原则

船舶应归属于何国并取得国籍，国际法对此没有直接规定。而且，就是有直接作出规定的规范，也是不符合国际法的规范方式。事实上，现行国际法规定的方式为：由各国自行决定将其国籍授予何种船舶以及如何授予。联合国《海洋法公约》第 91 条“船舶的国籍”规定，“每个国家应确定对船舶给予国籍。船舶在其领土内登记及船舶悬挂该国旗帜的权利的条件”。这就是说，各国根据主权自主原则，确定赋予本国船舶国籍的条件。主权原则是船舶取得国籍所应遵循的一项基本原则。在此基础上，各国自行决定授籍的条件及授籍的方式，依据此种条件及方式，船舶取得国籍，即遵循授籍自由原则。

国际法在坚持主权自主原则的基础上允许各国自行拟订授予船舶国籍的条件，就是所谓的授籍自由原则。这是有关船舶国籍的法律制度的理论与实践所共同倡导的。不少学者，诸如 D. W. 格赖克（Greig）①、R. 黎诺（Rienow）②、C. J. 科隆布斯（Colombos）、③ L. 布朗莱（Brownlie）④ 等均主张在船舶国籍，问题上实行授籍自由原则。在司法实践中，也有许多夯实授籍自由原则的案例。常设国际法院在 1950 年处理 Muscat Dhow 一案时明确宣布，“一般来说，

① See Greig, D. W., International Law, London, 1970, p.308.

② See Rienow, R., The Test of the Nationality of a Merchant Vessels, New York, 1937, p.411.

③ See Colombos, C. J., Internationales Seerecht, München, 1963, p.236.

④ See Brownlie, L., Principles of Public International Law, 2nd ed, Oxford, 1973, p. 411.

每个主权者得决定，授校给谁来悬挂其旗帜，以及拟定授权的规范……”① 而美国最高法院沿着这一思路办案，在 1953 年 Lauritzen V. Larsen 一案的判决中指出，“依据国际法，每个国家可自行决定条件，根据此条件，各国将其国籍授予商船……” 除此以外，Martijo Case 和 MaQade V. Compania de Vapores San Antonio 以及 S. A. Arakas V. Bulgaria Case 等案的判决，均对船舶国籍的授籍自由原则进一步予以确认。②

可见，主权原则和授籍自由原则已成为当今国际社会确定船舶国籍最基本的原则，也是解决海商法方面纠纷特别是有关船籍纠纷所必须遵循的准则。

二、船舶取得国籍的条件

有关船舶取得国籍的条件，各国的立法和学说存在较大的差异。由于各国在授予船舶国籍时考虑航运政策和经济利益等不同因素的影响，常常采用特定的立法主义。归纳起来，大致有：船舶所有人国籍主义、船员国籍主义和造船地主义，等等。③ 纵观当今各海运国家给予船舶国籍的条件，其法律法规不外乎以下三种：

1. 船舶的所有权属于本国人（包括自然人和法人）④

当船舶的所有权属于本国一个自然人，很容易确定船舶的国籍，即以此自然人的国籍为准；当船舶的所有权属于多数自然人时，确定船舶的国籍较为复杂，有的国家法律规定必须全体拥有船舶所有权的自然人为本国国籍才将该国国籍赋予船舶，也有国家的法律规定了具有本国国籍的自然人的人数或所持所有权比率应达到特定标准。例如，丹麦 1982 年《商船法》第 1 条规定，“（1）一艘船舶要成为丹麦船舶并且悬挂丹麦国旗，该船的船东必须是丹麦籍的主体。（2）为本法目的，丹麦籍主体指：（a）丹麦臣民，（b）丹麦政府机构及市政机构，（c）经营管理全部由居住在丹麦人所担任的基金会和团体，（d）由丹麦人持有至少 2/3 股份并且经营船东是居住在丹麦的丹麦人的船舶共有

① See Rienow, R., The Test of the Nationality of a Merchant Vessels, New York, 1937, pp.17-18.

② See Boczek, B. A., Flags of Convenience, Cambridge, 1962, p.101.

③ See United Nations, Laws Concerning the Nationality of Ships (ST/LEG/SER. B/5 and Add. 1), New York, 1956.

④ 也有学者主张船舶所有人仅指自然人，从而区分为“船舶所有人国籍主义”与“资本归属主义”两种不同的取得国籍的标准（参见张国键著：《商事法概要》，台湾三民书局 1994 年版，第 48 页）。

人，（e）董事会成员至少2/3为居住在丹麦的丹麦人的股份有限公司及其他有限责任公司，（f）至少有2/3成员是居住在丹麦的丹麦人的其他公司。如果基金会、团体或公司作为船舶共有人之一，或者是（f）段所指公司的成员时，要作为丹麦籍的船东，必须遵守前款各项规定”。可见，决定法人为本国人的标准，通常有两种，即法人依据本国法律设立和法人在本国控制下。后一标准比较复杂，可从三个方面来把握：第一；法人的经营权控制在本国人手里，例如公司的负责人全部或大部分为本国人；第二，本国资本，如公司股东或出资人全部或特定比例以上股东或出资人为本国人；第三，法人的管理中心或营业中心在本国境内。

即使是采用船舶所有人国籍作为船舶取得国籍条件的国家，在具体做法上，各国的立法和实践并不一致。英国、美国、日本、德国、瑞士和罗马尼亚等国坚持船舶所有权应全部属于本国人所有的原则；而法国、意大利、希腊、荷兰以及北欧诸国则主张船舶所有权必须有二分之一以上属于本国人所有。“联合国贸易与发展会议关于船舶登记条件的报告提到46个国家强调公司的股权应有一半由本国公民参与，其中40个国家有9个国家：埃塞俄比亚、伊拉克、海地、加纳、也门、墨西哥、前苏联、前民主德国和中国”①。其实，随着形势的发展，这些国家的要求也在逐步放松，中国就是其中之一（有关我国船舶登记条件的内容，后面将详述之）。

2. 船员为本国公民

根据船员是否为本国公民来决定船舶国籍也是授籍条件之广。不过，世界各国立法对该条件要求的宽严不一，有要求船长与全体海员都应为本国国籍的，也有国家规定船长与特定比率的海员应为本国国籍者，还有国家放宽到船长与其他甲级海员为本国国籍者，更有甚者只要求船长为本国国籍者。

3. 船舶在本国建造

主张船舶必须是在本国境内完成建造的才给予船舶国籍的，过去只有英国坚持这一条件，现已废除。不过，美国《船舶法》第432条还兼采“船舶在本国建造”这一原则，目的是为了保护本国造船业。这在《美国法典》（*U. S. C. A*）第46卷第11条有更为明确的规定，“下列船舶可经依法登记取得美国船舶国籍：（1）在美国建造，并全部属于美国公民所有的船舶；（2）在战争期间被美国公民捕获或因违反美国法律被依法没收的船舶；（3）为美国公民所有，或者为依照美国法律或美国各州法律设立、由美国公民担任董事长

① See N. P. Ready, Ship Registration, LLP Limited, 2nd, 1994, p.4.

或总经理的美国公司所有，而不论在何地建造的，从事美国与外国港口之间的海上运输的船舶”。

现代国际社会，大部分国家主张以船舶为本国人所有作为授予船舶国籍的条件，即各国大多只愿将其国籍授予本国自然人或法人所有的船舶。例如，日本《船舶法》第1条规定，“下列船舶，方可登记取得日本船舶国籍，悬挂日本国旗航行：（1）日本官厅或公署所有的船舶；（2）日本臣民所有的船舶；（3）在日本设有总机构的，全体股东为日本臣民的无限责任公司，或者全体无限责任股东为日本臣民的两合公司，或者公司负责人为日本臣民的有限公司或股份有限公司所有的船舶；（4）第（3）项以外的在日本设有主事务所，其代表人为日本臣民的法人所有的船舶”。韩国《船舶法》第2条也有大致相似的规定，“下列船舶，方可登记取得韩国国籍，悬挂韩国国旗航行：（1）韩国国有或者公有的船舶；（2）韩国国民所有的船舶；（3）根据韩国法律设立，出资的半数以上和理事会表决权的3/5以上为韩国国民拥有的商事法人所有的船舶；（4）第（3）项以外的，在韩国设有主事务所，其代表人为韩国国民的法人所有的船舶”①。在欧洲各国的立法中，瑞典采用船舶所有人国籍主义的立法模式最有代表性。《瑞典海事法典》第1条明文规定，“如果整艘船舶或一艘船舶的大半部分由瑞典国家或某一瑞典公司所有，则该艘船舶被认为是瑞典船舶并有权悬挂瑞典国旗。政府或经政府授权的国家航运管理机关可以授权经营业务受瑞典影响的船舶或者其船东在瑞典有永久居住地的船舶为瑞典船舶，这类船舶有权悬挂瑞典国旗”。“政府就瑞典船舶的船籍问题作出规定并且决定如何遵守这些规定以及禁止有义务进行登记但又无有效船籍的任何船只运营”②。就是同样采用以本国人所有作为船舶授籍条件的国家，仍有少数国家设立了较严格的授籍条件，葡萄牙就是典型的一例。葡萄牙不仅以本国船舶作为授籍条件，而且也以船员为本国国籍者及船舶在本国建造作为授籍条件。③ 此外，英国、巴西、智利、西班牙等国在主张船舶所有权全部属于本国人同时，还要求船员的全部或一部分也必须是本国人。而美国、德国、意大利、荷兰、丹麦、瑞典等国则要求船长等高级船员必须是本国人。法国在主张

① 参见张忠晔主编：《各国和地区海商法比较》，人民交通出版社1994年版，第8页。

② 参见张忠晔主编：《各国和地区海商法比较》，人民交通出版社1994年版，第8页。

③ See Singh, N., Maritime Flag and International Law, Leyden, 1978, pp.17-18.

船舶所有权一部分属于本国人的同时，船员也应有一定数额属于本国人。尽管这些国家在采用混合授籍条件时使船舶国籍的取得比采用单一条件时要困难，但它们使得船舶的归属更为明确、稳定。不过，我们也应看到，当前国际航运界还同样存在方便船旗这种与通行实践相背离的授籍条件，使得船舶国籍的取得条件趋于宽松。例如，利比里亚就采用了方便船旗的授籍条件，不仅未以船舶所有权人为本国人及船员为本国公民作为授籍条件，而且也未以船舶在本国制造作为授籍条件。依利比里亚法律，不论本国自然人或法人的船舶，还是外国自然人或法人的船舶，都可取得这些国家的国籍。① 巴拿马实际上也同利比里亚差不多，主张方便船旗的授籍条件，只是巴拿马法规定，外国自然人或法人要想使其所有的船舶取得巴拿马国籍，该外国自然人必须在巴拿马居住 5 年以上，或者该外国法人的营业中心或管理中心必须设在巴拿马境内。② 方便船籍的授籍条件，完全丧失了作为"条件"的意义。因为，根据此种条件，任何人所有的船舶都可取得权宜船旗国的国籍。方便船旗或船籍现象造成了许多问题，也引起了多方面的非议与抵制。国际运输工人协会（ITF）、联合国贸易与发展会议航运委员会都在尽力减少或杜绝这类现象。

我国明确主张以"船舶所有权属于本国人"作为船舶取得国籍的条件。我国台湾地区实施的"船舶法"第 2 条规定，中国自然人所有的船舶与中国的无限公司、有限公司、两合公司和股份有限公司所有的船舶以及中国政府和法人团体所有的船舶，都可取得中国国籍。可见，台湾地区对船舶取得国籍的条件所采用的是船舶所有人国籍主义兼资本归属主义的立法模式。③ 我国大陆法律有关船舶国籍取得的条件的规定集中在 1994 年 6 月 2 日国务院颁布的《中华人民共和国船舶登记条例》第 3 章中。该章以《中华人民共和国海商法》第 5 条第 1 款"船舶经依法登记取得中华人民共和国国籍，有权悬挂中华人民共和国国旗航行"为依据，强调欲取得中国国籍的船舶必须符合的要件为：在中国境内有住所或主要营业所的中国公民所有的船舶，中国国有企业、集体所有制企业、在中国注册的中外合资和中外合作经营企业所有的船舶④，中国政府公务船舶和事业法人所有的船舶以及港务监

---

① See Liberia Maritime Code of 18 December 1948 as Amended 22 December 1949, Section 2.

② See Panama Commercial Code of 22 August 1916, Art. 1080.

③ 参见张国键著：《商事法概要》，台湾三民书局 1994 年版，第 249 页。

④ 《中华人民共和国船舶登记条例》第 2 条第 2 款允许中外合资成立船舶公司，但中方出资额必须达到 50%。

督机构认为应该在我国登记的船舶。此外，经中华人民共和国交通部特准的其他船舶，也可以取得中国国籍并悬挂中国国旗航行。悬挂中国国旗航行的船舶的船员，由中国公民充任，如有特殊情况需要外国公民充任时，须经交通部批准。

三、船舶取得国籍的方式和程序

各国法律对船舶取得国籍条件的规定，只是解决了船舶依据什么条件取得国籍的问题。而船舶究竟应如何取得国籍，就属于船舶取得国籍的程序和方式所要解决的问题。从当今国际社会有关船舶取得国籍的方式与程序的立法与司法实践可以看到，依据法定条件，船舶取得国籍的方式不外乎两种：即船舶自动取得国籍与采取特别程序授予国籍。所谓船舶自动取得国籍的方式，就是在有关法律列举了船舶取得国籍的条件时，一旦条件成立，船舶国籍便立即产生。依据这种方式，船舶取得国籍不必办理特殊手续，也就是说，只有实质要件的约束而没有形式要件的约束。这种方式容易造成无国籍船和多国籍船现象，现实中并无多少国家采用。通行的做法是采取特别程序授予船舶国籍的方式，要求船舶在取得国籍时，不仅要遵循相关的实质条件，而且必须符合法定的形式要件。这也就是说，当船舶符合法律规定的申请取得船舶国籍的条件时，主管机关基于申请并按特定手续授予船舶的国籍，即船舶国籍的发生需要基于特定的程序。在具体实践中，各海运国家授予船舶国籍的特别程序集中表现为登记制度。①

船舶登记（Ship Registry），是指船舶所有人向经国家授权的船舶登记机关提出申请，并提交相应的文件，经登记机关审查符合法定条件的，依法予以登记的法律行为。船舶登记是船舶取得国籍确认航行权的必要程序，同时也是确定船籍港，建立港航行政上的管辖关系，使船舶在法律上能够享受权利和承担义务的重要手续。正如 P. D. 卡尼拉（Carnilla）和 M. P. T. 德扎尔（Drzal）在评论美国 1980 年的《船舶登记法令》（Vessel Documentation Act）时所指出的，“船舶登记是一种国内法登记形式，不仅确定船舶的国籍，而且使船舶获得航行的资格，同时也可使船舶成为具有优先请求权与抵押权的主体”②。实际上，世界各海运国家都有一套船舶登记与公告制度，在登记机关、登记项目

① See United Nations, Laws Concerning the Nationality of Ships, New York, 1956.

② See M. P. Drjal, P. D. Carnills, "Documentation of Vessels: The Fog Lifts," Journal of Maritime Law and Commerce, Vol.13, No.3 (1982), p.261.

和登记程序等方面存在较大差异。登记行为通常为国内法行为，它在国内法上的效用既有公法方面的，也有私法方面的。在公法方面主要表现为经过依法登记的船舶才可取得国籍及悬挂该国国旗航行的权利，例如，丹麦 1982 年的《商船法》第 2 条规定，“丹麦船舶必须登记并且根据具体规定取得国籍证书”；《中华人民共和国海商法》第 5 条第 1 款规定，“船舶经依法登记取得中华人民共和国国籍，有权悬挂中华人民共和国国旗航行”。在私法方面集中表现为使船舶的物权性得以确认，诸如船舶所有权非经登记不能对抗第三人，我国台湾地区实施的《海商法》第 9 条就有此类规定，“船舶所有权之转移，非经登记，不得对抗第三人”。我国大陆地区实施的《中华人民共和国海商法》也有大体类似的规定，该法第 9 条第 1 款规定，“船舶所有权的取得、转让和消灭，应当向船舶登记机关登记；未经登记的，不得对抗第三人”。第 10 条进一步规定，“船舶由两个以上的法人或者个人共有的，应当向船舶登记机关登记；未经登记的，不得对抗第三人”。第 13 条第 1 款则规定，“设定船舶抵押权，由抵押权人和抵押人共同向船舶登记机关办理抵押权登记；未经登记的，不得对抗第三人”。不论登记有何效用，但它作为那些采用特别程序授籍方式的国家依法赋予船舶国籍的途径则是公认的。

不过，登记并非国内法上唯一的授予船舶国籍的方式或途径。有学者认为，除登记以外，还有临时国籍授予行为。① 所谓临时国籍授予行为，大多由驻外大使馆、领事馆或其他特定机关对符合法定条件的船舶进行核准，颁发临时船舶国籍证书。通过临时国籍授予方式而获得的国籍，称之船舶的临时国籍，其作用是便于国外建造的船舶驶回本国或便于在本国承造的船舶驶往国外交付，或者为未登记的船舶的临时航行权提供保障。此外，有些国家的法律还对船舶分门别类采用不同的授籍方式，对一些船舶的国籍的取得采用登记，而对另一些船舶则采用注册等方式授予国籍。② 尽管如此，大部分国际法学者还是主张应以登记作为船舶取得国籍的唯一途径，N. 舒尔特（Schulte）③、A. 费德罗斯（Verdross）④、B. 希马（Simma）⑤、I. 赛德尔·霍恩维尔德恩

① See A. Meyers, The Nationality of Ships, New York, 1967, pp.167-171.

② 参见黄异著：《国际法上船舶国籍制度之研究》，台湾文笙书局 1958 年版，第 37 页。

③ Siehe auch H. Schulte, Die “billigen Flaggen” im völkerrecht, Frankfurt/M. 1962, pp.26-27.

④ Siehe auch A. Verdross, Völkerrecht, 5. Aufl, Wien, 1959, p.318.

⑤ Siehe auch B. Simma, A. Verdross, Universelles Völkerrecht, Berlin, 1976, p.583.

(Seidl-Hohenveldern)①、D. W. 格赖克（Greig)②、A. W.（安德森）（Anderson)③、N. 辛格（Singh)④、I. 布朗莱（Brownlie)⑤、L. 库恩茨（Kunz)⑥等均持相同的主张。不仅如此，而且国际社会现行的与船舶国籍问题有关的公约也倡导以登记作为授予船舶国籍的程序。例如，1958 年日内瓦第一次海洋法会议通过的《公海公约》第 5 条第 1 款就规定，“国家与船舶之间必须有真实联系，国家尤其需要对悬挂其国旗的船舶在行政、技术和社会事务方面进行有效的管辖和管制”。1982 年联合国《海洋法公约》第 94 条第 2 款则规定，“每个国家特别应：(a) 保持一本船舶登记册，载列悬挂该国旗帜的船舶名称和详细情况……” 此外，1966 年的《国际船舶载重线公约》（*International Convention on Load Lines*）、1974 年的《国际海上人命安全公约》（*International Convention for the Safety of Life at Sea*）、1958 年的《关于在外国登记的船舶上的海员服务协议的建议》（*Recommendation Concerning the Engagement on Seafarers for Service in Vessels Registered in a Foreign Country*）、1926 年的《海员协议条款公约》（*Convention Concerning Seamen's Articles of Agreement*）、1984 年的联合国《船舶登记条件公约》（*Convention Concerning the Condition of Ship Registry*），等等，都有大致类似的要求。可以说，登记方式已被许多国家采用作为授予船舶国籍的制度。不过，登记制度至今仍只是“相同的国家实践”（parallel state practice)⑦，尚未成为国际习惯法规则。虽然 1958 年日内瓦《公海公约》在前言中明确宣布该公约的规定为习惯法的法典化，但是，其有关船舶取得国籍的登记程序的规定则理应属于创设性规定。同样，其他国际公约引入登记制度作为确定船舶国籍的方式，主要是基于一般海运国家大多以登记方式作为授予船舶国籍的必经程序。事实上，国际公约引入登记制度，并不是基于习惯法已

---

① Siehe auch I. Seidl-Hohenveldern, Völkerrecht, Köln, Berlin, 1969, p.212.

② See D. W. Greig, International Law, London, 1970, p.308.

③ See A. W. Anderson, “Jurisdiction over Stateless Vessels on the High Seas: An Appraisal under Domestic and International Law”, Journal of Maritime Law and Commerce, Vol.13, No.3 (1982), p.335.

④ See Singh, N. Maritime Flag and International Law, Leyden, 1978, p.22.

⑤ See I. Brownlie, Principles of Public International law, 2nd, ed., Dxford, 1973, p. 41.

⑥ See L. Kunz, “The Nottebohm Judgement”, The American Journal of International Law, Vol.54 (1960), p.568.

⑦ See A. Meyers, The Nationality of Ships, New York, 1967, p.129.

确定其为授予船舶国籍的方式。而且，1982 年的联合国《海洋法公约》第 94 条第 2 款还规定，“体积过小而不在一般接受的国际规章规定范围内的船舶”可以不必经过登记而取得国籍。因此，船舶还可通过注册或证明等方式获得国籍。不过，无论怎样，通过登记取得国籍仍是采用特别程序授予船舶国籍的必经途径，不同的是各国对船舶国籍登记的法定性和强制性的要求在程度上有所区别。

英国曾在 17 世纪的立法中将船舶的登记程序视为强制性措施，如英国 1660 年的《航海法》（*Navigation Act*）和 1894 年的《商船法》（*Merchant Shipping Act*）就有此类规定。这种状况，直到英国 1989 年的《商船法》实施以后才有所改变。英国现行的 1993 年《船舶登记法》和《船舶登记规则》对船舶登记实行的是非强制性登记。① 从世界各海运国家的规定来看，船舶要取得国籍，必须按一定国家的船舶登记章程进行登记。只有经过依法登记这一程序，船舶才可以取得相应的国籍证书并悬挂国旗航行。正如前面所分析的，各国对船舶国籍登记的法定条件的规定存在着相当大的差异。这种差异首先表现在对以下两个方面的限制：一是船舶所有人的国籍或本国资本所占的比例；二是使用船员的国籍。国际上根据各国对这两方面限制的宽严程度不同而区分为“开放登记”（Open Registry）与“正常登记”（Normal Registry）。采用“开放登记”做法的国家一般对申请登记的船舶所有人的国籍或本国资本所占的比例、使用船员的国籍等不作任何限制。而采取“正常登记”制度的国家则有一定的限制，区分为“严格限制”和“一般限制”。具体而言，“严格限制”一般要求本国资本需占 50%以上、本国船员需占 50%，船舶所有人的主要营业中心应设在本国、大多数管理人员须为本国人。此外，各国对此种登记还作了其他一些要求，诸如所提交的船舶技术证书。一般来说，“开放登记”国家要求较低，航运发达国家的要求较高。这也正是一些发达国家的船舶或资本纷纷涌向“开放登记国”进行船舶登记，以逃避本国的“高标准”、“高税收”，使船舶的方便国籍或方便船旗愈演愈烈的原因之一。而“一般限制”则是相对于“严格限制”而言的，各方面的要求和标准没有那么严格。

我国对船舶国籍的登记采取“严格限制”的模式。② 根据我国《海商法》

① 沈木珠：《海商法比较研究》，中国政法大学出版社 1998 年版，第 29 页。

② 有学者认为我国台湾地区的“船舶法”第 2 条有采“船舶自动取得国籍”方式的嫌疑。但甘其绶等人则结合台湾地区实施的“船舶登记法”第 12 条和第 14 条的规定指出，船舶欲在台湾地区取得我国国籍必须完成下列程序：船舶所有人应向船籍港主管航政官署为所有权登记，航政主管官署登记后，应将登记事项转呈交通部，由交通部发给国籍证书（参见甘其绶著《海商法论》，台湾 1963 年自版，第 38 页）。

第 5 条规定，船舶只有依法经过国籍登记才能取得我国国籍，才有权悬挂我国国旗航行。《船舶登记条例》第 3 条也规定，船舶经依法登记，取得中华人民共和国国籍，方可悬挂中华人民共和国国旗航行；未经登记的，不得悬挂中华人民共和国国旗航行。船舶所有人要使其船舶悬挂我国国旗航行，必须向船舶登记机关申请船舶国籍登记，取得我国船舶国籍证书。我国有关法律明确规定，只有中国人（包括自然人和法人）的船舶才能依法登记取得中国国籍，如系中外合资企业，中方投资人的出资额不得低于 50%。而且，我国法律还要求中国籍船舶上的船员必须全由中国公民担任。我国《海商法》和《船舶登记条例》关于船舶国籍登记的规定也适用于以光船条件租进的外国船舶。我国航运单位以光船租进外轮时，应当申请船舶临时国籍登记，只要符合《船舶登记条例》关于光船租赁登记的条件，由登记机关发给船舶临时国籍证书，获得悬挂我国国旗航行权；当租赁期届满，船舶就丧失中华人民共和国国籍，无权再悬挂我国国旗航行。当然，我国船舶以光船条件出租给外国航商时，其所有人也应当申请在光船租赁期间中止我国国籍的登记，并将国籍证书送登记机关封存，由登记机关发给证明书，船舶即停止悬挂我国国旗航行，由承租人按其所在国法律申请悬挂该国旗帜；当租赁期届满，该船舶可再经过申请登记而悬挂我国国旗航行。具体来说，已取得船舶所有权证书，正在申领船舶所有权证书以及临时船舶国籍登记程序和手续并不一致，根据我国《海商法》和《船舶登记条例》的规定，可以细分如下：

（1）已取得船舶所有权证书的船舶国籍登记。根据《船舶登记条例》第 15 条规定，对航行国际航线的船舶，船舶所有人申请船舶国籍，除应当交验依照本条例取得的船舶所有权登记证书外，还应当根据船舶的种类交验法定的船舶检验机构签发的下列有效船舶技术证书：①国际吨位文号证书；②国际船舶载重线证书；③货船构造安全证书；④货船设备安全证书；⑤乘客定额证书；⑥客船安全证书；⑦货船无线电报安全证书；⑧国际防止油污证书；⑨船舶航行安全证书；⑩其他有关技术证书。另外，依据禁止多重国籍船的原则，从境外购买具有外国国籍的船舶，船舶所有人在申请船舶国籍时，除了提交上述证书外，还应当提供原船籍港船舶登记机关出具的注销原国籍的证明书或者将于重新登记时立即注销原国籍的证明书。对经审查符合规定的船舶，船籍港船舶登记机关予以核准并发给船舶国籍证书。

（2）正在申领船舶所有权证书的船舶国籍登记。根据《船舶登记条例》第 16 条规定，依照本条例关于船舶所有权登记有关规定申请登记的船舶，经核准后，船舶登记机关发给船舶国籍证书。也就是说，船舶所有人在申请船舶所有权登记的同时申请船舶国籍登记，船舶登记机关经审核对符合条件的船舶，在颁发船舶所有权证书的同时，发给船舶所有人船舶国籍证书。

(3) 临时船舶国籍登记。有些船舶在国际海上航行时，需要临时悬挂我国国旗，此时就应办理临时国籍登记。临时船舶国籍证书和船舶国籍证书具有同等法律效力，取得临时船舶国籍证书后，船舶即有权临时悬挂我国国旗在海上航行。《船舶登记条例》第 17 条对此分别情况作了如下规定：

①从境外购买新造的船舶，船舶所有人应当持船舶所有权取得的证明文件和有效船舶技术证书，到中华人民共和国驻外大使馆、领事馆申请办理临时船舶国籍证书。

②向境外出售新造的船舶，船舶所有人应当持船舶所有权取得的证明文件和有效船舶技术证书，到建造地船舶登记机关申请办理临时船舶国籍证书。

③在境外建造船舶，船舶所有人应当持船舶建造合同和交接文件以及有效船舶技术证书，到中华人民共和国驻外大使馆、领事馆申请办理临时船舶国籍证书。

④以光船条件从境外租进船舶，光船承租人应当持光船租赁合同和原船籍港船舶登记机关出具的中止或者注销原国籍的证明书，或者将于重新登记时立即中止或者注销原国籍的证明书到船舶登记机关申请办理临时船舶国籍证明书。

对上述情况经审查符合本条例规定的船舶，船舶登记机关或者我国驻外大使馆、领事馆予以核准并发给临时船舶国籍证书。

根据《船舶登记条例》有关规定，通过买卖、建造、赠与、继承等方式取得的船舶，在进行船舶所有权登记时，经核准后，船舶登记机关发给的船舶国籍证书的有效期为 5 年；办理临时船舶国籍登记的，临时船舶国籍证书的有效期一般不超过 1 年；以光船租赁条件从境外租进的临时船舶国籍证书的期限可以根据租期确定，但是最长不得超过 2 年。

船舶国籍证书应按下列规定换发或补发：(1) 在船舶国籍证书有效期届满前 1 年内，船舶所有人应当持船舶国籍证书和有效船舶技术证书，到船籍港船舶登记机关办理证书换发手续；(2) 光船租赁合同期限超过 2 年的，承租人应当在证书有效期内，到船籍港船舶登记机关申请换发临时船舶国籍证书；(3) 船舶国籍证书污损不能使用的，持证人向船籍港船舶登记机关申请换发；(4) 船舶国籍证书遗失的，持证人应当书面叙明理由，附具有关证明文件，向船籍港登记机关申请补发，船舶登记机关应当在当地报纸上公告声明原证书作废；(5) 船舶所有人在境外发现船舶国籍证书遗失或污损时，应当向我国驻外大使馆、领事馆申请办理，但是必须在抵达本国第一个港口后及时向船籍港船舶登记机关申请换发。

不按规定取得船舶国籍证书、悬挂国旗在海上航行是非法行为，应受到法律制裁。《海商法》第5条第2款规定，船舶非法悬挂中华人民共和国国旗航行的，由有关机关予以制止，处以罚款。《船舶登记条件》在法律责任一章中对这种非法行为分别情况规定了处罚措施：

（1）对假冒国籍的处罚。第49条规定，假冒中华人民共和国国籍，悬挂中华人民共和国国旗航行的，由船舶登记机关依法没收该船舶。中国籍船舶假冒外国国籍，悬挂外国国旗航行的，同样由船舶登记机关依法没收该船舶。

（2）对双重国籍的处罚。第50条规定，隐瞒在境内或境外的登记事实，造成双重国籍的，由船籍港船舶登记机关吊销其船舶国籍证书，视情节处以下列罚款：①500总吨以下的船舶，处2000元以上10000元以下的罚款；②501总吨以上10000总吨以下的船舶，处以10000元以上50000元以下的罚款；③10001总吨以上的船舶，处以50000元以上200000元以下的罚款。

（3）对弄虚作假的处罚。根据第51条规定，船舶所有人在办理船舶国籍登记时，违反本条例的有关规定，有下列情形之一的，船籍港船舶登记机关可以视情节给予警告、根据船舶吨位处以上述（2）项规定的罚款数额的50%直至没收船舶登记证书：①在办理登记手续时隐瞒真实情况、弄虚作假的；②隐瞒登记事实、造成重复登记的；③伪造、涂改船舶登记证书的。

（4）对使用过期国籍证书的处罚。根据第52条规定，使用过期的船舶国籍证书或临时船舶国籍证书的，由船舶登记机关责令其补办有关登记手续；情节严重的，可以根据船舶吨位处以上述（2）项规定的罚款数额的10%。

四、船舶国籍的证明方式和目的

船舶是否依法定条件和程序取得了某国的国籍，通常由授籍国进行实质审查和把握，其他国家则只对航行于公海或进入其领海的船舶国籍进行形式上的查证，不可能也不必每次通过实质审查来确定船舶国籍。从目前的理论和实践来看，船舶国籍的证明方式或外在标志为：船舶国籍证书和悬挂的国旗。这也是1958年的《公海公约》第5条第2款和1982年的《联合国海洋法公约》第91条第2款所明确要求的。

1. 船舶国籍证书

所谓船舶国籍证书，是指用来证明船舶国籍的各种有效法律文件。国际法明确要求授籍国针对其所授船舶国籍签发船舶国籍证书，并要求将其置于船上。[①] 例如，联合国《海洋法公约》第91条第2款明确规定，“每个国家应向其给予悬挂该国旗帜权利的船舶颁发给予该权利的文件”。至于船舶国籍证书的形式、种类和数量，国际公约或条约未做统一规定，而是由各国自行决定。因此，实践中所出现的船舶国籍证书则多种多样，如哥伦比亚采用登记证书（Certificate of Registration），[②] 哥斯达黎加采用国籍证书（Certificate of Nationality），[③] 葡萄牙采用船舶所有人登记证书（Certificate of Registration of Ownership）、船船证书（Ships Certificate）和海员登记册（Crew List），[④] 英国则采用登记证书、船员名册、海员记事簿、载货证券和运送契约等。[⑤] 我国台湾地区的《船舶法》和大陆实施的全国性船舶登记条例都以船舶国籍证书作为船舶国籍的证明文件。

由于船舶国籍证书的主要作用在于证明船舶已取得了国籍，因此，无论从文字还是形式上都要求能充分显示出船舶的国籍。1958年的《公海公约》第5条第2款明确要求船籍国所签发的文件应能揭示出“船籍国已将国籍授予有关船舶”的情形。因此，船舶国籍证书应包括的内容为：船舶特征，诸如船名、船型、吨位和船籍港等；船舶所有人、船舶国籍取得的原因和取得的方式。

对于船舶国籍证书的效力问题，R. 黎诺（Rienow）主张具有显而易见的绝对性证明力，即对于船舶国籍授予国颁发的船舶国籍证书，其他国家应依该有效证书所显示的国籍而予以承认，不得对船舶国籍提出相反主张或置疑。[⑥] 黎诺的这种看法并不完全正确，他忽视了船舶国籍证书的性质，而仅仅是就效力而论效力。因为，船舶国籍证书既然是一种证明文件，那么，它所包含的内容和项目就难免存在瑕疵，即与事实不相符合的情形。实际上，船舶国籍证书

① Siehe auch F. Berber, Lehrbuch des Völkerrechts, Bd, 1, München, Berlin, 1960, p.324.

② Colombia Legislative Decree No.3183 (1952), Art. 45.

③ Costa Rica Act No.12 of 21 October 1941 Governing the Operation of National Ships, Art. 7.

④ Portugal Decree No.15, 360 of 9 April 1928, Art. 20; Shipping Act of 8 July 1863, Art. 10.

⑤ C. J. Colombos, “Territorial Waters”, The Grotius Society, Vol.9 (1923), p.241.

⑥ R. Rienow, The Test of the Nationality of a Merchant Vessels, New York, 1937, pp. 187-188.

只是“初步证据”（Primafacie Evidence），① 一旦有相反的事实证明船舶国籍与船舶国籍证书不相符合或根本不存在这种国籍，即船舶国籍授予国对其所授国籍宣告无效或撤销、船舶根本未取得任何国籍以及船舶丧失了国籍。那么，其他国家可以拒绝船舶国籍证书所表明的国籍，而认可船舶真实国籍或将有关船舶视为无国籍船。而对于船舶国籍证书效力的实质审查也属于授籍国的“内国保留权”（Domain Reserve），其他国家不得干预。其他国家不应依授籍国国内法规定来审查船舶国籍国所签发的船舶国籍证书是否有瑕疵，而只能在国际法领域中就授籍国所签发的船舶国籍证书进行形式审查，考察船舶国籍证书所反映的国籍是否与事实相符合。在现代国际社会，通说主张对船舶上未备置有效的船舶国籍证书的船舶视为无国籍船，不论其悬挂的国旗是否有效。② 不过，也有部分国家的学者反对这种做法，坚持以船旗来认定其所属国籍，不得一概将未备有船舶国籍证书的船舶视为无国籍船。③

2. 船舶所悬挂的国旗

船旗也是船舶的外部表征之一，可表明船舶所属的国籍。船旗的形式由授籍国自行决定，可与国旗相同，也可区别开来。大部分海商法学者认为，船舶所悬挂的国旗对船舶国籍也只是初步证据，不可作为绝对有效的证明。④ 许多国家的实践也从不同程度上印证了这种理论。例如，美国在第一次世界大战期间，曾强制征用荷兰籍船舶，并予以悬挂美国旗帜；德国法律允许非德国人所有的船舶悬挂德国旗帜。船舶旗帜相对于船舶国籍证书而言，前者对船舶国籍的证明效力要低，一旦两者所显示的国籍不同，一般应以后者所显示的国籍为准。

从 19 世纪开始，为了防止船舶滥悬国旗现象，国际社会形成了国际法中的船旗鉴定权（Verification of Flag/Right of Approach）、临检权（Right of Visit）和搜查权（Right of Search）。⑤ 这也是 1958 年《公海公约》第 22 条和 1982 年

① A. Meyers, The Nationality of Ships, New York, 1967, pp.189-191.

② R. Rienow, The Test of the Nationality of a Merchant Vessels, New York, 1937, pp. 175-176.

③ 参见黄异著：《国际法上船舶国籍制度之研究》，台湾文笙书局 1985 年版，第 46 页。

④ Siehe auch W. Kilian, Neue Tedenzen Zur Einegung der Meerefreiheit, Bonner Dissertation, 1965, p.16.

⑤ Siehe auch W. Kilian, Neue Tedenzen Zur Einegung der Meerefreiheit, Bonner Dissertation, 1965, p.16.

联合国《海洋法公约》第 110 条所明确规定的。当缔约国怀疑未悬挂旗帜的船舶具有其国籍时，可要求该船展示其旗帜，即行使所谓的船旗鉴定权。如果出示旗帜后仍不能消除有关疑窦，则可依临检权登船检查船舶有关证书，甚至还可以进一步检查。同样，对于怀疑为无国籍船或具有某缔约国的国籍却悬挂他国国旗的，该缔约国可对船舶进行船旗鉴定、临检乃至搜查。

五、船舶国籍的承认制度

船舶按照某国国内法的授予船舶国籍的条件和程序取得的国籍，是否能被其他国家接受或承认，完全取决于所取得的该国籍是否符合国际社会有关船舶国籍的习惯法或国际公约的要件。[①] 如果国际法对于船舶国籍取得的条件与程序有严格要求或作了原则性规定，那么，依据一国国内法取得的船舶国籍，必须符合此项国际法规定，才能成为国际法上的船舶国籍。如果国际法未对船舶国籍取得条件或程序作任何要求与规定，而是由各国国内法自行决定，那么，依据一国国内法取得的船舶国籍，便可立即成为国际法上的船舶国籍。因此，依一国国内法取得的船舶国籍，只要不违反国际社会禁止多重国籍船舶等禁止性规定，便可成为国际社会认可的船舶国籍，势必为其他国家所承认和接受。

其他国家在接受或承认依某国国内法取得的船舶国籍时，是否应进行实质审查呢？对这一点，不同国家的态度和做法存在较大的差异。有的国家主张，对依据一国国内法所取得的船舶国籍是否符合国际法的要求，可由接受或承认国进行实质审查，并根据审查结果决定是否予以承认。也有国家主张只能进行形式审查，不得进行实质审查。为此，部分学者指出，接受或承认国不可依据授予船舶国籍的该国国内法的规定再审查有关船舶的国籍取得的合法性。因为，授予船舶国籍是授予国的主权行为，属于各国的排他管辖范围，亦即“内国保留”（Domain Reserve）。任何国家不得干涉他国的主权与涉入他国的“内国保留”。这一原则在国际法院对列支敦士登诉危地马拉的诺特波姆案（Nottebohm Case）的判决中得到了完整的体现。负责审理该案的法官 Klaestaed 明确地指出，“如果一个国家原则上对依据自己的立法来规范（船舶）国籍问题有排他的管辖权，不受任何其他国家的干涉，那么，对于该国有关立法的解释与适用需要受到他国的公开审查或争议的做法，实在难以理解

---

① Siehe auch G. Jaenicke, “Zur Frage des internationalen ordre public”, in Berichte der Deutschen Gesellschaft für Völkerrecht, Heft 7, Karlsruhe, 1967, p.84.

其理由何在”①。

可见，其他国家既不能在授予船舶国籍的该国国内法范畴内依据授籍国国内法审查船舶国籍的取得是否具有合法性，也不能依据接受国或承认国的法律进行实质或形式上的审查，而只能在国际法方面就已取得国籍进行审查有无违反国际社会的禁止性要求，然后决定是否予以承认。因此，即使船舶国籍的取得在授籍国的国内法方面有瑕疵，但只要已授予了国籍，且不违反国际法的禁止性条款，那么，其他国家对该船舶所取得的国籍就应予以承认。只有当授籍国自己发现授予船舶国籍存在瑕疵并依法予以撤销或宣告无效时，其他国家便可不再承认有关船舶的国籍。因为，国际社会存在的船舶国籍，是以国内法上有效存在的船舶国籍为前提条件的，一旦国内法上的国籍已确认为可撤销或无效，那么，肯定就不会再存在国际法意义上的船舶国籍。

第二节　方便船籍与船舶国籍积极冲突的解决办法

一、方便船籍的产生原因与发展趋势

1. 方便船籍的内涵

方便船籍，又称方便船旗（Flag of Convenience），是指船舶与船旗国并没有真正的联系，船舶所有权既非该国公民所有，船上的船员也不一定为该国公民，船舶更非在授籍国制造。简言之，就是船舶所有人为了逃避本国在登记条件和程序、税费方面、船员及船舶管理方面的严格限制乃至航运方面的管制，为船舶选择一个有利的国家的国籍并悬挂该国旗帜。② 由于船舶国籍为船舶所有人的国籍国，则船籍国便于对船舶进行有效管理。否则，船籍国则难以对船舶进行有效管理，有可能滋生许多难题。对此，国际社会早就注意到了，欧洲经济合作组织（Organization for European Economic Cooperation，OEEC）在1954年的报告中最先使用了“方便船旗”（Flags of Convenience）这一概念，随后逐渐为各国以及国际组织所认可。③ 尽管有关这一概念的含义尚未完全统

① International Court of Justice，Reports 1955，p.280.

② K. Grundey，Flags of Convenience in 1978，Polytechnis of Central London，1983，pp.2-3；C. Hill，Maritime Law，1982，p.8；B. N. Mextaxas，“Flag of Convenience”，Marine Policy，1981，p.58.

③ B. A. Boczek，Flags of Convenience，Cambridge，1962，p.5.

一，但认同和使用者日趋增加，[1] 甚至还出现了“准方便船籍”和“准方便船旗”（Quasi-Flag of Convenience）等概念。

显而易见，有的国家或地区也采用了类似于授予船舶方便船籍的做法，但都很难将其归入“方便船籍”授予国或地区的范畴。然而，它们在受到方便船籍或方便船旗的刺激和诱惑后，事实上吸收了部分方便船籍或方便船旗授予国对船舶登记和管制的简便程序和手续，企图借此来维持和扩大其航运业。这类国家或地区有：巴哈马、百慕大群岛、香港地区、荷属安的列斯群岛，等等。[2] 目前，国际航运界反对方便船籍和准方便船籍的呼声越来越强烈。

2. 方便船籍的产生与发展

方便船籍或方便船旗现象的出现，最早可以追溯到16世纪，到18世纪已较为常见。[3] 远在16世纪，英国人拥有的船舶就经常悬挂西班牙国旗，以便与西印度群岛从事贸易；17世纪时，英国渔船为了便于在纽芬兰水域捕鱼而悬挂法国国旗；18世纪时，地中海的热那亚（Genova）的船舶为了在地中海东部开展贸易活动，也经常悬挂法国国旗，后因法国增加税收而改悬奥地利国旗。与此同时，希腊船舶则乐于悬挂土耳其和马耳他旗帜航行，甚至还根据基尔斯克—凯纳尔奇条约（Kioutsouk-Kainarzi）悬挂俄国国旗。19世纪时，英国拖网渔船为规避英国法在莫拉湾（Moray Firth）进行渔捞作业而经常悬挪挪威国旗。不仅如此，而且当时的一些交战国国民所有的船舶，为了逃避敌对国的侵犯和追捕，也经常取得中立的第三国的国籍。

在第一次世界大战以前，就有许多欧洲国家的船舶所有人将其船舶在第三国登记，以取得第三国的国籍。他们的做法不外乎先在第三国设立公司，然后将船舶所有权转移给公司，由该公司为船舶办理登记，取得其所需要的第三国国籍。进入20世纪20年代和30年代，由于营运成本偏高及诸多的限制，迫使美国航运业经营者在美国境外寻找适当的地区办理船舶的国籍登记。当时的最佳选择便是巴拿马和洪都拉斯，许多美国人将其拥有的船舶想方设法取得巴拿马或洪都拉斯国籍。尽管美国政府曾采取措施企图扭转这种局面，但效果不佳。这种状况在美国加入第二次世界大战以前愈演愈烈。因为，根据美国国内中立法的规定，美国船舶无法运载交战国货物，更无法前往欧洲战区。于是，美国航运业经营者为大发“战争财”，纷纷将船舶转向巴拿马进行登记，以逃

[1] 参见陈敏生著：《海运经营》，台湾1981年自版，第27页。

[2] B. N. Metaxas, “Flag of Convenience”, Marine policy, 1981, p.58.

[3] B. N. Metaxas, “Flag of Convenience”, Marine policy, 1981, p.58.

避美国中立法的制约。在第二次世界大战中，交战国的船舶也像美国船东一样在巴拿马登记国籍，企图逃避敌对国的追捕和侵犯，进一步助长了方便船籍或方便船旗。①

方便船籍现象在20世纪20年代的美国开始泛滥起，第二次世界大战后在世界其他国家也普遍流行。第二次世界大战之后，美国人所有的船舶不仅在巴拿马登记国籍，而且也有不少在利比里亚和洪都拉斯登记国籍。② 之所以导致美国人所有的船舶在战后仍大量去登记外国国籍的原因，最主要的是在美国登记会增加营运成本。首先，美国法要求美国国籍船舶的全体高级船员和75%以上的普通船员必须是美国公民，而美国船员的工资标准居世界各国之首。其次，美国法规定美国籍船舶必须在美国境内修理，而美国的修理费较高。如果美国籍船舶在美国境外修理，则应向美国的有关机构缴纳相当于修理费10%的税金。再次，美国的船舶检验制度趋于严格，要求船舶定期接受检验，检验标准高。为应付检查，显然要支付较高的费用以维持船舶达标。因此，美国的船舶所有人为减少营运成本，纷纷将船舶转移到国外登记船舶国籍。加之美国政府基于国防上的考虑，也不反对美国人将其所有的船舶登记巴拿马或利比里亚国籍。美国1936年的《海商法》（*Merchant Marine Act*）授权美国商务部部长在国家需要时征用或征购美国人所有的船舶。为此，美国政府与巴拿马和利比里亚政府分别达成“非正式协议”，同意美国征用或征购在这两国登记的美国人所有的船舶。这种做法在一定程度上助长了方便船籍的发展。③

希腊在第二次世界大战后的政局欠稳定，使得航运业经营者忧心忡忡，担心政府的国有化政策涉及其船舶。加上希腊对船舶征收重税和施行的航运法较严格，大部分希腊航运业经营者便将其营业中心迁移到世界航运中心巴黎、纽约和伦敦等地，同时在巴拿马、利比里亚、洪都拉斯等国为船舶登记国籍。从某种程度上说，巴拿马、利比里亚和洪都拉斯是最早的方便船籍授予国，随后又有哥斯达黎加、黎巴嫩、塞浦路斯、乌拉圭、索马里和新加坡等国加盟，使队伍不断壮大。④

① B. A. Boczek, Flags of Convenience, Cambridge, 1962, pp.27-28.

② P. G. Mender, “Nationality of Ships Politics and Law”, Archiv For Sjϕrett Vol.5 (1961), pp.277-283.

③ E. A. Wittig, “Tanker Fleets and Flags of Convenience: Advantages, Problems and Dangers”, Tekas International Law Journal, Vol.14 (1979), p.124.

④ K. Grundey, Flags of Convenience in 1978, Polytechnic of Central London, 1983, p.3.

方便船籍或方便船旗的迅速发展，不仅表现在授予方便船籍的国家在不断增加，而且表现在悬挂方便船旗的船舶数量特别是船舶总吨数持续上升。1947年，方便船籍或方便船旗的船舶总吨数仅占全球船舶总吨数的2%左右，到1982年方便船籍船已达2亿载重吨，约占世界商船队总载重吨的1/3，其中美国占29.7%、中国香港占20.7%、希腊占11.6%、日本占10.6%，其他国家和地区占17.4%。① 国际运输工人联合会1994年的一份统计报告指出，属于开放登记国或地区的有：巴哈马、百慕大群岛、荷属安的列斯群岛、安提瓜与巴尔布达岛、伯利兹、卡门群岛、科克群岛、塞浦路斯、直布罗陀、洪都拉斯、黎巴嫩、利比里亚、马耳他、马萨尔群岛、模里西斯、巴拿马、圣文森岛及格里那丁群岛、斯里兰卡、吐瓦鲁、万奴亚达。② 可见，方便船籍或船旗现象在现代社会仍然呈现增长趋势。

"二战"后方便船籍或方便船旗现象广为流行的原因多种多样，归纳起来有：

第一，从授予船舶国籍的国家来看，可以收取一笔可观的登记费和税金，而不必承担什么国际义务。例如，利比里亚，由于实行方便船籍的开放登记，年收入已超过10000000美元，可以补偿其财政收入的不足。一些采取方便船籍的授予国为了拉生意，把登记费和年税费都压得很低，并且不对方便船籍船征收所得税，也不对其利润外汇进行限制。这类宽松的条件和优惠政策愈多，来登记方便船籍的船舶就愈多。因此，大部分方便船籍授予国并不严格要求只有本国人的船舶才能取得国籍。

尽管有部分方便船籍授予国的法律也要求只有本国自然人或法人所有的船舶才能登记，但是，由于这些国家对于外国人在其境内设立公司的规定较宽松，实际上使船舶登记国籍相当容易和简便。

第二，从船东方面看，因方便船籍有利可图，有空子可钻，便想方设法取得方便船籍或方便船旗。由于在船东的本国取得船舶的国籍，不仅要缴纳各种登记费和年检费，而且还要缴纳种种名目繁多的税金，并需承受船舶管理方面和船员雇佣方面的严格限制，诸如，船员资格、船员的高标准工资水平、船员享受的高福利、船舶检查的高标准要求，等等。而开放登记国对船舶所有人的国籍、船员的国籍几乎不作任何限制，只对船舶的种类、吨位、船龄等方面规定了大致的限制，如利比里亚规定船舶的吨位最小为1600净登记吨，船龄以

① B. N. Metaxas, "Flags of Convenience", Marine Policy, 1981, p.61.

② N. P. Ready, Ship Registration, LLP, Limited, Znd, 1994, p.19.

20年为限；塞浦路斯则规定为17年，巴哈马为12年，巴拿马为20年，但在符合某些特定条件下，超过其限定年限的也接受登记。① 正是由于开放登记国对船舶登记的要求不多，一些船东为了规避在本国登记的不利限制，便纷纷将目标对准那些采用宽松条件和手续及税费较少的国家，通过各种途径和方法为船舶谋得该国的国籍，既可向登记国缴纳较少的税费，如利比里亚所需要交纳的税费仅仅是挪威的1/67，又不必在船东本国雇用高薪船员，而是到第三世界国家雇用低廉的劳动力。更重要的是，船东可以使船舶摆脱船东本国种种条件苛刻的检验和控制，极大地降低营运成本。

第三，许多发展中国家和地区利用输出劳动力，使本国船员受雇于方便籍船舶，以赚取外汇，在某种程度上助长了方便船籍之势。

除此以外，还有一些政治原因、经济因素和贸易政策的影响也程度不同地为方便船籍或方便船旗的扩大推波助澜。

二、方便船籍现存的弊端

方便船籍或方便船旗存在不少问题和弊端，归纳起来有以下几点：

第一，从经济方面看，航运业是世界各海运国家的一项重要产业，当某一国的船舶所有人将其船舶在他国取得方便船籍，则意味着船舶所有人本国丧失了一份财税收入，就业机会减少，影响国民经济的发展。而且，当主要以海运业为支柱产业的国家的船舶数量减少，势必要承租外国船舶来完成海上运输工作，增加其外汇负担，影响国际收支平衡。而对于航运业经营者来说，获得方便船籍或船旗会给航运业经营者提供了有利条件和因素，增强其竞争力，从而给未获得方便船籍或船旗的航运业经营者造成不公平竞争。

第二，从劳工方面看，由于雇佣低廉的劳动力，发达国家原来在业的船员容易被挤掉，造成大量失业。同时，对发展中国家自身要发展本国的远洋船队也很不利，因为方便船籍船舶的船员工资水平比本国高，造成船员大量外流，航运业务被国际资本垄断。另外，方便船籍授予国所定船员工资达不到国际标准，而且缺乏船员福利制度，有关船员雇佣所产生的劳动纠纷也常由船籍国法院管辖，如此，方便船籍或方便船旗授予国能否为船员提供有效的保障就很难预测。

第三，从安全方面看，获得方便船籍或船旗的船舶经常逃避正常的检验、监督，其技术设备水平显然会降低，而方便船籍或船旗授予国又无意而

① 参见沈木珠著：《海商法比较研究》，中国政法大学出版社1998年版，第33页。

且缺乏能力来执行船舶安全方面的规范，容易增加海上事故发生率。尽管有些方便船籍或船旗授予国加入或批准了国际社会有关船舶安全方面的公约，或者在国内采取措施来达到船舶安全的目的，但是，实际上很难使这类国家彻底执行公约的规定，也难以使之有效地采取实施措施。据统计，自1970年以来，方便船籍或方便船旗的船舶全损事故发生率约为世界商船平均事故率的二至四倍。① 出了事故，方便船籍授予国往往不管，使国际间正常交往难以进行，扰乱了世界航运秩序。此外，方便船籍授予国对船员管理也欠严格，甚至未严格要求船员具备适当的资格和取得资格证书，加之签发各种证书的草率，也间接影响了船舶安全，诱发了许多海事事故。② 据劳氏船级社统计，1968—1979年方便船旗船占世界船队的16.8%～28.1%，但事故却占22.5%～57.7%。③

第四，从海洋环境保护方面看，由于方便船籍授予国一般对船舶提出的要求标准低，从而使获得方便船籍或船旗的船舶中油轮占了极大的比例，且经常发生事故，既影响航行安全，同时又造成海洋环境污染。方便船籍船舶对海洋环境的严重污染问题，已引起了国际社会的普遍关注。④

第五，从滋生海事欺诈的可能性来看，方便船籍虽然"方便"了船东，但产生的问题也不少，这主要是由于船旗国同船舶之间缺乏真正的法律联系，给一些不法船东利用方便船旗或船籍进行海事欺诈提供了可乘之机。具体分析，方便船籍之所以成为海事欺诈的一种手段，其根源主要表现在以下三个方面：

首先，根据现代国籍法的基本原理，船舶依悬挂的国旗享有该国的国籍，船舶在公海航行，只受船旗国法律的管辖，船舶进入他国领海和港口时，其内部秩序仍受船旗国法律管辖，港口当局一般是不干预船舶内部事务的。但是，悬挂方便旗的船舶，方便船籍国的法律并不实际上管辖它们，其他国家的法律又不能无视方便船籍国的法律，因此，实际上方便旗船在很大程度上不受任何法律的管辖。在目前主要依靠内国法预防和打击海事欺诈的情况下，方便国籍船逃避法律制裁的可能性较大。这就助长了少数人的侥幸心理，不惜冒险进行

---

① 参见吴焕宁主编：《海商法学》（第2版），法律出版社1996年版，第30页。

② OECD Study on Flags of Convenience, Jonrnal of Maritime Law and Commerce, Vol.4, No.2 (1973), p.25.

③ 参见孙丁杰编著：《国际海事欺诈》，中信出版社1994年版，第65页。

④ E. A. Wittig, "Tanker Fleets and Flags of Convenience: Advantages, Problems and Dangers," Texas International Law Journal. Vol.14 (1979), p.124.

海事欺诈。

其次，船东的身份不能确定。悬挂方便旗的船东，他们的本国政府不知道他们的身份，船东们在国外开设公司，资产也在国外，船舶悬挂的又是外国旗帜，因而本国政府没有办法也没有必要去了解船东悬挂外国国旗之船舶的真实情况；同时，开放登记的国家在法律上视船舶登记为一种普通的商业行为，给予外国船舶挂本国旗帜是为了收取登记手续费和年税，根本没有打算从法律上对这些船舶进行有效的管理，而且船东在登记时的姓名、背景资料不一定是真实的，这就使得船东进行海事欺诈时，国际社会无从知道其真正身份，很难挖掘其隐藏的犯罪组织。

最后，方便国籍船及其船东可以更容易地逃避法律制裁。真正的船东以及他们的财产不在船籍国，也不一定在船籍国经营，船籍国又不从法律上管理他们，只要船舶不在方便船籍国进行欺诈行为，船东就能毫不费劲地逃避当事人的控告。

由于方便船籍或方便船旗现象的泛滥为害甚多，不仅对船舶采取严格授籍制度的国家深受其害，而且航运业经营者和船员也常受到不同程度的损害。于是，国际社会强烈要求消除和禁止方便船籍或方便船旗现象。而首先对方便船籍发难的是国际运输工人联盟（International Transport Worker's Federation，ITWF）及各国国内劳工组织或船员组织，特别是美国的劳工或船员组织。国际运输工人联盟（ITWF）在 1958 年 12 月曾发起抵制方便船籍运动，因欧洲主要海运国家和航运业经营者未给予大力支持，效果不够理想。但该运动在反对方便船籍中的实践意义则是举世公认的。在 1954 年至 1958 年这一时期，欧洲经济合作组织（OEEC）也注意到了方便船籍所引起的问题，提出以“真实联系”为准则来决定船舶的国籍，以便抑制或消除方便船籍或船旗现象。而在 1958 年的海洋法会议上，有代表提出了抑制方便船籍的方案，其中也包括“真实联系”的观点。有的国家则在国内采取种种措施，修改或制定法律来打击方便船籍，如瑞典就明令禁止国民所有的船舶在方便船籍授予国进行登记。在强大的国际舆论压力下，迫使一些方便船籍授予国（如巴拿马、利比里亚）先后发表文告，要对方便船籍船舶进行安全检查，使方便船籍船东稍稍收敛了一些。但要消灭方便船籍现象，任务还相当艰巨。不过，国际社会并没有因其困难性和复杂性而罢手。1986 年 2 月 7 日共有 109 个成员国和 24 个国际组织的代表在日内瓦签订了《联合国船舶登记条件公约》。该公约共有 22 条，外加两个决议作为附件。由于各方讨价还价，最后确定的生效条件为：40 个国家、25%的世界商船吨位加入。据有关专家估计，至少 5 年以后这个公约才能生效。如果没有其他阻力，那么这个估计可能还是乐观的。[①] 至于公约生效后，是否能够完全杜绝方便船籍现象，还有待于实践来回答。

三、消除方便船籍现象的措施

在当今国际社会，除少数国家的立法和学说对方便船籍持肯定态度外，否定意见和反对者占主导地位。要想消除方便船籍现象，各国在授予船舶国籍时必须把握好授籍的基本原则、条件和程序，实施具体措施时不可忽视以下关键要素：

1. 授予船舶国籍以本国要素为基点

船舶国籍的授予只有以本国要素为立足点才有可能防止出现方便船籍现象，所谓本国要素则是指船舶为本国人所有、船舶在本国建造以及船员的全部或部分为本国公民。国内法采用本国要素作为授籍条件，是遵守和适用国际法的结果。这也就是说，国内法授予船舶国籍的条件，体现了国际法强调本国要素的要求。

2. 严格遵循以有效管辖作为授籍的准则

船舶国籍国不仅仅是依据本国要素授予船舶国籍，而且还应要求对船舶进行实际、有效的管辖，尤其是遵循有关船舶管理、船员管理等方面的国内法和国际法规定。授籍国对船舶进行有效管辖，也是授予船舶国籍不可忽视的因素，只有这样，才有可能避免方便船籍的一些弊端。

3. "真实联系"是授予船舶国籍的核心

"真实联系"援用于授予船舶国籍之中则源于国际法院对列支敦士登诉危地马拉的诺特波姆案（Liechtenstein V. Guatemala（Re Nottebohm）的判决。[②] 国际法院的法官在该案的判决中指出：真实联系是指授予国籍的国家与欲取得国籍者之间的事实联系。例如，自然人血统源于授籍国的国民，自然人的生活重心在授籍国境内，自然人对于授籍国具有认同感。国籍在传统意义上是授籍国与取得国籍者之间的法律联系。此项法律联系应根植于事实联系，换言之，国籍反映授籍国与自然人之间的事实联系。[③] 因此，授籍国不得将国籍授予与其无事实联系者。

---

① 参见吴焕宁主编：《海商法学》（第2版），法律出版社1996年版，第31页。

② International Court of Justice Report 4, 1995.

③ Stephen Hall, Nationality, Migration Rights and Citizenship of the Union, Martinus Nijhoff Publishers, 1955, pp.77-79.

著名学者 L. 库恩茨（Kunz）在诺特波姆案判决后不久指出，真实联系可能被援引用于船舶国籍问题。① 的确，这一点正好为库恩茨所言中。在 1950 年至 1956 年期间，国际法委员会在起草海洋法公约的过程中，荷兰代表多次提出在授予船舶国籍时应强调真实联系。H. 舒尔特（Schulte）则在其著作中进一步指出，应把诺特波姆一案判决所确定的真实联系的规则类推至船舶国籍问题。② 这也是 A. 费德罗斯（Verdross）、B. 希马（Simma）等大陆法系学者所倡导的。

船舶与授籍国之间的真实联系究竟是什么？如何确定呢？这是长期困扰各国法学理论工作者与实务工作者的难题。③ H. 舒尔特（Schulte）和 A. 梅尔斯（Meyers）曾深入、全面地研究过真实联系问题，企图找到具体而明确的内涵与外延。他们都一致认为：真实联系是指在授籍之前即应存在的事实，而此种事实使得授籍国在授籍以后能对船舶实施有效管辖。舒尔特则进一步指出，事实本身兼含授籍国与船舶两项因素，即事实应能联系授籍国与船舶。实际上，舒尔特这里所说的“事实”也就是指“船舶所有权属于本国人”、“船员全部或部分为本国公民”。不过，舒尔特也不排除其他可能成为真实联系的事实。他称这类事实为接触点（Anknüpfungspunkt）。④ 然而，A. 梅尔斯并未像舒尔特那样对事实本身进行限定，而是主张凡能使授籍国对于船舶实施管辖的事实都是真实联系。梅尔斯心目中的事实概念的外延远比舒尔特的宽广。梅尔斯认为，作为真实联系的事实包括两个方面的内容：一是表现在授籍国方面，如授籍国相应的法律规定及适当而足够的机构、人员和设备来执行法令；二是表现在船舶方面，如船舶所有权为本国国籍者且在该国境内有住所。⑤ 无论学者们的观点和看法有何不同，但有一点是可以肯定的，真实联系是指授籍前存在的事实，它使得授籍国在授籍后能对于船舶实施有效管辖。

---

① L. Kunz, “The Nottebohm Judgement”, The American Journal of International Law, Vol.54 (1960). p.568.

② Siehe auch H. Schulte, Die “Billigen Flaggen” in Völkerrecht, Frankfurt/M. 1962, p. 64.

③ K. Grundey, Flags of Convenience in 1978, Polytechnis of Central London, 1983, pp. 52-55.

④ Siehe auch H. Schulte, Die “billigen Flaggen” in Völkerrecht, Frankfurt/M, 1962, pp.129-130.

⑤ A. Meyers, The Nationality of Ships, New York, 1967, p.251.

大陆法系学者不仅坚持把真实联系类推适用于船舶的国籍问题，[①] 而且倾向于把真实联系看作习惯法，即“不完整法”（Lex imperfecta）。[②] 不过，深入考究可知，一个尚未具体明确的概念是不可能成为规范的。E.A. 维特根（Wittig）基于此而提出了自己的看法，他援用国际法院1960年6月8日对“政府间海事协商组织海上安全委员会的组成问题”的咨询意见来否定真实联系。[③] 维特根认为真实联系不是习惯法是确定无疑的，而且国际法院1960年6月8日的咨询意见也不能作此项主张的证明。因为，国际法院在该案中仅对《政府间海事协商组织公约》（Convention on the Inter-Governmental Maritime Consultative Organization）第28条作了解释，根本未涉及船舶国籍的真实联系问题。这不只是维特根一个人的看法，也是布朗莱、P.G. 曼德尔（Mender）等学者的共同认识。[④] 但是，大部分大陆法系学者像舒尔特一样主张真实联系为习惯法，其主要依据为1958年日内瓦《公海公约》。舒尔特认为，1958年的《公海公约》第5条第1款强调真实联系为授予船舶国籍的准则，而该公约为习惯法的法典化，因而真实联系为习惯法。[⑤] 1958年的《公海公约》第5条第1款规定，“国家与船舶之间必须有真实联系，国家尤其需要对悬挂其国旗的船舶在行政、技术和社会事务方面进行有效的管辖和管制”。舒尔特在分析该条款时指出，其前一部分是规定授予船舶国籍的限制性问题的，即要求授籍国与船舶在授籍以前就应有真实联系。这种联系是指特定的事实。至于究竟为何种事实，舒尔特则以公约第5条第1款的后半部分的有效原则作为确定的标准。这也就是说，凡是有能使授籍国在授籍后对于船舶在行政、技术和社会事务等方面实施有效的管辖与管制的因素，都可视为事实，即接触点。如果有此类事实存在，那么，授籍国与船舶就具有真实联系。

实际上，自1950年开始筹备召开的第一届海洋法会议就已涉及船舶国籍的真实联系问题。国际法委员会的公海制度专题小组专门负责处理船舶国籍问题。该小组的报告员弗朗科斯（Francois）曾在其向国际法委员会提交的报告

---

① K. Grundey, Flags of Convenience in 1978, Polytechnis of Central London, 1983, pp. 52-53.

② Siehe auch I. Seidl-Hohenveldern, Völkerrecht, Berlin, 1969, p.211.

③ International Court of Justice, Advisory Opinion of June 8, 1960.

④ P. G. Mender, "Nationality of Ships, Politics and Laws", Archiv For Sjφrett Vol.5 (1961), p.366.

⑤ Siehe auch H. Schulte, Die "Billigen Flaggen" in Völkerrecht, Frankfurt/M. 1962, p. 140.

中指出：国际法应对授籍自由有所限制，而这种限制表现于各国的国内法上，亦即各国所确定的授籍条件。这种意见为国际法委员会第三次会议所接受，并在国际法委员会第四次会议上通过一个确定船舶国籍取得条件最低要求的草案。该草案主张，授籍国所确定的授籍条件应达到国际法所要求的最低标准，其所授予的船舶国籍才能得到承认。这里所说的最低标准，也就是本国要素中的"船舶所有权为本国人所有"。国际法委员会第七次会议仅对第四次会议的草案略加修正便完全接受，纳入其通过的"有关领海制度的暂行条款"第5条中，即"每个国家应确定在其境内登记的船舶的条件及悬挂其旗帜的标准，不过，为了使其所授予的国籍能得到其他国家承认，该船舶必须是所有权为授籍国所有，或至少50%的船舶所有权为在该国有法定住所或实际居住于该国的人所有，或者是主要的合伙人为该国公民、在该国境内有法定住所、实际居住于该国境内共同组成的合伙企业拥有，还可是在该国依法成立的股份公司以及营业中心在该国境内的股份公司所有"。这一草案条款在送交联合国成员国征求意见时，荷兰与英国明确表示反对。英国政府认为该条所列举的授籍条件无法兼容并蓄各国所确定的授籍条件，并建议对授籍国加强对船舶的有效管辖作出具体规定。而荷兰代表则认为对授籍条件进行列举性规定难以达到完备的目的，容易造成争议，因而主张仅列真实联系这一项基本准则作为承认船舶国籍的标准。国际法委员会第八次会议深受英国和荷兰的意见的影响，放弃了第七次会议通过的"有关领海制度的暂行条款"第5条的规定，而在其最后通过的草案"海洋法条款"（Articles Concerning the Law of the Sea）第29条第1款中规定，"为了保证其他国家承认船舶的国家性质，国家与船舶之间必须存在真实联系"①。所有这些意见和观点一并汇入了1958年2月24日至4月27日召开的第一届联合国海洋法会议之中。在第一届联合国海洋法会议上，船舶国籍问题由大会第二委员会负责。在该委员会的讨论中，当时的方便船籍国与美国都主张删除"海洋法条款"第29条第1款的内容，但未被采纳。原规定仍为第二委员会通过。但在大会上，"为了保证其他国家承认船舶的国家性质"这一部分却被删掉了，仅保留了"国家与船舶之间必须有真实联系"这一部分，但同时又接受意大利和法国的建议，将"有效管辖"的规定补充于真实联系的条款之后，并全部纳入《公海公约》第5条第1款中。大会删去承认条款，至少显示大会已不再以真实联系作为授籍限制之意向。另一方面，在第二委员会中，与会各国已产生一项共识：有效管辖是授

① B. A. Boczek, Flags of Convenience, Cambridge, 1962, p.261.

籍国的义务。[①] 因此，当大会将有效管辖置于真实联系之后，已清楚明白地表明大会承认真实联系是授籍国的义务而非授籍的限制。

1982年的联合国《海洋法公约》则进一步解决了“真实联系”与“有效管辖”混在一起所存在的问题，明确地将其区分开来加以规定。在公约第90条中对“真实联系”作了规定，作为授籍的限制；在公约第94条中则对“有效管辖”作了规定，视为船籍国在授籍之后的义务。虽然，联合国《海洋法公约》比《公海公约》有所改进，解决了“真实联系”与“有效管辖”混淆不清的问题，但是，其仍有不足之处，并非对“真实联系”的含义作进一步的揭示和规定，而将这一难题留给了各国的实践与判例及学者。

从以上分析可见，从理论上说，方便船籍是不合法、不合理的现象，在国际社会的法律框架内应无存在的可能。虽然各国对于方便船籍的批评颇多，但并未否认方便船籍的国籍，一些国家反而给予方便船籍的国籍以公开承认的方便，从而使方便船籍现象的存在似乎合法化。因此，要想彻底解决方便船籍问题并非易事。因为，方便船籍所造成的问题是多方面的，而且性质各异。如果仅仅从限制授籍自由着手解决方便船籍问题，则未必能达到理想效果。若要彻底消除方便船籍现象，则应分门别类地区分各种问题，有针对性地拟定方案和措施。例如，为提升海运国家在国际社会的竞争能力，可通过各国修订国内法、财税法或采取诸如加大航运业投资等其他措施，甚至可以加快国际统一立法活动。有必要特别注意的是，方便船籍所造成的问题，有时未必专属于方便船籍国本身的问题，因而，应由世界各国共同努力来解决。总而言之，方便船籍问题由来已久，短期内完全消除难以实现，但作为一种追求的理想和努力应给予鼓励和支持。

四、船舶国籍的积极冲突的解决办法与途径

所谓船舶国籍的积极冲突，是指船舶具有两个或两个以上的国籍。绝大多数国家的立法和学说都禁止船舶的多重国籍。唯有A. W. 安德森（Anderson）明确主张船舶应具有多重国籍。[②] 由于具有多重国籍的船舶，应同时在多重国

---

① M. S. McDougal, W. T. Burke, I. A. Vlastic, “The Maintenance of Public Order at Sea and the Nationality of Ships,” The American Journal of International Law, Vol. 54 (1960), p.30.

② A. W. Anderson, “Jirisdiction over Stateless Vesels on the High Seas: An Appraisal under Domestic and International Law”, Journal of Maritime Law and Commerce, Vol.13, No.3 (1982), p.341.

家的管辖及保护之下，从而会使船舶的许多法律关系混淆不清，造成种种困难或争端。可以说，主张多重国籍船舶的理论与实践利少弊多。基于此，现行国际法尽力禁止船舶具有多重国籍。① 不过，在实践中，难免出现船舶国籍的积极冲突，即同一艘船舶同时具有两个或两个以上的国籍。例如，一艘船舶在取得甲国国籍以后，又基于特殊原因取得了乙国国籍。对于船舶国籍的积极冲突应如何解决呢？从理论上分析，不外乎四种逻辑解决途径：第一，甲国国籍与乙国国籍均有效，即承认多重国籍；第二，甲国国籍与乙国国籍均无效，即船舶成为无国籍状态，出现船舶国籍的消极冲突；第三，甲国国籍有效，乙国国籍无效；第四，甲国国籍无效，乙国国籍有效。对于第一种解决途径，显然不可取，因为它与现行国际法及各国国内法禁止多重国籍的做法背道而驰。而第二种解决途径在实践中也行不通，会导致更多的难题，船舶内部秩序及公海秩序难以有效地维持。而第三、第四种解决船舶国籍积极冲突的途径都符合禁止船舶多重国籍的要求，于是，有学者依据船舶已取得国籍便不能再取得其他国籍的原则认为应以先取得的国籍为准，也有学者正好相反，主张后取得的国籍有效。② 究竟以何种途径解决船舶国籍的积极冲突，理应根据船舶与哪一个国家有实质联系来决定，不可简单地按先后顺序处理。只有这样才符合船舶国籍的宗旨和价值。

不过，现行与船舶国籍有关的两大著名公约，即 1958 年的《公海公约》和 1982 年的联合国《海洋法公约》，似乎都主张“视同无国籍船舶”作为解决船舶国籍积极冲突的方法。例如，1958 年的日内瓦《公海公约》第 6 条第 2 款明确规定，“船舶如果悬挂两个以上国家的国旗航行，且视方便而换用旗帜，不得对他国主张其中任何一国的国籍，应视同无国籍的船舶”。1982 年的联合国《海洋法公约》第 92 条第 2 款进一步明确规定，“悬挂两国或两国以外旗帜航行并视方便而换用旗帜的船舶，对任何其他国家不得主张其中的任一国籍，并可视同无国籍的船舶”③。公约的这种规定是否妥当还有待斟酌。一方面，由于将多重国籍船舶视为无国籍船舶的做法势必陷入船舶国籍消极冲突的困境，使船舶国籍冲突的解决无法超脱循环的怪圈；另一方面，无国籍船舶

① Siehe auch H. Schulte, Die “Billigen Flaggen” in Völkerrecht, Frankfurt/M. 1962, pp.42-43.

② 参见黄异著：《国际法上船舶国籍制度之研究》，台湾文笙书局 1985 年版，第 14 页。

③ 参见周洪钧等编：《国际公约与惯例》，法律出版社 1998 年版，第 136-137 页。

不受任何国家的合法管辖与外交保护，船舶内部秩序及公海上秩序的维持也不能依国际法行使，无法达到从事海上运输的目的。因此，有必要对这两个公约的此类规定进行修改，以便有效地、彻底地杜绝船舶的多重国籍现象。为了在实践中保证多重国籍船舶无生存之地，各国国内法应纳入三项基本原则：

第一，船舶必须先丧失原国籍，方可取得国籍。例如，一国法律可规定船舶所有人在申请船舶国籍时，应提交丧失原国籍的证明文件。这种规定在我国《船舶登记条例》第 15 条和第 50 条中表现得较为明显，要求登记船舶不得具有双重国籍，凡是在外国登记的船舶，未中止或注销原登记国国籍的，不得取得中国国籍。

第二，船舶的新国籍效力的发生，应以旧国籍的丧失为前提条件。如果一国没有要求船舶所有人在申请船舶国籍时必须提供丧失原国籍的证明文件，那么，应在有关法律中明确规定新国籍的生效取决于旧国籍的丧失。

第三，船舶国籍的取得应力求船舶与所属国家之间有真实、密切的联系。

总之，如何解决好船舶国籍的积极冲突，消除多重国籍船舶现象，有待各国法律理论界与实务界以及国际组织共同努力，促进国内法上的趋同化与国际社会立法统一化运动的发展。

第十五章　船舶国籍的丧失

第一节　船舶丧失国籍的原因与方式

一、船舶丧失国籍的方式

船舶丧失国籍是指一艘船舶丧失与登记国形成的法律上的隶属关系。现代国际社会有关船舶丧失国籍的规定，也正如关于船舶取得国籍的规定一样，是很有歧义的。由于国际社会对船舶国籍的丧失尚无统一规定，原则是依各国内国法来处理。综观各国法律的有关规定，船舶国籍丧失的方式主要有自动丧失国籍和注销国籍两种。前者是指一旦存在船舶丧失国籍的理由和条件，船舶就自动丧失国籍。这主要是根据船东的意愿来决定的，其中又分为自动声明放弃国籍与自动申请解除国籍两种形式。不论采取何种形式，若再办理注销登记手续，也只是船舶国籍丧失后的必经程序。在采用船舶自动丧失国籍制度的实践中，注销登记手续仅仅起销除有关船舶登记事项的作用，而不是船舶丧失国籍的前提条件，更不对船舶丧失国籍起决定作用。但是，以注销国籍作为船舶丧失国籍方式的国家，则强调一旦存在船舶丧失国籍的理由和条件则必须经过注销登记才能使船舶丧失其国籍。注销国籍的登记程序对船舶国籍的丧失起决定作用。如果不经过登记手续，那么，即使存在船舶国籍丧失的充足理由和条件，也不会起到丧失国籍的法律效果。概而言之，在采用注销国籍登记制度时，未注销登记以前，船舶不丧失其国籍。这也就是说，注销国籍的登记除了具有销除有关船舶的登记事项的功能外，主要是船舶国籍丧失的前提条件并起着决定性的作用。因此，船舶丧失国籍，必须经过特定的程序和方式。而缴销船舶国籍证书，则不是船舶丧失国籍的行为；它仅仅是把已丧失证明效力的国籍证书收回和注销其效用。

此外，船舶丧失国籍还有一种特殊的方式，即剥夺国籍。各国内国法常以剥夺船舶国籍作为船舶在海上实施不法行为的惩罚和制裁措施，但学者们认为此种做法不可取。例如，A. 梅尔斯认为，各国有义务维持公海秩序，如果一国任意剥夺其船舶的国籍，则会丧失对该船舶的管辖权，难以达到维持公海秩序的目的。而维持公海秩序为船舶国籍存在的目的，不是其义务。因此，各国只能以剥夺船舶国籍作为处罚方式，而不能作为制裁手段；否则，有可能违反国际法的要求。

二、船舶国籍丧失的理由和条件

与船舶国籍丧失的方式一样，国际社会对船舶国籍丧失的理由和条件也缺乏统一的规范，原则上由各国国内法自行规定。各国国内法上所采用的船舶国籍丧失的理由和条件大致为以下十种：

第一，拥有船舶所有权的自然人丧失本国国籍；

第二，拥有船舶所有权的共有人丧失本国国籍的人数已超过取得国籍时的法定人数；

第三，拥有所有权的法人不符合法定条件，如法人的营业中心和管理中心均已迁离本国，本国籍的股东减少至特定人数以下，等等；

第四，船舶所有权转移于外国人；

第五，船舶解体或全部消灭；

第六，船舶沉没不能打捞或能打捞却放弃打捞；

第七，船舶毁损不能修复或能修复却放弃修复；

第八，船舶失踪；

第九，船舶被捕获或在国外被没收；

第十，船舶从事海盗、走私或其他非法活动。

有关船舶丧失国籍的这些理由和条件，只要某艘船舶具备其中一条理由或条件，便会使船舶丧失其国籍。不过，必须注意的是，所有这些理由和条件，也不是所有国家的法律一致承认的，而是有的国家的法律承认其中的一部分有关船舶丧失国籍的理由或条件，有的国家则承认为一部分理由或条件。① 至于船舶是否丧失了某一国的国籍，应当按照该国的法律来决定。

我国实施的《中华人民共和国船舶登记条例》和《中华人民共和国海商法》对船舶国籍的丧失作了非常具体的规定，当“作为船舶所有人的公民丧失中国国籍”或者“船舶所有权转让给外国机构、企业或者公民”时，已取

① See United Nations General Assembly, Laws Concerning the Nationality of Ships, New York, 1985.

得中华人民共和国国籍的船舶便自动丧失国籍和悬挂中华人民共和国国旗航行的权利。① 船舶所有人应及时将原船舶国籍证书交还船舶登记机关。船舶登记机关收回船舶国籍证书后，应当出具船舶注销登记证明书，如船舶所有人事后又恢复船舶所有权的，应当办理恢复登记手续。

第二节　船舶国籍的消极冲突及其解决办法

船舶国籍的消极冲突是指一艘船舶不具有任何国家的国籍，又称无国籍（Statelessness）现象。在国际法范畴的无国籍船舶，也属于国内法上的无国籍船舶。因为国际法上的船舶国籍是以国内法上船舶国籍的存在为前提条件的。一旦国内法上不存在船舶的国籍，那么，国际法也不可能赋予船舶的国籍。无论从国际法还是国内法来看，船舶国籍的消极冲突或无国籍情形主要有三类：一是船舶已建造完工，尚未依某一国的内国法取得国籍；二是船舶取得的国籍无效或被撤销；三是船舶依授籍国国内法丧失国籍且又未重新取得国籍。

如果船舶依某一国的国内法取得国籍是合法和有效的，而依国际法有关船舶国籍取得的规定却是不合法的，那么，有关船舶的国籍按国内法优于国际法来决定，该船舶应依授籍国的国内法而具有国籍。但在国际法领域，该船舶仍可能为无国籍船。然而，国际法对于船舶国籍取得的条件与方式，除了禁止性规定外，未作其他任何规定。因此，船舶依据一国国内法取得国籍，在国际法领域中通常只要不违背禁止性条款，就承认其国籍。一旦依一国国内法取得的国籍违背禁止多国籍船舶原则，那么，该船舶原已取得的国籍并不受影响，只是新取得的国籍不被承认而已。因而，违背禁止多国籍船原则并不一定造成无国籍船现象或船舶国籍的消极冲突。不过，如果船舶国籍的取得违背授籍的宗旨和禁止滥用权利的原则，那么，船舶所取得的国籍不必予以承认，从而有可能导致无国籍船舶的出现，引起船舶国籍的消极冲突。

根据 1958 年《公海公约》第 6 条以及 1982 年联合国《海洋法公约》第 92 条的规定，船舶如果取得两个或两个以上国籍并同时使用时，那么，该船舶便丧失国籍而成为无国籍船。这两大公约的这类规定势必导致船舶国籍的消极冲突，影响船舶内部秩序及公海秩序的维持，应予以修改和完善。因此，修改这两大公约的有关条款，是从国际法范畴解决船舶国籍的消极冲突的一条主要途径。

① 吴焕宁主编：《海商法学》（第 2 版），法律出版社 1996 年版，第 33 页。

对于无国籍船舶，通说认为其他国家可以捕获、没收船舶以及处罚船长和船员。这种主张也是1948年的Mowan诉The Attorney-General Palestive（The Asya）一案的判决所认可的。① 尽管通说如此，但不同学者所持的理由与根据又不一致。早期海商法学者认为无国籍船是海盗船，应予以追捕、没收船舶以及处罚船上人员。② 近代海商法学者则认为，无国籍船舶丧失公海自由原则所赋予的航行自由权，成为不享有航行自由的船舶，应驱逐出公海。③ 现代海商法学者诸如A. W. 安德森所指出的，无国籍船舶类似于"法外之物"，不受法律保护，任何国家都可以对其进行追捕、没收乃至处罚船上人员。④ 这些观点并不一定完全正确，各有利弊。从现行国际法的理论与实践来看，船舶在取得国籍以前，是船舶所有人的财产。船舶所有人的国籍国对于船舶所有人所行使的管辖权和外交保护权可延伸至船舶，此时的对人管辖权和外交保护权占主导地位。然而，一旦船舶依法取得国籍后，船舶国籍的授予国便对船舶享有两项最基本的权利，即船旗管辖权与外交保护权。这时的船舶国籍国的对物管辖吸收了对人管辖。也就是说，船舶所有人国籍国的对人管辖与外交保护权被船籍国的对物管辖所压制而显现不出。如果船舶丧失国籍，那么，该船舶原来的所有人的国籍国的对人管辖权与外交保护权则会重新浮现出来。因此，船舶要么处于船舶国籍授予国的对物管辖之下，要么处于船舶所有人的国籍国的对人管辖之下。如此，无国籍船也就不能完全说是"法外之物"。因为，即使船舶丧失国籍后，船籍国不再对船舶行使船旗管辖权与外交保护权，但船舶所有人的国籍国仍有对人管辖权与外交保护权。因而，那种主张对无国籍船进行捕获、没收以及处罚船上人员的观点和做法并不符合实际。而且，国际法也并未剥夺海盗船国籍，海盗船仍是有国籍的船舶，只是国际法允许除船舶国籍国以外的其他国家可以对其追捕、没收和处罚。如果将无国籍船舶比做海盗船，则显然不恰当。公海自由并未给予船舶航行自由的权利。公海自由原则只禁止各国对于公海上的航行设置障碍。船舶之所以能在公海上航行，并不是基于公海自由

① L. C. Green, International Law Through the Cases, 4th ed., Dobbs Ferry, 1978, pp. 456-458.

② Siehe auch H. Schulte, Die "Billigen Flaggen" im Völkerrecht, Frankfurt/M, 1962, p.41.

③ Siehe auch F. Berber, Lehrbuch des Völkerrechts, 1. Bd, München, 1960, p.324.

④ A. W. Anderson, "Jurisdiction over Stateless Vessels on the High Seas: An Appraisal under Domestic and International Law", Journal of Maritime Law and Commerce, Vol.13, No.3 (1982), pp.334-337.

原则的授权，而是公海自由原则所导致的实际结果。许多国际法中有关航行的规定，都以船舶具有国籍为先决条件，诸如无害通过国际海峡。不仅如此，而且世界各主要国家的海商法和船舶法也都以具有国籍的船舶为适用对象，如外国籍船舶进出内国港手续中的交验船舶国籍证书等。事实上，无国籍船舶无法享受各种有关法规赋予有国籍船的权利，常常处于无法参与海上运输的状态，几乎没有存在的价值和必要。

对于船舶国籍的消极冲突究竟应如何解决，现代国际社会至今尚未找到最佳办法和途径，有待于更深入地研究和探讨。具体而言，无国籍船舶或船舶国籍的消极冲突的彻底消除和防止。既可以通过各国完善国内立法来实现，也可以通过国际社会统一立法即国际公约或条约来完成。

第五编　民用航空器国籍的法律制度

第十六章　航空器的概念与民用航空器国籍的法律界定

第一节　航空器的定义与分类

一、航空活动的产生与发展

航空器（Aircraft）是航空活动的主要工具。离开航空器，航空活动就有可能成为无本之木、无源之水。不仅如此，而且航空法的产生和发展也是与航空器紧密联系在一起的。追根溯源，航空活动与航空法的形成与发展是直接与人类利用空气空间的实践分不开的。在人类历史的长河中，飞翔天空、遨游宇宙的愿望早就产生了，其中我国民间广为流传的“后羿射日”、“嫦娥奔月”的神话故事就是很好的例证。18 世纪末，人类在空气空间探索飞翔的实践活动，使美好的梦想逐渐变为现实。1783 年，法国蒙特高尔夫兄弟（J. Montgolfier Brothers）制造空气热气球试图进行飞行，标志着人类空间活动的开始。针对蒙特高尔夫兄弟将空气热气球载人升空所带来的问题，法国政府在 1784 年颁布一项治安法令，规定未经特许不得放飞气球。1785 年，布兰查德乘坐气球飞越英吉利海峡，法国政府立即制定了上空飞行安全规划，规定气球应配备降落伞。1856 年，布里斯驾驶一种滑翔机进行飞行，逐渐接近了航空时代。①

1903 年 12 月 17 日，美国的莱特兄弟（Wright Brothers）第一次驾驶飞机飞行成功，开创了人类航空的新纪元。不久，1909 年 4 月 25 日，布莱里奥特首次驾机飞越英吉利海峡，进一步推动了航空活动的发展。英国议会于 1911 年制定了航空法。第一次世界大战的爆发，对航空事业的推动和冲击也是不可

---

① ［韩］柳炳华著：《国际法》，朴国哲、朴永姬译，中国政法大学出版社 1997 年版，第 121 页。

抹杀的。航空技术和飞机制造在第一次世界大战期间获得了突飞猛进的发展，到第一次世界大战末期，航空活动已经十分普遍了。而第二次世界大战中喷气飞机和雷达的发明，大大加快了飞机的速度，提高了飞机的导航性能。战后，喷气民航机时速可达1000千米，高度达万米以上，飞行平稳，可装载数百名旅客及其行李，续航能力达10小时以上，飞机可不降停地飞越太平洋。随着飞机的发明和广泛使用，现代人类生活与空间活动的关系日趋密切。

在航空活动的基础上，人类探测和利用外层空间的活动也越来越频繁。1957年10月4日，前苏联成功发射第一颗人造地球卫星，四个月后，美国成功地发射了人造卫星，标志着人类开始了航天时代。1961年4月12日，前苏联宇航员加加林首次驾驶宇宙飞船成功地闯入太空，作了长达1时48分钟的宇宙飞行。美国受到了巨大的冲击，美国政府迅速做出反应，开始制订月球登陆计划，即“阿波罗计划”。1969年7月20日，美国的阿姆斯特朗和奥尔德林乘“阿波罗”飞船首次登上了月球，引起了全世界的关注。这意味着人类外层空间活动新阶段的开始。1988年12月21日，前苏联两名宇航员创造了在太空整整飞行1年的纪录。1990年12月2日，美国宇航员和前苏联宇航员同时升空，创造了载人空间飞行方面同时在空间人数达12人的历史纪录。美国除了登月计划以外，出于探索其他天体、探测、通信和气象等目的，发射了许多空间物体；前苏联也不断地进行宇宙活动，比如建立宇宙空间站，进行多功能试验等。

尽管20世纪60年代，美国和前苏联几乎垄断了所有外层空间活动，但是，中国航天事业经过多方努力而获得了迅速发展。1970年4月24日，中国第一颗人造卫星发射成功，标志着中国进入宇宙空间时代，成为继美苏法日之后第五个用自己的运载火箭发射人造卫星的国家。1975年12月26日，中国首次发射回收卫星成功，成为继美苏之后第三个掌握回收技术的国家。进入20世纪80年代，中国成功地发射了用于通信、广播和气象等领域的卫星；进入20世纪90年代，中国大型捆绑式运载火箭“长征二号E”发射成功，宣告中国的火箭运载技术跨入世界先进行列。不仅如此，而且在空间技术应用方面，中国的发展与成就同样令人瞩目，表明中国已成为世界空间大国之一。①

随着航空航天活动的广泛开展，不仅人类活动的范围不断拓宽，而且促使国际法的新分支——空气空间法和外层空间法占据越来越重要的地位。在国际航空法和外层空间法中，许多问题有待深入研究，其中的航空器、航天器的法

---

① 王铁崖主编：《国际法》，法律出版社1995年版，第353-354页。

律地位问题，特别是国籍问题尤为突出。然而，在人类探索空间起重要作用的飞行器的国籍问题，常常易于被忽视或只作浮光掠影式的研究，鲜见深入、具体和专门的研究。因此，我们特设一编加以探究，期望引起更多的关注，激发更深入的挖掘。

二、航空器的定义界说

航空器的法律定义不考虑其功能或用途，而在基于其浮在空中并飞行的能力。从这个意义上讲，航空器是指能够从空气的反作用力，而不是空气对地面的反作用力中在大气层获得支持的机械。① 1919 年的《巴黎航空管理公约》最早对“航空器”作了界定，指“在大气中从空气的反作用取得支撑的任何机械”。这一定义过于宽泛，包括直升飞机、飞艇、轻气球和气垫船等多种飞行器械。② 但它对芝加哥公约影响较大。1944 年的芝加哥《国际民用航空公约》曾在附件二“空中规则”中将“航空器”定义为“从空气的反作用在大气中取得支撑的一切机器”。对于这一定义，国际民用航空组织在 1967 年 11 月 8 日作了进一步的修改、完善，明确把空气对地球表面的反作用力的情况排除在外，即“航空器是指可以从空气的反作用，但不是从空气对地球表面的反作用，而在大气中取得支撑的任何机器”③。这是从自然属性的角度给“航空器”下的定义，大部分国家的国内航空法遵循了该定义。依据这一定义，凡利用空气对地（水）面的反作用取得支撑力的器械，如气垫船、气垫车之类，都不属于航空器；凡不依靠空气反作用取得支撑力飞行的器械，如火箭、导弹之类，亦不属于航空器。④ 具体分析，芝加哥公约所首创的“航空器”定义包含三层意义：

1. “航空器”的外延大于“飞机”的外延

在芝加哥公约的附件中，除了给“航空器”下了专门的定义外，还为“飞机”下了一个定义，即“指有动力装置的重于空气的航空器，它的升力主要来自空气动力在翼面上的反作用，其翼面在特定条件下固定不变”。从这两个定义可以看出，航空法中的“航空器”概念，与一般意义上的“飞机”是

① 参见［韩］柳炳华著：《国际法》，朴国哲、朴永姬译，中国政法大学出版社 1997 年版，第 126 页。

② Peter Martin，Shawcross and Beaumont；Air Law，4th ed，［1997］Vol.1，p.152.

③ 参见［英］郑斌著：《国际航空运输法》，徐克继译，中国民航出版社 1996 年版，第 86 页。

④ 参见王铁崖主编：《国际法》，法律出版社 1995 年版，第 301 页。

不同的，前者的外延比后者要宽泛。航空器既包括重于空气由机械驱动的机器，诸如飞艇、飞机、水上飞机和直升机，又包括重于空气而不由机械驱动的滑翔机、飞筝等，还包括轻于空气由机械驱动或非机械驱动的机器，如氢气球、自由气球等。① 显而易见，飞机仅仅是“航空器”中的一类。不过，在近代航空法中，航空器主要指飞机。②

2. 火箭被排除在芝加哥公约的“航空器”的定义之外

把“航空器”界定为能够从空气的反作用取得支撑而飞行的机器，明确排除了不从空气的反作用取得任何支撑而能在空中飞行的机器，如导弹、火箭或地球卫星。然而，这种类型的机械在阿根廷、加拿大、多米尼加共和国、埃及、法国、危地马拉和美国等国家的法律中，包含在航空器的法定定义里。1939 年的巴西航空法典竟把“航空器”的定义拓展得非常宽泛，即扩展到能在空间（包括空气空间和外层空间）飞行和航行的一切机器。这种做法存在较多弊端，没有将航空器同航天属物区分开来。由于芝加哥《国际民用航空公约》是在 20 世纪 40 年代缔结的，在界定“航空器”的概念时，历史的局限性使其未能而且也难以将日后随高科技发展而产生的航天机器考虑进去。当时对“火箭”的认识较清楚，看到了“火箭”在大气中是靠气态发射物产生冲力的装置获得支撑的，而这种冲力是来自该装置本身所携带的燃料，不是凭借空气的反作用在大气中获得支撑的机械。因而，芝加哥公约明确将“火箭”排斥于“航空器”的定义范围。至于随着现代航天航空技术的发展，是否有必要修改“航空器”的定义和拓宽该概念的外延，还有待于进一步的研究。

3. 芝加哥公约的“航空器”定义还把靠空气对地（水）面的反作用力获得支撑的气垫船、气垫车等排除在外

综上所述，通说主张“航空器”仅指能够凭借空气的反作用在大气中获得支撑的器械，不包括凭借气态发射物产生冲力的火箭等物，也不包括靠空气对地面的反作用在大气中获得支撑的气垫飞行器。尽管芝加哥《国际民用航空公约》只对其参加国有约束力，但源于该公约的“航空器”定义已基本上为世界各国所接受和认可。我国作为《国际民用航空公约》的参加国之一，实际上认同了该公约有关“航空器”的定义。我国 1996 年 3 月 1 日施行的《中华人民共和国民用航空法》、1997 年 10 月 21 日颁行的《中华人民共和国

① ［英］郑斌著：《国际航空运输法》，徐克继译，中国民航出版社 1996 年版，第 86-87 页。

② 徐振翼编著：《航空法知识》，法律出版社 1985 年版，第 44 页。

民用航空器国籍登记条例》和《中华人民共和国民用航空器权利登记条例》等法律法规中的“航空器”概念的内涵与外延，与芝加哥公约的定义基本一致。

三、航空器的分类问题

在航空法中，航空器一般分为“民用航空器”和“国家航空器”两类，其用途、性质和法律地位均有区别。对航空器所作的这种划分，不是依据航空器所有权为标准的，而是以航空器的用途和使用性质为标准的。国家航空器（State Aircraft）是指用于公务、军事、海关和警察部门的航空器。1944 年的芝加哥《国际民用航空公约》第 3 条第 2 款对此有明确规定，“用于军事、海关和警察部门的航空器，应认为国家航空器”①。根据一般通则，当航空器处于国家控制之下，并由国家为实现某种目的而专门使用时，就被承认为国家航空器。它可以分为海关航空器、警察航空器、军事航空器、专门运送国家元首和政府高级官员的航空器以及其他负有特殊使命的航空器等。而民用航空器（Civil Aircraft）则是相对于国家航空器而言的，只是对于这一概念至今尚无明确的定义。现行国际公约、国内立法以及学说，大多采用排除法或“否定式定义”来界说民用航空器的概念，存在着明显的缺失或逻辑错误。例如，前苏联外交部外交学院组织 50 多位国际问题专家在 1982 年编辑出版的《国际法辞典》中为“民用航空器”下的定义为，“除军用、警察或海关用的航空器以外的任何航空器，不论它是属于国家、企业、社会团体还是自然人所有或占有”②。我国占主导地位的学说也持大体类似的主张，“民用航空器指国家航空器外的所有航空器”③。这种做法也为我国立法所采纳，《中华人民共和国民用航空法》第 5 条规定，“本法所称民用航空器，是指除用于执行军事、海关、警察飞行任务以外的航空器”。然而，由于对国家航空器“始终没有一个能够被普遍接受的定义”④，而以“除国家航空器以外的所有航空器”来指称“民用航空器”，显而易见，是一个含糊或模棱两可的定义。

我们认为，目前，对“民用航空器”概念界定方式较为明确、科学的，

---

① 参见王铁崖、田如萱编：《国际法资料选编》，法律出版社 1986 年版，第 541 页。

② 前苏联外交部外交学院编：《国际法辞典》，新华出版社 1989 年版，第 20 页。

③ 参见慕亚平等著：《当代国际法》，法律出版社 1998 年版，第 342 页；王铁崖主编：《国际法》，法律出版社 1995 年版，第 302 页。

④ 曹三明、夏兴华主编：《民用航空法释义》，辽宁教育出版社 1996 年版，第 16 页。

要算韩国的国际法学者柳炳华了。他在界定“民用航空器”概念时指出，“国家航空器或公用航空器是为履行国家或公共团体的职能而加以利用的航空器，一般指用于军事、海关、警察等非商业性公共业务的航空器，其余用于商业目的或私人目的的航空器为民用航空器或私用航空器。即使是国家所有的航空器，如果用于商业性运输，应视为民用航空器”①。至于柳炳华将“用于商业目的”作为民用航空器的本质属性是否妥当、合理，在学术界尚有争议。这实质上牵涉到把握有关区分国家航空器和民用航空器概念标准的分歧。综观国际国内立法与学说，在界分国家航空器与民用航空器上，主要有三种不同观点和主张，即用途说、所有权说和混合说。

1. 用途说或目的说

此说主张划分国家航空器与民用航空器的标准是航空器的用途或使用目的。我国的大部分国际法学者、韩国的柳炳华等均采此说。他们认为，凡是用于国家司法行政事务、军事、海关和警察安全部门的航空器，均属于国家航空器；国家航空器之外的其他航空器为民用航空器。这种划界标准缺乏明确性、稳定性和具体性。因为，一方面，这种划界标准难以将国家航空器和民用航空器明确区分开来；另一方面，航空器的使用目的或用途会因情势变化而变动，不仅国家航空器有可能转为民用航空器，而且民用航空器被国家公共机构征用服务于国家事务而具有国家航空器的性质，改变其法律地位。加之，航空器究竟用于何种目的，凭使用者的说法或举证来确定，难免带有主观性和随意性。

2. 所有权说或登记注册说

采此说最典型的为前苏联国际法学者，他们认为，“国家航空器，广义讲，为某个国家所特有的任何航空器”②。其理论依据为，航空器作为一种特殊性质的动产，按照民商法的物权公示原则，对于价值重大的动产，如船舶、航空器、汽车等，其所有权、抵押权、租赁权等的取得、变更或丧失，都要像不动产一样，办理登记手续。因此，所有权说或登记注册说主张，经登记为国家所有的航空器即为国家航空器，而经登记为一般公民或企业所有的航空器则为民用航空器。实质上，这种学说只反映了航空器的表面性，难以揭示出两类航空器各自的本质特征。正是由于该学说存在不少弊端，反对者甚多。韩国国际学者柳炳华指出，“民用航空器或私用航空器与国家航空器或公用航空器的

① ［韩］柳炳华著：《国际法》，朴国哲、朴永姬译，中国政法大学出版社 1997 年版，第 126-127 页。

② 前苏联外交部外交学院编：《国际法辞典》，新华出版社 1989 年版，第 19-20 页。

区别不像船舶一样把所有权作为标准，而是把航空器的用途或功能作为标准”。我国大部分国际法学者反对以所有权为标准来界分国家航空器与民用航空器，他们态度鲜明地指出，“划分民用航空器和国家航空器的标准是航空器的用途，而不考虑其他因素，并不以航空器的归属即航空器的所有权来区分。因此，称‘民（私）有航空器’和‘国有航空器’是不正确的”①。

3. 混合说或复合标准说

现代国际社会，出现了把多项因素结合起来定分国家航空器与民用航空器的主张，即结合用途说和所有权说两项标准来划分。持这种主张的学者认为，凡登记为国家所有且为国家控制之下，并由国家为实现某种公共目的而专门使用的航空器属于国家航空器。国家航空器之外的其他用于商业目的或私人目的的航空器则可归入民用航空器之列。这是目前世界大多数国家所认同的一种做法，韩国国际法学者柳炳华在其《国际法》一书中作了非常明确、具体的阐析。

究竟应采用何种标准界分国家航空器和民用航空器，并不一定强求完全一致，各国可以根据具体情况，结合本国的利益和需要，灵活地加以运用。这也是现代国际社会多元化的一种折射。至于以后是否需要在全球化时代实现统一，有待于国际航空界的各种政府间或非政府间组织、有志之士共同努力，探寻最优解决方略。

第二节　民用航空器国籍的法律界说

一、民用航空器国籍存在的必要性

正如船舶具有国籍一样，航空器也具有国籍，只是船舶国籍的产生早于航空器国籍。② 从现有的资料考证中可以发现，1919 年的《巴黎空中航行管理公约》确定航空器应具有登记国的国籍以后，1944 年的芝加哥《国际民用航空公约》进一步将航空器的国籍制度化，使民用航空器的国籍原则成为世界范围内得到普遍接受的准则，不仅获得了国际社会的公认，而且各缔约国的国内法也作了相应的规定。民用航空器具有国籍是一项十分重要的法律制度。

① 王铁崖主编：《国际法》，法律出版社 1995 年版，第 302 页。

② 鉴于国家航空器的特殊性，这里主要研究民用航空器的国籍问题，暂不涉及国家航空器的国籍问题。

《芝加哥公约》第 17 条明确将民用航空器的国籍作为一项基本原则加以规定，即“航空器具有其登记的国家的国籍”。该公约第 18 条、第 19 条、第 20 条、第 21 条对航空器国籍所作的有关规定，形成了航空器国籍法律制度的有机体系。1944 年的《芝加哥公约》的许多条款，或直接或间接地以民用航空器国籍原则为基础。离开了航空器的国籍，芝加哥公约的许多规定都无法理解和表达。例如，《国际民用航空公约》第 5 条、第 6 条中的定期和不定期航班问题，都是指某国的航空器而言的，第 9 条中的“禁止其他国家的航空器在其领土内的某些地区上空飞行”，第 12 条中的“每一具有国籍标志的航空器”，第 16 条中的“有权对其他缔约国的航空器在降停或飞离时进行检查”等规定，都与民用航空器国籍紧密相关。

航空器必须具有国籍，这是国际航空法的核心内容之一。因为它关系到一系列权利和义务转移到航空器并及于机上各种人员和注册国对其航空器承担责任的问题。此外，它保证每一航空器都有国家对它负责。① 前苏联国际法学者则认为，“航空器国籍归属具有重要意义，因为属籍将导致有关国家对航空器产生一系列的权利和义务，反之则无”②。英国著名的航空法学者郑斌认为：航空器国籍原则之所以重要，“因为它承认航空器根据国内法具有法律人格，并赋予其本国的国籍。它打开了将其他权利和责任直接转移给航空器的道路，不论航空器所有人或经营人是谁”③。具体而言，确立民用航空器国籍原则的意义在于：该原则承认了民用航空器依照其国籍登记国的国内法具有一定的法律人格，登记国应当保证具有其本国国籍的每一民用航空器，不论飞到任何地方，都能够遵守当地关于航空器正常航行和地面转移的有效规则和规章，同时应当保证该航空器接受登记国所提供的保护与监督。而对于民用航空器国籍的登记国而言，则意味着依照国际法公认的国籍原则享有对该民用航空器的有关权利，并承担相应的义务。

二、民用航空器国籍的特定含义

民用航空器国籍是指民用航空器隶属于某一国的情形或具有的法律身份。航空器的国籍是航空器与登记国联系的法律纽带。“航空器国籍归属具有重要

---

① 参见黄惠康著：《国际法教程》，武汉大学出版社 1989 年版，第 119-120 页。

② 前苏联外交部外交学院编：《国际法辞典》，新华出版社 1989 年版，第 116 页。

③ ［英］郑斌著：《国际航空运输法》，徐克继译，中国民航出版社 1996 年版，第 99 页。

意义，因为属籍将导致有关国家对航空器产生一系列的权利和义务，反之则无。航空器的国籍归属按航空器在一国登记册上登记的事实确定之”①。由于民用航空器一般不作为单纯的客体对待，航空法乃至国际法常将其视为具有一定人格的特殊物对待，赋予其一定的法律主体性。其中，民用航空器具有人格化的国籍就是明证。“与自然人同样具有国籍的物有船舶、航空器、空间物体等。这些财产的国籍也以与特定国家之间的法律联系为基础，受该国保护并受其控制”②。这也就是说，国籍同样适用于民用航空器等物体。有关国籍的确定，国际法只强调一个对象一个国籍的原则和防止无国籍原则，至于赋予何种对象国籍，完全由各国国内法视具体情况而定，只是必须注意被赋予国籍的对象应与该国有密切的法律联系。可见，民用航空器具有国籍已成为国际公认的事实。只是不可忽视民用航空器国籍与自然人国籍的区别。因为，这是两个不同的概念，前者是指民用航空器隶属于特定国家的情形，后者是指人归属于特定国家的情形。正如法国著名的国际私法学家巴蒂福尔所指出的，“实在法还将国籍的概念适用于某些动产，这是由于它们本身的价值，加上其固有的活动性，应该将其置于特定国家的权力的监督下。目前，这样的动产有海船、内河航运船舶和飞行器。但是国籍一词在这里几乎很少有相似之处，它所指的关系与人所具有的国籍毫无任何共同之处，其存在的条件或产生的效果，都完全不相同”③。事实上，民用航空器国籍所引起的国籍国的权利义务与自然人国籍所引起的国籍国权利义务在内容上完全不同。由于民用航空器是一种法律的联系，即国籍国与民用航空器之间的联系，从而使得民用航空器的国籍国对该航空器予以保护和实施管理。从国际法角度审视，因民用航空器并非真正意义上的主体，常是航空法规范的对象，因而，民用航空器国籍并不会引起授籍国与民用航空器之间的权利与义务，它引起的是民用航空器国籍国对第三国的权利与义务。从国内法角度来看，民用航空器国籍对民用航空器有各种各样的规范，于是，必然会在国内法上衍生出国籍国对民用航空器的各种权利与义务。我国占主导地位的学说主张：民用航空器的国籍不具有自然人的国籍的类似法律效果，“不能因航空器具有其登记国的国籍，就认为航空器是其登记国领土

① 前苏联外交部外交学院编：《国际法辞典》，新华出版社1989年版，第116页。

② ［韩］柳炳华著：《国际法》，朴国哲、朴永姬译，中国政法大学出版社1997年版，第308页。

③ ［法］亨利·巴蒂福尔、保罗·拉加德著：《国际私法总论》，陈洪武等译，中国对外翻译出版公司1989年版，第82-83页。

的部分”①。民用航空器国籍的真正意义在于，它是航空器与登记国（即国籍国）之间联系的法律纽带。民用航空器登记国据此对具有其国籍的航空器享有权利和承担义务，并对民用航空器予以保护和施行管理。所有这些，正是民用航空器国籍的独特之处，我们在分析和处理有关问题时，必须慎重对待。

至于空间物体的国籍问题，也是与航空器的国籍密切相关的。对于空间物体的国籍，前苏联学者称为“宇宙实体的国籍”②，不过，国际社会通称为空间物体国籍③。根据 1967 年签订的《关于各国探索和利用包括月球和其他天体在内的外层空间活动的原则条约》和具体实施该条约的 1975 年的《关于登记射入外层空间物体的公约》对空间物体的登记作了详细规定：凡登记把实体射入宇宙空间的国家，对留置于宇宙空间的物体及其所载的任何人员，保持管辖权和控制权，宇宙实体或空间物体的所有权，在其留置宇宙空间或返回地面时始终不受侵犯。这类物体若在其登记国国境外寻获，则应当归还其登记国，根据要求，在归还物体前，其登记国应先提出证明材料。1968 年签订的《关于营救宇航员、送回宇航员及归还射入外空物体的协定》和 1972 年的《空间物体造成损害的国际责任公约》详细规定了空间物体的归属，即取决于发射者。发射国必须将空间物体进行登记，这样就使空间物体获得该国的国籍。而 1975 年的《关于登记射入外层空间物体的公约》还对共同发射的空间物体的国籍作了规定，即空间物体由数国共同发射时，由各国共同决定由其中的哪一个国家登记核实。

外层空间的物体的国籍的确定在许多方面同航空器国籍的确定相似，加之外层空间的物体属于航天法规范的对象，随着高科技的发展和航天活动的广泛、深入的开展，航天法律制度还有待于更深入的发展，④ 因此，这里暂不讨论航天物体的国籍问题，只集中探讨民用航空器国籍的有关问题。

---

① 王铁崖主编：《国际法》，法律出版社 1995 年版，第 303 页。

② 前苏联外交部外交学院编：《国际法辞典》，新华出版社 1989 年版，第 116-117 页。

③ ［韩］柳炳华著：《国际法》，朴国哲、朴永姬译，中国政法大学出版社 1997 年版，第 308-309 页。

④ 王铁崖主编：《国际法》，法律出版社 1995 年版，第 331-334 页。

第十七章　民用航空器国籍的取得

第一节　概　　述

民用航空器国籍的取得一般采用“登记主义”原则，即航空器的国籍取决于登记注册。民用航空器具有其登记国的国籍，而且只能在一个国家进行有效登记。如果民用航空器同时在两个国家登记，则其国籍便是国际法不予承认的，没有法律效力。从事国际飞行的民用航空器应具有适当的国籍标志和登记标志，航空器受登记国的法律管辖。机长在航空器内具有特殊地位，是公司和登记国的代表，有权对机组人员与旅客发布严格的命令和行使管理。

航空器国籍取得的法律依据主要有国际法与国内法两个方面的。从国际法来看，1919 年的《巴黎空中航行管理公约》和 1944 年的《国际民用航空公约》等均对航空器国籍取得作了规定，是航空器国籍取得的国际法依据。航空器不得具有双（多）重国籍，只单一具有登记国的国籍。但航空器登记可由一国转移至另一国，其登记和转移的条件、程序一般由登记国的国内法规定。从国内法的角度看，世界大部分国家的航空法都对民用航空器国籍的取得作出了具体规定。例如，1996 年 3 月 1 日生效实施的《中华人民共和国民用航空法》，以芝加哥公约关于航空器国籍原则的有关规定为主要根据，借鉴了美国、日本、法国、前苏联、罗马尼亚的有关规定，从我国实际情况出发，规定了民用航空器国籍的确定、进行民用航空器国籍登记的条件、国籍标志和登记标志的展示以及不得具有双重国籍等。而《中华人民共和国民用航空器适航管理条例》第 11 条则规定：在中华人民共和国境内飞行的民用航空器必须具有国籍登记证。在中华人民共和国注册登记的民用航空器，具有中华人民共和国国籍。国籍登记证由民航局颁发。民用航空器取得国籍登记证后，必须按照规定在该民用航空器的外表标明国籍登记识别标志。此外，我国香港和澳门特别行政区基本法也对民用航空器国籍作了规定。《中华人民共和国澳门特别行政区基本法》第 117 条规定，“澳门特别行政区政府经中央人民政府具体授权可自行制定民用航空的各项管理制度”。这一条款只是一种原则性规定，不如香港基本法那样具体、详尽。这是与澳门国际机场1995年才建成密切相关的，由于当时澳门尚无国际机场，中葡联合声明签署时也就没有提及澳门民用航空管理制度问题，所以澳门基本法只对澳门特别行政区的民用航空制度作了前瞻性、概括式规定。而香港早已是国际知名的航空运输中心，香港基本法把中英联合声明中有关民用航空制度的政策以法律的形式规定和确认下来，在第5章中专列第4节并以8个条文规定了香港特别行政区的民用航空制度和政策，其规定全面、具体、明确。① 其中对民用航空器国籍问题，《中华人民共和国香港特别行政区基本法》第129条作了十分明确的规定，即“香港特别行政区继续实行原在香港实行的民用航空管理制度，并按中央人民政府关于飞机国籍标志和登记标志的规定，设置自己的飞机登记册。外国国家航空器进入香港特别行政区须经中央人民政府特别许可”。除此以外，我国有关民用航空器国籍最具体、最明确的法律依据为1997年10月21日颁布的《中华人民共和国民用航空器国籍登记条例》，它对民用航空器国籍取得的原则、登记条件和程序以及国籍标志和登记标志等均作了详细的规定。具体内容，后面详述之。

第二节 民用航空器国籍取得的条件和程序

一、民用航空器国籍取得的原则

1. 民用航空器国籍唯一原则

所谓“国籍唯一原则”，是指一架民用航空器不得同时具有两个或两个以上国家的国籍；否则，就会出现民用航空器国籍的积极冲突。民用航空器国籍的积极冲突现象，主要是由各国对民用航空器国籍取得与丧失的规定不一致而产生的。由于民用航空器国籍的确定方法与船舶国籍的确定方法大体一致，采用登记方式。而各国对于民用航空器在其境内登记并取得其国籍的条件与程序的法律规定并不完全一致，有的国家要求必须具有所有权才可以登记，而另外一些国家则可能只要求缴纳较低的税赋便可登记，于是，常常难免出现双重或多重国籍现象，即民用航空器国籍的积极冲突。这种情况，无论对国家还是对

① 参见杨静辉、李祥琴著：《港澳基本法比较研究》，北京大学出版社1997年版，第430页。

民用航空器的所有人或者经营人，都会产生不良后果。它可能造成两个国籍国之间对同一民用航空器在管辖与保护上的冲突，从而影响两个国籍国之间的关系；也可能因两国同时要求同一民用航空器所有人或者经营人履行义务，从而使之在法律上处于困境。此外，第三国也可以把具有双重国籍的民用航空器视为两国中任何一国的民用航空器来对待，使其无法享受国籍国按照国籍原则所提供的保护与监督。因此，1944 年的芝加哥《国际民用航空公约》第 18 条明文规定，“航空器在一个以上国家登记不得认为有效，但其登记可由一国转移到另一国”。该规定明确禁止民用航空器同时具有两个或两个以上国家的国籍，但不反对先后具有不同国家的国籍，只是不得违背国籍唯一原则，即一架民用航空器只允许一个国籍的原则。

芝加哥公约所确定的民用航空器国籍唯一原则，日后逐渐为美国、法国、日本、前苏联、罗马尼亚和我国的航空法所接受并在国内法上予以明文规定。虽然《芝加哥公约》规定了民用航空器只能具有一个国籍的原则，但并未明确赋予国籍登记国对在国际航行中的具有本国国籍的民用航空器上发生的刑事犯罪和民事行为有管辖权。直到 1963 年的《关于在航空器内的犯罪和犯有某些其他行为的公约》，才普遍承认这种管辖权根据。在许多国家的国内法中，都规定了该国对具有其国籍的民用航空器上的人或事具有管辖权。我国 1997 年修订后的《中华人民共和国刑法》规定，“凡在中华人民共和国船舶或者航空器内犯罪的，也适用本法”。可见，芝加哥公约虽未直接拟定民用航空器国籍登记国的管辖权，但它确定的国籍唯一原则，客观上避免了双重国籍或者多重国籍所可能引起的混乱。

我国早在 1974 年就加入了《国际民用航空公约》，该公约所确立的民用航空器国籍唯一原则在我国的国内立法中得到了具体再现。例如，1995 年的《中华人民共和国民用航空法》第 9 条明确规定，“民用航空器不得具有双重国籍。未经注销外国国籍的民用航空器不得在中华人民共和国申请国籍登记”。1997 年 10 月 21 日颁行的《中华人民共和国民用航空器国籍登记条例》第 4 条更具体地规定，“民用航空器不得具有双重国籍。未注销外国国籍的民用航空器，不得在中华人民共和国办理国籍登记；未注销中华人民共和国国籍的民用航空器，不得在外国办理国籍登记”。我国台湾地区 1984 年修订的《民用航空法》第 8 条也规定，“航空器应由所有人向民航局申请登记，经审查合格后发给登记证书，已登记之航空器，非经核准注销其登记，不得另在他国登记。曾在他国登记之航空器，非经撤销其登记，不得在中国申请登记”。所有这些表明：我国坚持民用航空器国籍唯一原则，不允许双重或多重国籍，既不承认具有中国国籍的民用航空器同时具有其他国家的国籍，也不允许具有其他国家国籍的民用航空器同时取得我国国籍。已取得国籍的民用航空器，只有注销了原国籍，才可以申请登记新国籍；否则，一律无效。这种做法，不仅有利于保护具有我国国籍的民用航空器，而且有利于与有关国家发展睦邻友好关系和防范争端的产生。同时，还有助于充分保证各国对民用航空器管辖权的有效行使，维护国家民航秩序。

2. 登记主义原则

民用航空器国籍登记制度是一项十分重要的法律制度。这是与世界各国民商法确定财产所有权所普遍采用的登记制度相适应的。当今国际社会对于价值重大的船舶、航空器与汽车等，通说认为应向国家有关当局进行注册登记。芝加哥《国际民用航空公约》第 17 条明文规定，“航空器具有其登记的国家的国籍”。这也就是说，民用航空器的国籍是以该航空器在哪一个国家进行登记来确定的。《中华人民共和国民用航空法》第 6 条也规定，“经中华人民共和国国务院民用航空主管部门依法进行国籍登记的民用航空器，具有中华人民共和国国籍，由国务院民用航空主管部门发给国籍登记证书。国务院民用航空主管部门设立中华人民共和国民用航空器国籍登记簿，统一记载民用航空器的国籍登记事项”。《中华人民共和国民用航空器国籍登记条例》第 3 条进一步规定，“民用航空器依法登记，取得中华人民共和国国籍”。但该条例第 6 条规定，“民用航空器国籍登记，不得作为民用航空器所有权的证据”。随后，在该条例第 2 章、第 3 章中，分别对民用航空器国籍登记的主体、条件与程序等作了更为具体的规定。此外，美国、日本、法国和罗马尼亚等国的航空法也对民用航空器国籍登记制度作了与我国大体类似的规定。

在具体实践中，人们常常认为，民用航空器国籍与船舶国籍一样，一律由其登记国决定，即由其有权悬挂的国旗国决定。然而，这一错误的常识忽略了这样的客观事实，即英国船舶的国籍是由船舶所有人的国籍决定的。在坦佩莱商船运输法中称，“‘英国船舶’一词在本法中未作定义。但是，除持有捕押许可证由政府使用的船舶外，看来，至少从涉及船舶所有人和船上人员的义务和责任来看，所有人的国籍一般是船舶国籍的标准。因此，英国所有的船舶，即便未在英国登记，或者在外国登记并悬挂外国旗帜，为上述目的，亦是英国船舶……”在英国，根据 1988 年《商船航运法》和 1993 年《商务航运登记法》第 2 部分和《登记规则》第 3 部分的规定，有资格登记为英国船舶所有人的为英国公民或欧共体条约成员国国民、英国非自治领土公民、英国海外公民等8种，范围相当广泛。[①] 所以，早在制定1919年巴黎空中航行管理公约的1919年巴黎和会的航空委员会上，英国政府就曾在其提交的国际空中航行的国际公约草案第3条中建议“航空器的国籍按其所有人的国籍决定”。

但登记的准则最后在1919年巴黎公约（第6条）中占有上风，该条款接受了现在1944年芝加哥公约第17条中出现的同样原则，这种准则也为英国法律所采用。尽管英国法律通常只允许英国臣民或受英国保护的人所有的或租用的航空器在联合王国登记，看来1944年芝加哥公约并不强使缔约各国采用同样的限制。芝加哥公约第21条规定，“缔约各国承允，如经要求，应将关于在该国登记的任何个别航空器的登记及所有权情况提供给任何另一缔约国或国际民用航空组织。此外，缔约各国应按照国际民用航空组织制定的规章，向该组织报告有关在该国登记的经常从事国际航行的航空器所有权和控制权的可以提供适当的资料。如经其他缔约国要求，国际民用航空组织应将所得到的资料供给其他缔约国”[②]。

在列支敦士登诉危地马拉的诺特波姆案（Nottbohm Case）中，国际法院提出，按照里德法官在其议异中所标榜的国籍“联系论”，是可以不承认国家对没有“联结纽带的社会事实”的个体给予的国籍。这种联结纽带的社会事实，即是“在生存、利益、情感与所产生的相互权利义务之间的血缘联系”。因而，法院宣布的关于个体的规则不能被延伸至船舶和航空器，看来是没有道理的。[③] 但可以认为，在1944年芝加哥公约的各缔约国间，公约第17条和第19条的联合效力会阻止任何缔约国就一架在另一缔约国根据该国法律和规章登记的航空器的国籍进行争论，除非存在国民主要所有权和有效管理权的条款。甚至可以说，在缔约国之间，他们已经保证他们自己认为第17条阐述的原则同样适用于非公约缔约国，只要登记航空器的政治实体被有关缔约国根据国际法承认为主权国家。

最后应该提到，1944年芝加哥公约第77条规定，

“……理事会应决定本公约关于航空器国籍的规定以何种方式适用于国际经营机构所用的航空器”。

1960年3月，国际民航组织理事会收到阿拉伯联盟的一份要求，针对这种决定考虑设立一家泛阿拉伯航空公司。理事会任命了一个专家小组对第77

① 参见沈木珠著：《海商法比较研究》，中国政法大学出版社1998年版，第41页。

② 王铁崖、田如萱编：《国际法资料选编》，法律出版社1986年版，第545页。

③ See International Court of Justice, Reports 1955, p.280.

条提出的问题进行一般性研究，不仅仅研究阿拉伯联盟提出的具体要求，该专家小组于1960年6月开会。其报告认为第77条中“联合航空运输机构”一词仅指由1944年芝加哥公约缔约国组成的机构，并不适用于包括非缔约国在内的机构。因为拟议的泛阿拉伯航空公司包括非1944年芝加哥公约缔约国在内。因此，该专家组建议国际民航组织理事会没有理由，像阿拉伯联盟要求的那样，根据公约第77条的规定作出决定。至于其他，该专家小组说，这个总的问题已经从1956年起列入（常设）法律委员会的议程。而且，尽管其成员意见并不一致，看来一般同意，除非一架航空器在一个主权和独立的国家登记，它就没有国籍，不受任何国家国内法的管理。根据专家小组大多数成员的意见，按1944年芝加哥公约第77条的规定，国际民航组织理事会不能用一个国际经营机构或一个国际登记当局的义务来取代一个主权缔约国的义务。如此，在民用航空器国籍登记时常面临一个日益值得重视的问题，即国际组织（如联合国）拥有的民用航空器是否需要登记国籍以及如何登记国籍。这是1944年芝加哥公约在制定时由专家小组遗留下来的，至今尚未彻底解决的问题。

此外，民用航空器国籍取得原则还有主权自主原则、授籍自由原则等必须遵循的原则。这些不仅是确定民用航空器国籍最基本的原则，而且也是解决国际航空冲突法以及各种民商与行政纠纷不可违背的原则。

二、民用航空器国籍取得的条件

关于民用航空器取得国籍的条件，各国立法和实践并不完全相同。纵观当今世界大部分国家的航空法，对民用航空器取得国籍的实质要件的规定集中表现在对民用航空器主体资格的限定上。例如，法国航空法第L·121—3条（3）规定，“只有属于法国自然人或法人的航空器才能在法国注册”。同时还明确规定了合股公司、有限责任公司、股份有限公司以及协会等法人必须具备的条件。美国航空法第501条规定：应在本国进行国籍登记的航空器，必须是“合众国公民或经法律手续准许在合众国长期居住的外国个体公民所有”，或者“为依法组织并按合众国或其所属任一州的法律从事营业的法人（只有一个合众国公民的法人除外）所有，并且该航空器的基地在合众国又主要在合众国内使用者”所拥有的航空器。此外，罗马尼亚、日本、前苏联的航空法对航空器国籍登记问题都从航空器所有人的角度作了类似的规定。由于在国际中民用航空器的国籍原则参照或者借鉴了海洋法对船舶的国籍原则的规定，因而，我国有关民用航空器国籍取得的法律制度也参照了我国海商法与船舶登记条例的规定。我国 1995 年的《中华人民共和国航空法》第 7 条和 1997 年颁行的《中华人民共和国民用航空器国籍登记条例》第 2 条分别对在我国进行国籍登记的航空器应具备的法定条件作了具体、明确的规定。具体而言，这些条件包括：

（1）拥有民用航空器的主体为中华人民共和国国家机构，可在我国进行国籍登记。这是我国民航法第 7 条第 2 款和民用航空器国籍登记条例第 2 条第 2 款的共同要求。根据《中华人民共和国宪法》第 3 章的规定，我国的国家机构有以下六类：

①国家权力机关。这是在整个国家机构组织系统中居于首要地位的机构，可分为最高国家权力机关和地方各级国家权力机关两大类。前者指全国人民代表大会及其常设机关常务委员会，后者指地方各级人民代表大会及其常设机关常务委员会，包括民族自治地方的人民代表大会及其常务委员会。

②国家主席，即中华人民共和国主席。

③国家行政机关。这是国家权力机关的执行机关，其中国务院为最高国家行政机关，而地方各级行政机关是地方各级人民政府（包含民族自治地方的人民政府）。行政机关还包括国务院各部、委和直属机构、地方人民政府的工作部门。

④中央军事委员会。这是领导全国武装力量的机构。

⑤国家审判机关，即人民法院，包括最高人民法院、地方各级人民法院和专门人民法院。

⑥国家检察机关，即人民检察院，包括最高人民检察院、地方各级人民检察院和专门人民检察院。

上述六类国家机构拥有的除执行军事、海关和警察任务以外的航空器，不仅具备在我国进行国籍登记的条件，而且应当依法进行国籍登记。我国台湾地区的《民用航空法》第 10 条第 3 款也规定政府各级机构所有的民用航空器可以授予国籍。

（2）依照中华人民共和国法律设立的企业法人所拥有的民用航空器，可以而且应当在我国进行国籍登记。《中华人民共和国民用航空法》第 7 条第（2）项规定，“依照中华人民共和国法律设立的企业法人的民用航空器，企业法人的注册资本中有外商出资的，其机构设置、人员组成和中方投资人的出资比例，应当符合行政法的规定”，可以在我国进行国籍登记。《中华人民共和国民用航空器国籍登记条例》第 2 条第（2）项进一步对可以授予国籍的法人所有的民用航空器应具备的条件作了更具体的规定，“依照中华人民共和国法律设立的企业法人的民用航空器；企业法人的注册资本中有外商出资的，外商在该企业法人的注册资本或者实收资本所占比例不超过35%，其代表在董事会、股东大会（股东会）的表决权不超过35%，该企业法人的董事长由中国公民担任”。对于这一条件，可以从以下几个方面具体把握：

（1）“依照中华人民共和国法律设立的企业法人”，是指依照民法通则和公司法的规定所设立的企业法人。企业法人依法应当具备国家规定数额的资金，有符合规定的组织章程、组织机构和经营场所，能够独立承担民事责任，并经主管机关核准登记。它既包括全民所有制企业、集体所有制企业和依照公司法建立的企业，又包括在中华人民共和国境内设立的、依法经工商行政管理机关核准登记，取得中国法人资格的中外合资经营企业、中外合作经营企业和外资企业。这些企业所拥有的民用航空器，是要依法进行国籍登记的。

（2）对外商出资的企业法人的民用航空器国籍登记有特别规定。我国民航法只作了粗线条的规定，即“企业法人的注册资本中有外商出资的，其机构设置、人员组成和中方投资人的出资比例，应当符合行政法规的规定”。而国务院1997年颁布的民用航空器国籍登记条例第2条则对有外商出资的企业法人的外资比例和法人代表作了限制性规定，只有“外商在该企业法人的注册资本或者实收资本中所占比例不超过35%，其代表在董事会、股东大会（股东会）的表决权不超过35%，该企业法人的董事长由中国公民担任”，才可将其拥有的民用航空器在中国登记国籍。

根据国务院1990年发布的《中华人民共和国外资企业法实施细则》，对于下列行业设立外资企业是有限制的，即“（一）公共事业；（二）交通运输；（三）房地产；（四）信托投资；（五）租赁”。同时规定，“申请在前款规定的行业中设立外资企业，除中国法律、法规另有规定外，须经中华人民共和国对外经济贸易部（以下简称对外经济贸易部）批准”。也就是说，作为交通运输行业中的航空运输，是限制设立外资独资企业的，只能设立中外合资企业或中外合作企业。

作为拥有民用航空器而非从事航空运输活动的中外合资、合作企业，我国航空法只要求其符合我国有关法律、法规对此类企业在机构设置、人员组成和中方投资人的出资比例方面的一般要求。其中，最主要的是须遵循我国的三资企业法及其实施条例或细则。例如，《中华人民共和国中外合资经营企业法》第4条对于合资企业要求，“合营企业的形式为有限责任公司”。“在合营企业的注册资本中，外国合营者的投资比例一般不低于25%”，“合营各方按注册资本比例分享利润和分担风险及亏损”。该法第 6 条又对机构设置作了明确规定，“合资企业设立董事会，其组成人数由合营各方协商，在合同、章程中确定，并由合营各方委派和撤换。董事长和副董事长由合营各方协商确定或由董事会选举产生。中外合营者的一方担任董事长的，由他方担任副董事长。董事会根据平等互利的原则，决定合营企业的重大问题”。此外还要求，“正副总经理（或正副厂长）由合营各方分别担任”。《中外合资经营企业实施条例》的第 40 条还对合营企业的经营管理机构作了规定，“总经理、副总经理由合营企业董事会聘请，可以由中国公民担任，也可以由外国公民担任。经董事会聘请，董事长、副董事长、董事可以兼任合营企业的总经理、副总经理或其他高级管理职务”，等等。

但是，对于拥有民用航空器从事航空运输的中外合资企业和中外合作企业，除必须符合上述对合营企业的一般要求外，还应当符合行政法规的特别规定。目前，我国尚未颁布此类行政法规来规范从事交通运输的合营企业，仅出台了一些政策性规定，如 1994 年中国民航总局与对外经济贸易合作部联合发布了《关于外商投资民用航空业有关政策的通知》，通知的第 2 部分规定，“①允许外商，首先是外国航空运输企业与中国航空运输企业共同投资，以合资或合作方式设立航空运输企业”；“②允许外商，首先是外国航空运输企业购买中国航空运输企业的股份或与中国航空运输企业互相参股，设立航空运输企业”；“③外商投资设立航空运输企业，外商在该航空运输企业的注册资本或实收资本中所占的比例不得超过 35%，其代表在董事会的表决权不得超过 25%”；“④外商投资设立航空运输企业的董事长、总经理均为中方人员担任”。也就是说，在从事公共航空运输的中外合资企业和中外合作企业的出资比例问题上，我们要求此类企业的外方投资人的出资比例不低于 25%，但不得超过 35%，即中方投资的出资比例应占 65%以上。这是因为，合营各方的出资比例，直接关系到企业经营管理权由谁控制的问题。一般来说，出资越大，控制权越大，各方合营者是按照股权比例享受权利、承担义务的。同时，出资比例也涉及国家允许外资参与本国经济的程度。我国的《中外合资经营企业法》要求外国合营者投资比例一般不低于 25%，是考虑到若比例太小，外国合营者便可能不大关心企业的经营成果，也可能不愿意使用先进技术，因而达不到利用外资的实效。而对外经济贸易合作部与中国民用航空总局 1994 年发布的《关于外商投资民用航空业有关政策的通知》中，要求在有外商出资的航空运输企业中，中方投资人的出资比例应占 65%以上，外资比例一般不得超过 35%。限制外资比例是许多国家特别是发展中国家的普遍做法。航空运输业具有高风险的特点，它作为交通运输行业中的一个重要组成部分，在国家经济生活中占据重要地位，有着重要的影响。对外国投资者的出资比例加以限制的目的，是保证本国资本对企业的控制权，防止外资股权比例太高可能产生的不适当的后果。但是我国《关于外商投资民用航空业有关政策的通知》还仅是对外经济贸易部和中国民航总局联合发布的部门规章，其约束力有限。因此，国务院在1997年10月21日颁行了《中华人民共和国民用航空器权利登记条例》和《中华人民共和国民用航空器国籍登记条例》，着重对外商出资比例的上限作了规定，即不得超过35%，并要求外资投入的代表在该企业法人的董事会、股东大会（股东会）的表决权也不得超过35%，而对下限没有明文规定，留下了空白。从法理上分析，理应遵循《中外合资经营企业法》和《关于外商投资民用航空业有关政策的通知》，要求外商出资的航空运输企业的外资比例一般不低于25%。

（3）其他民用航空器须经国务院民用航空主管部门批准才能在我国申请国籍登记。我国《民用航空法》第7条（3）项和《民用航空器国籍登记条例》第2条（3）项共同规定，“国务院民用航空主管部门准予登记的其他民用航空器”可以而且应当在我国进行国籍登记。

这里所说的“其他民用航空器”主要包括两类民用航空器：一类是在中华人民共和国境内有住所或者主要营业所的中国公民的民用航空器。随着我国国民经济的不断发展和人民生活水平的提高，不能排除今后公民个人拥有自己的民用航空器的情形。对于这类航空器，经国务院民用航空主管部门批准后，应当进行国籍登记；另一类是指本条前两项中所规定的国家机构或者企业法人自境外分期付款购买的民用航空器或融资租赁的民用航空器等。这类民用航空器的所有权虽不属于该国家机构或者企业法人，但经国务院民用航空主管部门批准，也应当在我国进行国籍登记。

（4）按照航空器不得具有双重国籍的原则，在外国登记的航空器只有证实注销了在外国的登记后，才能在中华人民共和国登记。这也就是说，从国外进口的航空器，欲在中国登记，申请人必须提交出口国登记当局注销登记或未予登记的证明材料。我国《民用航空法》第9条和《民用航空器国籍登记条例》第4条均有这方面的共同规定，“民用航空器不得具有双重国籍，未注销外国国籍的民用航空器不得在中华人民共和国申请国籍登记”。同时，《民用航空器国籍登记条例》第4条还规定，“未注销中华人民共和国国籍的民用航空器，不得在外国办理国籍登记”。此外，依我国法律法规，企业法人或者国家机构还可以对其自境外租赁的、机组由承租人配备的民用航空器申请国籍登记。但是，该租赁来的民用航空器必须先注销原国籍登记，以避免双重国籍。我国《民用航空法》第7条第（3）项和《民用航空器国籍登记条例》第2条第（3）项对此也有共同要求，“自境外租赁的民用航空器，承租人符合前款规定，该民用航空器的机组人员由承租人配备的，可以申请登记中华人民共和国国籍，但是必须先予注销该民用航空器原国籍登记”。这一规定是符合现代国际社会有关租赁进口航空器国籍登记制度的发展趋势的。因为，当今世界各国对租赁航空器国籍登记主要采用两种模式：一种是在航空器所有人或出租人所在国进行登记的模式；另一种是在航空器所有人或出租人所在国进行登记的模式。由于在民用航空器承租人所在国登记（即民用航空器在经营国登记）国籍，有利于控制该民用航空器的适航性，也有利于保障航空安全。目前，我国绝大多数租赁的航空器是在我国登记国籍的。

对于租赁航空器国籍登记问题，应注意区分两种情形，即干租航空器的国籍登记与湿租航空器的国籍登记。因为，航空器的干租是指只光租航空器，不带机组；而航空器的湿租是指带机组的租赁。因此，必须从理论和实践上将两种情形区分开来。

（1）世界各国法律对干租民用航空器的国籍登记要求并不统一，有主张在航空器使用人或承租人所在国登记的，也有主张在航空器使用人或承租人所在国登记的。在航空器所有人（出租人）所在国家登记注册，这是一种选择。原民航北京管理局（改革后的中国国际航空公司）从美国租赁的两架B747SP型飞机，曾在美国登记注册，其国籍标志和登记标志是N1301E和N1304E。由于要符合FAA的有关规定，如维修须FAA批准，飞机飞行人员须持FAA的A&P执照等，为了满足这些要求，不得不委托泛美航空公司维修和放行飞机，花费了大量的资金；飞机要定期飞到美国，接受FAA的检查；飞第三国有障碍等。总之，有诸多不便。因此，几年后，这两架飞机就从美国登记转移到在中国登记了，分别为B-2454和B-2452。从此，符合中国民用航空规章的要求，即可飞行。目前，中国南方航空公司还有几架B757、B737飞机在美国登记注册。而在航空器使用人（承租人）所在国登记，则是另一种选择。这是最好的一种选择。航空器在经营国登记，受该国适航部门管辖，关系比较顺，也易于控制其适行性，从而有利于保障航空安全。目前，我国绝大多数租赁的航空器都已在中国登记，具有中国国籍和登记标志。

进口使用过的航空器，国籍转移前，需进行适航检查，符合新登记国的适航要求后，才准予登记。中国民航总局适航部门也在这方面作了具体规定。

（2）当今国际社会一般对湿租民用航空器的国籍采取在其所有人或出租

人所在国登记的做法最为常见。由于湿租航空器在其所有人（出租人）所在国家登记，具有该国国籍和登记标志，登记国应履行其职责和义务。但实际上有困难，所以，对运行安全是不利的。这样，国际社会已在着手寻求解决方略，允许登记国对租机的职责和义务的转移，即由登记国转移到经营国。有关的明文规定将在《国际民用航空公约》第 83 条分条中确认（已征求缔约国的意见）；即登记国的职责和义务可以转移到经营国，但需双方当局签订协议。职责和义务转移后即解除了登记国的职责和义务了。而我国对湿租航空器也有特别要求，即中国营运人湿租航空器从事商业运输，按照中国民用航空局第 30 号《湿租外国民用航空器从事商业运输的暂行规定》管理。

三、民用航空器国籍登记的程序

1. 登记机构

国务院民用航空主管部门是中华人民共和国民用航空器国籍登记机构，全面负责航空器的国籍登记工作。现阶段，我国的民航总局代表国家负责民用航空器国籍的登记管理，颁发民用航空器国籍登记证书。1987 年 5 月国务院颁行的《中华人民共和国民用航空器适航管理条例》第 11 条明确规定，“在中华人民共和国境内飞行的民用航空器必须具有国籍登记证。在中华人民共和国注册登记的民用航空器具有中华人民共和国国籍，国籍登记证由民航局颁发。民用航空器取得国籍登记证后，必须按照规定在该民用航空器的外表标明国籍登记识别标志”。我国 1995 年制定的《民用航空法》第 6 条也对负责民用航空器国籍登记的机构作了粗线条的规定。1997 年 10 月 21 日颁行的《中华人民共和国民用航空器国籍登记条例》第 5 条则作了更具体的规定，“国务院民用航空器主管部门主管中华人民共和国民用航空器国籍登记工作，设立中华人民共和国民用航空器国籍登记簿，统一记载民用航空器的国籍登记事项”。

2. 申请程序

（1）民用航空器欲申请获取中华人民共和国国籍的，申请人必须向国务院民用航空主管部门提交一份按规定格式填写的、完整属实的“民用航空器国籍登记申请书”，并提交下列文件：证明申请人合法身份的文件；作为取得民用航空器所有权证明的购买合同和交接书，或者作为占有民用航空器证明的租赁合同和交接文书；未在外国登记国籍或者已注销外国国籍的证明；国务院民用航空主管部门要求提交的其他有关文件。① 申请人办理民用航空器国籍登

① 《中华人民共和国民用航空器国籍登记条例》第 7 条。

记还应缴纳登记费，具体数额依有关规定而定。①

（2）国务院民用航空主管部门收到申请人提交的申请书和有关证明文件，经审查符合规定的，应向申请人颁发中华人民共和国民用航空器国籍登记书。国籍登记书的主要内容包括：标题；国籍和登记标志；航空器型号及制造者；出厂序号；航空器所有人名称、地址；航空器使用人名称、地址；签发人签署；颁发日期。此证书的背面为附注。根据《民用航空器国籍登记条例》第8条的规定，国务院民用航空主管部门应当自收到民用航空器国籍登记申请之日起7个工作日内，进行相应的审查工作并决定可否颁发国籍证书。

（3）国务院民用航空主管部门应设立民用航空器国籍登记簿，载明民用航空器国籍标志和登记标志、制造人名称、型号、出厂序号、所有人名称及其地址、占有人名称及其地址、登记日期、国籍登记证书签发人姓名。② 将有关的这些事项统一记载于该登记簿中，可以直观而明确地反映出该航空器是否已登记，在哪一国进行了登记，有无发生过从一国到另一国登记转移，同时可以避免航空器在一个以上国家登记。因此，将民用航空器国籍登记事项统一记载于国籍登记簿中，有利于该民用航空器的登记国对该航空器国籍登记情况的控制，从而使登记国对具有其国籍的民用航空器享有权利和承担义务，维护民用航空活动秩序，保障国际民用航空活动的安全运转。

3. 管理程序

民用航空器国籍登记证书是民用航空器登记注册的凭证，应放置于民用航空器内显著位置，以备查验。③ 如果民用航空器没有或者未携带民用航空器国籍登记证书的，则国务院民用航空器主管部门或者其授权的地区民用航空管理机构可以禁止该民用航空器起飞。④

4. 临时登记国籍

对未取得民用航空器国籍登记证书的民用航空器，作为民用航空器制造人、销售人或者国务院民用航空主管部门认可的其他申请人应当在进行下列飞行前30日内，按照国务院民用航空主管部门规定的格式如实填写申请书，并向国务院民用航空主管部门提交有关证明文件，办理以下方面的临时登记：验

① 《中华人民共和国民用航空器国籍登记条例》第13条。

② 《中华人民共和国民用航空法》第6条；《中华人民共和国民用航空器国籍登记条例》第9条。

③ 《中华人民共和国民用航空器国籍登记条例》第10条。

④ 《中华人民共和国民用航空器国籍登记条例》第14条。

证试验飞行、生产试验飞行；表演飞行；为交付或者出口的调机飞行；其他必要的飞行。国务院民用航空主管部门准予临时登记的，应当确定临时登记标志，颁发临时登记证书。①

第三节　民用航空器国籍的证明与展示方式

一、概述

现代国际法明确要求民用航空器的国籍应予以明显的证明与展示，这在《国际民用航空公约》以及法国、日本、罗马尼亚、中国的航空法中都有具体规定。1944 年的芝加哥《国际民用航空公约》第 20 条规定，“从事国际航行的每一航空器应带有适当的国籍标志和登记标志”。这就是说，从事国际航行的航空器，都应负有进行国籍标志展示的义务。民用航空器国籍标志展示义务的规定，有利于使民用航空器的国籍国享有或承租国际法规定的有关权利或有关义务。如《芝加哥公约》第 12 条“空中规则”明确规定，“缔约各国承允采取措施以保证在其领土上空飞行或者在其领土内运转的每一航空器及具有其国籍标志的每一航空器，不论在何地，应当遵守当地关于航空器飞行和运转的现行规章”。这条规定表明，作为航空器的国籍国，负有保证具有其国籍标志的航空器在任何地方都遵守当地的航空器飞行规则的义务。我国于 1987 年发布的《中华人民共和国民用航空器适航管理条例》第 11 条中，明确要求民用航空器取得中华人民共和国国籍登记证后，必须按照规定在该民用航空器的外表标明国籍登记识别标志。此外，我国《民用航空法》第 8 条和《民用航空器国籍登记条例》第 3 章分别对民用航空器国籍的证明方式和展示形式作了更为具体的规定。不仅我国法律有这方面的明文规定，而且世界上许多国家航空法中，都有此类规定，如日本航空法第 8—3 条规定，“飞机或旋翼机在办理了首次登记手续后，必须立即在该航空器上标示其登记标志”。法国航空法人 L · 121—2 条（2）中也明确规定，“根据法令规定的条件，凡在法国注册簿上注册的航空器，具有法国国籍，并应涂上规定的该国国籍的明显标志”。这些规定，都是国际公约要求的民用航空器标志展示义务在各国国内法中的具体体现。

① 《中华人民共和国民用航空器国籍登记条例》第 20 条。

二、民用航空器国籍的表征形式

1. 国籍标志（Nationality Mark）

民用航空器国籍标志，是指识别航空器国籍的标志，具体指识别民用航空器国籍的字母符号。国际民用航空组织理事会于1949年2月8日通过的《国际民用航空公约·附件7——航空器国籍标志和登记标志》（以下简称《附件7》），对国籍标志和登记标志的国际标准作了统一的规定。1987年7月30日，国际民用航空组织理事会又通过了对《附件7》的第四次修改，决定各缔约国的规定如与《附件7》的规定有差异时，应当通知国际民用航空组织备案认可，并在《附件7》的附录中加以说明。按照《附件7》的规定，国籍标志须从国际电联（International Telecommunication Union）分配给登记国的无线电呼叫信号中的国籍代号系列中选择。按照这个规则，我国选定罗马体大写字母"B"，作为中国航空器的国际标志①，并在我国恢复在国际民用航空组织中的合法地位后不久，便通知了该组织，得到其认可。目前，中国民用航空器国籍标志已载于《附件7》的附录中。我国《民用航空器国籍登记条例》对航空器国籍标志作了明确、具体的规定：取得中华人民共和国国籍的民用航空器，应将国籍标志置于登记标志之前，国籍标志和登记标志之间加一短横线，均应喷涂在民用航空器上或者用其他能够保持同等耐久性的方法附着在民用航空器上，并须保持清晰可见。② 该条例第19条明文规定，"取得中华人民共和国国籍的民用航空器，应当载有一块刻有国籍标志和登记标志并用耐火金属或者其他耐火材料制成的识别牌"。而且，该条例第18条还规定，"任何单位或个人不得在民用航空器上喷涂、粘贴易与国籍标志和登记标志相混淆的图案、标志或者符号"。

2. 登记标志（Registration Mark）

民用航空器登记标志，是指航空器登记国在航空器登记后给定的标志，具体由给定的数字、字母或它们的组合表征出来。根据《附件7》的规定，航空器的登记标志只能是字母、数字或者是字母与数字两者的组合，登记标志列在国籍标志之后，如果登记标志第一位是字母，则国籍标志与登记标志之间应有一短划。我国民用航空器国籍登记标志，由阿拉伯数字、罗马体大写字母或者二者的组合（《民用航空器国籍登记条例》第15条），列在国籍标志B之后，

① 《中华人民共和国民用航空器国籍登记条例》第15条。

② 《中华人民共和国民用航空器国籍登记条例》第16条、第17条。

两者之间加一短横线。由于目前我国航空器登记标志基本采用四位阿拉伯数字，即登记标志的第一位是数字的情况下，与国籍标志之间有一短横线，这与公约《附件 7》的规定是有差异的；但是我国登记标志第一位也可以采用字母，在这种情况下，其前面有一短横线，与公约《附件 7》是一致的。此外，我国还允许尚未取得国籍登记证的民用航空器，在为试验和表演飞行、为交付出口的调机飞行以及中国民用航空器总局认为必要的情况下，申请临时登记标志。但是，这种具有临时登记标志的民用航空器是不得从事客货运输和其他经营活动的。

3. 共用标志（Common Mark）

所谓“民用航空器国籍共用标志”，是指预期不以国家形式登记航空器的可以采用共用标志。这是国际民航组织理事会于 1969 年 1 月 23 日通过了附件 7 第 3 次修改所引进的。根据 1969 年 5 月 23 日生效的《国际民用航空公约》附件 7 的规定，“共用标志”、“共用标志登记当局”、“国际经营机构”等术语首次导入国际民航活动。共用标志也须从国际电联（International Telecommunication Union）分配给国际民航组织的无线电呼叫信号的代号系列中选定，由国际民航组织给共用标志登记当局指定共用标志，用以对国际经营机构的航空器进行登记。① 例如，1983 年 12 月 2 日国际民航组织理事会会议决定，阿拉伯航空货运公司（约旦和伊拉克联营）联合登记的航空器具有共用标志 4YB，由约旦保存并登记，承担公约规定的登记国的责任。有关民用航空器共用标志的法律依据，以《国际民用航空公约》第 77 条的规定最为典型。

另外，根据《中华人民共和国民用航空器国籍登记条例》第 17 条第 2 款的规定，“国籍标志和登记标志在民用航空器上的位置、尺寸和字体，由国务院民用航空主管部门规定”。而我国《民用航空规章》不仅对轻于空气的航空器（如自由气球等）的标志的绘制作出了具体规定，而且对重于空气的航空器标志的绘制也有具体规定。这里主要探讨后者的固定翼航空器标志的绘制。国务院民用航空主管部门对民用航空器国籍标志和登记标志的绘制的具体规定集中表现为：国籍标志和登记标志要绘制在机翼——尾翼之间的机身两侧，且要在右机翼的上表面，左机翼的下表面，用正体大写，字母和阿拉伯数字不加装饰。除了对绘制的位置、字体的要求外，还对字的尺寸有着具体的要求，如机翼上每个字高不得小于 50 厘米，机身上每个字高不得小于 30 厘米，字的宽度（1 和 I 除外）应为字高的 2/3，笔画宽度为字高的 1/6，每两个字的间隔

① 参见王铁崖主编：《国际法》，法律出版社 1995 年版，第 303 页。

宽度不小于字宽的1/4。因面积所限需缩小尺寸等特殊情况，需报经登记机构的同意。在民用航空器注销登记以后，航空器上的国籍标志和登记标志应当予以覆盖。

除此以外，民用航空器还涉及登记国的国旗绘制问题，凡被国家指定航空器外部绘制国旗的航空公司为挂旗公司，非挂旗公司的航空器均不得绘制国旗。经国务院批准，我国指定中国国际航空公司的航空器上绘制中华人民共和国国旗，位于机身前部两侧。其他公司的航空器上均不得绘制中华人民共和国国旗。

三、民用航空器国籍登记的国际认可

民用航空器国籍登记是否能得到其他国家的承认，直接影响着国籍登记的效力。因为，一国政府是否承认外国民用航空器国籍及登记国发给或者核准的民用航空器适航证书、机组人员合格证书和执照，关系到该国政府是否允许外国民用航空器飞入本国领空的问题。《芝加哥公约》第32条和第33条对此作了原则规定，“从事国际航行的每一航空器驾驶员及空勤组其他成员，应备有该航空器登记国发给或核准的合格证书和执照。每一缔约国对其任何国民为在其领土上空飞行而由另一缔约国发给的合格证书和执照，保留拒绝承认的权利”；“登记航空器的缔约国发给或核准的适航证和合格证及执照，其他缔约国应认为有效。但发给或核准此项证书或执照的要求，须相等或高于根据本公约随时制定的最低标准”。正是由于随着国际间交往的不断增多和航空运输业的迅猛发展，航空器来往于世界各国间的情况也越来越多，我国《民用航空器》第182条明确要求承认其他国家的民用航空器国籍登记国发给或者核准的民用航空器适航证书、机组人员合格证书和执照。这是我国政府遵守国际公约的重要体现，也是增加国际交流和发展经贸的需要。

一般来说，由登记国的航空主管部门“发给或核准”的“适航证”是关于飞机整体结构和各种技术性能的工程技术鉴定书。对这种鉴定，是要承担法律责任的。而机组人员的合格证书和执照也直接关系到飞行安全和正常。正因为如此，《中华人民共和国民用航空法》第182条规定，“发给或者核准此项证书或者执照的要求，应当等于或高于国际民用航空组织制定的最低标准”。这里的“最低标准”是指国际民用航空组织依据《芝加哥公约》第37条“随时制定并修改”的国际标准，具体说是指《芝加哥公约·附件8》“适航证”中规定的国际标准。其具体内容包括，“必须有经批准的设计，其中包含为表明航空器符合相应的适航性所需的各项图纸、规格说明、报告和证明文件。必

须保持记录以证实航空器与其经批准的设计等同”，“在制造期间，必须按照一个经国家批准的检验系统检查航空器，以确定在所有重要方面符合了经批准的设计，且其制造和装配均良好”，“航空器必须经过国家认为必要的，用以表明符合相应的适航性要求和飞行试验”，等等（《芝加哥公约·附件8》第Ⅱ部分）。此外，该附件的第3部分、第4部分也作了相应的规定，这些标准构成了国际民用航空组织制定的“最低标准”的内容。按照1944年芝加哥会议上的设想，拟把《芝加哥公约·附件8》定为“国际适航标准法”，以逐步取代各国自行制定的适航标准，可是由于现代大型喷气飞机种类、型号不一，结构也十分复杂，因此1972年12月15日国际民航组织理事会通过决议，采用新办法。决议认为，《芝加哥公约·附件8》中的适航技术标准只提出对目标作一般说明，而不规定实现这些目标的方法，国际民航组织承认，应把各国按需要制定的内容全面而包含细节的适航法规，当做一国每架飞机适航证明的依据。

第四节　民用航空器国籍登记国的权利和义务

民用航空器的国籍是航空器与登记国相联系的法律纽带，登记国对具有其国籍的航空器予以保护和施行管理，享有一定的权利并应承担相应的义务。

一、国籍登记国的权利

（1）民用航空器在登记国籍以后，其登记国不仅对该航空器具有适航管理权，而且对该航空器行使保护权，即有权保护本国航空器。

（2）航空器在其登记国领域以外飞行期间，在一定条件下，其国籍登记国也具有管辖权，对航空器内发生的法律行为和事件等可适用其登记国的法律。这是1963年《关于在航空器内犯罪和某些其他行为的公约》（简称《东京公约》）最先确立的一项国际法上的空中刑事管辖权原则。该公约第3条第1款规定，“航空器登记国有权对在该航空器内的犯罪和行为行使管辖权”。但《东京公约》实行的是“不排除根据本国行使刑事管辖权”（第3条第3款）的并行管辖制度。[①] 而1970年的《制止非法劫持航空器的公约》（简称《海牙公约》）第4条和1971年的《制止危害民用航空安全的非法行为的公约》（简称《蒙特利尔公约》或《反破坏公约》）第5条则在《东京公约》

① 参见王铁崖主编：《国际法》，法律出版社1995年版，第320页。

的基础上对航空器国籍登记国的空中刑事管辖权作了更具体的规定，并引入了普遍管辖原则。我国 1997 年修订后的刑法也遵循国际公约的原则明文规定“凡在中华人民共和国船舶或飞机内犯罪的，也适用本法”（第 6 条第 2 款）。

（3）航空器在登记国境内活动，该登记国享有完全的管辖权。

（4）在某一国家登记国籍的民用航空器若在另一国领土内发生事故，航空器登记国应有权获取指派观察员前往事故现场调查的机会，而主持调查的国家应将关于此事故的调查报告、调查结果和判断通知航空器国籍登记国。①

（5）民用航空器国籍登记国享有以其法律作为决定该航空器所有权的取得、转让和消灭以及抵押权准据法的权利。关于所有权的法律适用问题，世界各国立法和司法实践普遍采用“物之所在地法”的原则。这个原则又被称为“物权法则”。它是 14 世纪由法则说的创始人意大利的巴托鲁斯（Bartolus）最先提出来的。起初这一原则仅适用于不动产，一方面，它符合不动产所在地国家的利益；另一方面，只有不动产所在地法院才能对其境内的争议标的物进行有效的控制。其后，随着资本主义经济的进一步发展，流动资本的成分逐渐增加，动产价值亦越来越高，为了尽可能地扩大动产所在国法律在动产物权上的适用范围，19 世纪末，许多国家相继在立法和司法实践中抛弃了“动产随人”原则，主张不再区分动产与不动产，一律采用“物之所在地法”原则。②然而，尽管“物之所在地法”原则的适用范围虽然非常广泛，但在现代各国立法和实践中，并非一切涉外所有权问题或物权问题，都由“物之所在地法”来规定。这一原则在实际运用中，受到一些限制，存在一些例外情况，如船舶、航空器的所有权问题或物权问题。船舶经常航行在公海上，航空器经常往来于公海上空，而公海和公海上空不属于任何国家法律的管辖，根本不存在所谓“物之所在地”国家，有关船舶和航空器的所有权问题，当然更难以适用“物之所在地法”。因此，世界各国普遍主张依船旗国或航空器国籍登记国法律作为涉外所有权或物权关系适用的准据法。《布斯塔曼特法典》第 275 条规定，“移转船舶所有权所需要公告的方式受船旗国法律支配”。该法典第 282 条强调上述规定“亦适用于飞机”。各国判例也大多采取这种主张。我国《民用航空法》第 185 条在借鉴国外立法经验的基础上，明文规定“民用航空器所有权的取得、转让和消灭，适用民用航空器国籍登记国法律”，不仅是切合实际的，而且也是与国际通行做法一致的。

① 《国际民用航空公约》第 26 条。

② 李双元：《国际私法》，北京大学出版社 1991 年版，第 208 页。

实践中，民用航空器所有权登记与民用航空器国籍登记是既相互联系，又相互区别的两个问题。我国《民用航空器国籍登记条例》第6条规定，“民用航空器国籍登记，不得作为民用航空器所有权的证据”。有必要明确的一点是，我国并不反对航空器所有权的登记国与国籍登记国的统一。航空器的权利登记国与国籍登记国通常是不分离的。外国立法中一般都规定，该国公民、法人或者其他组织所有的航空器才有权申请该国国籍登记。日内瓦公约第一条也开宗明义地要求，所有民用航空器权利的赋予必须符合该航空器进行国籍登记的（缔约）国家当时的法律。因为民用航空器所有权或物权问题上，适用该民用航空器国籍登记国法律能最充分地保护所有权人或物权人的合法权益。与此相适应的是，国际社会对于民用航空器抵押权也一般主张适用民用航空器国籍登记国法律。我国《民用航空法》第186条也有这方面的明确规定，“民用航空器抵押权适用民用航空器国籍登记国法律”。

二、国籍登记国的义务

民用航空器国籍登记国需要承担严格安全管理、制定适航标准并监督执行、颁发证件以及禁止不符合安全有序和平等竞争原则使用航空器等义务。根据1944年芝加哥《国际民用航空公约》的规定，民用航空器国籍登记国不仅有权利，而且也有义务保证，首先，在其领土上空飞行和其领土内运转的每一航空器应遵守其航空规章；其次，凡具有其国籍的每一航空器，不论在何处，应遵守当地现行的航空规章。该公约第12条“空中规则”进一步规定，“缔约各国约定关于这方面的本国规章，在最大可能范围内，应与根据本公约随时制定的规章相一致。在公海上根据本公约制定的规则即为有效的规则。缔约各国承允对违反适用规章的一切人员起诉”。因此，为了保证使在缔约各国登记的航空器在任何地方都遵守航空规章，芝加哥公约依靠缔约各国的领土主权，使所有在其领土内或在其领土上空的航空器，不论其国籍，执行这种规章和规则，并依赖其准领土主权，使具有各自国籍的航空器，不论在何处，执行这种规章和规则。具体而言，公约中以领土主权为基础的规章和规则包括一般空中规章（第11条），特别是空中规则（第12条），无线电发射设备（第30条）或照相设备的使用（第36条），无人驾驶飞行（第8条），遵循的航路（第5条和第68条），禁区（第9条），过境时降落的要求（第5条和第10条），海关、移民和卫生规则（第10、13、14、16、22、23、24和第27条），航空器检查（第16条），机场和其他航行设施的使用（第15条和第68条），商业性运输（第5、6和第7条），货运限制（第35条），文件、证件和执照（第13、

16、20、22、23、29~34 及 39~42 条），和文件的查验（第 16 条）。

除此以外，对具有缔约各国国籍的航空器，不论在何处，执行以该缔约各国准领土主权为基础的规章和规则，包括有关滥用民用航空器（第 4 条），国家航空器（第 3 条），无人驾驶飞行（第 8 条），空中规则，特别是飞越公海的空中规则（第 12 条），卫生规则（第 14 条），无线电发射设备的执照颁发和使用（第 30 条），有效证件（第 31、33、39~41 条）和执照（第 30、32、39、40 和 42 条），以及国籍和登记标志的展示（第 20 条）。

另外，民用航空器国籍登记国还得履行国际合作的义务，这也是芝加哥公约所倡导的一项基本原则。我国法律还着重强调，民用航空器从事国际、国内飞行必须携带其登记国颁发或核准的航空器国籍登记证、航空器适航证以及无线电台执照。这是芝加哥公约第 29 条明确要求的，每一航空器在从事国际航行时必须携带，“航空器登记证；航空器适航证；每一空勤人员的适当执照；航空器航行记录簿；航空器如装有无线电设备，应携带航空器无线电台许可证；航空器如载运乘客，应携带列有乘客姓名及其登记地与目的地的清单；航空器如载运货物，应携带货物舱单和详细的申报单”。而该公约第 34 条还规定，“从事国际航行的每一航空器，应保持一份航行记录簿，以根据本公约随时规定的格式，记载航空器、空勤人员及每次航行的详情”。

第十八章　具有外国国籍的民用航空器在我国享有的权利和承担的义务

外国籍民用航空器在中国境内从事民用航空活动具有特殊性，涉及空中交通管制、经营、民事责任、搜寻援救、事故调查等甚为广泛的范围，如果不专门明确其享有的权利和承担的义务，则势必会造成诸多不便和困难，妨碍国际民航事业的有序发展。近年来，随着我国改革开放和现代化建设步伐的加快，加之全球化的进程不断加快，国际往来和旅游业的迅速扩大，我国民航事业进入了空前蓬勃的发展时期，外国民用航空器出入我国日益频繁。为此，我国政府先后以行政法规、规章等形式发布了一些有关外国航空器管理的规定，如《中华人民共和国搜寻援救民用航空器规定》、《外国民用航空器飞行管理规则》、《民用航空运输不定期飞行管理暂行规定》等，1995 年颁布的《中华人民共和国民用航空法》又设专章对外国民用航空器作了特别规定，进一步完善和健全了我国民用航空法律制度，使外国籍民用航空器在我国享有的权利和承担的义务清晰可见。

第一节　外国籍民用航空器在我国享有的权利

本章着重探讨外国籍民用航空器在我国享有的权利，暂不涉及外国民用航空器依国际公约享有的“公海和专属经济区上空飞行自由权”、“在用于国际航行的海峡上空享有的过境通行权（Right of Transit Passage）”、“群岛海道通过权（Right of Archipelagic Sea Lanes Passage）”等权利。[①] 依国际公约和我国的航空法规定，外国籍民用航空器在我国享有的权利如下：

一、有条件地享有飞入、飞出中华人民共和国领空和在中国境内飞行、降落的权利，即有限的航空运营权利

所谓航空运营权，是指一个国家指定的航空公司根据本国政府与外国政府

① 参见王铁崖主编：《国际法》，法律出版社 1995 年版，第 305-311 页。

签订的航空运输协定，在协议航线上经营航空运输业务，在外国取得的飞越、经停该国或在该国上下旅客、货物、邮件的权利。根据1944年的《国际航空运输协定》和《国际航班过境协定》，每一缔约国应给予其他缔约国的从事定期国际航班的航空器“五种空中自由”（Five Freedoms of the Air）：不降停而飞越其领土的权利；非商业性降停的权利；卸下来自航空器国籍国领土的旅客、货物、邮件的权利；装载前往航空器国籍国领土的旅客、货物、邮件的权利；装卸前往或来自任何第三国领土的旅客、货物、邮件的权利。① 而1944年的《国际民用航空公约》对民用航空器在他国上空飞行问题未作明文规定，而只对国家航空器作了明确、具体的规定。该公约第3条第3款规定：“一缔约国的国家航空器，未经特别协定或其他方式的许可并遵照其规定，不得在另一缔约国领土上空飞行或在此领土上降落。”而该公约对民用航空器在缔约国上空飞行的态度却不明朗，主要表现为公约第5条，对不定期飞行的权利的规定，即：“缔约各国同意其他缔约国的一切不从事国际航班飞行的航空器，在遵守本公约规定的条件下，不需要事先获准，有权飞入或飞经其领土而不降停，或作非运输业务性降停，但飞经国有权令其降落。为了飞行安全，当航空器所欲飞经的地区不得进入或缺乏适当航行设备时，缔约各国保留令其遵照规定航线或获得特准后方许飞行的权利”。“此项航空器如为取酬或出租而载运客、货、邮件但非从事国际航班飞行，在遵守第7条规定的情况下，亦有装卸客、货或邮件的特权，但装卸地点所在国家有权规定其认为需要的规章、条件或限制。”而公约第6条对定期航班规定却十分明确，即“国际航班飞行，非经一缔约国特准或给予其他许可并遵守此项特许或许可的条件，不得在该国领土上空飞行或飞入该国领土”。

从对第5、第6条的比较中可以看出，公约对于不定期国际过境的飞行没有完全贯彻尊重各国主权的原则，因此受到许多国家尤其是第三世界国家的批评和反对。我国于1989年3月2日由国务院发布施行的《民用航空器运输不定期飞行管理暂行规定》第7条就规定，“外国民用航空运输企业经营飞入或飞出中华人民共和国领域运输业务的不定期飞行，按照中华人民共和国和该国政府签订的航空运输协定中有关规定办理”。因此。我国1996年3月1日施行的《中华人民共和国民用航空法》第174条明确规定了外国籍民用航空器飞入、飞出我国领空和在我国境内飞行、降落的权利，即“外国民用航空器根据其国籍登记国政府与中华人民共和国签订的航空运输协定、协议的规定，或

① 参见黄惠康著：《国际法教程》，武汉大学出版社1989年版，第120-121页。

者经中华人民共和国国务院民用航空主管部门批准，方可飞入、飞出中华人民共和国领空和在中华人民共和国境内飞行、降落”。“对不符合前款规定，擅自飞入、飞出中华人民共和国领空的外国民用航空器，中华人民共和国有关机关有权采取必要措施，令其在指定的机场着落；对虽然符合前款规定，但是有合理的根据认为需要对其进行检查的，有关机关有权令其在指定的机场降落。”这里不仅吸收了芝加哥公约的合理因素，而且克服了公约未充分尊重国家主权的缺陷，彻底地贯彻了国家主权原则。有关我国领空主权保护问题，我国《民用航空法》第 2 条有具体规定，“中华人民共和国领陆和领水之上的空域为中华人民共和国的领空。中华人民共和国对领空享有完全的主权”。我国的民航法第 174 条就是以此为基础的。《芝加哥公约》的第 1 条也规定，“缔约各国承认每一国家对其领土之上的空气空间具有完全的和排他的主权”。但是由于航空运输本身的特点，决定了一国的领空不可能完全封闭起来，因此解决问题的方法就是各国政府之间签订航空运输协定或者其他有关文件，或者经本国民用航空主管当局批准，允许外国民用航空器飞入、飞出本国领空和在本国境内飞行、降落。1979 年 2 月 23 日经国务院批准，由中国民用航空总局发布的《外国民用航空器飞行管理规则》对此作了类似的规定。

基于上述理由，我国《民用航空法》第 174 条第 2 款规定，对于不符合第一款规定，擅自飞入、飞出中国领空的外国民用航空器，我国的民用航空活动主管机关甚至军事机关可以采取包括军事行动在内的必要措施，令其在指定的机场降落；有些外国民用航空器飞入、飞出中国领空虽然符合本条第一款的规定，但是有合理的根据认为需要检查的，其中包括对涉及国家、海关、走私、卫生检疫方面的检查，有关机关有权令其在指定的机场降落。这种做法，体现了 1984 年召开的国家民航组织第 25 届特别大会上修订《芝加哥公约》并增加的第 3 分条的精神。公约第 3 分条规定，“缔约各国承认，各国对飞行中的民用飞机使用武力，必须采取克制态度，并于拦截时，不得危及机上人员的生命和飞机的安全；各国在行使主权时，对于未经许可或者有正当理由认为用于不符合本公约宗旨的任何目的而飞越其领土的民用飞机，有权令其在指定机场降落，并得给予该机以任何终止该侵犯行为的其他指令”。

二、外国籍民用航空器的经营人经其本国政府指定或批准并获得我国民用航空主管部门特许，方可经营限定的国际航班运输或经营我国境内一地和境外一地之间的不定期航班运输

对于外国籍民用航空器在我国享有的经营国际航班运输和不定期国际航空

运输的权利，我国《民用航空法》第176条有明文规定。对此，我们应从以下方面把握：

首先，外国籍民用航空器，当其“经营人经其本国政府指定，并取得中华人民共和国国务院民用航空主管部门颁发的经营许可证”，有权经营协定规定的国际航班运输。所谓航班是指飞机定期从始发站按照规定的航线起飞，经过经停站至终点或直接到达终点站作运输飞行。在国际航线上飞行的航班就叫做国际航班，在国内航线上飞行的航班就叫做国内航班。外国民用航空器要求经营与我国之间的航班运输，首先，需有外国航空器经营人经其本国政府的指定。这是因为航空器是空运企业进行航空运输的生产工具，因此航空运输企业对所属从事国际航空运输的航空器应有主要所有权和有效控制权。1945年2月8日起生效的《国际航空运输协定》第6条规定，“每一缔约国如对另一缔约国的空运企业的主要所有权和控制权属于该缔约国国民存有疑义，或该空运企业不遵守其飞经国家的法律，或不履行其协议所觏定的义务时，保留扣发或撤销其证书或许可证的权利”。我国与其他国家签订的航空运输协定中，一般也有类似的条款。如《中英航空运输协定》中就规定：缔约各方指定空运企业的实际所有权和有效控制权应当属于各缔约方或其国民。在对于空运企业的主要所有权和有效控制权是否属于该空运企业的缔约国或其国民的情况有疑义时，缔约一方有权取消已经给予缔约另一方指定的空运企业的经营许可，或者暂停该指定空运企业行使本协定给予的在规定航线上建立和经营协议航班的权利。经营中国与外国政府签订的航空运输协定、协议规定的国际航班运输，需取得中国国务院民用航空主管部门颁发的经营许可证。这样既符合《芝加哥公约》第6条的规定，也是世界上许多国家法律上通行的做法。例如，美国联邦航空法第402条规定，“非持有委员会（美国联邦航空委员会）的现行有效的许可证，任何外国航空承运人不得经营国际（美国与外国之间）空运业务”。之所以要作这样的规定，一方面，是因为国际航线的使用涉及一国的主权；另一方面，从事国际航班运输也存在着巨大的经济效益，因此主权国家需要从政治、经济等各方面考虑是否许可外国的空运企业经营与本国之间的国际航空运输。①

其次，外国籍民用航空器，当其经营人经其本国政府批准，并获得中华人民共和国国务院民用航空主管部门批准，有权经营我国境内一地与境外一地之间的不定期航空运输。不定期飞行是指不属于定期航班的民用航空运输飞行，

① 曹三明，等：《民用航空法释义》，辽宁教育出版社1996年版，第384页。

包括自用包机、学生或学习团体包机、综合旅游包机、货物包机、专机等。国务院发布的《民用航空运输不定期飞行管理暂行规定》及其细则规定：从事不定期飞行，必须向中国民用航空总局申请，经批准后方可飞行。外国民用航空器运输企业经营飞入或飞出中华人民共和国领域运输业务的不定期飞行，按照中华人民共和国政府和该国政府签订的航空运输协定中有关规定办理。

三、外国籍民用航空器在我国享有遇险援救方面的权利

民用航空器的遇险救助一般包含有搜寻、帮助和救援三方面的内容。搜寻，是指飞机遇险失踪或下落不明时，帮助寻找其确切位置；帮助是指遇险飞机尚能继续飞行时，帮助其解决困难；救援，是指其他的飞机或工具对遇险飞机及机上乘客和货物实施援救。追根溯源，航空器的遇险救助在航空法发展的初期就受到了重视。1919 年《巴黎公约》第 23 条就规定，“对海上遇险飞机救助，在无相反协议的条件下，适用海商法的原则”。在这一规定的基础上，由航空法专家国际技术委员会草拟，并最终于 1938 年在布鲁塞尔制定了一个《统一有关海上救助飞机或以飞机救助的若干规则公约》（简称《1938 年布鲁塞尔救助公约》）。当这个公约签订时，正值第二次世界大战前夕，因未获得足够批准国而一直未能生效。但该公约设想的问题和解决方案是很有价值的，不少国家已将该公约的内容纳入本国国内法。在长期的实践中，国际法在海商领域形成了遇险救助的习惯国际法规则。可以说遇险救助是国际社会各国的一种国际义务，对航空运输业来讲也不例外。1944 年的《芝加哥公约》第 25 条明文将遇险航空器的救助规定为各缔约国的义务，“缔约各国承允对其领土内遇险的航空器，在其认为可行的情况下，采取援助措施，并在本国当局管制下准许该航空器所有人或该航空器登记国的当局采取情况所需的援助措施。缔约各国在搜寻失踪的航空器时，应按照公约随时建议的各种协同措施方面进行合作”。依此规定，国际民航组织理事会后来制定了《芝加哥公约 · 附件 12——搜寻援助》。该附件将搜寻援救区扩大到海上，其第 2 条规定：在公海或主权尚未确定的区域，由地区航行会议协议制定搜寻援救区，建立援救协调中心，以便在该区内提供搜寻援救服务。我国政府于 1992 年 12 月 28 日发布施行了《中华人民共和国搜寻援救民用航空器规定》，该规定只适用于中国领域内以及中国缔结或者参加的国际公约规定由中国承担搜寻援救工作的公海内搜寻援救民用航空器的活动。而对外国民用航空器所有人或者其国籍登记国参加搜寻援救则未作规定。而我国 1996 年 3 月 1 日施行的《中华人民共和国民用航空法》正好弥补了这一不足，该法第 182 条明确规定，“外国民用航空器在中华

人民共和国搜寻援救区内遇险，其所有人或者国籍登记国参加搜寻援救工作，应当经中华人民共和国国务院民用航空主管部门批准或者按照两国政府协议进行”。这不仅明确了外国籍民用航空器在我国遇险时享有的搜寻援救权，而且为我国政府部门今后依法管理在我国境内的搜寻援救区遇险的外国籍民用航空器的所有人或者登记国参加搜寻援救工作提供了具体的法律依据。

四、外国籍民用航空器在我国境内发生事故时所享有参与调查与获悉调查报告的权利

根据1944年的《国际民用航空公约》的规定。在某一国登记国籍的民用航空器，在另一缔约国的领土内失事，致有死亡或严重伤害或表明航空器在航行设施有重大技术缺陷时，失事所在地国家应在该国法律许可的范围内，依照国际民用航空组织建议的程序，着手调查失事情形。航空器失事国应有机会派观察员在调查时到场，而主持调查的国家，应将关于此事的报告及调研结果，通知航空器登记国（《芝加哥公约》第26条）。公约的这条规定不仅对“失事”即本条的“事故”作出了解释，而且也说明了航空器失事地所在国的义务——对事故进行调查。1980年6月16日中国民航总局颁发的《航空飞行事故调查条例》不仅对各类事故作了规定，而且设专章对外国民用航空器在我国境内失事的处置作了规定，其中第27条规定，“由民航指挥保障的外国航空器，在我国境内失事，由总局参照《国际民用航空公约·附件13——航空器失事调查》和有关通航协定组织调查，并向有关国家和国际民航组织发送通知，提出报告”。这里需要明确的是，芝加哥公约的附件13，是国际民航组织理事会根据《国际民用航空公约》第54条赋予的权力，于1951年专门制定的航空事故调查的具体规则，此后经过多次修改和补充。根据该附件的要求，调查机构应具有独立调查及其相应的权力。调查包括收集、记录、分析有关资料，并尽可能对各种原因作出判断，完成初步报告，事故资料报告和最后定论性总报告，并就今后防止类似事故发生提出改正的建议。参加调查的国家可以有航空器登记国、经营人国、飞机制造国，以及提供资料、设备或专家的其他各国的代表。作为一种建议，附件还许可因有诸多公民伤亡而有特殊利益的国家参加调查。附件还规定，调查完成后，应将最后报告尽快分送该外国民用航空器的国籍登记国，和本条所规定的“其他有关国家”即经营人国、飞机制造国、设计国，有诸多公民伤亡并参加调查的国家，提供重要资料、设备、专家的国家。本条的规定，使公约的内容进一步具体化，并成为国内法的内容。因此，我国1995年制定的《民用航空法》第183条规定，“外国民用

航空器在中华人民共和国境内发生事故，其国籍登记国和其他有关国家可以指派观察员参加事故调查。事故调查报告和调查结果，由中华人民共和国国务院民用航空主管部门告知该外国民用航空器的国籍登记国和其他有关国家”。这里的“事故”是依芝加哥公约附件 13 的界定为准，指“在任何人为飞行而登机到机上所有人员下机这段期间内发生的，与飞机运转有关的事情：（一）凡任何在飞机上，或者与飞机或其部件直接接触时受到伤亡；（二）飞机本身受到重大损坏者。”而且根据附件第 3. 1 条规定，事故或事件调查的基本目的应为防止事故或事件发生。而分辨判断罪咎或责任不是调查活动的目的。同时，附件第 5. 12 条规定，“从事调查的国家都认为任何记录资料的外泄会对该次调查或未来调查的资料使用上引起相反效果，得使该类资料记录不许用于非事故或事件的目的”。我国民用航空法第 183 条的规定也是为了实现一些目的而制定的。

第二节　外国籍民用航空器在我国应履行的义务

外国籍民用航空器除必须遵循国际法所共同要求“展示识别标志”、“携带必备文件”、“遵守飞入国的法律和规章”、“不滥用民用航空权”① 等义务外，还必须遵守我国法律所规定的义务。

一、外国籍民用航空器应在我国民用航空主管部门指定的设有海关的机场起飞或降落

这一义务不仅是我国法律的规定，而且也是国际航空法的要求。《国际民用航空法》第 10 条明确规定，“除按照本公约的条款或经特许，航空器可以飞经一缔约国领土而不降停外，每一航空器进入一缔约国领土，如该国规章有规定时，应在该国指定的机场降停，以便进行海关和其他检查。当离开一缔约国领土时。此种航空器应从同样指定的设关机场离去。所有指定的设关机场的详细情形，应由该国公布，并送交根据本公约第 2 部分设立的国际民用航空组织，以便通知所有其他缔约国”。该公约第 68 条规定，“缔约各国在不违反本公约的规定下，可以指定任何国际航班在其领土内应遵循的航路和可以使用的机场”。我国《民用航空法》第 179 条基本上是在遵循公约这两条的精神的基础上制定的，即“外国民用航空器应当在中华人民共和国国务院民用航空主

① 参见王铁崖主编：《国际法》，法律出版社 1995 年版，第 303-304 页。

管部门指定的设关机场起飞或者降落”。此外，我国在《外国民用航空器飞行管理规则》第 15 条和第 38 条中也作了类似的规定，即“在中华人民共和国境内飞行的外国民用航空器，应当在中国民用航空总局指定的机场降落。降落前应当取得降落机场的空中交通管制部门的许可，降落后，没有经过许可，不得起飞。不定期飞行的外国民用航空器降落后，其机长还应当到机场空中交通管制部门报告在中华人民共和国境内的飞行情况，并且提交有关下一次飞行的申请”；“飞入或者飞出中华人民共和国国界的外国民用航空器，必须在指定的设有海关、检疫和边防检查站的机场降落或者起飞。”由此不难看出，指定外国民用航空器在设关机场起飞或者降落，有利于海关、检疫、边检等管理机构进行集中统一检查管理。

二、外国籍民用航空器在我国飞行、降停时向我国民用航空主管部门报告有关情况的义务

制止利用航空器犯罪以切实保障民用航空安全，是早就引起人们关注的问题。因此，我国《民用航空法》第 176 条第 2 款明确规定，“外国民用航空器经营人，应当依照中华人民共和国法律、行政法规的规定，制定相应的安全保卫方案，报中华人民共和国国务院民用航空主管部门备案”。之所以如此规定，一方面，由于航空器尤其是经营国际运输的航空器，容易成为恐怖分子、犯罪分子劫持、破坏、袭击的目标；另一方面，《芝加哥公约 · 附件 17——安全——反对非法干扰行为保卫国际民用航空》对航空器的安全保卫作了专门规定，即每个缔约国必须要求提供来往于该国航班的经营人采取一个安全保卫规划，并根据该国了解到的对国际民用航空及其设施的威胁情况实施规划。而美国联邦航空法第 1115 条也规定：外国航空器承运人所在国家未能有效地维护和执行有关在国际空运中运输人员、财产或邮件方面的保安措施，达到相当于或高于国际民用航空公约制定的最低标准时，运输部长应将此种发现及其认为为了该国的保安措施达到至少相当于该公约的最低标准而需要采取的步骤通知该国家。在该国家未能采取此类步骤的情况下，运输部长在国务卿的同意下，得不给该国航空公司以经营权，取消其经营权，或对其经营权增加一定的条件。1993 年 12 月 6 日，中国民用航空总局和公安部就民航安全发布了通告。这些规定以及今后颁布实施的有关法律、行政法规，都是在我国飞行或降停的外国籍民用航空器经营人制定相应的安全保卫方案所必须依据的，而且应依我国《民用航空法》第 176 条履行及时报告的义务。

此外，外国籍民用航空器在按我国民用航空主管部门批准的班期时刻或飞行计划飞行时，因故变更或取消飞行的，其经营人应及时报告我国民用航空主管部门。有关这一义务，后面还要具体阐释。

三、外国籍民用航空器应按我国民用航空主管部门批准的班期时刻或飞行计划飞行，变更班期时刻或飞行计划的，其经营人须获得我国民用航空主管部门批准；因故变更或取消飞行的，其经营人应履行及时报告的义务

加强对外国航班及其加班、不定期飞行和飞行计划的管理，不仅有利于充分利用空域资源，保证飞行安全，提高航班正常率，而且也有利于我国有关部门对外国民用航空器的正常性负责。日本也有类似规定，《日本航空法》第129-（3）条规定，“除因天气或其他不得已的原因外，任何外国的国际航空运输企业主在营业时，均须遵照营业计划规定”，“任何外国的国际航空运输企业主欲更改其营业计划时，均须获得运输相的批准。但对于运输省法令所规定的轻微事项予以更改，则不受此限”，“任何外国的国际航空运输企业主当更改了有关前款但书所述事项的营业计划时，须立即将其结果申报运输相。”我国国务院批准、民航总局发布的《外国民用航空器飞行管理规则》在这方面有较为详细的规定，“外国民用航空器根据中华人民共和国政府同该国政府签订的航空运输协定，可以在中华人民共和国境内按照协定中规定的航线进行定期航班飞行和加班飞行。定期航班飞行，应当按照班期时刻进行。班期时刻表必须由同中华人民共和国政府签订协定的对方政府指定航空运输企业，预先提交中国民用航空总局，并且取得同意。加班飞行，由同中华人民共和国签订协定的对方政府指定的航空运输企业，最后还要在预计飞行开始前5天或者按照协定所规定的时间，向中国民航总局提出，取得许可后，才能进行”。（第5条）“外国民用航空器在中华人民共和国境内进行定期航班飞行和加班飞行以外的一切不定期飞行，必须预先提出申请，在得到答复接受后，才能进行。不定期飞行的申请，最后还要在预计飞行开始前10天通过外交途径提出。如果双方航空运输协定中另有规定的，依照规定”。（第6条）因此，我国《民用航空法》第178条明文规定，“外国民用航空器，应当按照中华人民共和国国务院民用航空主管部门批准的班期时刻或飞行计划飞行；变更班期时刻或者飞行计划的，其经营人应当获得中华人民共和国国务院民用航空主管部门的批准；因故变更或者取消飞行的，其经营人应当及时报告中华人民共和国国务院民用航空主管部门”。

对于我国民航法的这一条款，应注意从三个方面把握：第一，外国籍民用航空器应当按照中华人民共和国民用航空主管部门批准的班期时刻或者飞行计

划飞行。外国民用航空器飞入我国，都要按指定的航线和航路飞行。班期时刻和飞行计划是航班正常有序的基础保障，尤其是在当前我国空域尚未完全放开的情况下，严格按照事先批准的班期时刻和飞行计划飞行，既能提高航空器的安全系数，也有利于航班的正常率。第二，尽管班期时刻和飞行计划都有事先的安排，但由于天气、时间等种种原因，一些航班的班期时刻或飞行计划也可能会发生一些变化，但这些变更应当事先获得中华人民共和国国务院民用航空主管部门的批准。之所以要规定“事先批准”，是因为航班班期时刻的变更，会引发一系列的变更，有关部门需要一个统筹安排、综合考虑的过程。第三，因故变更或取消飞行的，其经营人应当及时报告中华人民共和国国务院民用航空主管部门。变更或取消飞行，既包括定期航班的某一次飞行，也可以是加班飞行以及事先获准的某次不定期飞行，这些飞行的变更或取消，经营人应当及时报告，以便于我国的空中交通管制部门和有关机场及早作好安排。《外国民用航空器飞行管理规则》第 26 条规定，“外国民用航空器的空勤组必须在起飞前做好飞行准备工作，机长或其代理人至少要在预计起飞前 1 小时向中国民用航空总局有关的空中交通管制部门提交飞行计划。如果航空器延误超过规定起飞时间 30 分钟以上时，应当修订该飞行计划，或者另行提交新的飞行计划，并且撤销原来的飞行计划”。

四、禁止外国籍民用航空器经营我国境内两地之间的航空运输

国内载运权，原是海商法上的一个概念，即把一国之内两个港口之间的运输保留给本国轮船公司经营，不准外国籍船舶涉入，其法律依据是该国对领水的管辖权。①《芝加哥公约》将“国内载运权”引入航空法，并采用了其广义的规则，即在任何该国主权范围内的领土与属地，即使是分别相隔甚远的属地的两个地点之间的航空运载，都划入“国内载运权”的范围。《芝加哥公约》第 7 条规定，“缔约国有权拒绝准许其他缔约国的航空器为取酬或出租在其领土内载运乘客、邮件和货物前往其领土内另一地点。缔约各国承允不缔结任何协议在排他的基础上特准任何其他国家或任何其他国家的空运企业享有任何此项特权，也不向任何其他国家取得任何此项排他的特权”。将本国领土范围内的两个地点之间的航空营运权保留给本国，是主权原则的一种体现。我国的《民用航空器运输不定期飞行管理暂行规定》第 8 条和第 12 条规定，“外国民用航空运输企业不得经营中华人民共和国领域内任何两点之间不定期飞行的运

---

① 参见吴焕宁主编：《海商法学》（第 2 版），法律出版社 1996 年版，第 77 页。

输业务”；“除经中国民航局特准者外，从事非取酬的不定期飞行的外国航空器，只能飞抵中国领域内的一个指定地点，并不得载运除该航空器的原载人员或者原载货物飞出中国领域，也不得将原载人员或原载货物留在中国领域内”。我国《民用航空法》对这些规定进行了补充、完善，该法第177条明文规定，“外国民用航空器的经营人，不得经营中华人民共和国境内两点之间的航空运输”。不仅如此，而且日本、法国、美国等国家的航空法中也有类似的规定，但这些国家的规定并不是绝对的，也有在特殊情况下允许外国民用航空运输企业使用本国国内载运权的。例如，法国航空法人L·330—2条（15）规定，建立国际航行通道，以及开辟和经营国际定期航线，需由政府批准。法国本土和海外两点之间的人员和货物商业运输，只有法国航空器才能进行，但通过法令可作出特殊的临时安排。

五、飞入我国领空的外国籍民用航空器的经营人应履行提供其已经投保地面第三人责任险或者已经取得相应责任担保的证明的义务

正是由于民用航空运输是一项风险较大的活动，所以，1952年制定并于1958年生效的《关于外国航空器对地面（水面）上第三者造成损害的公约》（即《罗马公约》）第1条规定，“凡在地面（水面）遭受损害的人，只有证明该项损害是飞行中的航空器或从飞行中的航空器上落下的人或物造成的，才能获得本公约规定的赔偿。但如所受的损害并非造成损害的事故的直接后果，或所受的损害只是航空器遵照现行的空中交通规则在空中通过的结果，则受害人无权要求赔偿”①。我国尚未加入该公约，但我国民航法“对地面第三人损害的赔偿责任”的规定，实际上吸收了罗马公约关于承运人承担地面第三人损害的法律责任基础的规定，即对于应承担对地面第三人损害的赔偿责任的经营人，承担对地面第三人损害责任的条件及免责条件等作了较为详细的规定。早在1989年3月2日，中华人民共和国国务院发布的《民用航空运输不定期飞行管理暂行规定》第15条就明确规定，“从事不定期飞行的外国航空器的经营人，必须投保航空器在中华人民共和国领域内飞行时对地面第三者造成损害的责任险；如果从事运送旅客、行李、货物和邮件的不定期飞行，则还必须投保法定责任险”。

由于航空器尤其是大型航空器对地（水）面造成的损害，可能会造成严

---

① 参见［韩］柳炳华著：《国际法》，朴国哲、朴永姬译，中国政法大学出版社1997年版，第127-131页。

重的后果，经营人在履行其赔偿责任时有无充分偿付能力，就成为人们所关注的问题。① 因此，我国民航法明确要求飞入中国领空的外国民用航空器的经营人提供已投保地面第三人责任险或已取得相应的责任担保的证明，是为了确保中华人民共和国地（水）面上受到外国航空器损害的人能够及时获得充分合理的赔偿。这一规定与《罗马公约》第 15 条的规定是一致的，“任何缔约国得要求在另一缔约国登记的经营人对他在该缔约国领土内造成按第一条规定应当赔偿的损害责任，根据第 11 条规定的适用限额进行保险”。

有关“投保地面第三人责任险”和“相应的责任担保”问题，1952 年《罗马公约》所规定的主要内容为：(1) 关于保险。任何缔约国可以要求在另一缔约国登记的航空器的经营人，对于他使用的航空器在该缔约国领土内造成损害就所负担的赔偿责任，按照规定的限额进行保险。该项保险必须符合公约的有关规定（如投保数额等），而且必须由航空器登记国或由承保人住所或其业务总机构所在国的法律所许可的承保人承保。航空器登记国或者承保人住所或其业务总机构所在国，必须对承保人的经济能力进行查实。要求经营人进行保险的国家，对赔偿责任所作终审判决的金额，承保人不能以该国货币偿付时，任何缔约国在承保人没有将该项赔款偿付以前，可以拒绝承认该承保人在经济上有能力承保。(2) “相应的责任担保”一般是指经营人采用除保险以外的下列任何一种方式：第一，向航空器登记的缔约国的信托机构或经该国准许充当信托机构的银行缴存现款保证金；第二，由航空器登记的缔约国授权的银行提供担保，该银行的经济能力须经该国查实；第三，由航空器登记的缔约国提供担保，该国并同意对有关此项担保的诉讼，将不提出豁免的要求。(3) 外国民用航空器的经营人提供的证明文件，一般应符合下列要求：首先，保险证明书应证明经营人对于航空器所造成的损害应当负担的赔偿责任已经按照公约规定的条件进行保险，列明该经营人的姓名，并附航空器登记国或承保人住所或业务总机构所在国适当机构证明承保人经济能力的证明书或签注。其次，如果采用保险以外的责任担保，则航空器上应当携带由航空器登记国适当机关签发的关于该项担保的证明书。因此，在参照其他国家的法律及有关国际公约的规定基础上，我国《民用航空法》第 175 条规定，“外国民用航空器飞入中华人民共和国领空，其经营人应当提供有关证明书，证明其已经投保地面第三人责任险或者已经取得相应的责任担保；其经营人未提供有关证明书的，中华人民共和国国务院民用航空主管部门有权拒绝其飞入中华人民共和国领空”。

① 参见王铁崖主编：《国际法》，法律出版社 1995 年版，第 314-317 页。

这是外国籍民用航空器在我国必须承担的一项义务。

六、外国籍民用航空器在我国接受有关检查的义务

这是我国《民用航空法》第180条所规定的，中华人民共和国国务院民用航空主管部门和其他主管机关依法有对外国民用航空器查验有关文件的权力，而外国籍民用航空器及其所载人员、行李、货物应当接受中华人民共和国有关主管机关依法实施检查的义务。这一做法是与国际社会的实践保持一致的。1994年的芝加哥公约第16条明文规定，“缔约各国的有关当局有权对其他缔约国的航空器在降停或飞离时进行检查，并查验本公约规定的证件和其他文件，但应避免不合理的延误”。基于这一授权，我国作为芝加哥公约的成员国，中华人民共和国国务院民航主管部门及其他主管机关有权对在我国降停或飞离的外国籍民用航空器进行法定检查。依我国《民用航空法》第90条和第180条第1款的规定，中华人民共和国国务院民用航空主管部门和其他主管机关有权在外国民用航空器降落或者飞出时查验下列有关文件：民用航空器国籍登记证书；民用航空器适航证书；机组人员相应的执照；民用航空器航行记录簿；装有无线电设备的民用航空器，其无线电台执照；载有旅客的民用航空器，其所载旅客姓名及其出发地点和目的地点的清单；载有货物的民用航空器，其所载货物的舱单和详细的申报单；根据飞行任务应当携带的其他文件。其中的民用航空器国籍登记证书、无线电台执照的证件要由国务院民用航空主管部门进行检查，载有旅客的民用航空器所载旅客姓名及其出发地点和目的地点的清单则要由负责入境出境检查、卫生检疫等有关主管部门检查，载有货物的民用航空器，其所载货物的航单和明细的申报单则由海关、检疫部门查验。

不仅如此，而且我国《民用航空法》第180条第2款还规定，“外国民用航空器及其所载人员、行李、货物，应当接受中华人民共和国有关主管机关依法实施的入境、出境、海关、检疫等检查”。这不仅是为维护我国的国家主权，防止非法移民，打击走私，防止各种病毒、传染病、害虫等进入我国境内所必需的，而且也是与《芝加哥公约》的有关规定相一致的。正如《芝加哥公约》第13条所规定的，“缔约国关于航空器的乘客、空勤人员或货物的入境或离境的法律和规章，如关于入境、放行、移民、执照、海关及检疫的规章，应由此种乘客、空勤人员或货物在进入、离开或在该国领土内时遵照执行或其代表遵照执行”。这一规定为世界许多国家内化入国内法，如美国航空法中1109条关于外国商业的现行法律的援用中就分别规定了海关法、入出境法、动植物检疫法、卫生检疫法对外国民用航空器的适用。我国《民用航空法》

第180条的规定也反映了我国有关法律的要求。《中华人民共和国入境出境管理法》第3条规定，“外国人入境、出境、过境，必须从对外国人开放的或者指定的口岸进行，接受边防检查机关的检查。外国的交通工具入境、出境、过境，必须从对外国人开放的或者指定的口岸进行，接受边防检查机关的检查和监护”。《中华人民共和国国境卫生检疫法》第4条规定：入境、出境的人员、交通工具、运输设备以及可能传播检疫传染病的行李、货物、邮包等物品，都应当接受检疫，经国境卫生检疫机关许可，方准入境或者出境。《中华人民共和国海关法》第11条、第12条规定：运输工具装卸进入境货物、物品或者上下进出境旅客，应当接受海关监管。上下进出境运输工具的人员携带物品的，应当向海关如实申报，并接受海关检查。《中华人民共和国进出口动植物检疫法》也规定：进出口的动植物、动植物产品及其运载工具等，经检疫合格，方准进出口。类似的法律、行政法规中规定的检查事项，外国民用航空器及其所载人员、行李、货物，都必须遵守。

在对外国籍民用航空器履行法定检查或查验时，必须注意不得造成“不合理延误”，以免引起不必要的纠纷或争端。① 这不仅仅是我国《民用航空法》第180条第3款的特殊规定，也是芝加哥公约第22条所明确要求的，“各缔约国同意采取一切可行的措施，通过发布特别规章或其他方法，以便利和加速航空器在缔约各国领土间的航行，特别是在执行关于移民、检疫、海关、放行等法律时防止对航空器、空勤人员、乘客和货物造成不必要的延误”。这主要是根据航空运输的计划性和时效性以及由维护国际航空运输的正常秩序所作的规定。当然，外国民用航空器及其所载人员、行李、货物、携带的有关文件因违反我国《民用航空法》或其他有关法律、行政法规、规章而造成的延误，可视为是必要的延误。

① 参见曹三明等主编：《民用航空法释义》，辽宁教育出版社1996年版，第392页。

第十九章　民用航空器国籍的丧失与变更

第一节　民用航空器国籍的丧失

一、民用航空器国籍丧失的方式

民用航空器丧失国籍是指一架民用航空器丧失与原登记国形成的法律隶属关系。由于现代国际社会至今尚未形成有关民用航空器国籍丧失的统一规定，原则上依各国国内法处理，因而正如船舶国籍的丧失一样，歧异颇多。归纳起来，民用航空器国籍的丧失方式主要有自动丧失国籍与注销国籍两类。前者是指一旦存在航空器丧失国籍的理由和条件，该航空器便自动丧失国籍。对于自动丧失国籍，常分为自动申明放弃国籍与自动申请解除国籍两种情形。不论何种情形下，办理注销民用航空器国籍登记手续并非民用航空器丧失国籍的前提条件，仅仅只是事后的证明而已。而以注销国籍作为民用航空器丧失国籍方式的国家，强调的是注销登记手续与国籍丧失的理由和条件处于同等重要的地位，都对民用航空器国籍的丧失与否起决定作用。我国法律只对注销民用航空器国籍作了规定，对自动丧失国籍的方式乃至剥夺民用航空器国籍的方式均无任何规定。

二、民用航空器丧失国籍的理由与条件

当今国际社会不仅没有关于民用航空器丧失国籍方式的统一规定，而且同样缺乏有关航空器丧失国籍的理由与条件的统一规范。这方面的问题一般依国内法解决。综观各国国内法上的民用航空器国籍丧失的理由与条件，很难求得一致。下面以我国《民用航空器国籍登记条例》的有关规定为例，具体阐释之。

取得中华人民共和国国籍的民用航空器，在下列五种情形下，可以而且应当办理国籍注销登记：

(1) 民用航空器所有权依法转移境外并已办理出口适航证的；
(2) 民用航空器退出使用或者报废的；
(3) 民用航空器失事或者失踪并停止搜寻的；
(4) 自境外租赁的民用航空器已终止租赁合同的；
(5) 国务院民用航空主管部门规定需要办理注销登记的其他情况。①

申请要求注销国籍的必须填写国家民航局制定的 AAC—104 表格并附有关材料，交回国籍登记证书，但民用航空器失事或失踪并停止搜寻的不要求交回国籍证书。经民航总局审查核准，符合法定要件的，在民用航空器国籍登记簿上注销国籍，注销登记后，航空器上的国籍标志和登记标志应予以覆盖。

第二节　民用航空器国籍的变更事由与责任

一、民用航空器国籍的变更

对民用航空器国籍的变更，世界各国的法律规定并不一致，有的国家作了明确规定，有的国家无这方面的具体规定，既未规定变更的条件和方式，也未规定变更的具体程序。我国有关民用航空器国籍的法律制度对民用航空器国籍变更的规范和调整较为明确。一旦航空器的所有人或使用人变更，以及他们的地址变更等，均应向中国民航总局申请办理变更登记手续，交回原登记证。经民航总局核准的，在航空器登记簿上予以变更国籍登记并发给新的国籍登记证书。依《中华人民共和国民用航空器国籍登记条例》第 11 条规定，“取得中华人民共和国国籍的民用航空器，遇有下列情形之一时，应当申请办理变更登记：(一) 民用航空器所有人或其地址变更；(二) 民用航空器占有人或其地址变更；(三) 国务院民用航空主管部门规定需要办理变更登记的其他情形”。

二、与民用航空器国籍变更相关的法律责任

中华人民共和国民航总局及其派出机构将定期或不定期地对各民用航空器国籍登记与变更进行检查，对于有违规违章现象的，被民航总局及其派出机构检查发现或公众举报查实的，将进行必要的处罚。应受处罚的情形包括：没有

① 《中华人民共和国民用航空器国籍登记条例》第 12 条。

航空器国籍登记证或用其复印件飞行的、变造航空器国籍登记证的、国籍登记证破损又不及时申请更换的、国籍登记证不放在航空器内显著位置的、国籍与登记标志不按规定绘制的、应当办理国籍变更登记或注销登记而没有办理的，等等。可见，不按规定办理民用航空器国籍变更或注销登记的，是受处罚的主要事由之一。

附　　录

一　中华人民共和国船舶和民用航空器国籍证样本

1. 中华人民共和国船舶国籍证书

登记号码____________________

中华人民共和国港务监督局

船　　名________________呼　　号________________

船 籍 港________________船舶种类________________

船体材料________________建成日期________________

造船地点________________造船厂名________________

尺度　长__________米，宽__________米，深__________米

吨位　总吨________________净吨________________

主机　种类__________　数目__________　功率__________千瓦

推进器　种类________________　数目________________

船舶所有人及其地址____

船舶经营人及其地址____

取得所有权的日期____

本证书有效期至________年______月______日

发证机关________________

（签章）

年　月　日

登记项目的变更

项目 登记机关盖章 年　月　日	项目 登记机关盖章 年　月　日
项目 登记机关盖章 年　月　日	项目 登记机关盖章 年　月　日
项目 登记机关盖章 年　月　日	项目 登记机关盖章 年　月　日

2. 中华人民共和国船舶所有权登记证书

登记号码____________________

中华人民共和国港务监督局

船　　名＿＿＿＿＿＿＿＿＿＿＿＿＿＿＿＿＿＿＿＿

船 籍 港＿＿＿＿＿＿＿＿船舶呼号＿＿＿＿＿＿＿＿

曾用名＿＿＿＿＿＿＿＿原船籍港＿＿＿＿＿＿＿＿

船体材料＿＿＿＿＿＿＿＿船舶种类＿＿＿＿＿＿＿＿

造船地点＿＿＿＿＿＿＿＿造船厂名＿＿＿＿＿＿＿＿

建成日期＿＿＿＿＿＿＿＿船舶价值＿＿＿＿＿＿＿＿

尺度　长＿＿＿＿＿米；宽＿＿＿＿＿米；深＿＿＿＿＿米

吨位　总吨＿＿＿＿＿＿＿＿净吨＿＿＿＿＿＿＿＿

主机　种类＿＿＿＿＿；数目＿＿＿＿＿；功率＿＿＿＿＿千瓦

推进器　种类＿＿＿＿＿＿＿＿　数目＿＿＿＿＿＿＿＿

船舶所有人及其地址＿＿＿＿＿＿＿＿＿＿＿＿＿＿＿＿＿＿＿＿＿＿＿

船舶所有人法定代表人姓名＿＿＿＿＿＿＿＿＿＿＿＿＿＿＿＿＿＿＿＿

取得所有权日期＿＿＿＿＿＿＿＿＿＿＿＿＿＿＿＿＿＿＿＿＿＿＿＿＿

船舶共有情况	

发证机关＿＿＿＿＿＿＿＿

发证机关印章

年　月　日

3. 民用航空器国籍登记证

<table>
<tr><td colspan="3">中华人民共和国
民用航空器国籍登记证</td></tr>
<tr><td>国籍和登记标志</td><td>航空器型号及制造者</td><td>航空器出厂序号</td></tr>
<tr><td colspan="3">所有人：</td></tr>
<tr><td colspan="3">地　址：</td></tr>
<tr><td colspan="3">使用人：</td></tr>
<tr><td colspan="3">地　址：</td></tr>
<tr><td colspan="3">兹证明上述航空器已按照国际民航公约和中国民用航空总局国籍登记的规定在中华人民共和国登记。</td></tr>
<tr><td colspan="2">局长授权：
签　名：　　　　　　部门/职务：</td><td>颁发日期</td></tr>
<tr><td colspan="3">此证仅证明航空器已在中华人民共和国登记，不作他用。</td></tr>
</table>

4. 民用航空器适航证

<table>
<tr><td colspan="6">中国民用航空总局
民用航空器适航证</td></tr>
<tr><td colspan="2">国籍和登记标志</td><td colspan="2">航空器型号及制造者</td><td colspan="2">航空器出厂序号</td></tr>
<tr><td colspan="3">使用范围：</td><td colspan="3">使用限制：</td></tr>
<tr><td colspan="6">本适航证依照《国际民用航空公约》和中国民用航空总局《民用航空器适航证和特许飞行证的管理和颁发程序》颁发。本航空器在按照各项规定进行维修和各项使用限制数据及条件使用时是适航的。</td></tr>
<tr><td colspan="4">局长授权：
签　名：　　　　　部门/职务：</td><td colspan="2">颁发日期</td></tr>
<tr><td colspan="6">注：本证自颁发/再次签发之日起至下一年 12 月 31 日止有效。再次签发记录在本证背面。</td></tr>
</table>

二　民用航空器国籍和共用标志一览表

1. 按国籍标志第一个字母顺序排列

AP	巴基斯坦	A7	卡塔尔
A2	博茨瓦纳	A9C	巴林
A3	汤加	A40	阿曼
A5	不丹	B	中国
A6	阿拉伯联合酋长国	C，CF	加拿大
CC	智利	HC	厄瓜多尔
CN	摩洛哥	HH	海地
CP	玻利维亚	HI	多米尼加共和国
CR，CS	葡萄牙	HK	哥伦比亚
CU	古巴	HL	大韩民国
CX	乌拉圭	HP	巴拿马
C2	瑙鲁	HR	洪都拉斯
C5	冈比亚	HS	泰国
C6	巴哈马	HZ	沙特阿拉伯
C9	莫桑比克	H4	所罗门群岛
D	德意志联邦共和国	I	意大利
DQ	斐济	JA	日本
D2	安哥拉	JY	约旦
D4	佛得角	J2	吉布提
EC	西班牙	J3	格林那达
EI，EJ	爱尔兰	J5	几内亚比绍
EL	利比里亚	J6	圣卢西亚
EP	伊朗伊斯兰共和国	J7	多米尼加
ES	爱沙尼亚	J8	圣文森特和格林那达
ET	埃塞俄比亚	LN	挪威

EW	白俄罗斯	LQ，LV	阿根廷
F	法国	LX	卢森堡
G	联合王国	LZ	保加利亚
HA	匈牙利	MT	蒙古
HB 加国徽	瑞士	N	美国
HB 加国徽	列支敦士登	OB	秘鲁
OD	黎巴嫩	TC	土耳其
OE	奥地利	TF	冰岛
OH	芬兰	TG	危地马拉
OK	捷克斯洛伐克	TI	哥斯达黎加
OO	比利时	TJ	喀麦隆
OY	丹麦	TL	中非共和国
P	朝鲜民主主义人民共和国	TN	刚果
		TR	加蓬
PH	荷兰	TS	突尼斯
PJ	荷兰安的列斯群岛	TT	乍得
PK	印度尼西亚;西伊里安	TU	科特迪瓦
PP，PT	巴西	TY	贝宁
PZ	苏里南	TZ	马里
P2	巴布亚新几内亚	UR	乌克兰
P4	阿鲁巴	VH	澳大利亚
RA	俄罗斯联邦	VP，VQ，VR	联合王国殖民地和保护国
RDPL	老挝		
RP	菲律宾	VT	印度
SE	瑞典	V2	安提瓜和巴布达
SP	波兰	V3	伯利兹
ST	苏丹	V4	圣基茨和尼维斯
SU	埃及	V6	密克罗尼西亚
SX	希腊	V8	文莱达鲁萨兰国
S2	孟加拉国	XA，XB，XC	墨西哥
S7	塞舌尔	XT	布基纳法索
S9	圣多美和普林西比	XU	柬埔寨

XV	越南	3D	斯威士兰
XY，XZ	缅甸	3X	几内亚
YA	阿富汗	4K	阿塞拜疆
YI	伊拉克	4R	斯里兰卡
YJ	瓦努阿图	4W	也门
YK	叙利亚阿拉伯共和国	4X	以色列
YL	拉脱维亚	5A	利比亚
YN	尼加拉瓜	5B	塞浦路斯
YR	罗马尼亚	5H	坦桑尼亚
YS	萨尔瓦多	5N	尼日利亚
YU	南斯拉夫	5R	马达加斯加
YV	委内瑞拉	5T	毛里塔尼亚
Y5	纳米比亚	5U	尼日尔
Z	津巴布韦	5V	多哥
ZK，ZL，ZM	新西兰	5W	萨摩亚
ZP	巴拉圭	5X	乌干达
ZS，ZT，ZU	南非	5Y	肯尼亚
3A	摩纳哥	6O	索马里
3B	毛里求斯	6V，6W	塞内加尔
3C	赤道几内亚	6Y	牙买加
7P	莱索托	7QY	马拉维
7T	阿尔及利亚	8P	巴巴多斯
8Q	马尔代夫	8R	圭亚那
9A	克罗地亚	9G	加纳
9H	马耳他	9J	赞比亚
9K	科威特	9L	塞拉利昂
9M	马来西亚	9N	尼泊尔
9Q	扎伊尔	9U	布隆迪
9V	新加坡	9XR	卢旺达
9Y	特利尼达和多巴哥		

2. 按国名第一个字母先后次序排列

阿富汗	YA
阿尔及利亚	7T
安哥拉	D2
安提瓜和巴布达	V2
阿根廷	LQ，LV
阿鲁巴	P4
澳大利亚	VH
奥地利	OE
阿塞拜疆	4K
巴哈马	C6
巴林	A9C
孟加拉国	S2
巴巴多斯	8P
比利时	OO
伯利兹	V3
贝宁	TY
不丹	A5
刚果	TN
哥斯达黎加	TI
科特迪瓦	TU
克罗地亚	9A
古巴	CU
塞浦路斯	5B
捷克斯洛伐克	OK
朝鲜民主主义人民共和国	P
丹麦	OY
吉布提	J2
多米尼加	J7
多米尼加共和国	HI
博茨瓦纳	A2
巴西	PP，FT
文莱达鲁萨兰国	V8
保加利亚	LZ
布基纳法索	XT
布隆迪	9U
白俄罗斯	EW
柬埔寨	XU
喀麦隆	TJ
加拿大	C，CF
佛得角	D4
中非共和国	TL
乍得	TT
智利	CC
中国	B
哥伦比亚	HK
玻利维亚	CP
希腊	SX
格林那达	J3
危地马拉	TG
几内亚	3X
几内亚比绍	J5
圭亚那	8R
海地	HH
洪都拉斯	HR
匈牙利	HA
冰岛	TF
印度	VT
印度尼西亚	PK
西伊里安	PK

厄瓜多尔	HC	伊朗伊斯兰共和国	EP
埃及	SU	伊拉克	YI
萨尔瓦多	YS	爱尔兰	EI，EJ
赤道几内亚	3C	以色列	4X
爱沙尼亚	ES	意大利	I
埃塞俄比亚	ET	牙买加	6Y
斐济	DQ	日本	JA
芬兰	OH	约旦	JY
法国	F	肯尼亚	5Y
加蓬	TR	冈比亚	C5
科威特	9K	德意志联邦共和国	D
老挝民主人民共和国	RDPL	加纳	9G
拉脱维亚	YL	黎巴嫩	OD
沙特阿拉伯	HZ	莱索托	7P
塞内加尔	6V，6W	利比里亚	EL
塞舌尔	S7	利比亚	5A
塞拉利昂	9L	列支敦士登	HB 加国徽
新加坡	9V	卢森堡	LX
所罗门群岛	H4	马达加斯加	5R
索马里	6O	马拉维	7QY
南非	ZS，ZT，ZU	马来西亚	9M
西班牙	EC	马尔代夫	8Q
斯里兰卡	4R	马里	TZ
苏丹	ST	马耳他	9H
苏里南	PZ	斯威士兰	3D
毛里塔尼亚	5T	瑞典	SE
毛里求斯	3B	瑞士	HB 加国徽
墨西哥	XA，XB，XC	叙利亚阿拉伯共和国	YK
密克罗尼西亚	V6	泰国	HS
摩纳哥	3A	多哥	5V
蒙古*	MT	汤加	A3
摩洛哥	CN		

莫桑比克	C9	特立尼达和多巴哥	9Y
缅甸	XY，XZ	突尼斯	TS
纳米比亚	Y5	土耳斯	TC
瑙鲁	C2	乌干达	5X
尼泊尔	9N	乌克兰	UR
荷兰	PH	阿拉伯联合酋长国	A6
荷兰安的列斯群岛	PJ	联合王国	G
新西兰	ZK,ZL,ZM	联合王国殖民地和保护国	VP,VQ,VR
尼加拉瓜	YN		
尼日尔	5U	坦桑尼亚	5H
尼日利亚	5N	美国	N
挪威	LN	乌拉圭	CX
阿曼	A40	瓦努阿图	YJ
巴基斯坦	AP	委内瑞拉	YV
巴拿马	HP	越南	XV
巴布亚新几内亚	P2	也门	4W
巴拉圭	ZP	南斯拉夫	YU
秘鲁	OB	扎伊尔	9Q
菲律宾	RP	赞比亚	9J
波兰	SP	津巴布韦	Z
葡萄牙	CR，CS	卡塔尔	A7
大韩民国	HL	罗马尼亚	YR
俄罗斯联邦	RA	卢旺达	9XR
圣基茨和尼维斯	V4	圣卢西亚	J6
圣文森特和格林那达	J8	萨摩亚	5W
圣多美和普林西比	S9		

3. 国际民航组织颁布的共用标志一览表

国际经营机构	组成国家
阿拉伯航空货运	约旦和伊拉克

履行登记国的国家	共用标志
约旦	4YB

三　有关国籍的国内法规

1. 中华人民共和国国籍法

（1980年9月10日第五届全国人民代表大会第三次会议通过）

第一条　中华人民共和国国籍的取得、丧失和恢复，都适用本法。

第二条　中华人民共和国是统一的多民族的国家，各民族的人都具有中国国籍。

第三条　中华人民共和国不承认中国公民具有双重国籍。

第四条　父母双方或一方为中国公民，本人出生在中国，具有中国国籍。

第五条　父母双方或一方为中国公民，本人出生在外国，具有中国国籍；但父母双方或一方为中国公民并定居在外国，本人出生时即具有外国国籍的，不具有中国国籍。

第六条　父母无国籍或国籍不明，定居在中国，本人出生在中国，具有中国国籍。

第七条　外国人或无国籍人，愿意遵守中国宪法和法律，并具有下列条件之一的，可以经申请批准加入中国国籍：

一、中国人的近亲属；

二、定居在中国的；

三、有其他正当理由。

第八条　申请加入中国国籍获得批准的，即取得中国国籍；被批准加入中国国籍的，不得再保留外国国籍。

第九条　定居外国的中国公民，自愿加入或取得外国国籍的。即自动丧失中国国籍。

第十条　中国公民具有下列条件之一的，可以经申请批准退出中国国籍：

一、外国人的近亲属；

二、定居在外国的；

三、有其他正当理由。

第十一条　申请退出中国国籍获得批准的，即丧失中国国籍。

第十二条　国家工作人员和现役军人，不得退出中国国籍；

第十三条　曾有过中国国籍的外国人，具有正当理由，可以申请恢复中国国籍；被批准恢复中国国籍的，不得再保留外国国籍。

第十四条　中国国籍的取得、丧失和恢复，除第九条规定的以外，必须办理申请手续。未满十八周岁的人，可由其父母或其他法定代理人代为办理申请。

第十五条　受理国籍申请的机关，在国内为当地市、县公安局，在国外为中国外交代表机关和领事机关。

第十六条　加入、退出和恢复中国国籍的申请，由中华人民共和国公安部审批。经批准的，由公安部发给证书。

第十七条　本法公布前，已经取得中国国籍的或已经丧失中国国籍的，继续有效。

第十八条　本法自公布之日起施行。

2. 中华人民共和国全国人民代表大会常务委员会关于《中华人民共和国国籍法》在香港特别行政区实施的几个问题的解释

（1996 年 5 月 15 日第八届全国人民代表大会常务委员会第十九次会议通过）

根据《中华人民共和国香港特别行政区基本法》第十八条和附件三的规定，《中华人民共和国国籍法》自 1997 年 7 月 1 日起在香港特别行政区实施。考虑到香港的历史背景和现实情况，对《中华人民共和国国籍法》在香港特别行政区实施作如下解释：

一、凡具有中国血统的香港居民，本人出生在中国领土（含香港）者，以及其他符合《中华人民共和国国籍法》规定的具有中国国籍的条件者，都是中国公民。

二、所有香港中国同胞，不论其是否持有“英国属土公民护照”或者“英国国民（海外）护照”，都是中国公民。自 1997 年 7 月 1 日起，上述中国公民可继续使用英国政府签发的有效旅行证件去其他国家或地区旅行，但在香港特别行政区和中华人民共和国其他地区不得因持有上述英国旅行证件而享有英国的领事保护的权利。

三、任何在香港的中国公民，因英国政府的“居英权计划”而获得的英国公民身份，根据《中华人民共和国国籍法》不予承认。这类人仍为中国公民，在香港特别行政区和中华人民共和国其他地区不得享有英国的领事保护的权利。

四、在外国有居留权的香港特别行政区的中国公民，可使用外国政府签发的有关证件去其他国家或地区旅行，但在香港特别行政区和中华人民共和国其他地区不得因持有上述证件而享有外国领事保护的权利。

五、香港特别行政区的中国公民的国籍发生变更、可凭有效证件向香港特别行政区受理国籍申请的机关申报。

六、授权香港特别行政区政府指定其入境事务处为香港特别行政区受理国籍申请的机关，香港特别行政区入境事务处根据《中华人民共和国国籍法》和以上规定对所有国籍申请事宜作出处理。

3. 中华人民共和国全国人民代表大会常务委员会关于《中华人民共和国国籍法》在澳门特别行政区实施的几个问题的解释

（1998 年 12 月 29 日第九届全国人民代表大会常务委员会第六次会议通过）

根据《中华人民共和国澳门特别行政区基本法》第十八条和附件三的规定，《中华人民共和国国籍法》自 1999 年 12 月 20 日起在澳门特别行政区实施。考虑到澳门的历史背景和现实情况，对《中华人民共和国国籍法》在澳门特别行政区实施作如下解释：

一、凡具有中国血统的澳门居民，本人出生在中国领土（含澳门）者，以及其他符合《中华人民共和国国籍法》规定的具有中国国籍的条件者，不论其是否持有葡萄牙旅行证件或身份证件，都是中国公民。

凡具有中国血统但又具有葡萄牙血统的澳门特别行政区居民，可根据本人意愿，选择中华人民共和国国籍或葡萄牙共和国国籍。确定其中一种国籍，即不具有另一种国籍。上述澳门特别行政区居民，在选择国籍之前，享有澳门特别行政区基本法规定的权利，但受国籍限制的权利除外。

二、凡持有葡萄牙旅行证件的澳门中国公民，在澳门特别行政区成立后，可继续使用该证件去其他国家或地区旅行，但在澳门特别行政区和中华人民共和国其他地区不得因持有上述葡萄牙旅行证件而享有葡萄牙的领事保护的权利。

三、在外国有居留权的澳门特别行政区的中国公民，可使用外国政府签发的有关证件去其他国家或地区旅行，但在澳门特别行政区和中华人民共和国其他地区不得因持有上述证件而享有外国领事保护的权利。

四、在澳门特别行政区成立以前或以后从海外返回澳门的原澳门居民中的中国公民，若变更国籍，可凭有效证件向澳门特别行政区受理国籍申请的机关申报。

五、授权澳门特别行政区政府指定其有关机构根据《中华人民共和国国籍法》和以上规定对所有国籍申请事宜作出处理。

4. 中华人民共和国民用航空器国籍登记条例

（中华人民共和国国务院第232号令1997年10月21日颁布实施）

第一章　总则

第一条　为了加强对民用航空器国籍的管理，保障民用航空活动安全，维护民用航空活动秩序，根据《中华人民共和国民用航空法》的规定，制定本条例。

第二条　下列民用航空器应当依照本条例进行国籍登记：

（一）中华人民共和国国家机构的民用航空器；

（二）依照中华人民共和国法律设立的企业法人的民用航空器；企业法人的注册资本中有外商出资的，外商在该企业法人的注册资本或者实收资本中所占比例不超过百分之三十五，其代表在董事会、股东大会（股东会）的表决权不超过百分之三十五，该企业法人的董事长由中国公民担任；

（三）国务院民用航空主管部门准予登记的其他民用航空器。

自境外租赁的民用航空器，承租人符合前款规定，该民用航空器的机组人员由承租人配备的，可以申请登记中华人民共和国国籍；但是，必须先予注销该民用航空器原国籍登记。

第三条　民用航空器经依法登记，取得中华人民共和国国籍。

第四条　民用航空器不得具有双重国籍。未注销外国国籍的民用航空器，不得在中华人民共和国办理国籍登记；未注销中华人民共和国国籍的民用航空器，不得在外国办理国籍登记。

第五条　国务院民用航空主管部门主管中华人民共和国民用航空器国籍登记工作，设立中华人民共和国民用航空器国籍登记簿，统一记载民用航空器的国籍登记事项。

第六条　民用航空器国籍登记，不得作为民用航空器所有权的证据。

第二章　国籍登记

第七条　申请中华人民共和国民用航空器国籍登记的，申请人应当按照国务院民用航空主管部门规定的格式如实填写民用航空器国籍登记申请书，并向国务院民用航空主管部门提交下列文件：

（一）证明申请人合法身份的文件；

（二）作为取得民用航空器所有权证明的购买合同和交接文书，或者作为占有民用航空器证明的租赁合同和交接文书；

（三）未在外国登记国籍或者已注销外国国籍的证明；

（四）国务院民用航空主管部门要求提交的其他有关文件。

第八条　国务院民用航空主管部门应当自收到民用航空器国籍登记申请之日起 7 个工作日内，对申请书及有关证明文件进行审查；经审查，符合本条例规定的，应当向申请人颁发中华人民共和国民用航空器国籍登记证书。

第九条　国务院民用航空主管部门应当在民用航空器国籍登记簿中载明下列事项：

（一）民用航空器国籍标志和登记标志；

（二）民用航空器制造人名称；

（三）民用航空器型号；

（四）民用航空器出厂序号；

（五）民用航空器所有人名称及其地址；

（六）民用航空器占有人名称及其地址；

（七）民用航空器登记日期；

（八）民用航空器国籍登记证书签发人姓名。

第十条　民用航空器国籍登记证书应当放置于民用航空器内显著位置，以备查验。

第十一条　取得中华人民共和国国籍的民用航空器，遇有下列情形之一时，应当申请办理变更登记：

（一）民用航空器所有人或其地址变更；

（二）民用航空器占有人或其地址变更；

（三）国务院民用航空主管部门规定需要办理变更登记的其他情形。

第十二条　取得中华人民共和国国籍的民用航空器，遇有下列情形之一时，应当申请办理注销登记：

（一）民用航空器所有权依法转移境外并已办理出口适航证的；

（二）民用航空器退出使用或者报废的；

（三）民用航空器失事或者失踪并停止搜寻的；

（四）符合本条例第二条第二款规定的民用航空器租赁合同终止的；

（五）国务院民用航空主管部门规定需要办理注销登记的其他情形。

第十三条　申请人办理民用航空器国籍登记，应当缴纳登记费。登记费的收费标准由国务院民用航空主管部门会同国务院价格主管部门制定。

第十四条　民用航空器没有或者未携带民用航空器国籍登记证书的，国务院民用航空主管部门或者其授权的地区民用航空管理机构可以禁止该民用航空器起飞。

第三章　国籍标志和登记标志

第十五条　中华人民共和国民用航空器的国籍标志为罗马体大写字母B。

中华人民共和国民用航空器的登记标志为阿拉伯数字、罗马体大写字母或者二者的组合。

第十六条　中华人民共和国民用航空器的国籍标志置于登记标志之前，国籍标志和登记标志之间加一短横线。

第十七条　取得中华人民共和国国籍的民用航空器，应当将国籍标志和登记标志喷涂在民用航空器上或者用其他能够保持同等耐久性的方法附着在民用航空器上，并保持清晰可见。

国籍标志和登记标志在民用航空器上的位置、尺寸和字体，由国务院民用航空主管部门规定。

第十八条　任何单位或者个人不得在民用航空器上喷涂、粘贴易与国籍标志和登记标志相混淆的图案、标记或者符号。

第十九条　取得中华人民共和国国籍的民用航空器，应当载有一块刻有国籍标志和登记标志并用耐火金属或者其他耐火材料制成的识别牌。

第四章　临时登记

第二十条　对未取得民用航空器国籍登记证书的民用航空器，申请人应当在进行下列飞行前30日内，按照国务院民用航空主管部门规定的格式如实填写申请书，并向国务院民用航空主管部门提交有关证明文件，办理临时登记：

（一）验证试验飞行、生产试验飞行；

（二）表演飞行；

（三）为交付或者出口的调机飞行；

（四）其他必要的飞行。

前款申请人是指民用航空器制造人、销售人或者国务院民用航空主管部门认可的其他申请人。

国务院民用航空主管部门准予临时登记的，应当确定临时登记标志，颁发临时登记证书。

第二十一条　取得临时登记标志的民用航空器出口时，可以使用易于去除的材料将临时登记标志附着在民用航空器上，并应当完全覆盖外方要求预先喷涂的外国国籍标志和登记标志。

第五章　附则

第二十二条　本条例自发布之日起施行。

5. 中华人民共和国民用航空器权利登记条例

（中华人民共和国国务院第 233 号令 1997 年 10 月 21 日颁布）

第一条　根据《中华人民共和国民用航空法》，制定本条例。

第二条　在中华人民共和国办理民用航空器权利登记，应当遵守本条例。

第三条　国务院民用航空主管部门主管民用航空器权利登记工作，设立民用航空器权利登记簿，统一记载民用航空器权利登记事项。

同一民用航空器的权利登记事项应当记载于同一权利登记簿中。

第四条　办理民用航空器所有权、占有权或者抵押权登记的，民用航空器权利人应当按照国务院民用航空主管部门的规定，分别填写民用航空器所有权、占有权或者抵押权登记申请书，并向国务院民用航空主管部门提交本条例第五条至第七条规定的相应文件。

办理民用航空器优先权登记的，民用航空器优先权的债权人应当自援救或者保管维护工作终了之日起 3 个月内，按照国务院民用航空主管部门的规定，填写民用航空器优先权登记申请书，并向国务院民用航空主管部门提交足以证明其合法身份的文件和有关债权证明。

第五条　办理民用航空器所有权登记的，民用航空器的所有人应当提交下列文件或者经核对无误的复印件：

（一）民用航空器国籍登记证书；

（二）民用航空器所有权取得的证明文件；

（三）国务院民用航空主管部门要求提交的其他必要的有关文件。

第六条　办理民用航空器占有权登记的。民用航空器的占有人应当提交下列文件或者经核对无误的复印件：

（一）民用航空器国籍登记证书；

（二）民用航空器所有权登记证书或者相应的所有权证明文件；民用航空器设定抵押的，还应当提供有关证明文件；

（三）符合《中华人民共和国民用航空法》第十一条第（二）项或者第（三）项规定的民用航空器买卖合同或者租赁合同；

（四）国务院民用航空主管部门要求提交的其他必要的有关文件。

第七条　办理民用航空器抵押权登记的，民用航空器的抵押权人和抵押人应当提交下列文件或者经核对无误的复印件：

（一）民用航空器国籍登记证书；

（二）民用航空器所有权登记证书或者相应的所有权证明文件；

（三）民用航空器抵押合同；

（四）国务院民用航空主管部门要求提交的其他必要的有关文件。

第八条　就两架以上民用航空器设定一项抵押权或者就同一民用航空器设定两项以上抵押权时，民用航空器的抵押权人和抵押人应当就每一架民用航空器或者每一项抵押权分别办理抵押权登记。

第九条　国务院民用航空主管部门应当自收到民用航空器权利登记申请之日起7个工作日内，对申请的权利登记事项进行审查。经审查符合本条例规定的，应当向民用航空器权利人颁发相应的民用航空器权利登记证书，并区别情况在民用航空器权利登记簿上载明本条例第十条至第十三条规定的相应事项；经审查不符合本条例规定的，应当书面通知民用航空器权利人。

第十条　国务院民用航空主管部门向民用航空器所有人颁发民用航空器所有权登记证书时，应当在民用航空器权利登记簿上载明下列事项：

（一）民用航空器国籍、国籍标志和登记标志；

（二）民用航空器所有人的姓名或者名称、地址及其法定代表人的姓名；

（三）民用航空器为数人共有的，载明民用航空器共有人的共有情况；

（四）民用航空器所有权的取得方式和取得日期；

（五）民用航空器制造人名称、制造日期和制造地点；

（六）民用航空器价值、机体材料和主要技术数据；

（七）民用航空器已设定抵押的，载明其抵押权的设定情况；

（八）民用航空器所有权登记日期；

（九）国务院民用航空主管部门规定的其他事项。

第十一条　国务院民用航空主管部门向民用航空器占有人颁发民用航空器占有权登记证书时，应当在民用航空器权利登记簿上载明下列事项：

（一）民用航空器的国籍、国籍标志和登记标志；

（二）民用航空器占有人、所有人或者出租人的姓名或者名称、地址、及其法定代表人的姓名；

（三）民用航空器占有权的取得方式、取得日期和约定的占有条件；

（四）民用航空器占有权登记日期；

（五）国务院民用航空主管部门规定的其他事项。

第十二条　国务院民用航空主管部门向民用航空器抵押权人颁发民用航空器抵押权登记证书时，应当在民用航空器权利登记簿上载明下列事项：

（一）被抵押的民用航空器的国籍、国籍标志和登记标志；

（二）抵押权人和抵押人的姓名或者名称、地址及其法定代表人的姓名；

（三）民用航空器抵押所担保的债权数额、利息率、受偿期限；

（四）民用航空器抵押权登记日期；

（五）国务院民用航空主管部门规定的其他事项。

第十三条　国务院民用航空主管部门向民用航空器优先权的债权人颁发民用航空器优先权登记证书时，应当在民用航空器权利登记簿上载明下列事项：

（一）发生债权的民用航空器的国籍、国籍标志和登记标志；

（二）民用航空器优先权的债权人的姓名或者名称、地址及其法定代表人的姓名；

（三）发生债权的民用航空器的所有人、经营人或者承租人的姓名或者名称、地址及其法定代表人的姓名；

（四）民用航空器优先权的债权人主张的债权数额和债权发生的时间、原因；

（五）民用航空器优先权登记日期；

（六）国务院民用航空主管部门规定的其他事项。

第十四条　同一民用航空器设定两项以上抵押权的。国务院民用航空主管部门应当按照抵押权登记申请日期的先后顺序进行登记。

第十五条　民用航空器权利登记事项发生变更时，民用航空器权利人应当持有关的民用航空器权利登记证书和变更证明文件，向国务院民用航空主管部门办理变更登记。

民用航空器抵押合同变更时，由抵押权人和抵押人共同向国务院民用航空主管部门办理变更登记。

第十六条　国务院民用航空主管部门应当自收到民用航空器权利变更登记申请之日起7个工作日内，对申请的权利变更登记事项进行审查。经审查符合本条例规定的，在有关权利登记证书和民用航空器权利登记簿上注明变更事项；经审查不符合本条例规定的，应当书面通知民用航空器权利人。

第十七条　遇有下列情形之一时，民用航空器权利人应当持有关的民用航空器权利登记证书和证明文件，向国务院民用航空主管部门办理注销登记；

（一）民用航空器所有权转移；

（二）民用航空器灭失或者失踪；

（三）民用航空器租赁关系终止或者民用航空器占有人停止占有；

（四）民用航空器抵押权所担保的债权消灭；

（五）民用航空器优先权消灭；

（六）国务院民用航空主管部门规定的其他情形。

第十八条　国务院民用航空主管部门应当自收到民用航空器注销登记申请之日起7个工作日内，对申请的注销登记事项进行审查。经审查符合本条例规定的，收回有关的民用航空器权利登记证书，相应地注销民用航空器权利登记簿上的权利登记，并根据具体情况向民用航空器权利人出具民用航空器权利登记注销证明书；经审查不符合本条例规定的，应当书面通知民用航空器权利人。

第十九条　申请人办理民用航空器权利登记，应当缴纳登记费。登记费的收费标准由国务院民用航空主管部门会同国务院价格主管部门制定。

第二十条　本条例自发布之日起施行。

6. 日本国籍法

（昭和25年［1950年］法律第147号）

（昭和59年［1984年］法律第45号最后修正）（1985年1月1日起施行）

【本法律的目的】

第一条　日本国民的构成要件依本法律的规定。

【根据出生取得日本国籍】

第二条　子女在下列情形下，成为日本国民：

（一）出生时，父或母是日本国民时。

（二）出生前，父已死亡而在死亡时是日本国民时。

（三）在日本出生的情况下，父母均不明时，或者无国籍时。

【根据承认为婚生子取得国籍】

第三条　一、由于父母的结婚及其承认而取得婚生子身份的子女，年龄未满20岁者（已经是日本国民的人除外），当对其承认的父或母在子女出生时已是日本国民的情况下，其父或母现在是日本国民时。或者在其父母死亡时是日本国民时，可以通过向法务大臣提出申报而取得日本国籍。

二、根据前款规定而提出申报的人，在其申报时即取得日本的国籍。

［归化］*

第四条　一、非日本国民的人（下称“外国人”），可以通过归化取得日本的国籍。

二、拟归化，必须获得法务大臣的准许。

第五条　一、法务大臣对不具备下列条件的外国人，不得准许其归化：

（一）继续五年以上在日本有住所的；

（二）年龄在20岁以上，根据本国法律认为有能力的；

（三）品行良好；

（四）依靠自己或共同生活的配偶者及其他亲属的资产或技能，能够谋生的；

（五）无国籍的，或者因取得日本国籍而丧失其国籍的；

（六）在日本国宪法施行之日以后，不曾企图或主张用暴力破坏日本国宪法或者在其下成立的政府的；和不曾组成或参加有这种企图或主张的政党及其他团体。

二、法务大臣在不论外国人其意思如何，未能丧失其国籍的情况下，如认定其与日本国民有着亲属关系或在境遇上有特殊情形时，即使其不具备本条第五款规定的条件，也可以准许其归化。

第六条　对符合下列条款之一的外国人，如其现在在日本有住所，即使不具备前条第一款第一项规定的条件，法务大臣也可以准许其归化：

（一）为日本国民的子女（养子女除外），连续三年以上在日本有住所或住处；

（二）在日本出生的人，连续三年以上在日本有住所或住处，其父或母（养父母除外）是在日本出生的；

（三）连续10年以上在日本有住处的。

第七条　法务大臣对有日本国民为其配偶的外国人，如其连续三年以上在日本有住所或住处，而且现在日本有住所，即使不具备第五条第一款第一项及第二项规定的条件时，法务大臣也可以准许其归化；对有日本国民为其配偶的外国人，自结婚之日起经过三年，而且连续一年以上在日本有住所的，亦同。

第八条　对符合下列各项之一的外国人，即使此人不具备第五条第一款第一项、第二项及第四项所规定的条件，法务大臣也可以准许其归化：

（一）为日本国民的子女（养子女除外），在日本有住所的；

（二）为日本国民的养子女，连续三年以上在日本有住所，而且在收养时按本国法律尚属未成年的；

（三）已丧失日本国籍（归化后丧失日本国籍者除外），在日本有住所的；

（四）在日本出生，自出生之时起即无国籍，但自此时起连续三年以上在日本有住所的。

第九条　对日本有特殊功绩的外国人，法务大臣可以不问第五条第一款的规定，经国会认可后，准许其归化。

第十条　一、法务大臣在准许归化后，必须将该事由在公报上予以公布。

二、归化自前款公告之日起开始生效。

【国籍的丧失】

第十一条　一、日本国民在根据自己的志愿而取得外国国籍时，即丧失日本的国籍。

二、取得外国国籍的日本国民依该外国的法令选择了该国国籍时，即丧失日本的国籍。

第十二条　依出生而取得外国国籍的日本国民，在国外出生的，如果不依照户籍法（昭和22年［1947年］法律第224号）的规定，表示有保留日本国籍的意思，即上溯到其出生时丧失日本的国籍。

第十三条　一、取得外国国籍的日本国民，可以通过对法务大臣提出的申报，脱离日本的国籍。

二、根据前款规定而提出申报的人，在其申报时即表示丧失日本的国籍。

【国籍的选择】

第十四条　一、具有外国国籍的日本国民，当其成为具有外国国籍及日本国籍时，必须对其中的任何一个国籍作出选择：如其时是在年满20岁以前，则必须在22岁以内完成之；如其时是在年满20岁以后，则从当时起两年以内完成之。

二、对日本国籍的选择，除由于脱离外国国籍进行外，应依户籍法的规定选择日本国籍，并且作出声明表示放弃外国国籍的意思（下称选择声明）。

第十五条　一、对具有外国国籍的日本国民，如其不在前条第一款规定的期限内选择日本国籍时，法务大臣可以用书面催告此人应进行选择国籍。

二、当应接受前款规定的催告的人，下落不明时，并且在无法用其他书面通知的情况下时，可以将必须催告的事项在公报上进行登载。在这种场合下作出的催告，视为在公报上登载日的次日，即已经到达。

三、受到前二款规定催告的人，在其受到通知之日起一个月内对日本国籍不作出选择时，当此项期间经过后即丧失日本国籍。但是，由于发生天灾及其他不应归责于本人的事由，以致在此期间内不可能选择日本国籍的情况下，如果本人从可以作出此项选择的时候起两星期以内作出这一选择时，则不在此限。

第十六条　一、提出“选择声明”的日本国民，必须尽力脱离外国的国籍。

二、对已经提出选择声明的日本国民，而尚未丧失外国国籍的，在依本人的志愿而担任外国公务人员职务（没有该国的国籍的人也可就任的职务除外）的情况下，如其就任一事被认为是显然违背本人所提出选择日本国籍的意思时，法务大臣可以宣告此人丧失日本国籍。

三、法务大臣在拟作出前款的宣告时，必须对与该宣告有关的人，预先指定日期及场所，以公开方式听取意见。在进行听取时，必须给予此人陈述意见及提出证据的机会。

四、第二款规定的宣告，必须在公报上予以公布。

五、受到第二款公告的人，在前款公告之日起，即丧失日本国籍。

【国籍的再取得】

第十七条　一、根据第十二条规定已丧失了日本国籍的人，如其年龄未满20岁，在日本有住所时，可以通过对法务大臣的申请，取得日本国籍。

二、凡受到根据第十五条第二款规定发出的催告并且根据同条第三款规定已丧失日本国籍的人，如当其具备第五条第一款第五项新规定的条件时，可以在其获悉丧失日本国籍时起一年以内，通过对法务大臣的申报取得日本国籍。但是如果因发生天灾及其他不能归责于本人的事由，以致在此期间内不可能提出申报时，此项期间应从可能提出申报时起为一个月。

三、凡根据前二款规定已提出申报的人，在其申报时即取得日本的国籍。

【由法定代理人申报】

第十八条　凡拟取得、选择、或脱离国籍的人，年龄未满15岁时，可以由法定代理人代为办理有关根据第三条第一款或前条第一款的规定，提出取得国籍的申报、要求准许归化的申请、选择国籍的声明和脱离国籍的申报。

【委任法务省以省令规定】

第十九条　除本法律规定外，关于取得和脱离国籍的手续及其他有关本法律施行的必要事项，已由法务省令予以规定。

附则：

一、本法律自昭和25年［1950年］7月1日起施行。

二、国籍法（明治32年法律第66号）予以废止。

三至五，从略。

7. 日本户籍法（改正法）（节选）

（昭和25年［1950年］法律第224号）

（昭和59年［1984年］法律第45号最后修正）

1985年1月1日起施行（参照附则）

第六条　户籍是为在市町村区域内确定原籍的一对夫妇及与其同姓的每个子女而编制的。但是，对和非日本人（下称外国人）结婚的人或无配偶的人，在编制新户籍时则须将其本人及与其同姓的每个子女加以编制。

第十六条　一、在已经提出婚姻的申报时，对夫妻应编制新的户籍。但是，当夫妻在称夫姓时的夫，和称妻姓时的妻已经记载在户籍的首位时，则不在此限。

二、在前条“但书”的情况下，称夫姓的妻则入夫的户籍内，而称妻姓的夫则编入妻的户籍内。

三、在已经提出日本人与外国人结婚的申报时，则对该日本人编制新的户籍。但是，如果此人已经是记载在户籍的首位名次的人时，则不在此限。

第二十条之二　一、根据第一百零七条第二款和第三款的规定，在提出变更姓氏理由的申报的情况下，当在申报人的户籍内有的人是在别处时，可对申请人另行编制新的户籍。

二、根据准用于第一百零七条第四款中的同条第一款的规定，已经提出变更姓氏理由的申报时，可对提出申报事件的本人，另行编制新的户籍。

第二十五条　一、申报必须在提出申报事件本人的原籍地方或申请人的所在地提出。

二、关于外国人提出的申报，必须在申报人的所在地提出。

第四十一条　一、在外国的日本人，按照该国的方式，在作出关于申报事件的证明书时，必须将该申报书副本，在三个月以内向驻在该国的日本大使、公使或领事提出。

二、如果在该国没有驻在的大使、公使或领事时，必须在三个月以内，将该证明书副本寄送给原籍地方的市町村长。

第四十九条　一、关于出生的申报，必须在 14 日以内（在国外出生时为三个月以内）提出。

二、申报书内必须记载下列事项：

1. 孩子是男或女；是婚生子女还是非婚生子女；

2. 出生的年、月、日、时分和地点；

3. 父母的姓名及原籍；父或母是外国人时，其姓名和国籍；

4. 以命令规定的其他事项。

三、当出生时，如有医生、助产士和其他人在场时，必须按上列名次，将其中一人根据指令作成的出生证明书附在申报书上。但是，在有不得已的事由时，则不在此限。

第五十二条　一、关于婚生子女出生的申报由父或母提出，如果在子女出生之前，父母已经离婚时，则必须由母方提出。

二、关于非婚生子女出生的申报，必须由母方提出。

三、根据前二款应提出申报的人，如不能提出申报时，则必须由以下顺位的人提出。

1. 同居者；

2. 出生时，在场的医生、助产士或其他人。

四、根据第一款和第二款的规定，应提出申报的人，如果不能提出申报时，也可以由另外的法定代理人提出。

第五十四条　一、根据民法第七百七十三条的规定，在法院须对出生者之父作出确定时，出生的申报必须由母方提出。在这种情况下，必须将出生者之父未确定的事由记载在申报书内。

二、对于前款规定的情况，准用第五十二条第三款及第四款的规定。

第八十六条　一、关于死亡的申报，负责申报的人，应在获悉死亡事实之日起 7 日以内（在国外死亡时，必须在获悉此事实之日起三个月以内）提出申报。

二、在申报书中，必须记载下列事项，并附上诊断书或验尸证：

1. 死亡的年、月、日、时分和地点。

2. 依命令规定的其他事项。

三、由于不得已的事由而不能得到诊断书和验尸证时，可以用可资证明死亡事实的书面材料代替。在这种情况下，必须在申报书中附上说明不能得到诊断书或验尸证的事由。

第一百零二条　一、对根据国籍法（1950 年法律第 147 号）第三条第一款和第十七条第一款或第二款的规定，取得国籍后的申报，已取得国籍的人，应在取得国籍之日起一个月以内（如果此人在国外时，可在三个月以内）提出。

二、在申报书中，必须记载下列事项，并附上可资证明取得国籍的书面材料。

1. 取得国籍的年月日；
2. 在取得国籍时已有的外国国籍；
3. 父母的姓名及原籍，父或母为外国人时，其姓名和国籍；
4. 配偶的姓名及原籍，配偶为外国人时，其姓名和国籍；
5. 依命令规定的其他事项。

第一百零二条之二　关于归化的申报，已归化的人必须在公告之日起一个月内提出。对于这种情况，申报书的记载事项准用本条之一中的第二款的规定。

第一百零三条　一、关于丧失国籍的申报，申报事件的本人、配偶或四亲等以内的亲属，应在获悉丧失国籍事实之日起一个月以内（如果应申报的人获悉该事实之日在国外时，从此日起三个月以内）提出。

二、在申报书中，必须记载下列事项，并附上可资证明丧失国籍的书面材料。

1. 丧失国籍的原因及年月日；
2. 已获得新的外国国籍时，该国籍。

第一百零四条　一、可以提出出生申报的人（根据第五十二条第三款的规定应提出申报的人除外），必须在出生之日起三个月以内，通过表示保留日本国籍之意的申报书，作出国籍法第十二条所规定的保留国籍的意思表示。

二、前款的申报，必须与出生的申报一起提出。

三、由于天灾以及其他不得归责于第一款规定的人的事由，致使申报人不能在该款新规定的期间内提出申报时，则可从其可以提出申报时起 14 日为其申报的期间。

第一百零四条之二　一、凡拟提出选择日本国籍声明的人，必须通过此项意思表示的申报书作出国籍法第十四条第二款新规定的有关选择日本国籍的声明。

二、申报人必须将其现有的外国国籍记载在申报书内。

第一百零四条之三　市町村长在处理户籍事务时，当其考虑到根据国籍法第十四条第一款的规定，应对国籍进行选择的人，在该款新规定的期限内未能作出选定时，必须将其姓名、原籍及依命令所规定的其他事项通知监督法务局长或地方法务局长。

第一百零六条　一、凡具有外国国籍的日本人，丧失其外国国籍时，此人必须从获悉丧失外国国籍事实之日起一个月以内（如果此人获悉此项事实之日是在国外时，则必须从此日起三个月以内），提出此事的申报。

二、申报书必须记载丧失外国国籍的原因及年月日，并附上可资证明其丧失外国国籍的书面材料。

第一百零七条　一、由于不得已的事由拟变更姓氏时，记载在户籍首位的人及其配偶，必须经家庭法院的准许后，提出表明本人意思的申报。

二、凡已与外国人结婚的人，如果拟将其姓氏改为其配偶所称的姓氏时，当事人从其结婚之日起 6 个月以内，可以不经家庭法院的准许，提出此项申报。

三、根据前款规定已经变更姓氏的人，在离婚、解除婚姻或者在其配偶者死亡之日以后，拟将其姓氏改为当初变更时所称的姓氏时，该申报人应从当日起三个月以内，可以不经家庭法院的准许，提出申报的理由。

四、父或母为外国人的人（列在户籍的首位的人或其配偶除外），拟将其姓氏改为其父或其母所称的姓氏时准用第一款的规定。

第一百零七条之二　根据正当的理由而拟改变其名字的人，必须取得家庭法院的许可后，提出此项申报。

第一百一十九条　第一百零七条第一款（包括准用该条第四款时）、第一百零七条之二、第一百一十条第一款、第一百一十三条和第一百一十四条的许可以及不服前条的异议提出的申诉，在关于家事审判法的适用上，视为是该审判法第九条第一款甲类中所登载的事项。

第一二四条　对不需要记载在户籍上的事项，提出虚伪申报的人，处一年以内的惩役或二十万日元以下罚金；对有关外国人事项，作出虚伪申报的人，亦同。

附则

【施行日期】

第一条　本法律自昭和六十年［1985］1 月 1 日起施行。

【关于归化及脱离国籍的经过措施】

第二条　对于本法律施行前，已经提出要求准许归化的申请或脱离国籍申报的归化或脱离国籍的事项，仍按前例办理。

【关于选择国籍的经过措施】

第三条　本法律施行时，现已具有外国国籍的日本国民，在根据第一条规定修正后的国籍法（下称新国籍法）第十四条第一款规定的适用上，视为是本法律施行时已具有外国及日本国籍的人。在这种情况下，如果此人未在该款规定的期限内选择国籍时，则当这一期限到来之时，视为是已经依该条第二款所规定作出选择国籍的声明。

【关于国籍再取得的经过措施】

第四条　对依［附则］第一条规定修正前的国籍法第九条的规定，已经丧失日本国籍的人，如其年龄未满10岁，也适用新国籍法第十七条第一款的规定。

【取得国籍的特例】

第五条　一、从昭和40年［1965年］1月1日起至本法律施行之日（下称施行日）以前出生的人（已经是日本国民的除外），在其出生时，其母为日本国民，而现在仍是日本国民时，或者其母死亡时是日本国民时，在施行日起三年以内，可以根据法务省令规定，向法务大臣提出申请，取得国籍。

二、前款规定的申请，在拟取得国籍的人年龄不满20岁时，可以由法定代理人代办。

三、根据第一款规定，拟提出申请的人，如果因天灾及其他不能归责于本人的事由，以致不能在该款所规定的期间内提出申请时，则此项申请期间从本人可以提出申请时算起为期三个月。

四、根据第一款规定而已提出申请的人，在其申请时即取得日本的国籍。

第六条　一、根据前条第一款的规定，父或母已取得日本国籍时，子女（已经是日本国民的除外）在该款规定的期间内，可以根据法务省令的规定，向法务大臣提出申请，取得日本国籍。但是，如果子女之父或母为养父、母时，或者是在出生后承认的，则不在此限。

二、对前款的情况，准用前条第一款至第四款的规定。

【关于与外国人结婚的户籍编制的经过措施】

第七条　关于本法律施行前日本国民与非日本国民的人提出有关结婚申报的户籍编制，仍按前例办理。

【关于出生等申报的经过措施】

第八条　根据关于出生、死亡或归化的申报，以及关于表示保留国籍意思的申报的第二条规定修正之后的户籍法（下称新户籍法）的规定，在本法律施行前，出生、死亡或归化的情况下，如果根据按同条规定改正之前的户籍法规定进行计算，其期限届满之日也适用于施行日以后提出的申报，如果根据按同条规定改正之前的户籍法规定进行计算，其期满之日对施行日以前提出的申报，则仍按前例办理。

【关于在已经丧失国籍时对户籍申报的经过措施】

第九条　一、在本法律施行前丧失国籍时，对国籍丧失的申报，仍按前例办理。

二、本法律施行前已丧失国籍的人，可以提出丧失国籍的申报。新户籍法第一百零三条第二款的规定，准用于这种情形。

【关于丧失外国国籍的申报的经过措施】

第十条　一、新户籍法第一百零六条第一款的规定，不适用于本法律施行前已丧失外国国籍的情况。

二、凡已有外国国籍的日本国民，如果在本法律施行前即已丧失外国国籍，可以提出其丧失国籍的申报。对这种情况，准用新户籍法第一百零六条第二款的规定。

【关于因与外国人结婚变姓氏的经过措施】

第十一条　本法律施行前已与非日本国民的人结婚的人，根据新户籍法第一百零七条第二款的规定，在本法律施行日可以提出变更姓氏的申报时，其申报期间，自本法施行日起为六个月。

【关于适用处罚条款的经过措施】

第十二条　对本法律施行前所作的行为，以及根据附则第八条及第九条第一款的规定，与按前例办理的申报事件有关的在本法施行后所作的行为，在处罚条款的适用上，仍按前例办理。

【根据附则第五条第一款或第六条第一款的规定取得国籍时提出的申报】

第十三条　新户籍法第一百零二条的规定，准用于根据附则第五条第一款和第六条第一款的规定取得国籍时提出的申报。

8. 越南国籍法

越南国籍是国家与公民之间法律关系的体现，由此产生越南社会主义共和国公民的权利与义务，为确定越南国籍，根据越南社会主义共和国宪法第五条、第五十三条和第八十三条之规定，制定本法。

第一章　总则

第一条　具有越南国籍人。越南社会主义共和国是一个由各民族在越南领土上共同生活的统一国家，各民族的所有成员都具有越南国籍。

具有越南国籍人包括到本法生效之日仍具有越南国籍的人和按本法规定具有越南国籍的人。

第二条　国家与公民之间的关系。越南社会主义共和国保障越南公民的各项权利，越南公民必须按法律规定，履行自己对国家和社会的义务。

国家保护越南公民在国外的正当权利。

第三条　承认越南公民只具有越南国籍。越南社会主义共和国只承认越南公民具有一个国籍即越南国籍。

第四条　结婚、离婚、撤销违法婚姻和配偶的国籍变更时国籍的保留。

1. 越南公民与外国公民或与无国籍人结婚、离婚或被撤销违法婚姻，其国籍不变。

2. 一方的配偶加入或丧失越南国籍，其本人的国籍不改变。

第二章　确定越南国籍

第五条　具有越南国籍。属下列情况之一者，具有越南国籍：

1. 出生；

2. 获准加入越南国籍；

3. 获准恢复越南国籍；

4. 根据越南参加或签订的国际条约具有越南国籍；

5. 根据本法规定的其他情形具有越南国籍。

第六条　儿童的国籍。

1. 父母双方为越南公民，不论本人在国内或国外出生，具有越南国籍。

2. 父母一方为越南公民，另一方为无国籍人或国籍不明，不论本人在国内或国外出生，具有越南国籍。

3. 父母一方为越南公民，另一方为外国公民，如本人在越南领土出生，或出生时父母在越南有常住户口，具有越南国籍。父母双方一致为其选择其他国籍的例外。如本人在越南领土以外出生，或出生时父母在越南无常住户口，其国籍根据父母的选择。

4. 本人在越南出生，父母双方为无国籍人，并在越南有常住户口，具有越南国籍。

5. 在越南领土上的儿童，其父母不明，具有越南国籍。

第七条　加入越南国籍。

1. 外国公民和无国籍人在越南居住，自愿遵守越南宪法和法律。具备下列条件，可加入越南国籍：

（1）18 岁以上；

（2）懂越南语；

（3）至少在越南居住 5 年以上。

2. 在正当理由，外国公民和无国籍人可不受本条第一款第（1）、（2）、（3）项规定条件的限制，加入越南国籍。

3. 如根据本条规定已加入越南国籍者，在申请加入越南国籍时，有弄虚作假行为，批准加入越南国籍的决定将被撤销。

第三章　丧失、恢复越南国籍

第八条　丧失越南国籍。

下列情况，越南公民丧失越南国籍：

1. 获准退出越南国籍。

2. 被剥夺越南国籍。

3. 根据越南参加或签订的国际条约的规定丧失越南国籍。

4. 根据本法规定的其他情况，丧失越南国籍。

第九条　退出越南国籍。

1. 越南公民如有正当理由，可获准退出越南国籍。

2. 属下列情况之一，申请退出越南国籍者不得退出越南国籍：

（1）正履行军事义务；

（2）正欠国家的税款或负有其他债务；

（3）正受到刑事起诉；

（4）正在执行判决。

3. 正退出越南国籍者危害国家安全，不得退出。

第十条　剥夺越南国籍。

1. 居住在越南领土以外的越南公民，如有严重危害民族独立，严重危害建设和保卫越南社会主义祖国事业，或严重危害越南社会主义共和国的利益和威信的行为，被剥夺越南国籍。

2. 根据本法第七条的规定加入越南国籍的人，不论居住何处，如有本条第 1 款规定的行为，都可以被剥夺越南国籍。

第十一条　恢复越南国籍。已经丧失越南国籍的人，如有正当理由，可以获准恢复越南国籍。

第四章　父母国籍有变更时未成年子女、养子女的国籍

第十二条　父母国籍有变更时未成年子女的国籍。

1. 父母双方的国籍有变更：加入、退出或恢复越南国籍，其未成年子女本人的国籍随父母的国籍自然变更。

2. 父母一方的国籍有变更，其未成年子女本人的国籍由父母选择确定。

3. 15 周岁以上未满 18 周岁者根据本条第 1、2 款的规定变更国籍时，必须征得本人的同意。

第十三条　父母被剥夺越南国籍或被撤销获准加入越南国籍决定时其未成年子女的国籍。

父母双方或一方根据本法第十条的规定被剥夺越南国籍，或根据本法第七条第 3 款的规定被撤销获准加入越南国籍的决定，其未成年子女本人的国籍不变。

第十四条　未成年养子女的国籍。

1. 未成年养子女本人是外国公民或无国籍人，如养父母双方或其中一方是越南公民，可根据养父母的申请，获准加入越南国籍，并可免除本法第七条第 1 款规定的各项条件。

2. 未成年养子女本人是越南公民，如果其养父母双方或其中一方是外国公民，经其亲生父母双方或监护人同意，可根据养父母的申请，退出越南国籍，加入外国国籍。

3. 15 周岁以上未满 18 周岁者根据本条第 1、2 款的规定变更国籍时，必须征得本人的同意。

第五章　解决有关国籍问题的权限

第十五条

1. 部长会议对允许加入、退出、恢复、剥夺越南国籍和撤销获准加入越南国籍的决定作出规定。

2. 解决有关国籍问题的程序由部长会议作出规定。

第六章 附则

第十六条 越南社会主义共和国签订或参加的国际条约有另行规定的，适用该国际条约的规定。

第十七条 本法自 1988 年 7 月 15 日起实施，同时废止下列法令。

1. 1945 年 10 月 20 日 53—SL 号法令；
2. 1945 年 12 月 7 日 73—SL 号法令；
3. 1949 年 8 月 20 日 251—SL 号法令；
4. 1959 年 12 月 14 日 51—SL 号法令；
5. 国会常务委员会 1971 年 2 月 8 日 TVQH-NQ1043 号决议。

第十八条 部长会议规定本法实施细则。

9. 美国国籍法（节选）

（1940 年 10 月 14 日）

第一章 定义

第 101 条 本法中下列各词应解释如下：

（1）国民，指永久效忠于一国家之人。

（2）美国国民，指①美国公民②虽非美国公民永久效忠于美国者。此语并不包括外国人。

（3）归化，指一国家对一人出生后国籍之给予。

（4）美国，当其应用于地理上名称时，乃指美国本部、阿拉斯加、夏威夷、波多黎各与斐济岛等地。

（5）境外领地，指 4 项所开列以外，由美国行使主权之土地，唯巴拿马运河区除外。

（6）父或母，除在世父母外，在涉及遗腹子女时包括已死之父或母。

（7）未成年人，指二十一岁以下之人。

第二章 固有国籍

第 201 条 下列各项人，为固有之美国国民及美国公民。

（1）凡出生于美国并受美国法律之管辖者。

(2) 凡是生于美国境内为印第安人、爱斯基摩人、亚留申人或其他土著之子女者。但依本项规定其公民权之允许不得损害或影响其对部族或其他财产上之权利为限。

(3) 凡非出生于美国及其境外领地，而其父母全为美国公民，且于其出生前其父或母并曾于美国或其境外领地居住者。

(4) 凡非出生于美国及其境外领地而其父母之一为美国公民并于其出生前曾于美国或其境外领地居住，另一人则虽非美国公民而为美国国民者。

(5) 凡出生于美国境外领地，其父或母为美国公民并于其出生前曾于美国或境外领地居住者。

(6) 凡发现于美国之子女其父母无可考而未能提出其非生于美国之反证者。

(7) 凡非出生于美国及其境外领地，其父或母为外国人，而另一为美国公民，并于子女出生前曾于美国或境外领地居住十年以上，其中至少五年于达十六岁以上之年龄者。

但为保留此项公民权，该子女须于十三岁至二十一岁间于美国或境外领地连住五年或分期居住而共满五年之时期；再若该子女于达十六岁时犹未于美国或境外领地居住，或因居住国外无法于二十一岁前于美国或境外领地完成五年之居住期者，则其美国公民权应随之消灭。

上列二但书之规定不得适用于子女之于国外出生，而其美籍之父或母，当生育该子女时，居住国外，完全或主要为美国政府工作，或为真正美国之教育、科学、慈善、宗教、商业或财政等组织工作而该组织设有总机关或事务所于美国者，或为美国所参加之官方国际机关工作而接受酬劳费者。

(8) 前列关于保留公民权“7”项之规定应适用于1934年5月24日以后于国外出生之子女。

第202条　凡在1899年4月11日以后出生于波多黎各而受美国法律管辖且在本法有效时期居住于该地或其他美国行使主权土地之人，依他种法令视为非美国公民者，依本法仍宣布其为美国公民。

第204条　除于第201条中另有规定者外，下列各人应为固有美国国民，而非美国公民。

(1) 凡出生于美国境外领地，其父或母为美国国民而非美国公民者；

(2) 凡非出生于美国及其境外领地，而其父母全为美国国民而非美国公民，并曾于出生当事人之前居住于美国境内或其境外领地者；

（3）凡发现于美国境外领地之子女，其父母无可考，而未能提出其非出生于该境外领地之反证者。

第三章　国籍之取得

第二节　分则

第一类　归化要件

第 302 条　外人之归化权不因性别或已婚而撤销或褫夺。

第 303 条　依本法享有归化权之外人仅限于白种人、阿非利加土人或其子孙，及西半球土族之后裔等，但依第 324 条所规定之菲律宾土生人其曾服役于美国陆军、海军、海军陆战队或海岸警卫队者，以及以前曾为美国公民者亦同享有归化权，后者只依本法第 317 条之规定得予归化。

第 304 条　除本法另有规定外；凡自行申请归化而本人不能讲英语者不得归化为美国公民，惟符合其他归化条件而因身体缺陷，不能讲英语者不在此限。

第 305 条　下列各项人不得归化为美国公民：

（1）凡宣传、提倡、教导无政府主义者；或参加宣传、提倡、教导无政府主义之任何组织协会、会社、集团者；或与此种团体同谋者。

（2）至（4）从略。

第 306 条　外国人于美国过去或以后之战争期间内，为美国海陆军之逃兵者，或于正式征集后离开其征集地之管辖区域或至美国境外，以规避海陆军之服役者，经军事法庭定罪后不得归化为美国公民，此等逃兵并永远不得于美国担任有责任或有权益之职务，亦不得行使任何公民权。

第 307 条　（1）除本法以下另有规定外，申请归化人若不具备下列各条件者不得归化：

①溯自申请归化之日前于美国境内有继续五年以上之居所，并在其申请时所居住之邦内有继续六个月以上之居所；

②于申请归化后至获得公民权之期间内连续居住于美国境内。

③于此项所列之各期间内不论过去现在皆为品行端正、遵从美国宪法原则，并愿为美国社会秩序与幸福而努力者。

（2）从略。

第 308 条　任何外人曾经合法许可进入美国境内取得住所者，若纯以清规教士或修女之身份暂时离开美国国境，则虽离开美国国境，应视为与归化而于美国境内居住者同，惟其他各方面仍应符合归化之要件，同时并应向归化法庭与首席检察官提出证据，证明其离开美国纯以本节之身份前往。

第三类　婚姻与归化

第 310 条　（1）任何外人于 1929 年 9 月 21 日后而于 1934 年 5 月 24 日以前与美国公民结婚者，或任何外人于 1934 年 5 月 24 日以前结婚，其配偶系于前述期间内及于婚姻关系存在时归化美国者，如其符合归化条件，得完全依照归化法规中所规定各节予以归化。且可：

①不必作愿为美国公民之宣告；

②不必具有于美国境内五年之居住，及在其申请时所居住之州六个月居住等条件，但该申请人应溯自申请之日起至少在美国境内有一年之继续居所。

（2）至（4）从（略）。

第四类　归化与子女

第 313 条　凡于美国境外出生之子女，其父或母中一人于生该子女时为外国人，另一人始终为美国公民，而其外人之父或母业已归化，则该子女应视为美国公民，但必另具备下列条件：

（1）其外人之父或母举行归化应于该子女十岁以下之年龄时；

（2）当该子女之年龄在十八岁以下而其外人之父或母举行归化时，该子女应于美国居住或自是时以后，开始永久居住美国。

第 314 条　凡出生于美国境外之子女，其父母均为外国人，或其一为外国人，一为美国公民而后丧失美国国籍者，如具备下列条件则成为美国公民：

（1）父母均已归化；或

（2）其父母中一人已故而另一人则已归化；或

（3）其父母合法离婚后，其法定监护权之父或母已经归化；同时

（4）是项归化系于该子女八十岁以下之年龄时举行；而且

（5）该子女未满十八岁前，于其父或母依本条 1、2、3 项中任何一项举行归化时，该子女应于美国居住或自是时以后，开始永久居住美国，如其父或母系依本条 1 项归化者，则以二人中最后举行归化之时为准。

第 315 条　凡出生于美国境外之子女，其父或母于为其子女申请归化时为美国公民，不论其国籍为固有国籍或系取得之国籍，而该子女年龄于十八岁以下，具备其他之公民资格，并与其为美国公民之父或母于美国境内取得住所者，则经其美国公民之父或母引用归化法规之程序申请得予归化，并得免作归化意向之宣告。

第 316 条　凡收养子女，若具备公民之资格而未满十八岁之年龄者，经养父母或养父母之一引用归化法规之程序提出申请，则可予归化，但溯自申请之

日起该子女应于美国继续居住达二年以上，而其养父母或养父母之一应为美国公民，且该子女已具备下列条件：

（1）合法进入美国境内取得住所；

（2）于美国境内在十六岁以下之年龄时被收养者；

（3）为其申请归化前二年以上已由具有法定监护权之养父母或养父母之一予以收养者。

10. 罗马尼亚国际私法典（节选）

（1992年9月22日第105号法）

第二章　自然人

第一节　国籍法

第十一条　若无特别规定，自然人的婚姻状况、权利能力和行为能力及家庭关系受其本国法支配。

第十二条　本国法是指当事人国籍所在国的法律。国籍的确定与证明依据当事人宣称具有该国国籍的国家的法律。

罗马尼亚公民，即使外国法赋予其另一国国籍，其本国法为罗马尼亚法。

具有多重国籍的外国人，其本国法为其住所所在国家的法律。若没有住所，则为其居所所在国法律。

无国籍人则以其住所，或当缺乏此种住所时，以其居所所在地法律为准。

第十三条　人的出生与死亡适用其本国法。

第十四条　人的姓名依其本国法确定。

对于受到侵犯的姓名权，若侵犯行为是在罗马尼亚所为，则依罗马尼亚法律予以保护。

第十五条　当事人本国法的改变并不影响其依照先前应适用的法律而确定的成年年龄。

第十六条　对推定死亡和失踪所作的判决的条件、效力和撤销，以及推定存活和推定死亡适用失踪人的最后本国法，如果此种法律不能确定，则适用罗马尼亚法。

第十七条　依照其本国法或住所地法为无行为能力或限制行为能力的当事人不能据此否认其依照某一法律行为的行为地法具有完全行为能力。

此种规定不适用于有关家庭、继承和不动产的转让等方面的法律行为。

第三章　法人

第四十条　法人根据其成立证书在某地建立起营业所则具有该地所属国国籍。

法人若在多个国家拥有营业所，则根据其实际营业所确定其国籍。

实际营业所是指企业依照章程进行日常活动的主要经营管理中心所在地，即使其决策是根据外国股东或合伙人的指示而采取的。

第四十一条　法人的组织章程适用依第四十条所确定的本国法。

法人在国外成立的分公司的组织章程适用法人本国法。

法人的子公司的组织章程适用其本身营业所成立地国家的法律而不取决于建立子公司的法人所适用的法律。

第四十二条　适用于法人之组织章程的法律特别适用于：

a）法人的权利能力和行为能力；

b）会员资格的取得与丧失；

c）根据会员资格而产生的权利与义务；

d）法人领导机关的选举方式、管理权限以及作用方式；

e）通过本身机构进行代理；

f）法人及其机关对第三人的责任；

g）创立文件的改变；

h）法人的解散与清算。

第四十三条　以营利为目的的外国法人在其所属国依法成立，在罗马尼亚从法律上予以承认。

非营利目的的外国法人如果有互惠存在，只要其在所属国依法成立，其法定目标不危害罗马尼亚社会和经济秩序，在政府予以批准的基础上通过法院判决，在罗马尼亚给予承认。

有关承认的判决在罗马尼亚官方公报和一家中央报纸上予以公布，并可自最后公布之日起六十天内通过上诉予以取消。

任何人，只要他认为并不存在第二款中所列之条件，即可提起上诉。

第四十四条　得到承认的外国法人享有按其组织章程所应享有的一切权利，但承认国法律拒绝给予的权利除外。

第四十五条　在罗马尼亚获得承认的外国法人在我国从事经济的、社会的、文化的以及其他活动应遵守罗马尼亚法律有关规定。

第四十六条　具有不同国籍的法人，只要双方本国法中适用于其组织章程的所有条件都得到满足即可进行合并。

第四章 自然人和法人的共同规定

第四十七条 对无行为能力人和无支付能力法人的代理以及对限制行为能力人的监护受适用于导致代理和监护权利产生的法律关系的法律支配。

第四十八条 商人的身份受自然人或法人获得从事经济活动许可或取得注册的国家的法律支配。

如果不存在此种许可或注册或者当事人取得多项许可或在不同国家注册，则应适用的法律为对其经济活动实施领导的行为地国家法律。

11. 法国民法典（节选）
第一编（二） 法国国籍

（1993年7月22日第93—933号法律）

第一章 通则

第17条：（1973年1月9日第73—42号法律）法国国籍之赋予、取得或丧失，依本编之规定，法国适用的条约与承担的其他国际义务另有规定者，不在此限。

第17—1条：（1973年1月9日第73—42号法律）有关赋予原始国籍的新法，适用于其生效之日尚未成年的人，但不影响第三人已经取得的权利，也不得以国籍之原因对此前订立的契约之有效性提出异议。

前款之规定，以解释性名义，适用于本法典第一编颁布之后生效的有关原始国籍的法律。

第17—2条：（1973年1月9日第73—42号法律）法国国籍之取得与丧失，受法律赋予效力的证书或事实发生之日实行的法律约束。

前款之规定，以解释性名义，对1945年以前实行的有关国籍的法律在时间上的适用作出处理。

第17—3条：（1993年7月22日第93—933号法律）取得或丧失法国国籍的申请，或者恢复法国国籍的申请以及申请加入法国国籍的声明，当事人年龄一经达16岁，即可按法律规定的条件提出，无需经过批准。

年龄不满16岁的未成年人，应由对其行使亲权的人代理。（1995年2月8日第95—125号法律第34条）年满16岁至18岁的未成年人，其精神或身体能力受到损伤、不能表达意示时，亦应同样代理之。

不能表达意示之事实，由监护法官依职权，或者应未成年人家庭之一成员的请求，或者应检察院请求，以在共和国检察官制定的名册上挑选的专门医生出具的证明确认。

在前款所指的未成年人受监护的情况下，其代理事宜由亲属会议为此授权的监护人保证。

第 17—4 条：（1973 年 1 月 9 日第 73—42 号法律）依本编之意义，“在法国”一语是指本土、各海外省与海外领地（1993 年 7 月 22 日第 93—933 号法律）以及马约特、圣皮埃尔与米格隆之海外领土。

第 17—5 条：（1993 年 7 月 22 日第 93—933 号法律）在本编中，成年与未成年，均依法国法律的意义确定之。

第 17—6 条：（1973 年 1 月 9 日第 73—42 号法律）为确定法国之领土，任何时期，均应考虑到因法国公共权力机关依据宪法与法律以及此前签署的国际协定而颁布的文件所引起的变动。

第 17—7 条：（1973 年 1 月 9 日第 73—42 号法律）领土合并以及让与对法国国籍的效果，在没有协定规定的情况下，按以下规定处理。

第 17—8 条：（1973 年 1 月 9 日第 73—42 号法律）主权转移之日，居住在与法国合并之领土上的让与国国民，取得法国国籍；但如其实际住所设在该领土之外，不在此列。

依相同保留条件，主权转移之日，住所设立在法国出让之领土上的法国人，丧失法国国籍。

第 17—9 条：（1973 年 1 月 9 日第 73—42 号法律）共和国原有的海外省或海外领地取得独立对法国国籍的效果，依本编第七章之规定。

第 17—10 条：（1973 年 1 月 9 日第 73—42 号法律）第 17—8 条之规定，以解释性名义，适用于依 1945 年之前订立的条约发生的领土让与及合并所引起的国籍改变。

但是，居住在法国依据 1814 年 5 月 30 日《巴黎条约》归还的领土上，随后将住所迁移至法国的外国人，仅在符合 1814 年 10 月 14 日法律之规定时，始得因住所迁移而取得法国国籍；出生在上述归还领土以外，但在其上保留有住所的法国人，适用上述条约，并不丧失法国国籍。

第 17—11 条：（1945 年 10 月 19 日第 45—2441 号法令）在不影响对以前的协定作出解释的情况下，如有关国际协定无明文规定，国际协定于任何情形均不引起改变国籍。

第17—12条：（1973年1月9日第73—42号法律）如依据某一国际协议的条款，改变国籍应完成选择手续时，该项手续的证书在形式上应按其作成的缔约国的法律确定。

第二章　原始法国国籍

第一节　依亲子关系而为法国人

第18条：（1973年1月9日第73—42号法律）父母至少有一方为法国人，婚生或非婚生子女为法国人。

第18—1条：（1993年7月22日第93—933号法律）但是，如父、母仅一方为法国人，不是出生在法国的子女，可以在其成年之前6个月与其成年后12个月内放弃法国人之资格。

（1973年1月9日第73—42号法律）如儿童的外国籍父或母，或者无国籍的父或母在该儿童未成年时已经取得法国国籍，该儿童丧失前项权利。

第二节　依出生在法国而为法国人

第19条：（1973年1月9日第73—42号法律）生父、母不明，儿童本人出生在法国，为法国人。

但是，如儿童在未成年期间即已对一外国人确立亲子关系，以及如按照该外国人国家的国籍法，儿童具有该外国人的国籍时，视该儿童从未是法国人。

第19—1条：1. 父、母无国籍，儿童本人出生在法国，为法国人。

2. 父、母为外国人，儿童本人出生在法国，但依该外国法律，儿童不具有其父、母任何一方的国籍时，该儿童为法国人。

第19—2条：（1973年1月9日第73—42号法律）出生证书系依据本法典第58条之规定作成的儿童，推定其出生在法国。

第19—3条：（1973年1月9日第73—42号法律）出生在法国的婚生或非婚生儿童，其父、母至少有一人出生在法国，该儿童为法国人。

第19—4条：（1973年1月9日第73—42号法律）儿童，凡依据本章之规定为法国人者，视其自出生起即为法国人，即使其具备法律规定的赋予法国国籍之条件仅在后来得到确认，亦同。

（1976年12月22日第76—1179号法律）经完全收养的儿童的国籍，按照以上第18条、第18—1条、第19—1条、第19—3条与第19—4条所定之区分确定。

但是，出生之后始确定法国人资格，不损及利害关系人此前订立的契约的有效性，也不损及第三人此前依据儿童所表现的国籍而取得的权益。

第20—1条：（1973年1月9日第73—42号法律）儿童的亲子关系，仅在该儿童未成年时确定，始对国籍产生效果。

第20—2条：（1993年7月13日第93—933号法律）在本编所指的情况下有权放弃法国国籍的法国人，得以其按照第26条及随后条款之规定签署的声明，行使该项权利。

前款所指法国人，自16岁起，得按照该款所指相同条件，放弃此项权利。

第20—3条：（1973年1月9日第73—42号法律）在前款所指情况下，任何人如不能证明其因亲子关系已取得外国国籍，均不得放弃法国国籍。

第20—4条：（1993年7月23日第93—933号法律）法国人（1973年1月9日第73—42号法律）在法国军队内承担义务者，或者自愿参加为履行服务义务而进行的适龄青年调查登记，即丧失放弃法国国籍的权利。

第20—5条：（1973年1月9日第73—42号法律）第19—3条与第19—4条中所包含的规定，不适用于外国外交人员与职业领事人员的在法国出生的子女。

（1993年7月22日第93—933号法律）前款所指的儿童，有权按照第21—7条及随后条款之规定，自愿取得法国人资格。（自1994年1月1日起生效）

第三章　法国国籍的取得

第一节　取得法国国籍的方式

第一目　依亲子关系取得法国国籍

第21条：（1973年1月9日第73—42号法律）单纯的收养，对被收养人的国籍不当然产生任何效果。

第二目　依结婚取得法国国籍

第21—1条：（1973年1月9日第73—42号法律）结婚，并不当然对国籍产生任何效果。

第21—2条：（1993年7月22日第93—933号法律）外国人或无国籍人，与具有法国国籍的配偶结婚者，可以自结婚起2年期限以后提出声明，取得法国国籍，但以该项声明提出之日，夫妻之间未停止共同生活并且法国籍配偶仍保留法国国籍为条件。

如夫妻结婚前或结婚后生有子女，且该儿童对父母双方均已确立亲子关系，在前款所要求的夫妻共同生活以及法国籍配偶仍然保留法国国籍的条件均已具备时，前款规定的2年期限得予取消。

申请取得法国国籍的声明，按照第26条及随后条款规定的条件提出。尽管有第26—1条之规定，此种声明由负责归化事务的部长登录之。

第21—3条：（1973年1月9日第73—42号法律）依第21—4条与第26—3条之规定为保留条件，当事人于其声明签署之日即取得法国国籍。

第21—4条：（1993年7月22日第93—933号法律）政府得以经最高行政法院提出资政意见后颁布的法令，以不具备资格或不得同化之原因，反对法国人的具有外国国籍的配偶在第26条第2款所指的收据出具之日起一年期限内取得法国国籍；或者如当事人提交的声明被拒绝登录，政府得反对该人自承认其声明符合规定的裁判决定发生既判力之日起一年期限内取得法国国籍。(1994年1月1日起生效)。

（1973年1月9日第73—42号法律）如政府提出反对意见，视当事人从未取得法国国籍。

但是，在当事人提交取得国籍的声明与政府提出反对其取得法国国籍的行政令两者期间缔结的契约的有效性，不因缔结人未能取得法国国籍而受到异议。

第21—5条：（1973年1月9日第73—42号法律）经法国法院作出判决宣告无效的婚姻，或者由外国法院作出的、效力在法国得到承认的判决宣告无效的婚姻，并不使第21—2条所指的为善意缔结婚姻的一方配偶之利益提出的声明失去效力。

第21—6条：（1973年1月9日第73—42号法律）婚姻被取消，对该婚姻所生子女的国籍无任何影响。

第三目　依出生与居住在法国取得法国国籍

第21—7条：（1993年7月22日第93—933号法律）父、母均为外国人，本人出生在法国，自年满16岁起至21周岁止，可以取得法国国籍，但以其表明此种意愿，表明意愿之日居住在法国，并且能证明此前5年期间在法国有惯常居所为条件。

对第21—20条意义上的法语国家的外国人，5年期间在法国有惯常居所之条件，可不予要求。

经最高行政法院提出资政意见后颁布的法令确定，依何种条件，公共组织机构、尤其是教育机构、社会保险组织与地方行政部门将现行的国籍法有关规定告知公众，尤其是告知本条所涉及的个人。

第21—8条：（1993年7月22日第93—933号法律）但是，外国人，如其在18岁至21岁之间因犯罪受到下列惩处，丧失依前条规定承认其享有的权利：

——因危害国家基本利益之重罪或轻罪，或者因恐怖活动罪，被判处任何监禁刑；

——因故意伤害人之生命罪、造成他人死亡之暴力罪、毒品走私罪或淫媒谋利罪，被判处6个月或6个月以上无缓期之监禁刑；

——故意伤害未满15岁的未成年人的生命或身体，或者因对未满15岁的未成年人实施性侵犯，被判处6个月或6个月以上无缓期监禁刑；

（1993年12月30日第93—1417号法律）受到驱逐，驱逐令未经明示撤销或废除，或者受到禁止进入法国领域，禁止令并未完全执行的外国人，亦适用以上规定。（第21—8条自1994年1月1日起开始生效。）

第21—9条：（1993年7月22日第93—933号法律）取得法国国籍的意示表示，由初审法院的法官接受之，或者由经最高行政法院提出资政意见后颁布的法令指定的行政机关，在当事人提出属于其管辖权限的申请时限接受之。所提申请符合最高行政法院提出资政意见后颁布的法令规定的条件时，得予接受。行政主管机关将包含有取得法国国籍之意示表示的文件转送初审法院。

初审法院的法官，在收到能证明申请可予受理的各项必要材料以后，应签发一份收据，并且按照第26—1条及随后条款的规定进行登记。

第21—10条：（1993年7月22日第93—933号法律）当事人自愿参加为履行服役义务而进行的适龄青年调查登记，或者提出取得法国国籍证书的请求，构成第21—7条意义上的取得法国国籍的意示表示。

此种意示表示，依第21—9条规定之条件产生效力。（第21—10条自1994年1月1日起生效。）

第21—11条：（1993年7月22日第93—933号法律）除第21—8条之保留外，父、母为外国人，本人出生在法国，21岁之前即以应征入伍之身份或者为服现役，按照规定的手续合法编入法国军队编制的任何外国人，自编入法国军队之日起，取得法国国籍。（第21—11条自1994年1月1日起生效。）

第四目　依提出申请取得国籍的声明而取得法国国籍

第21—12条：（1973年1月9日第73—42号法律）由具有法国国籍的人单纯收养的儿童，至其成年之前，得按照第26条及随后条款规定的条件声明其请求取得法国人之资格，但其提出声明之日应居住在法国。

下列情形，亦可按照同样条件请求取得法国国籍：

1. 由具有法国国籍的人收留并抚养的儿童，或者交由社会救助儿童部门收留并抚养的儿童；

2. 由法国公共组织机构，或者由具有最高行政法院提出资政意见后颁布的法令确定性质的私立组织机构（1993 年 7 月 22 日第 93—933 号法律）在法国收留并抚养的儿童，如收留与抚养条件能够使该儿童至少在 5 年期间接受法国教育。

（最后一款由 1993 年 7 月 22 日第 93—933 号法律废止。）

第 21—13 条：（1973 年 1 月 9 日第 73—42 号法律）在提出声明前 10 年期间惯常享有法国人身份的人，得以按照第 26 条及随后条款之规定提出的声明，请求取得法国国籍。

在申请人提出声明前作成的证书的有效性以其具有法国国籍为条件时，仅得以该人在此前不具有法国国籍为唯一原因，对证书的有效性提出异议。

第 21—14 条：（1993 年 7 月 22 日第 93—933 号法律）依第 23—6 条之规定丧失法国国籍的人，或者依第 30—3 条之规定，其请求受到不受理抗辩的人，得以按照第 26 条及随后条款之规定签署的声明，要求取得法国国籍。

前款所指之人，应当同法国保有或取得文化、职业、经济或者家庭方面的明显联系，或者在法国军队内实际完成服役，或者在战争时期，曾在法国或盟国军队内参加战斗。

在法国军队内完成服役，或者战争期间在法国军队或盟国军队内参加战斗的人的健在配偶，亦可享有第一款规定的利益。

第五目　依公共权力机关的决定而取得法国国籍

第 21—15 条：（1973 年 1 月 9 日第 73—42 号法律）依公共权力机关的决定取得法国国籍，由外国人提出申请，以入籍行政令同意其归化而发生。

第 21—16 条：（1945 年 10 月 19 日第 45—2441 号法令）任何人，如在加入法国国籍的决定签署时在法国没有居所，不得入法国国籍。

第 21—17 条：（1993 年 7 月 22 日第 93—933 号法律）除第 21—18 条、第 21—19 条与第 21—20 条规定的例外，只有能证明在提交申请前 5 年期间在法国有惯常居住的外国人，始得同意其入法国国籍。

第 21—18 条：（1973 年 1 月 9 日第 73—42 号法律）下列之人，第 21—17 条所要求的事先在法国有惯常居所的时间减为 2 年：

1. 为取得法国大学或高等教育机构颁发的毕业证书，圆满完成 2 年高等教育学业的外国人；

2. 以其能力与才干，已经为法国或可以为法国作出重要贡献的人。

第 21—19 条：（1993 年 7 月 22 日第 93—933 号法律）下列之人，可不要求事先在法国有惯常居所而入法国国籍：

1. 父、母有一人已经取得法国国籍，本人仍为外国人的未成年子女；

2. 取得或已经取得法国国籍的人的配偶与已成年的子女；

3. 由 1993 年 7 月 22 日第 93—933 号法律废止；

4. （1973 年 1 月 9 日第 73—42 号法律）在法国军队里实际完成服役，或者战争时期在法国军队或盟国军队内志愿服役的外国人；

5. 法国过去曾对其行使主权、宗主权、托管权或保护权的领土或国家的侨民或原侨民；

6. 为法国作出特别贡献的外国人，或者其加入法国国籍对法国具有特殊利益的外国人，在此场合，入籍行政令，仅在听取最高行政法院依据有管辖权的部长的报告提出的意见后，始得作出；

7. （1993 年 7 月 22 日第 93—933 号法律）在年满 21 岁之前未表明第 21—7 条所指的成为法国人之意示的外国人。（第 7 项自 1994 年 1 月 1 日起生效。）

第 21—20 条：（1993 年 7 月 22 日第 93—933 号法律）属于法国语言与文化实体的人，如其是以法语为官方语言或官方语言之一的领土或国家的侨民，或者其母语是法语，或者能证明在使用法语的教育机构内至少有 5 年学历，可以入法国国籍而无需事先在法国有居所。

第 21—21 条：（1993 年 7 月 22 日第 93—933 号法律）以其杰出活动，为法国的声望、地位及其国际经济关系的发展作出贡献，讲法语并提出加入法国国籍之申请的任何人，依外交部提出建议，通过入籍，得授予其法国国籍。

第 21 — 22 条：（1993 年 7 月 22 日第 93—933 号法律）除可以援用第 21—19 条规定之利益的未成年人以外，任何人，如未满 18 岁，均不得归化加入法国国籍。

第 21—23 条：（1973 年 1 月 9 日第 73—42 号法律）任何人，如生活行为不端、道德不良，或者受到本法典第 21—27 条所指的惩处，不得入法国国籍。

但是，在国外宣告的有罪判决可以不予考虑；在此情况下，宣告入籍的行政令，仅在听取最高行政法院的同意意见后，始得签发之。

第 21—24 条：（1945 年 10 月 19 日第 45—2441 号法令）任何人，如不能证明其能融合于法国社会，尤其是不能证明按其条件可以充分掌握法语时，不得入法国国籍。

第 21—25 条：（1945 年 10 月 9 日第 45—2441 号法令）对外国人提出加入法国国籍申请时的健康状况与融合状况的审查，由最高行政法院提出资政意见后颁布的法令确定其条件。

第六目　有关取得法国国籍的某些方式的共同规定

第 21—26 条：（1973 年 1 月 9 日第 73—42 号法律）在法国有无居所是取得法国国籍之条件的情况下，以下所指，视同在法国有居所：

1. 为法国的国家利益，或者为其活动对法国经济与文化具有特别作用的组织机构之利益，在法国国外从事公共性质或私人性质的职业活动的外国人，在国外居留的时间；

2. 在法令指明的与法国同属关税联盟的国家内居留的时间；

3. 在和平时期或战争时期，在法国军队的正规编制内或以服现役之名义在法国之外的时间。

以上所述的视同居所，为夫妇一方之利益而规定，如夫妻两人实际生活在一起。亦扩大适用于夫妻之另一方。

第 21—27 条：（1993 年 7 月 22 日第 93—933 号法律）除第 21—7 条、第 21—8 条与第 22—1 条之保留外，有后述情形的任何人，均不得取得法国国籍或加入法国国籍：

——因危害国家基本利益或恐怖活动之重罪或轻罪受到惩处的人，或者不论所犯何罪，被判处 6 个月或 6 个月以上无缓期监禁刑的人。

——（1993 年 12 月 30 日第 93—1417 号法律）受到驱逐，驱逐令未明示推迟执行或者未予撤销的人，或者受到禁止进入法国领域之禁令并未执行完毕的人。

——（1993 年 8 月 24 日第 93—1027 号法律）依据有关外国人在法国居留的法律与条例规定，在法国居留不符合规定的人，亦适用第一款之规定。

第二节　取得法国国籍的效果

第 22 条：（1983 年 12 月 8 日第 83—1046 号法律）取得法国国籍的人，自其取得国籍之日，享有与法国人之资格相关的所有权利，负与之相关的所有义务。

第 22—1 条：（1993 年 7 月 22 日第 93—933 号法律）不满 18 岁的未成年人，不论是婚生，还是非婚生，如其父母中有一人已经取得法国国籍者，该未成年人与其父母在法国有相同的惯常居所时，依法当然为法国人；但应在入籍行政令中或请求取得国籍的声明中写明其姓名。

第 22—2 条：（1973 年 1 月 9 日第 73—42 号法律）前条之规定不适用于已婚子女。

第 22—3 条：（1993 年 7 月 22 日第 93—933 号法律）但是，依据第 22—1 条之规定具有法国籍但不出生在法国的儿童，在其成年之前的 6 个月以及成年后的12个月内可以放弃其法国人之资格。

前款所指之人，得以按第26条及随后条款登记的声明行使其权利。

前款所指之人，自16岁开始，得按相同条件，放弃此项权利。

第四章　丧失、剥夺与恢复法国国籍

第一节　法国国籍的丧失

第23条：（1973年1月9日第73—42号法律）具有法国国籍的成年人，惯常居住在国外，自愿取得外国国籍的，仅在其按照第26条及随后条款规定的条件，明确声明放弃法国国籍时，始丧失法国国籍。

第23—1条：（1973年1月9日第73—42号法律）为丧失法国国籍而提出的声明，得自当事人提交取得外国国籍的申请之日即行签署，最迟应当在当事人取得外国国籍之日起一年期限内提出。

第23—2条：（1973年1月9日第73—42号法律）35岁以下的男性法国人，仅在其履行了《兵役法典》所规定的义务时，或者仅在其免于或免除此种义务时，始得提出第23条与第23—1条所指的声明。

第23—3条：（1973年1月9日第73—42号法律）在第8—1条与第19—4条所指之情况下行使放弃法国国籍之权利的法国人，丧失法国国籍。

第23—4条：（1973年1月9日第73—42号法律）具有外国国籍的法国人，即使未成年，依其请求，经法国政府允许，丧失法国人之资格。

此项允许，以行政令授予。

（第3款由1993年7月22日第93—933号法律废止。）

第23—5条：（1973年1月9日第73—42号法律）具有法国国籍的人同外国人结婚，得按照第26条及随后条款之规定，放弃法国国籍，但以其取得配偶之国籍并且夫妻惯常居所确定在国外为条件。

但是，35岁以下的男性法国人，仅在其履行了《兵役法典》所规定的义务时，或者仅在其免于或免除此种义务时，始得行使放弃法国国籍的权利。

第23—6条：（1973年1月9日第73—42号法律）当事人虽因亲子关系具有原始法国国籍，但并未占有此种身份且在法国无惯常居所，如该人的直系尊血亲亦未享有法国人身份，近50年以来在法国无惯常居所，得经法院判决确认其丧失法国国籍。

法院判决应当确定该人丧失法国国籍的日期。判决还可决定法国国籍得因当事人的父母而丧失，并且决定该当事人从来不是法国人。

第23—7条：（1973年1月9日第73—42号法律）在事实上以外国国民

之身份行为的法国人，如其具有该外国国籍，得由最高行政法院提出同意后颁布的政令宣告其丧失法国国籍。

（第2款由1984年5月7日第84—341号法律废止。）

第23—8条：（1973年1月9日第73—42号法律）在外国军队或外国公共部门任职，或者在法国没有加入的国际组织内任职的法国人，广而言之，为外国军队或公共部门或前述国际组织给予协助的法国人，尽管受到法国政府的禁止，仍不辞去其工作或者仍不停止给予协助者，丧失法国国籍。

如当事人在对其发出的命令规定的期限内仍不终止其活动，由最高行政法院出资政意见后颁布的法令，宣告其丧失法国国籍。前述期限不得少于15天，也不得超过2个月。

如最高行政法院提出不同意见，仅得以内阁会议发布政令，采取前款所指之措施。

第23—9条：（1973年1月9日第73—42号法律）丧失法国国籍，按以下规定产生效果；

1. 第23条所指之情形，自取得外国国籍之日起生效；
2. 第23—3条及第23—5条所指之情形，自提出声明之日起生效；
3. 第23—4条及第23—7条与第23—8条所指之情形，自发布行政令之日起生效；
4. 第23—6条所指之情形，自法院判决确定的日期生效。

第二节　法国国籍的恢复

第24条：（1973年1月9日第73—42号法律）按照以下各条规定的区分，依行政令决定或者依据提出声明，原来有过法国人资格的人，可以恢复法国国籍。

第24—1条：（1973年1月9日第73—42号法律）依行政令决定恢复法国国籍，得于任何年龄获得，不需事先在法国有居所之条件；恢复法国国籍应遵守有关加入法国国籍的条件与规定。

第24—2条：（1973年1月9日第73—42号法律）原始国籍为法国国籍，因与外国人结婚或者因个别措施而取得外国国籍的人，依第21—27条之保留条件（1993年7月22日第93—933号法律），以其按照第26条规定在法国或在外国提出的声明，可以恢复法国国籍。

第24—3条：（1993年7月22日第93—933号法律）依行政令决定或者依提出声明而恢复法国国籍，对年龄不满18岁的儿童，依本编第22—1条与第22—2条之规定产生效果。

第三节　法国国籍的剥夺

第25条：（1973年1月9日第73—42号法律）已经取得法国人资格的人，有下列情形时，得依最高行政法院提出的同意意见发布行政令，剥夺其法国国籍：

1. 如其因构成危害国家基本利益之重罪或轻罪的犯罪行为被判刑；

2. 如其因构成《刑法典》第四卷三编第二章所规定并惩处的重罪或轻罪之犯罪行为被判刑；

3. 如其因逃避《兵役法典》规定之义务被判刑；

4. 如其为外国利益从事与法国人资格不相适应并损害法国利益的活动；

5. 如其因法国法律认定为重罪并引起当处至少5年监禁刑的行为，在法国或在外国受到惩处。

第25—1条：（1973年1月9日第73—42号法律）仅在归咎于当事人的第25条所指的事实是在其取得法国国籍之日后10年期限内发生时，始得对其处以剥夺法国国籍之处罚。

剥夺法国国籍，仅得在实行犯罪之日起10年期限内宣告之。

第五章　有关取得或丧失法国国籍的证书

第一节　申请取得法国国籍的声明

第26条：（1993年7月22日第93—933号法律）申请取得国籍的声明，除第21—9条规定之保留外，由初审法院法官或者由领事按照最高行政法院提出资政意见后颁布的法令规定的形式接受之。

有关声明可予接受的证明材料提交之后，应当出具收据。（第26条自1994年1月1日起开始生效。）

第26—1条：（1993年7月22日第93—933号法律）在法国提出的申请取得国籍的任何声明，由初审法院的法官登录；在国外提出的此项声明，由司法部长进行登录，否则无效。

第26—2条：（1993年7月22日第93—933号法律）有权接受申请取得法国国籍之声明并进行登录的初审法院的所在地与管辖范围，由法令规定之。

第26—3条：（1993年7月22日第93—933号法律）不符合法定条件的申请取得法国国籍的声明，部长或法官得拒绝登录。

部长或法官所作的说明理由的决定，应通知至提出声明的人；申请人得在6个月期限内向大审法院提出异议；未成年人，自满16岁起，得由其本人提起诉讼。

拒绝登录申请的决定，应在申请人提交证明其申请取得国籍的声明可予受理的各项材料并向其出具收据之后最迟 6 个月内作出。对依据第 21—7 条之规定表示的意示，期限亦为 6 个月。对依第 21—7 条提出的声明，期限增加至一年。

第 26—4 条：（1993 年 7 月 22 日第 93—933 号法律）如在法定期限内未拒绝登录，声明的副本或者包含有第 21—9 条所指之意示表示的材料，应当交还申请人，并在其上写明声明已予登录。

在所提声明有虚假或有作弊行为时，自发现此种情形起 2 年期限内，检察院得对登录提出异议。第 21—2 条所指的声明登录以后 12 个月内，夫妻即停止共同生活之情形，推定为作弊行为。

第 26—5 条：（1993 年 7 月 22 日第 93—933 号法律）除第 23—9 条第二款第一项之保留外，申请取得法国国籍的声明一经登录，即自其提出之日起产生效果。

取得法国国籍的意示表示，依第 21—9 条确定之条件产生效果。

第二节　行政性决定

第 27 条：（1993 年 7 月 22 日第 93—933 号法律）以行政令作出的宣告加入或恢复法国国籍之申请不予受理、推迟受理或予以驳回的决定，以及对丧失法国国籍予以的批评任何决定，应当说明理由。

第 27—1 条：（1973 年 1 月 9 日第 73—42 号法律）批准加入、恢复法国国籍或允许丧失法国国籍以及载明丧失或剥夺法国国籍的行政令，应当按照法令规定的形式作成并予公告。此项行政令无追溯力。

第 27—2 条：（1973 年 1 月 9 日第 73—42 号法律）如提出申请的人不符合法定条件，批准其加入或恢复法国国籍的行政令，自其于《政府公报》上公告之日起一年期限内，得经最高行政法院提出同意意见后，予以撤销；如有关批准加入或恢复法国国籍的行政令是以欺骗或作弊手段取得，得自发现作弊行为起 2 年内撤销之。

第 27—3 条：（1973 年 1 月 9 日第 73—42 号法律）在作出因第 23—7 条与第 23—8 条所指原因丧失或剥夺法国国籍的行政令之前，应当听取当事人的说明，或者传唤当事人作出说明。

第三节　在户籍登记簿上记载

第 28 条：（1978 年 7 月 12 日第 78—731 号法律）在出生证书的备注栏内，对取得、丧失法国国籍或恢复法国国籍有效力的行政性证书与声明，应予记载。

在身份证书上还应记明与法国国籍有关的司法裁判决定。

第 28—1 条：（1978 年 7 月 12 日第 78—731 号法律）有关国籍的记载，

仅记载于出生证书或替代出生证书之证书的副本。

第六章 有关国籍的争议

第一节 司法法院的管辖权与适用程序

第 29 条：（1973 年 1 月 9 日第 73—42 号法律）有关自然人的法国国籍或外国国籍的争议，普通法民事法院唯一有管辖权。

有关国籍的各种问题，在行政性或司法性质的其他法院，均为先决问题，但包括有刑事陪审团的刑事法院除外。

第 29—1 条：（1993 年 7 月 22 日第 93—933 号法律）对有关自然人的法国国籍或外国国籍有管辖权的大审法院的所在地及其管辖范围，由法令确定之。

第 29—2 条：（1973 年 1 月 9 日第 73—42 号法律）有关国籍案件适用的程序，尤其是向司法部长呈送传唤通知书与陈述以及上诉途径，依《民事诉讼法典》之规定。

第 29—3 条：（1973 年 1 月 9 日第 73—42 号法律）任何人均有权向法院提起诉讼，以诉请法院确认其具有或不具有法国人资格。

共和国检察官，对任何人，均有前款所指同样的权利。在有关宣告国籍的诉讼中，共和国检察官为必要的被告；有关国籍的问题，只要以附带事件之名义提到有权受理此种问题的法院，共和国检察官均应受通知参加诉讼。

第 29—4 条：（1973 年 1 月 9 日第 73—42 号法律）如公共行政部门提出请求时，或者向依据第 29 条之规定决定缓期审理的法院提出国籍问题抗辩的第三人提出请求时，检察官均应进行诉讼。

第 29—5 条：（1973 年 1 月 9 日第 73—42 号法律）由普通法院的法官就有关法国国籍案件作出的判决或裁定，对既不是诉讼之当事人，也未由他人代理诉讼的人，具有相同效力。

但是，任何利害关系人，均得以第三人异议，对此种判决或裁定提出攻击，但以共和国检察官受通知参加诉讼为条件。

第二节 向司法法院提出有关国籍的证据

第 30 条：（1973 年 1 月 9 日第 73—42 号法律）在有关法国国籍的诉讼中，举证责任由国籍受到质疑的人负担。

但是，对持有按照第 31 条及随后条款颁发的法国国籍证书的人，就其法国人之资格提出异议的人，应负举证责任。

第 30—1 条：（1945 年 10 月 19 日第 45—2441 号法令）经提出声明、加入、恢复或领土合并之途径以外的其他途径而赋予或取得法国国籍，仅在确定其具备法律所要求的全部条件时，始得提出证据。

第30—2条：但是，在仅依亲子关系才能取得法国国籍时，如当事人以及可以向其传予法国国籍的父母中有一人一贯享有法国人之身份，该人的法国国籍视为已经得到认定。

（1993年7月22日第93—933号法律）出生于马约特群岛，1994年1月1日已为成年人的人，如长期享有法国人之身份，其法国国籍因此视为已得到认定。

第30—3条：（1961年12月22日第61—1408号法律）长期居住在国外，或者原来长期居住在外国的人，其因亲子关系而享有相应国籍的直系尊血亲在该外国定居已达50年以上者，如本人或者可以向其传予法国国籍的父母中有一人不享有法国人之身份，不允许举证证明因亲子关系而具有法国国籍。

于此情形，法院应当认定在第23—6条所指期限内该人已经丧失法国国籍。

第30—4条：（1973年1月8日第73—42号法律）除丧失法国国籍或剥夺法国国籍之情形外，仅在证明当事人不具备法律规定的对具有法国人之身份所要求的条件时，该人具有外国人身份之证据始能得到认定。

第三节　法国国籍证书

第31条：（1945年10月19日第45—2441号法令）初审法院首席书记员（1995年2月8日第95—125号法律第15条）惟一有资格向任何证明其具有法国国籍的人颁发法国国籍证书。（由1995年2月8日法律所作的变更，于该法生效后3个月开始适用。）

第31—1条：（1993年7月22日第93—933号法律）对颁发法国国籍证书有管辖权的初审法院的所在地与管辖范围，由法令确定之。（第31—1条之规定自1994年1月1日开始生效。）

第31—2条：（1973年1月9日第73—42号法律）法国国籍证书应当指明，依据本编第二、第三、第四与第七章之规定，当事人具有法国人之身份所依据的法律规定，以及可以确认此种身份的各项文件；证书得以相反证据推翻之。

（1995年2月8日第95—125号法律第16条）为作成法国国籍证书，初审法院首席书记员在没有其他材料的情况下，得推定向其提交的颁发给外国人的身份证书包含有法国法律赋予的此种证书的效力。

第31—3条：（1945年10月19日第45—2441号法令）在初审法院首席书记员（1995年2月8日第95—125号法律）拒绝颁发法国国籍证书时，当事人得向司法部长提出请求，由司法部长决定是否颁发国籍证书。

第七章　某些领土的主权转让对法国国籍的效果

第 32 条：(1973 年 1 月 9 日第 73—42 号法律）在 1960 年 7 月 28 日确定的法兰西共和国领土上的具有原始法国籍的法国人，直至原来具有法兰西共和国海外省地位的领土独立之日一直居住在该领土之上者，保留法国国籍。

这些人的配偶、夫妻健在的一方以及他们的直系卑血亲，亦同。

第 32—1 条：(1973 年 1 月 9 日第 73—42 号法律）在阿尔及利亚自决公民投票结果公布之日，居住在该国的享有普通法民事地位的法国人，无论其对阿尔及利亚国籍的地位如何，均保留法国国籍。

第 32—2 条：(1973 年 1 月 9 日第 73—42 号法律）在 1962 年 7 月 22 日之前出生于阿尔及利亚、享有普通法民事地位的人，如长期享有法国人之身份，其法国国籍视为按第 30—2 条规定之条件得到认定。

第 32—3 条：(1973 年 1 月 9 日第 73—42 号法律）在原属于共和国海外省与海外领地的一国领土取得独立之日居住于该地的所有法国人，如该国法律未赋予其任何其他国籍，当然保留法国国籍。

享有前款规定之利益的人的子女，在其父母居住的领土取得独立之日未满 18 岁者，亦保留法国国籍。

第 32—4 条：(1973 年 1 月 9 日第 73—42 号法律）共和国议会、法兰西联盟议会以及经济委员会的原成员，因一般的规定丧失法国国籍并取得外国国籍者，在其定居于法国时，得以简单声明，恢复法国国籍。

这些人的配偶、夫妻健在的一方以及他们的子女，亦享有此项权利。

第 32—5 条：(1993 年 7 月 22 日第 93—933 号法律）前条所指的恢复法国国籍的声明，可以在当事人年龄达 18 岁时，由其按照第 26 条及随后条款之规定提出；不得由他人代理提出此项声明。声明按第 22—1 条与第 22—2 条之规定对未成年的儿童产生效果。

第八章　有关海外领土的特别规定

第 33 条：(1973 年 1 月 9 日第 73—42 号法律）为适用本法典（本编）：

1.“大审法院”一语均以“一审法院”替代之；

2.（由 1993 年 7 月 22 日第 93—933 号法律废止）；

第 33—1 条：(1993 年 7 月 22 日第 93—933 号法律）尽管有第 26 条之规定，有关国籍的声明，由一审法院院长或负责委派部门的法官接收之。

第 33—2 条：(1993 年 7 月 22 日第 93—933 号法律）尽管有第 31 条之规定，一审法院院长或负责海外事务科的法官，唯一有资格向所有能证明其具有法国国籍的人颁发国籍证书。

四　有关国籍的国际公约

1. 关于国籍法冲突的若干问题的公约（节选）

（1930年4月12日订于海牙）

第一章　一般原则

第一条

每一国家依照其本国法律断定谁是它的国民。此项法律如符合于国际公约、国际惯例以及一般承认关于国籍的法律原则，其他国家应予承认。

第二条

关于某人是否具有某一特定国家国籍的问题，应依照该国的法律予以断定。

第三条

除本公约另有规定外，凡具有两个以上国籍的人，得被他所具有国籍的每一国家视为各该国家的国民。

第四条

国家对于兼有另一国国籍的本国国民不得违反该另一国而施以外交庇护。

第五条

具有一个以上国籍的人，在第三国境内，应被视为只有一个国籍。第三国在不妨碍适用该国关于个人身份事件的法律以及任何有效条约的情况下，就该人所有的各国籍中，应在其领土内只承认该人经常及主要居所所在国家的国籍，或者只承认在各种情况下似与该人实际上关系最密切的国家的国籍。

第六条

具有两个国籍的人，如果此项国籍并非由于他的任何自动行为而取得，经一国的许可，得放弃该国的国籍，但该国给与更广泛出籍权利的自由者不在此限。如果该人在国外有经常及主要居所，而其所欲出籍国家的法定条件均已得到满足时，前项许可不得拒绝。

第二章　出籍许可证书

第七条

一国的法律规定发给出籍许可证书者，除非领得证书的人具有另一国籍或取得另一国籍，并且在取得另一国籍以前，此项证书对之不发生丧失出给证书国家国籍的效果。

如果领得出籍许可证书的人在发给证书国家所规定的时间内不取得另一国籍，则证书失其效力，但领得出籍许可证书时已具有除发给证书国家以外另一国的国籍者，不在此限。

领得出籍许可证书的人取得新国籍的这一国家应将该人取得国籍的事实通知发给证书的国家。

第三章　已婚妇女的国籍

第八条

如果妻子的本国法规定与外国人结婚丧失其国籍，这一效果的发生应以其取得丈夫的国籍为条件。

第九条

如果妻子的本国法规定在婚姻关系存续中丈夫的国籍变更使妻子因而丧失国籍，这一效果的发生应以其取得丈夫的新国籍为条件。

第十条

丈夫在婚姻关系存续中入籍，除经妻子同意外，对妻子不发生变更国籍的效果。

第十一条

如果妻子的本国法规定妻子因结婚而丧失国籍，在婚姻关系解除后，非经妻子自行请求并遵照该国法律，不得回复国籍。妻子如回复国籍，应即丧失其因婚姻而取得的国籍。

第四章　子女的国籍

第十二条

规定因出生于国家领土内取得国籍的法规，不得当然适用于在该国享受外交豁免的人所生的子女。

各国法律对于正式领事或其他负有政府使命的国家官员所生于该国领土内且在任何情况下出生时即取得双重国籍的子女，应容许以声明抛弃或其他手续，解除其出生地国国籍，但以保留其父母的国籍者为限。

第十三条

父母的入籍应依入籍国法律使未成年子女随之而取得准许入籍国家的国籍。在此种情况下，该国法律得规定未成年子女因其父母入籍而取得国籍的条件。未成年子女如不因其父母入籍而取得国籍，则应保留其原有国籍。

第十四条

父母无可考的儿童应具有出生地国家的国籍。儿童的父母可考时，其国籍应依照适用于父母可考者的规则予以断定。

如无相反证据，弃儿应推定为出生于发现国家的领土内。

第十五条

如果一国的国籍不以在其领土内出生而当然取得，则生于该国领土内父母无国籍者或父母国籍无可考者，得取得该国国籍。该国的法律应规定在此种情形下取得该国国籍的条件。

第十六条

如果非婚生子女所隶属国家的法律认为此项国籍得因子女的民事地位变更（如追认或认知）而丧失，则此种国籍的丧失应以子女取得另一国国籍为条件，但应按照该国关于民事地位变更影响国籍的法律。

第五章　收养

第十七条

如果一国的法律认为国籍得因收养而丧失，此项国籍的丧失应以被收养人按照收养人所属国家关于收养影响国籍的法律而取得收养人的国籍为条件。

第六章　一般和最后条款

第十八条

缔约各方同意自本公约生效日起，在彼此相互关系中适用前列各条所定的原则和规定。

本公约载入前述原则和规定，对于此种原则和规定是否已经构成国际法一部分的问题绝无妨碍。

经了解关于前列各条规定并未涉及的各点，现行国际公法的原则和规定应继续有效。

第十九条

本公约不影响缔约各方间现行有效的关于国籍或相关事项的任何条约、公约或协定的规定。

第二十条

任何缔约一方签字于本公约或批准或加入时，得就第一条至第十七条及第二十一条，附加明白保留案，排除一条或多条。

此项经排除的规定对于保留的一方不能适用，该方对于任何其他缔约另一方亦不能援用。

第二十一条

缔约各方间如因本公约的解释或适用而发生任何争端，而此项争端不能通过外交途径予以满意解决时，则应按照各该方间现行有效的可以适用于解决国际争端的协定予以解决。

如果各该方间无此项现行有效的协定，该项争端应按照各该方宪法程序交付公断或司法解决。如果各该方对选择另一法院未达成协议而争端各方均为一九二〇年十二月十六日关于国际常设法院规约议定书的签字国，则该项争端应交国际常设法院。如果有任何一方不是一九二〇年十二月十六日议定书的签字国，则该项争端应交付依照一九〇七年十月十八日关于和平解决国际争端的海牙公约而组织的仲裁法庭。

第二十二条

在一九三〇年十二月三十一日以前，任何国际联盟会员国或非会员国而被邀出席第一次国际法编纂会议的或曾受国际联盟行政院为此目的送交公约副本的非会员国均得派遣代表签字于本公约。

第二十三条

本公约须经批准。批准书应交存国际联盟秘书厅。

秘书长应将每一批准书交存的事实通知国际联盟会员国及第二十二条所述非会员国，并指明交存的日期。

第二十四条

自一九三一年一月一日起，尚未于该日以前签字于本公约的国际联盟会员国及第二十二条所述非会员国均得加入本公约。

加入应以加入书交存国际联盟秘书厅。国际联盟秘书长应将每一加入的事实通知国际联盟会员国及第二十二条所述非会员国，指明加入的日期。

第二十五条

经十个会员国或非会员国交存批准书或加入书后，国际联盟秘书长应即作成记事录。

国际联合会秘书长应将此项记事录经证明无误的副本送交国际联盟每一会

员国及第二十二条所述非会员国。

第二十六条

自第二十五条所规定记事录作成后之第九十日起，本公约对于在记事录作成之日已交存批准书或加入书的所有国际联盟会员国及非会员国发生效力。

对于在该日期后交存批准书或加入书的任何联盟会员国或非会员国，本公约应于交存日期后第九十日起发生效力。

第二十七条

自一九三六年一月一日起，本公约对之有效的任何国际联盟会员国或非会员国得向国际联盟秘书长致送修改本公约任何一部或全部条款的请求书。如果该项请求书送达于本公约对之有效的其他联盟会员国及非会员国后一年内获得至少九国的赞助时，国际联盟行政院应于咨询国际联盟会员国及第二十二条所述非会员国后，决定应否为此事召集特别会议，或由下次国际法编纂会议讨论此项修改。

缔约各方同意本公约如须修改，经修改的公约得规定本公约一部或全部条款于新公约生效时，在本公约所有缔约各方间应予废止。

第二十八条

对本公约得声明退出。

声明退出应以书面通知书致送于国际联盟秘书长，由秘书长通告联盟会员国及第二十二条所述非会员国。

每一退出的声明于秘书长接到通知一年后发生效力，但仅适用于通知退出的联盟会员国或非会员国。

第二十九条

一、缔约任何一方得于签字时、批准时或加入时声明虽接受本公约，但关于该国的一切或任何殖民地、保护国、海外领地或在宗主权或委任统治之下的领地，或关于上述领地的某部分居民，不承担任何义务，本公约对于声明中所指出任何领地或其部分居民不能适用。

二、缔约任何一方嗣后无论何时均得通知国际联盟秘书长声明愿以本公约适用于前款声明内所称一切或任何领地或其部分居民。本公约自国际联盟秘书长接到通知后六个月起，对于该通知内所称一切领地或其部分居民即行适用。

三、缔约任何一方无论何时均得声明本公约对于该国的一切或任何殖民地、保护国、海外领地或在宗主权或委任统治之下的领地，或关于上述领地的某部分居民停止适用。本公约自国际联盟秘书长接到通知后一年起对于声明内所指一切领地或其部分居民停止适用。

四、缔约任何一方关于其一切或任何殖民地、保护国、海外领地或在宗主权或委任统治之下的领地，或关于上述领地的某部分居民，得于签字于本公约时或批准时或加入时或按照本条第二款通知时，为第二十二条规定的保留。

五、国际联盟秘书长应将按照本条收到的各项声明及通知送达国际联盟会员国及第二十条所述非会员国。

第三十条

本公约一经发生效力，应由国际联盟秘书长予以登记。

第三十一条

本公约的英文本及法文本有同等效力。

全权代表们在本公约签字，以昭信守。

一九三〇年四月十二日订于海牙，计一份，交存于国际联盟秘书厅的档案库，由秘书长将经证明为真实的副本分送国际联盟所有会员国以及一切被邀参加第一次国际法编纂会议的非会员国。

2. 关于无国籍的特别议定书

（1930 年 4 月 12 日订于海牙）

在下面签署的全权代表，以其本国政府的名义，为了决定无国籍人与其最后隶属国家的关系起见，议定条款如下：

第一条

入外国境后丧失其国籍而未取得其他国籍的人，其最后隶属的国家应在其所在的国家的请求下允许其入境，但以下列情事为条件：

一、如果该人因无法治疗的疾病或任何其他原因而永远贫困；或

二、如果该人在其所在的国家被判一个月以上的徒刑而已服满刑期或其徒刑已经完全或一部分被免除。

在第一种情形下，该人最后隶属的国家如果担任供给这项请求提出后第三十日起其在所在的国家的救济费，得拒绝其入境。在第二种情形下，将其送回的费用，应由提出请求的国家承担。

（自第二条至第十五条与《关于国籍法冲突的若干问题的公约》第六章第十八条至第三十一条相同，约尾亦同，不过所有“公约”一词均改为“议定书”）。

3. 关于某种无国籍情况的议定书

(1930 年 4 月 12 日订于海牙)

在下面签署的全权代表，以其本国政府的名义，为了防止在某种情况下发生无国籍起见，议定条款如下：

第一条

在不能仅因出生于其领土内的事实而取得其国籍的国家，出生于其领土内的人，如其母具有该国国籍，而其父无国籍或国籍无可考者，应具有该国的国籍。

（自第二条至第十五条与《关于国籍法冲突的若干问题的公约》第六章第十八条至第三十一条相同，约尾亦同，不过所有“公约”一词，均改为“议定书”。）

4. 关于双重国籍某种情况下兵役义务的议定书

(1930 年 4 月 12 日订于海牙)

在下面签署的全权代表们，以其各自本国政府名义，为了确定在某种情况下具有两个或两个以上国籍的人关于他们的兵役义务的地位起见，议定如下：

第一条

具有两个或两个以上国籍的人，如其经常居住在他具有国籍的国家之一，而且事实上他与该国关系最为紧密，应免除其在别国的一切兵役义务。

此项免除可能造成丧失别国的国籍。

第二条

在不妨碍本议定书第一条规定的情况下，具有两国或两国以上国籍的人，如依任何上述国家的法律有权于达到成年时放弃或拒绝该国国籍，则在其未成年时，应免除在该国服兵役义务。

第三条

依一国法律丧失该国国籍而取得另一国籍的人，应在其丧失该国国籍的国家内免除兵役义务。

（自第四条至第十七条与《关于国籍法冲突的若干问题的公约》第六章第十八条至第三十一条相同，约尾亦同，不过所有“公约”一词均改为“议定书”。）

5. 关于无国籍人地位的公约（节选）

（1954年9月28日订于纽约）

序言

缔约各方，

考虑到联合国宪章和联合国大会于一九四八年十二月十日通过的世界人权宣言确认人人享有基本权利和自由不受歧视的原则，

考虑到联合国在各种场合表示过它对无国籍人的深切关怀，并且竭力保证无国籍人可以最广泛地行使此项基本权利和自由，

考虑到一九五一年七月二十八日关于难民地位的公约仅适用于同时是难民的无国籍人，还有许多无国籍人不在该公约适用范围以内，

考虑到通过一项国际协定来规定和改善无国籍人的地位是符合于愿望的，

兹议定如下：

第一章　一般规定

第一条　“无国籍人”的定义

（一）本公约所称“无国籍人”一词是指任何国家根据它的法律不认为它的国民的人。

（二）本公约不适用于：

1. 目前从联合国难民高级专员以外的机关或机构获得保护或援助的人，只要他仍在获得此项保护或援助；

2. 被其居住地国家主管当局认为具有附着于该国国籍的权利和义务的人；

3. 存在着重大理由足以认为有下列情事的人；

（甲）该人犯了国际文件中已作出规定的破坏和平罪、战争罪或违反人道罪；

（乙）该人在进入一国以前，曾在该国以外犯过严重的非政治性罪行；

（丙）该人曾有违反联合国宗旨和原则的罪行，并经认为有罪。

第二条　一般义务

每一无国籍人对其所在国负有责任，此项责任特别要求他遵守该国的法律和规章以及为维持公共秩序而采取的措施。

第三条　不受歧视

缔约各国对无国籍人不分种族、宗教或原籍，适用本公约的规定。

第四条　宗教

缔约各国对在其领土内的无国籍人，关于举行宗教仪式的自由以及对其子女施加宗教教育的自由方面，应至少给与其本国国民所获得的待遇。

第五条　与本公约无关的权利

本公约任何规定不得认为妨碍一个缔约国并非由于本公约而给与无国籍人的权利。

第六条　“在同样情况下”一词的意义

本公约所用“在同样情况下”一词意味着凡是个别的人如果不是无国籍人，为了享受有关的权利所必须具备的任何要件（包括关于旅居或居住的期间和条件的要件），但按照要件的性质，无国籍人不可能具备者，则不在此例。

第七条　相互条件的免除

（一）除本公约载有更有利的规定外，缔约国应给与无国籍人以一般外国人所获得的待遇。

（二）一切无国籍人在居住期满三年以后，应在缔约各国领土内享受立法上相互条件的免除。

（三）缔约各国应继续给与无国籍人在本公约对该国生效之日他们无需在相互条件下已经有权享受的权利和利益。

（四）缔约各国对无需在相互条件下给与无国籍人根据第（二）（三）两款他们有权享受以外的权利和利益，以及对不具备第（二）（三）两款所规定条件的无国籍人亦免除相互条件的可能性，应给与有利的考虑。

（五）第（二）、（三）两款的规定对本公约第十三、十八、十九、二十一和二十二条所指权利和利益，以及本公约并未规定的权利和利益，均予适用。

第八条　特殊措施的免除

关于对一外国国民的人身、财产、或利益所得采取的特殊措施，缔约各国不得仅仅因其过去曾属有关外国国籍而对其适用此项措施。缔约各国如根据其国内法不能适用本条所表示的一般原则，应在适当情况下，对此项无国籍人给与免除的优惠。

第九条　临时措施

本公约的任何规定并不妨碍一缔约国在战时或其他严重和特殊情况下对个别的人在该缔约国断定该人确为无国籍人以前，并且认为有必要为了国家安全的利益应对该人继续采取措施时，对他临时采取该国所认为对其国家安全是迫切需要的措施。

第十条　继续居住

（一）无国籍人如在第二次世界大战时被强制放逐并移至缔约一国的领土并在其内居住，这种强制留居的时期应被认为在该领土内合法居住期间以内。

（二）无国籍人如在第二次世界大战时被强制逐出缔约一国的领土，而在本公约生效之日以前返回该国准备定居，则在强制放逐以前和以后的居住时期，为了符合于继续居住这一要求的任何目的，应被认为是一个未经中断的期间。

第十一条　无国籍海员

对于在悬挂缔约一国国旗的船上正常服务的无国籍人，该国对于无国籍人在其领土内定居以及发给他们旅行证件或者暂时接纳他们到该国领土内，特别是为了便利他们在另一国家定居的目的，均应给与同情的考虑。

第二章　法律上地位

第十二条　个人身份

（一）无国籍人的个人身份，应受其住所地国家的法律支配，如无住所，则受其居所地国家的法律支配。

（二）无国籍人以前由于个人身份而取得的权利，特别是关于婚姻的权利，应受到缔约一国的尊重，如必要时应遵守该国法律所要求的仪式，但以如果他不是无国籍人该有关的权利亦被该国法律承认者为限。

第十三条　动产和不动产

缔约各国在动产和不动产的取得及与此有关的其他权利，以及关于动产和不动产的租赁和其他契约方面，应给与无国籍人尽可能优惠的待遇，无论如何，此项待遇不得低于在同样情况下给与一般外国人的待遇。

第十四条　艺术权利和工业财产

关于工业财产的保护，例如对发明、设计或模型、商标、商号名称，以及对文学、艺术和科学作品的权利，无国籍人在其经常居住的国家内，应给以该国国民所享有同样的保护。他在任何其他缔约国领土内，应给以他经常居住国家的国民所享有的同样保护。

第十五条　结社的权利

关于非政治性和非营利性的社团以及同业公会组织，缔约各国对合法居留在其领土内的无国籍人，应给以尽可能优惠的待遇，无论如何，此项待遇不得低于一般外国人在同样情况下所享有的待遇。

第十六条　出席法院的权利

（一）无国籍人有权自由出席所有缔约各国领土内的法院。

（二）无国籍人在其经常居住的缔约国内，就有关出席法院的事项，包括诉讼救助和免予提供诉讼担保在内，应享有与本国国民相同的待遇。

（三）无国籍人在其经常居住的国家以外的其他国家内，就第（二）款所述事项，应给以他经常居住国家的国民所享有的待遇。

第三章　有利可图的职业活动

第十七条　以工资受偿的雇佣

（一）缔约各国对合法在其领土内居留的无国籍人，就从事工作以换取工资的权利方面，应给以尽可能优惠的待遇，无论如何，此项待遇不得低于一般外国人在同样情况下所享有的待遇。

（二）在使一切无国籍人以工资受偿雇佣的权利相同于本国国民的此项权利方面，特别是对根据劳力招募计划或移民计划而进入其领土的无国籍人，缔约各国应给以同情的考虑。

第十八条　自营职业

缔约各国对合法在其领土内的无国籍人，就其自己经营农业、工业、手工业、商业以及设立工商业公司方面，应给以尽可能优惠的待遇，无论如何，此项待遇不得低于一般外国人在同样情况下所享有的待遇。

第十九条　自由职业

缔约各国对合法居留于其领土内的无国籍人，凡持有该国主管当局所承认的文凭并愿意从事自由职业者，应给以尽可能优惠的待遇，无论如何，此项待遇不得低于一般外国人在同样情况下所享有的待遇。

第四章　福利

第二十条　定额供应

如果存在着定额供应制度，而这一制度是适用于一般居民并调整着缺销产品的总分配，无国籍人应给以本国国民所享有的同样待遇。

第二十一条　房屋

缔约各国对合法居留于其领土的无国籍人，就房屋问题方面，如果该问题是由法律或规章调整或者受公共当局管制，应给以尽可能优惠的待遇，无论如何，此项待遇不得低于一般外国人在同样情况下所享有的待遇。

第二十二条　公共教育

（一）缔约各国应给与无国籍人凡本国国民在初等教育方面所享有的同样待遇。

（二）缔约各国就初等教育以外的教育，特别是就获得研究学术的机会，承认外国学校的证书、文凭和学位、减免学费，以及发给奖学金方面，应对无国籍人给以尽可能优惠的待遇，无论如何，此项待遇不得低于一般外国人在同样情况下所享有的待遇。

第二十三条　公共救济

缔约各国对合法居住在其领土内的无国籍人，就公共救济和援助方面，应给以凡其本国国民所享有的同样待遇。

第二十四条　劳动立法和社会安全

（一）缔约各国对合法居留在其领土内的无国籍人，就下列各事项，应给以本国国民所享有的同样待遇：

1. 报酬，包括家庭津贴，如这种津贴构成报酬一部分的话，工作时间，加班办法，假日工资，对带回家去工作的限制，雇佣最低年龄，学徒和训练，女工和童工，享受共同交涉的利益，如果这些事项由法律或规章规定，或者受行政当局管制的话；

2. 社会安全（关于雇佣中所受损害，职业病，生育，疾病，残废，年老，死亡，失业，家庭负担或根据国家法律或规章包括在社会安全计划之内的任何其他事故的法律规定），但受以下规定的限制：

3. 对维持既得权利和正在取得中的权利可能作出适当安排；

4. 居所地国的法律或规章可能对全部由公共基金支付利益金或利益金的一部或对不符合于为发给正常退职金所规定资助条件的人发给津贴制定特别安排。

（二）无国籍人由于雇佣中所受损害或职业病死亡而获得的补偿权利，不因受益人居住在缔约国领土以外而受影响。

（三）缔约各国之间所缔结或在将来可能缔结的协定，凡涉及社会安全既得权利或正在取得中的权利，缔约各国应以此项协定所产生的利益给与无国籍人，但以这是符合于对有关协定各签字国国民适用的条件者为限。

（四）缔约各国对以缔约国和非缔约国之间随时可能生效的类似协定所产生的利益尽量给与无国籍人一事，将予以同情的考虑。

第五章　行政措施

第二十五条　行政协助

（一）如果无国籍人行使一项权利时正常地需要一个对他不能援助的外国当局的协助，则无国籍人居住地的缔约国应安排由该国自己当局给与此项协助。

（二）第一款所述当局应将正常地应由外国人的本国当局或通过其本国当局给与外国人的文件或证明书给与无国籍人，或者使这种文件或证明书在其监督下给与无国籍人。

（三）如此发给的文件或证明书应代替由外国人的本国当局或通过其本国当局发给外国人的正式文件，并应在没有相反证据的情况下给与证明的效力。

（四）除对贫苦的人可能给予特殊的待遇外，对上述服务可以征收费用，但此项费用应有限度，并应相当于为类似服务向本国国民征收的费用。

（五）本条各项规定对第二十七条和第二十八条并不妨碍。

第二十六条　行动自由

缔约各国对合法在其领土内的无国籍人，应给与选择其居所地和在其领土内自由行动的权利，但应受对一般外国人在同样情况下适用的规章的限制。

第二十七条　身份证件

缔约各国对在其领土内不持有有效旅行证件的任何无国籍人，应发给身份证件。

第二十八条　旅行证件

缔约各国对合法在其领土内居留的无国籍人，除因国家安全或公共秩序的重大原因应另作考虑外，应发给旅行证件，以凭在其领土以外旅行。本公约附件的规定应适用于上述证件。缔约各国可以发给在其领土内的任何其他无国籍人上述旅行证件。缔约各国特别对于在其领土内而不能向其合法居所地国家取得旅行证件的无国籍人发给上述旅行证件一事，应给与同情的考虑。

第二十九条　财政征收

（一）缔约各国不得对无国籍人征收其向本国国民在类似情况下征收以外的或较高于向其本国国民在类似情况下征收的任何种类捐税或费用。

（二）前款规定并不妨碍对无国籍人适用关于向外国人发给行政文件包括身份证件在内征收费用的法律和规章。

第三十条　资产的移转

（一）缔约国应在符合于其法律和规章的情况下，准许无国籍人将其携入该国领土内的资产，移转到他们为重新定居目的而已被准许入境的另一国家。

（二）如果无国籍人申请移转，不论在何地方的并在另一国家重新定居所需要的财产，而且该另一国家已准其入境，则缔约国对其申请应给与同情的考虑。

第三十一条　驱逐出境

（一）缔约各国除因国家安全或公共秩序理由外，不得将合法在其领土内的无国籍人驱逐出境。

（二）驱逐无国籍人出境只能以按照适法程序作出的判决为根据。除因国家安全的重大理由要求另作考虑外，应准许无国籍人提出可以为自己辩白的证据，向主管当局或向由主管当局特别指定的人员申诉或者为此目的委托代表向上述当局或人员申诉。

（三）缔约各国应给与上述无国籍人一个合理的期间，以便取得合法进入另一国家的许可。缔约各国保留在这期间内适用它们所认为必要的内部措施的权利。

第三十二条　入籍

缔约各国应尽可能便利无国籍人的入籍和同化。它们应特别尽力加速办理入籍程序，并尽可能减低此项程序的费用。

第六章　最后条款

第三十五条　签字、批准和加入

（一）本公约应于一九五五年十二月三十一日以前在联合国总部开放任凭签字。

（二）本公约对下列国家开放任凭签字：

（甲）联合国任何会员国；

（乙）被邀出席联合国关于无国籍人地位会议的任何其他国家；

（丙）联合国大会对其发出签字或加入的邀请的任何国家。

（三）本公约应经批准，批准书应交存于联合国秘书长。

（四）本公约应对本条第（二）款所指国家开放任凭加入。加入经向联合国秘书长交存加入书后生效。

第三十八条　保留

（一）任何国家在签字、批准或加入时，可以对公约第一、三、四、十六（一）、三十三，以及三十三至四十二（包括各该条本条号数在内）各条以外的规定作出保留。

（二）依本条第（一）款作出保留的任何国家可以随时通知联合国秘书长撤回保留。

第三十九条　生效

（一）本公约于第六件批准书或加入书交存之日后第九十天生效。

（二）对于在第六件批准书或加入书交存后批准或加入本公约的各国，本公约将于该国交存其批准书或加入书之日后第九十天生效。

第四十条　退出

（一）任何缔约国可以随时通知联合国秘书长退出本公约。

（二）上述退出将于联合国秘书长收到退出通知之日起一年后对该有关缔约国生效。

（三）依第三十六条作出声明或通知的任何国家可以在此以后随时通知联合国秘书长，声明公约于秘书长收到通知之日后一年停止扩大适用于此项领地。

6. 减少无国籍状态公约（节选）

（1961年8月30日订于纽约）

缔约各国，

按照联合国大会于一九五四年十二月四日通过的第896（Ⅸ）号决议行事，

考虑到宜于缔结国际协定去减少无国籍状态，

议定条款如下：

第一条

一、缔约国对在其领土出生，非取得该国国籍即无国籍者，应给予该国国籍。此项国籍应

（甲）依法于出生时给予，或

（乙）于关系人或其代表依国内法所规定的方式向有关当局提出申请时给予。在遵守本条第二款规定的情况下，对这种申请不得加以拒绝。

凡按照本款（乙）项规定给予本国国籍的缔约国，亦得规定于达到国内法可能规定的年龄时，在遵守国内法可能规定的条件的情况下，依法给予该国国籍。

二、缔约国对按照本条第一款（乙）项给予本国国籍，得规定要遵守下列各条件中之一个或一个以上条件：

（甲）申请应于缔约国所规定的期限内提出，但该期限至迟应于十八岁时开始，且不得于二十一岁以前结束，以便关系人至少有一年时间可以自己提出申请，而无须获得法律授权；

（乙）关系人在缔约国可能规定的一段期间内（在提出申请前的一段期间不得超过五年，整段期间则不得超过十年），通常居住在该国境内；

（丙）关系人没有被判过犯危害国家安全罪，亦没有因刑事指控而被判过五年或五年以上的徒刑；

（丁）关系人一直无国籍。

三、纵有本条第一款（乙）项和第二款的规定，凡在缔约国领土出生的婚生子，非取得该国国籍即无国籍而其母具有该国国籍者，应于出生时取得该国国籍。

四、缔约国对非取得该国国籍即无国籍者——该人因已超过提出申请的年龄或不合所规定的居住条件，以至无法取得他在其领土出生的缔约国的国籍——应给予该国国籍，如果其父母之一在他出生时具有该国国籍的话。倘关系人父母在他出生时具有不同国籍，他本人的国籍究竟应跟父亲的国籍抑或跟母亲的国籍的问题，应依该缔约国的国内法决定。倘若对此项国籍必须提出申请，则申请应由申请人自己或其代表依照国内法所规定的方式向有关当局提出。在遵守本条第五款规定的情况下，对这种申请不应加以拒绝。

五、缔约国对按照本条第四款规定给予本国国籍，得规定要遵守下列各条件中之一个或一个以上条件：

（甲）申请应于申请人未达到缔约国所规定的年龄——不低于二十三岁——时提出；

（乙）关系人在缔约国可能规定在提出申请前的一段期间内（不得超过三年），通常居住在该国境内；

（丙）关系人一直无国籍。

第二条

凡在缔约国领土内发现的弃儿，在没有其他相反证据的情况下，应认定在该领土内出生，其父母并具有该国国籍。

第三条

为确定各缔约国在本公约下所负义务的目的，凡在船舶上出生者，应视为在船舶所悬国旗的国家领土内出生；在飞机上出生者，应视为在飞机的登记国领土内出生。

第四条

一、缔约国对非取得该国国籍即无国籍者——该人非出生于任何缔约国的领土内——应给予该国国籍，如果其父母之一在他出生时具有该国国籍的话。倘关系人父母在他出生时具有不同国籍，他本人的国籍究竟应跟父亲的国籍抑或跟母亲的国籍的问题，应依该缔约国的国内法决定。按照本款规定给予的国籍应

（甲）依法于出生时给予，或

（乙）于关系人或其代表依国内法所规定的方式向有关当局提出申请时给予。在遵守本条第二款规定的情况下，对这种申请不得加以拒绝。

二、缔约国对按照本条第一款规定给予本国国籍，得规定要遵守下列各条件中之一个或一个以上条件：

（甲）申请应于申请人未达到缔约国所规定的年龄——不低于二十三岁——时提出；

（乙）关系人在缔约国可能规定在提出申请前的一段期间内（不得超过三年），通常居住在该国境内；

（丙）关系人没有被判过犯危害国家安全罪；

（丁）关系人一直无国籍。

第五条

一、缔约国的法律规定个人身份的变更，如结婚、婚姻关系消灭、取得婚生地位，认知或收养足以使其丧失国籍者，其国籍的丧失应以具有或取得另一国籍为条件。

二、在缔约国的法律规定下，倘若某一私生子因生父的认知以至丧失该国国籍时，他应有机会以书面申请向有关当局要求恢复该国籍；这种申请所要遵守的条件不应严于本公约第一条第二款所述的条件。

第六条

缔约国的法律规定个人丧失或被剥夺该国国籍时其配偶或子女亦丧失该国国籍者，其配偶或子女国籍的丧失应以具有或取得另一国籍为条件。

第七条

一、（甲）缔约国的法律有放弃国籍的规定时，关系人放弃国籍不应就丧失国籍，除非他已具有或取得另一国籍。

（乙）本款（甲）项规定的实施，倘违背联合国大会一九四八年十二月十日所通过的世界人权宣言第十三条和第十四条所述的原则，则不应予以实施。

二、缔约国国民在外国请求归化者，应不丧失其国籍，除非他已取得该外

国国籍或曾获得保证一定取得该外国国籍。

三、在遵守本条第四款和第五款规定的情况下，缔约国国民不应由于离境、居留国外、不办登记或其他任何类似原因丧失国籍而成为无国籍人。

四、归化者可由于居留外国达到关系缔约国法律所定期限（至少连续七年）而丧失其国籍，如果他不向有关当局表明他有意保留其国籍的话。

五、缔约国的法律得规定，凡在其领土外出生的国民，在达成年满一年后，如要保留该国国籍，当时必须居留该国境内或向有关当局登记。

六、除本条所述的情况外，任何人如丧失缔约国国籍即无国籍时，应不丧失该国国籍，纵使此项国籍的丧失并没有为本公约的任何其他规定所明确禁止。

第八条

一、缔约国不应剥夺个人的国籍，如果这种剥夺使他成为无国籍人的话。

二、纵有本条第一款的规定，在下列情况下，缔约国可剥夺个人所享有的国籍：

（甲）第七条第四款和第五款所规定个人可丧失其国籍的情况；

（乙）国籍是用虚伪的陈述或欺诈方法而取得的。

三、纵有本条第一款的规定，缔约国得保留剥夺个人国籍的权利，如果它在签字、批准或加入的时候说明它按下列各理由中之一个或一个以上理由（其国内法当时规定的理由）保留此项权利的话；

（甲）关系人违背其对缔约国尽忠的义务：

（1）曾经不管缔约国的明确禁令，对另一国家提供或继续提供服务，或接受或继续接受另一国家发给的薪俸，或

（2）曾经以严重损害该国重大利益的方式行事；

（乙）关系人曾宣誓或发表正式声明效忠另一国家，或明确地表明他决心不对缔约国效忠。

四、缔约国除按法律的规定外，不应行使本条第二款和第三款所准许的剥夺国籍权力；法律应规定关系人有权出席由法院或其他独立机构主持的公平听询。

第九条

缔约国不得根据种族、人种、宗教或政治理由而剥夺任何人或任何一类人的国籍。

第十条

一、凡缔约国间所订规定领土移转的条约，应包括旨在保证任何人不致因

此项移转而成为无国籍人的条款。缔约国应尽最大努力以保证它同非本公约缔约国的国家所订的任何这类条约包括这种条款。

二、倘无此项条款时，接受领土移转的缔约国和以其他方式取得领土的缔约国，对那些由于此项移转和取得非取得各该国国籍即无国籍的人，应给予各该国国籍。

第十一条

缔约各国应在第六件批准书或加入书交存后尽速促进在联合国体系内设立一个机构，任何人如要求享受本公约的利益，可以请该机构审查他的要求并协助他把该项要求向有关当局提出。

第十二条

一、对没有按照本公约第一条第一款和第四条规定依法于出生时给予其国籍的缔约国而言，第一条第一款和第四条的规定应对在本公约生效之前出生的人及生效之后出生的人一概适用。

二、本公约第一条第四款的规定应对在公约生效之前出生的人及生效之后出生的人一概适用。

三、本公约第二条的规定应只对在公约已对其生效的缔约国内发现的弃儿适用。

第十三条

本公约不得解释为影响任何缔约国现在或以后有效的法律里或现在或以后在两个或两个以上缔约国间生效的任何其他公约、条约或协定里可能载有的更有助于减少无国籍状态的任何条款。

第十四条

缔约国间关于本公约的解释或适用的任何争端，如不能以其他方法解决，应依争端任何一方当事国的请求，提交国际法院。

7. 已婚妇女国籍公约（节选）

（1957年1月29日在纽约开放签字）

各缔约国，

鉴于国籍在法律上及惯例上之冲突，系由关于妇女因婚姻关系之成立或消灭，或在婚姻关系存续中夫之国籍变更，而丧失或取得国籍之规定所引起，

鉴于联合国大会在世界人权宣言第十五条中业已宣布“人人有权享有国籍”及“任何人的国籍不得任意剥夺，亦不得否认其改变国籍的权利”，

愿与联合国合作促进全体人类人权及基本自由之普遍尊重与遵守，不因性别而有异殊，

爰议定下列条款：

第一条

缔约国同意其本国人与外国人结婚者，不因婚姻关系之成立或消灭，或婚姻关系存续中夫之国籍变更，而当然影响妻之国籍。

第二条

缔约国同意其本国人自愿取得他国国籍或脱离其本国国籍时，不妨碍其妻保留该缔约国国籍。

第三条

一、缔约国同意外国人为本国人之妻者，得依特殊优待之归化手续，申请取得其夫之国籍；前项国籍之授予，得因维护国家安全或公众政策加以限制。

二、缔约国同意本公约不得解释为对于规定外国人为本国人之妻者有权申请取得夫之国籍之任何法律或司法惯例有所影响。

第四条

一、本公约应开放给任何联合国会员国及现为或以后成为任何联合国专门机构会员国，或现为或以后成为国际法院规约当事国之任何其他国家，或经联合国大会邀请之任何其他国家签字及批准。

二、本公约须经批准，批准书应交存联合国秘书长。

第五条

一、本公约应开放给第四条第一款所称各国加入。

二、加入应向联合国秘书长交存加入书。

第六条

一、本公约应于第六个批准书或加入书存放之日后第九十日起生效。

二、对于在第六个批准书或加入书存放后批准或加入本公约之国家，本公约应于各该国交存批准书或加入书后之第九十日起生效。

第七条

一、本公约对于所有由任何缔约国负责其国际关系之非自治托管、殖民及其他非本部领土，均适用之；除本条第二款另有规定外，关系缔约国应于签字、批准或加入时宣告由于此项签字、批准或加入而当然适用本公约之非本部领土。

二、如在国籍方面非本部领土与本部领土并非视同一体，或依缔约国或其非本部领土之宪法或宪政惯例，对非本部领土适用本公约须事先征得该领土之同意时，缔约国应尽力于本国签署本公约之日起十二个月期限内征得所需该非

本部领土之同意，并于征得此项同意后通知联合国秘书长。本公约对于此项通知书所列领土，自秘书长接到通知之日起适用之。

三、在本条第二款所称十二个月期限届满后，各关系缔约国遇有由其负责国际关系之非本部领土对于本公约之适用尚未表示同意时，应将其与各该领土磋商结果通知秘书长。

第八条

一、任何国家得于签字、批准或加入时，对本公约第一条及第二条以外之任何条款提出保留。

二、遇有一国依本条第一款规定提出保留时，本公约除经该国保留之条款外，应在保留国与其他缔约国间发生效力。联合国秘书长应将此项保留之全文通告现为或以后可能成为本公约缔约国之全体国家。本公约任何缔约国或以后成为缔约国之国家得通知秘书长该国对于提出保留国并不认为应受本公约之拘束。此项通知，已为缔约国之国家必须于秘书长通告之日起九十日内提出之；以后成为缔约国之国家必须于存放批准书或加入书之日起九十日内提出之。遇有此种通知提出时，本公约在提出通知国与提出保留国间应视为无效。

三、依本条第一款提出保留之国家，得随时通知联合国秘书长将业经接受之保留全部或部分撤回。此项通知应于收到之日起生效。

第九条

一、任何缔约国得以书面通知联合国秘书长宣告退出本公约。退约应于秘书长收到通知之日一年后生效。

二、本公约在缔约国减至不足六国之退约生效之日起失效。

第十条

两个或两个以上缔约国对于本公约之解释或适用发生争端，未能以谈判方式解决时，除争端当事国协议以其他方式解决外，经任何一方争端当事国之请求，应提请国际法院裁决。

8. 国际民用航空公约（节选）

（1944 年 12 月 7 日订于芝加哥）

第一部分　空中航行

第一章　公约的一般原则和适用

第三条　民用航空器和国家航空器

一、本公约仅适用于民用航空器，不适用于国家航空器。

二、用于军事、海关和警察部门的航空器，应认为国家航空器。

三、一缔约国的国家航空器，未经特别协定或其他方式的许可并遵照其规定，不得在另一缔约国领土上空飞行或在其领土上降落。

四、缔约各国约定在发布关于国家航空器的规章时，对民用航空器的航行安全予以适当的注意。

第三章　航空器的国籍

第十七条　航空器的国籍

航空器具有其登记的国家的国籍。

第十八条　双重登记

航空器在一个以上国家登记不得认为有效，但其登记可由一国转移至另一国。

第十九条　管理登记的国家法律

航空器在任何缔约国登记或转移登记，应按该国的法律和规章办理。

第二十条　标志的展示

从事国际飞行的每一航空器应带有适当的国籍标志和登记标志。

第二十一条　登记的报告

缔约各国承允，如经要求，应将关于在该国登记的任何个别航空器的登记及所有权情况提供给任何另一缔约国或国际民用航空组织。此外，缔约各国应按照国际民用航空组织制定的规章，向该组织报告有关在该国登记的经常从事国际飞行的航空器所有权和控制权的可以提供的适当资料。如经其他缔约国要求，国际民用航空组织应将所得到的资料供给其他缔约国。

第五章　航空器应履行的事项

第二十九条　航空器应备文件

缔约国的每一航空器在从事国际航行时，应按照本公约规定的条件携带下列文件：

（一）航空器登记证；

（二）航空器适航证；

（三）每一空勤人员的适当的执照；

（四）航空器航行记录簿；

（五）航空器如装有无线电设备，应携带航空器无线电台许可证；

（六）航空器如载运乘客，应携带列有乘客姓名及其登机地与目的地的清单；

（七）航空器如载运货物，应携带货物舱单和详细的申报单。

第三十一条　适航证

凡从事国际航行的每一航空器，应备有该航空器登记国发给或核准的适航证。

第三十三条　承认证书及执照

登记航空器的缔约国发给或核准的适航证和合格证书及执照，其他缔约国应认为有效。但发给或核准此项证书或执照的要求，须相等或高于根据本公约随时制定的最低标准。

第三十四条　航行记录簿

从事国际航行的每一航空器，应保持一份航行记录簿，根据本公约随时规定的格式，记载航空器、空勤人员及每次航行的详情。

第三部分　国际航空运输

第十六章　联营组织和合营航班

第七十七条　允许联合经营组织

本公约不妨碍两个或两个以上的缔约国组成航空运输的联营组织或国际性的经营机构，以及在任何航线或地区合营航班。但此项组织或机构和合营航班，应遵守本公约的一切规定，包括关于将协定向理事会登记的规定。理事会应决定本公约关于航空器国籍的规定以何种方式适用于国际经营机构所用的航空器。

9. 国际航班过境协定（节选）

（1944年12月7日订于芝加哥）

本国际航班过境协定的签字国与接受国，为国际民用航空组织的成员国，声明如下：

第一条

第一节

每一缔约国给予其他缔约国以下列关于定期国际航班的空中自由：

（一）不降停而飞越其领土的权利；

（二）非运输业务性降停的权利。

本节所规定的权利不适用于对定期国际航班禁止使用的军用机场。在战争或军事占领地区及战时通往此项地区的补给路线上，此项权利的行使须经军事主管当局的核准。

第二节

上述权利的行使应按照国际民用航空临时协定的规定，在国际民用航空公约生效后，则应按照该公约的规定。协定和公约都是于一九四四年十二月七日在芝加哥制定的。

第三节

一缔约国给予另一缔约国的航空公司以非运输业务性经停权利时，得规定该航空公司在此经停地点提供合理的商业性服务。

10. 关于国际承认对航空器的权利的公约（节选）

（1948 年 6 月 19 日订于日内瓦）

鉴于一九四四年十一月至十二月在芝加哥举行的国际民用航空会议建议尽早签订一项关于转移航空器所有权的公约，

又鉴于对航空器所持有的权利获得国际承认颇有利于国际民用航空将来的发展，

下列各签字人，经正式授权，代表其本国政府协议如下：

第一条

一、缔约各国承认：

（甲）航空器的产权；

（乙）通过购买行为取得并占有航空器的权利；

（丙）对租赁航空器为期六个月或六个月以上的占有权；

（丁）对由于契约行为充当偿付某项债务的担保品的航空器，加以抵押、典押和其他类似的权利；

但上述权利必须符合以下条件；

（一）上述权利的赋予符合该航空器进行国籍登记的缔约国当时的法律，并

（二）经合法地登记在该航空器进行国籍登记的缔约国的正式记录中。该航空器在不同缔约国中各次登记的合法性，须按每次登记时进行国籍登记的国

家的法律予以确定。

二、本公约不应妨碍按照任何缔约国的法律承认航空器的任何权利；但任何缔约国亦不应允许或承认较本条第一款中所述的各项权利为优先的任何权利。

第二条

一、所有关于一航空器的各项登记事项必须记载于同一记录中。

二、除本公约另有规定外，凡登记本公约第一条第一款所述任何权利，其影响有关第三方面者，应按登记所在缔约国的法律办理。

三、缔约国可以阻止登记按其本国法律不能有效地赋予的任何权利。

第三条

一、每一航空器的国籍登记证上必须载明负责保管记录的机关的地址。

二、任何人均有权向上述机关取得经正式认证的，关于记录内容的副本或摘录。此项副本或摘录在没有相反证明时，应构成记录内容的证据。

三、如一缔约国的法律规定申请登记的文件得与正式登记具有同等效力，则对本公约的适用而言，该项文件亦将具有同等效力。在此情形下，应有适当的规定保证此项文件能公开参阅。

四、保管记录的机关得对其所提供的服务收取合理的费用。

第九条

除了符合第七条各项规定的变卖行为以外，除非航空器各项登记权利的所有持有人都已得到补偿或予以同意，航空器在某一缔约国的国籍登记或记录不得转移至另一缔约国。

第十一条

一、本公约的各项规定，在每一缔约国中适用于所有在另一缔约国登记国籍的航空器。

二、每一缔约国也应对在其境内登记国籍的航空器施行：

（甲）第二条、第三条、第九条的规定，及

（乙）第四条的规定，但援救或维护工作在其自己领土上完成者除外。

第十六条

本公约所指“航空器”一词应包括航空器结构、发动机、螺旋桨、无线电装置以及所有为了在航空器上使用的，不论安装于其上或暂时拆卸下来的其他物品。

第十七条

如在一领土内单独保管航空器国籍登记簿，而该领土的对外关系由一缔约国负责，则本公约所指缔约国的法律应解释为该领土的法律。

五　欧洲理事会1997年的《欧洲国籍公约》

（欧洲理事会1997年11月6日订于斯特拉斯堡）

序言

签署本公约的欧洲理事会成员国和非成员国；

鉴于欧洲理事会的目的在于促进其成员国之间的更大团结；

铭记众多有关国籍、多重国籍和无国籍问题的国际法律文件；

承认在解决国籍问题时，必须同时考虑国家正当利益和个人合法利益；

愿意促进国籍法原则的逐渐发展并将它们纳入国内法，以尽可能避免无国籍现象发生；

竭力消除因国籍而产生的歧视；

意识到《欧洲保护人权和基本自由公约》第8条赋予尊重家庭生活的权利；

鉴悉各国有关多重国籍的态度并承认每一个国家可依其国内法决定公民取得或拥有他国国籍的后果；

渴望寻求解决多重国籍问题的适当方法，特别是关于多国籍公民的权利和义务问题；

考虑到凡具有两个或两个以上缔约国国籍的公民只应在其中一国履行兵役义务的要求；

认识到加强各国负责国籍事务的主管机构的国际合作的必要性，

兹议定如下条款：

第一章　总则

第1条　［公约的目的］

本公约旨在确立自然人国籍的原则和规则，规定多重国籍情况下的兵役义务，并使各缔约国的国内法与其保持一致。

第2条　［定义］

为本公约的目的：

（a）“国籍”是指一个人与某国的法律隶属关系而非种族根源；

（b）“多重国籍”是指一个人同时具有两个或两个以上国籍；

（c）“儿童”是指未年满十八周岁者，但依据适用于该儿童的法律，他在此前已达成年者除外；

（d）“国内法”是指一个国家法律体系中的各种类型的规定，包括宪法；法律、法规、法令、判例、习惯法规则与实践以及源自有约束力的国际法律文件的规范。

第二章　关于国籍的一般规定

第3条　［各缔约国的权限］

1. 各国依照其本国法律决定谁是其国民。

2. 此项法律只要不违背国际公约、习惯国际法以及一般公认的国籍法律原则，其他国家应予以承认。

第4条　［原则］

各缔约国的国籍法应遵循下列原则：

（a）人人都有权取得一国国籍；

（b）应清除无国籍现象；

（c）不得任意剥夺任何人的国籍；

（d）缔约国国民与外国人之间的婚姻关系的成立或消灭并不当然影响配偶一方的国籍，在婚姻关系存续期间，夫妻中任何一方变更国籍都不会自动影响配偶另一方的国籍。

第5条　［非歧视待遇］

1. 缔约国的国籍法应坚持一致性和非歧视原则，不分性别、宗教、种族、肤色、国籍或门第。

2. 无论国民是因出生而取得国籍或出生后加入而取得国籍，各缔约国应一律采取非歧视性原则。

第三章　有关国籍的具体规定

第6条　［国籍的取得］

1. 各缔约国须在国内立法对下列人员依法取得国籍作出明确规定；

（a）儿童出生时，其父母一方拥有某一缔约国的国籍，而依该国国内法则不属于在国外出生的儿童。如果这类儿童的父母身份是依确认、法院令和类似程序确定的，那么，任何缔约国均可在立法中规定该儿童依照国内法确定的程序取得该国国籍；

（b）在其境内发现的如不赋予某国籍将成为无国籍者的弃婴。

2. 各缔约国应在国内立法中对那些在其境内出生且未因出生而获得另一国国籍的儿童的国籍取得问题作出明确规定。此项国籍应：

（a）依法于出生时给予；或

（b）给予无国籍儿童，如果该儿童或其代表依缔约国国内法所规定的方式向有关当局提出申请，此种申请的条件为该儿童于申请前在该国境内合法并惯常居住达到一定期限，但不得要求超过5年。

3. 各缔约国应在国内立法中对在其境内合法并惯常居住者的入籍可能性作出明确规定。在确定入籍条件时，不得规定提出申请前的居住期限在十年以上。

4. 各缔约国的国内法应为下列人取得国籍提供便利：

（a）其国民的配偶；

（b）其国民的子女，且不属于本公约第6条第1款（a）项所规定的范围；

（c）父母一方已取得该国国籍的子女；

（d）其国民收养的子女；

（e）出生在该国领土内且合法并惯常居住于境内的人；

（f）在该国合法并惯常居住且于18岁以前就已居住过一段时期者，具体期限应由该缔约国的国内法决定；

（g）合法并惯常居住于该国境内的无国籍人以及已确定为难民者。

第7条　[依法丧失或由缔约国主动剥夺国籍]

1. 各缔约国的国内法只应在下列情形下允许丧失国籍或依法剥夺国籍：

（a）自愿取得外国国籍；

（b）由于欺诈、虚伪表示或隐瞒任何主要事实而申请取得该缔约国的国籍；

（c）自愿加入外国军队；

（d）有严重侵害国籍国重大利益的行为；

（e）惯常居所在国外且与原国籍国没有实质联系的该国国民；

（f）由国内法规定的未成年人取得国籍的条件已不存在；

（g）儿童因收养而取得外国养父母的国籍。

2. 各缔约国可以规定，凡父母双方丧失某一国国籍，子女也丧失该国国籍，除本条第1款c项和d项的规定外。但如果父母一方保留某一国国籍，子女也不丧失该国国籍。

3. 纵有本条第 1 款、第 2 款的情形，只要有可能导致关系人处于无国籍状态，各缔约国便不得依国内法剥夺该关系人的国籍。但本条第 1 款 b 项中的情况除外。

第 8 条　[个人自愿丧失国籍]

1. 只要不导致关系人的无国籍状态，各缔约国都应许可放弃其国籍。

2. 但是，任何缔约国都可在国内法中仅只规定惯常居住于国外的国民放弃国籍的效力。

第 9 条　[国籍的恢复]

各缔约国应依国内法规定为那些现合法并惯常居住于其境内的前国民恢复国籍提供便利。

第四章　有关国籍的程序

第 10 条　[申请程序]

各缔约国应保证对取得、保留、丧失、恢复和确认国籍的申请在合理期间内完成审查。

第 11 条　[批准程序]

各缔约国应确保关于取得、保留、丧失、恢复和确认国籍的决定载有书面理由。

第 12 条　[审查权]

各缔约国应保证有关取得、保留、丧失、恢复和确认国籍的决定根据国内法的规定进行司法或行政审查。

第 13 条　[费用]

1. 各缔约国对取得、保留、丧失、恢复和确认国籍的收费必须适当。

2. 各缔约国应保证行政或司法审查费用不会成为申请者的障碍。

第五章　多重国籍

第 14 条　[法定的多重国籍]

1. 任何缔约国应允许：

（a）如果儿童因出生而自动获得了多重国籍，则可保留这些国籍；

（b）如果国民因婚姻关系而自动取得了他国国籍，则可拥有该外国国籍。

2. 本条第 1 款关于国籍保留的规定，不得违背本公约第 7 条的有关规定。

第 15 条　[多重国籍的其他情形]

本公约的规定不得限制任何缔约国依其国内法决定下列事项的权力：

（a）已取得或拥有外国国籍的该国国民是保留还是丧失本国国籍；

（b）本国国籍的取得或保留以放弃或丧失他国国籍为条件。

第16条　［原国籍的保留］

如果要求放弃或丧失他国国籍是不可能的或是不合理的，那么各缔约国便不得坚持以放弃或丧失他国国籍作为取得或保留本国国籍的先决条件。

第17条　［与多重国籍相关的权利义务］

1. 即使缔约国的国民拥有外国国籍，只要在该缔约国境内居住，就与本国其他国民的权利义务相同。

2. 本章的规定不影响：

（a）有关缔约国对同时拥有他国国籍的本国公民施以外交或领事保护的国际法规则；

（b）各缔约国有关多重国籍的国际私法规则的适用。

第六章　国家继承与国籍

第18条　［原则］

1. 对于国家继承中的国籍问题的解决，有关缔约国必须遵循人权法的原则和本公约第4条、第5条以及本条第2款的有关原则，以避免无国籍现象发生。

2. 各缔约国在决定国家继承时的国籍的赋予或保留，必须着重考虑：

（a）关系人与该国的真实有效联系；

（b）关系人在国家继承发生时的惯常居所；

（c）关系人的意愿；

（d）关系人的出生地。

3. 如果国籍的取得以丧失外国国籍为条件，应适用本公约第16条的规定。

第19条　［国家之间的协议解决］

在发生国家继承时，缔约各国之间应尽力通过协议来解决有关国籍问题，并尽可能将其适用于与其他有关国家之间的关系。协议的订立不得违背本章的及本章所提及的各项原则和规则。

第20条　［关于非国民的原则］

1. 各缔约国应遵循下列原则：

（a）如果被继承国的国民惯常居住于主权已转移给继承国的领土内，且未取得继承国的国籍，那么，他有权仍在该国居住；

（b）前一项所规定的关系人应享有与继承国的国民同等的社会和经济权利。

2. 各缔约国可以禁止前一款的关系人在涉及行使主权的公共部门就职。

第七章　多重国籍情况下的兵役义务

第 21 条　［兵役义务的履行］

1. 具有两个或两个以上国籍的人，应只要求在其中一国履行兵役义务。

2. 本条第 1 款的适用方式依缔约国之间的特别协议而确定。

3. 除非各缔约国之间已签订或将签订的特别协议中有相反规定，否则，具有两个或两个以上国籍者必须适用以下规定：

（a）应在其惯常居住国履行兵役义务。不过，年满 19 周岁者可选择其他国籍国以志愿兵身份履行兵役义务，但志愿服役期不得少于惯常居住国所要求的现役期；

（b）惯常居住于某一缔约国境内而非该国国民或惯常居住于非缔约国境内者，也可选择其作为国民的任何缔约国履行兵役义务；

（c）凡依本条 a 项和 b 项履行完兵役义务者，所有视其为国民的缔约国或其他相关的缔约国均应视为已履行兵役义务；

（d）即使本公约尚未在具有多重国籍者作为国民的那些国家生效，只要该多重国籍拥有者已依某一缔约国的国内法履行了兵役义务，所有视其为国民的缔约国或其他相关的缔约国均应视为已履行兵役义务；

（e）如果具有多重国籍者从已履行了兵役义务的国籍国迁移到另一国籍国惯常居住，那么，该惯常居住国的预备役义务对其仍然适用；

（f）各缔约国在适用本条规定时，不得对关系人的国籍有任何歧视；

（g）在各缔约国的军事总动员期间，可免除其本公约规定的义务。

第 22 条　［免除兵役义务或替代性文职义务］

除非各缔约国之间已签订或将签订的特别协议中有相反规定，否则，具有两个或两个以上国籍者必须适用以下规定：

（a）本公约第 21 条第 3 款 c 项对那些已免除兵役义务或已履行替代性文职义务的人同样适用；

（b）如果多重国籍者惯常居住的国籍国并不要求其履行兵役义务，那么该多重国籍者视为已履行兵役义务。但是，除非多重国籍者在该国惯常居住至一定的年龄阶段，否则，如果他的其他国籍国要求履行兵役义务，那么，该多重国籍者不能视为已履行兵役义务。至于应达到什么年龄，有关缔约国应在签署本公约或交存批准书、接受书和加入书时作出说明。

（c）如果多重国籍者在其某个并不要求履行兵役义务的国籍国志愿服兵役的有效期限至少达到了他的其他国籍国所规定的现役期，那么该多重国籍者视为已履行兵役义务，而不管其惯常居所处在何国。

第八章　缔约各方的合作机制

第 23 条　[缔约各方的合作]

1. 为了有利于共同合作，各缔约国的主管机关应：

（a）向欧洲理事会秘书长提供其国内法有关国籍特别是无国籍和多重国籍的法律法规以及本公约的适用情况；

（b）相互提供所要求的国籍方面的国内法资料以及本公约适用情况的信息。

2. 缔约各方之间以及与欧洲理事会的其他成员国应在欧洲理事会的政府间组织的适当框架内就国籍及相关问题的解决与法律原则的改进开展多方面的合作。

第 24 条　[资料的交换]

缔约各国可随时声明向那些已经作出过同样声明的其他缔约国通报其国民自愿取得该国国籍的情况，但不得违反有关资料保存的准据法。此项声明须列出该缔约国向他国提供这类信息和资料的条件。该声明可以随时撤销。

第九章　公约的适用

第 25 条　[有关公约适用的声明]

1. 各缔约国在签署本公约或交存批准书、接受书、核准书或加入书时，可声明其不适用本公约第七章的规定。

2. 本公约第七章只在那些承认其效力的缔约国之间适用。

3. 凡在签署本公约或交存批准书、接受书、核准书或加入书时已声明排除适用本公约第七章的缔约国，可随时通知欧洲理事会秘书长将业经接受的排除撤回。此项通知应于收到之日起生效。

第 26 条　[公约的效力]

1. 本公约不应影响或减损已生效或以后生效的任何缔约国国内法和有拘束力的国际法在国籍方面赋予个人更多的特权。

2. 本公约不妨碍适用：

（a）1963 年的《关于减少多重国籍现象和在多重国籍情况下的兵役义务

公约及议定书》；

（b）对缔约国有约束力的其他有效国际法律文件，只要其与本公约相符。

第十章　最后条款

第 27 条　［签署和生效］

1. 本公约向欧洲理事会成员国或参与了本公约制定的非成员国开放签字。它们可按下列方式之一表示同意受本公约的约束：

（a）签署，并且无需批准、接受或核准，或

（b）签署，但有待于批准、接受或核准，随后批准、接受或核准。

批准书、接受书或核准书应交存欧洲理事会秘书长。

2. 本公约应自交存第三件批准书或接受书之日起满三个月后的第一天开始生效。

3. 对随后批准或接受本公约的签字国，本公约将于其批准书、接受书或核准书交存日起满三个月后的第一天开始生效。

第 28 条　［加入］

1. 本公约生效以后、欧洲理事会部长委员会得邀请任何非成员国加入。

2. 该项加入须向欧洲理事会秘书长交存加入书，并自其交存加入书之日起满三个月后的第一天生效。

第 29 条　［保留］

1. 对本公约第一章、第二章和第六章不得作任何保留。除此以外，任何缔约国可以在签署本公约或交存批准书、接受书、核准书或加入书时对其他条款提出无损于本公约目的和宗旨的保留。

2. 任何就本公约中的一项或多项作出保留的国家应将其国内法的相关规定和有关情况通知欧洲理事会秘书长。

3. 依本条第 1 款提出保留的国家应在情况允许时全部或部分撤回保留。此项撤回应通知欧洲理事会秘书长并于通知收到之日起生效。

4. 任何缔约国在依本公约第 30 条第 2 款声明将本公约扩大适用于某一领土时，也可遵循本条前款规定对本公约在该领土的适用作出一项或多项保留。

5. 对本公约第七章的任何条款提出保留的缔约国不得要求另一缔约国适用有关条款，除非该本国已接受该条款。

第 30 条　［领土适用］

1. 任何缔约国可以在签字或交存批准书、接受书、核准书或加入书时，指定本公约将适用的领土范围。

2. 任何缔约国可以在交存批准书、接受书、核准书或加入书时或在其后的某一日期，向欧洲理事会秘书长提交声明，将本公约扩大适用于声明中指定的其他领土和负责其国际关系的领土或其被授权代表作出承诺的领土。扩大适用本公约应自此项声明为欧洲理事会秘书长收到之日起满三个月后的第一天开始生效。

3. 任何依照前款作出的声明，就该声明指定的任何领土而言，可以通知欧洲理事会秘书长予以撤销。此项撤销应自欧洲理事会秘书长收到通知之日起满三个月后的第一天生效。

第 31 条　[废止]

1. 任何缔约国可以随时书面通知欧洲理事会秘书长宣告废止本公约第七章乃至整个公约。

2. 废止应在欧洲理事会秘书长收到通知之日起满三个月后的第一天生效。

第 32 条　[欧洲理事会秘书长的通知]

欧洲理事会秘书长应将下列事项通知欧洲理事会成员国及本公约的所有缔约国、签署国或加入国：

(a) 任何签署；

(b) 任何批准书、接受书、核准书或加入书的交存；

(c) 本公约依第 27 条和第 28 条的生效日期；

(d) 依本公约第 29 条所作的保留及撤销保留；

(e) 依本公约第 23 条、第 24 条、第 25 条、第 27 条、第 28 条、第 29 条、第 30 条和第 31 条所作的通知或声明；

(f) 有关本公约的任何其他行动、通知或来文。

下列签字者经各该国正式授权在本公约上签字以资证明。

1997 年 11 月 6 日签订于斯特拉斯堡，以英文和法文写成单一文本，两种文字具有同等效力。正本应交存于欧洲理事会档案中，欧洲理事会秘书长应将核证无误的副本送交欧洲理事会每个成员国、曾参与制定本公约的非成员国以及任何应邀参加本公约的加入国。

[说明]：截至 1998 年底，已签署本公约的国家有奥地利、丹麦、芬兰、希腊、匈牙利、冰岛、意大利、荷兰、挪威、葡萄牙、罗马尼亚、俄罗斯、斯洛伐克、瑞典、前南斯拉夫马其顿共和国。资料来源：《欧洲条约集》(*European Treaty Series/166*) 第 166 卷 (1998 年)。